总主编　干春晖

China Industrial Development Report 2020

2020 中国产业发展报告
——全球产业链重构与中国产业转型升级

上海财经大学中国产业发展研究院

主编　余典范

上海人民出版社

目　录

前　言 1

第 1 章　全球产业链重构趋势与中国应对 1

  1.1　全球产业链调整趋势 1

  1.2　中国产业链发展现状与挑战 9

  1.3　提升我国产业链弹性和韧性的对策建议 17

第 2 章　技术变革与产业链重构 23

  2.1　前言 24

  2.2　技术革命对产业链影响 25

  2.3　新一轮技术革命对产业链的影响 31

  2.4　国际经验借鉴 40

  2.5　对策建议 43

第3章 全球出口管制与中国全球产业链重构 49

3.1 全球出口管制体系、产业链布局演变分析 51

3.2 出口管制与中国全球产业链重构 65

3.3 出口管制下中国全球产业链重构的对策建议 77

第4章 全球产业链重构对中国产业冲击的评估 82

4.1 全球产业链重构 83

4.2 全球产业链重构对中国产业的冲击 88

4.3 对策建议 109

第5章 人工智能 112

5.1 我国人工智能发展进入新时代 113

5.2 我国人工智能产业发展的结构性分析 117

5.3 政策与企业发展案例 128

5.4 我国人工智能产业发展的对策建议 138

第6章 大数据产业 145

6.1 大数据产业概况 146

6.2 大数据全球产业链现状 153

6.3 全球产业链重构对中国大数据产业的影响和挑战 163

6.4 中国大数据产业发展存在的主要问题和对策建议 165

第7章 5G移动通信 168

7.1 5G产业概述 169

7.2 5G产业链 187

7.3　5G 应用场景 ………………………………………………193

7.4　5G 产业发展建议 …………………………………………202

第 8 章　机器人 ………………………………………………**205**

8.1　机器人行业发展概况 ………………………………………206

8.2　机器人产业链介绍与中国的定位 …………………………217

8.3　机器人行业全球产业链重构之中国的应对 ………………224

第 9 章　智能制造 ……………………………………………**231**

9.1　概述 …………………………………………………………232

9.2　中国智能制造发展布局 ……………………………………242

9.3　产业链发展与国内外竞争 …………………………………245

9.4　产业发展制约因素及建议 …………………………………265

第 10 章　工业互联网 …………………………………………**270**

10.1　工业互联网概述 ……………………………………………271

10.2　工业互联网产业链 …………………………………………271

10.3　工业互联网产业政策 ………………………………………285

10.4　工业互联网发展现状 ………………………………………289

10.5　工业互联网国际经验 ………………………………………294

10.6　产业链企业案例分析 ………………………………………298

10.7　总结与启示 …………………………………………………301

第 11 章　生物医药 ……………………………………………**305**

11.1　产业链现状与疫情后调整趋势 ……………………………306

11.2 国内外竞争状况 321

11.3 管制与壁垒 334

11.4 对策与建议 335

第 12 章 集成电路 **337**

12.1 集成电路产业链概述 338

12.2 全球集成电路产业的发展趋势 342

12.3 中国在集成电路全球产业链中的竞争力 346

12.4 推动中国集成电路产业链高质量发展的对策建议 354

第 13 章 航空航天 **362**

13.1 航空航天发展回顾与特征 363

13.2 国内航空航天发展环境分析 366

13.3 国内航空航天发展现状 370

13.4 从产业链视角分析航空航天短板 376

13.5 我国航空航天发展的对策建议 381

第 14 章 汽车 **384**

14.1 全球汽车产业发展现状 385

14.2 我国汽车产业发展历程及现状 389

14.3 汽车行业产业链 404

14.4 全球价值链重构对汽车产业的影响 419

14.5 总结与展望 424

前　言

　　全球产业链在第四轮经济全球化中已成为世界经济大循环中的显著特征。全球产业链因为数字技术、再全球化、中美大国博弈和新冠疫情冲击等因素正面临新一轮的调整与重构。全球产业链的驱动因素也在发生一定的变化，前几次产业链重构基本遵循成本—效率导向。特别是 20 世纪 80 年代以来，信息技术、网络技术的快速发展使得跨国贸易的通信成本和交易成本持续下降，同时运输技术进步和运输方式的升级大幅降低了运输成本；国际贸易的成熟、投资壁垒的降低使资本、劳动、产品、服务等在全球范围更加自由流动。上述因素促进了产业内和产品内分工的全球价值链模式快速发展，使得各国按照自身的比较优势在不同的产业链环节进行生产。全球生产网络不断扩张，形成以德国为首的欧盟、以中国为首的亚洲、以美国为首的北美洲的三足鼎立之势。中国也在此轮经济全球化中通过嵌入全球生产网络融入了全球产业链，在做大产业规模的同时部分产业不断实现升级，中国也成功取代日本成为亚洲全球价值链的生产中心节点。在此过程中，中国正由高经济总量的大国向高质量发展的强国转变。但内外部环境的变化使得全球产业链出现了新的调整趋势。这给中国的产业转型升级带来了更多的不确定性。

　　首先，许多成熟产业链的全球分工"红利"逐渐弱化，深化分工的空间不断压缩。产品生产的可分程度随着全球生产的扩展逐渐触及"天花板"，当达到分散化制造的边界后，产品在全球分工布局的收益开始下降，区域化成为不可忽视的趋势。特别是对一些技术成熟、产品定型的产业上，全球化生产的动力开始下降。2008 年以来，以世界贸易组织为代表的多边协议协调缓慢，而区域贸易协定不断增多。全球主要区域的价值链也呈现新的变化：东亚和欧洲更多体现为区域内循环，北美洲等区域更多依赖于全球其他区域的外循环，欧洲是区域一体化程度最高的区域。

其次，全球产业链不管是发达经济体还是发展中经济体，其关税依然有较大下降空间，临时贸易壁垒也较高，这在一定程度上阻碍了全球生产的扩张。随着技术民族主义的抬头，非关税壁垒成为许多国家保护本地生产的重要手段，产业链的安全稳定成为产业布局的重要考量，特别是一些战略性新兴产业出现了回流、本地化的趋势。

第三，以中国为代表的发展中经济体本土化生产能力不断提高，在国内价值链的延伸上不断完善供应体系。在上一轮全球化以及产业转移的浪潮中，大多数发展中国家只是依靠自身的分工优势参与全球分工的某一环节，通过国际贸易的学习效应和吸引外商投资，本土的生产技术和人力资本得以升级，使得本土供应链的能力提升，全球分工体系的一部分转为本地体系，全球产业链向部分国家内部收敛。

在上述趋势叠加新冠疫情全球反复、持续蔓延的情况下，主要全球产业链节点和枢纽地将经受反复撕裂。大国之间博弈显性化将会在重点产业链展开，在 5G、人工智能、商用大飞机，特别是互联网领域将会有一定时期的"持久战"。这些新兴领域面临部分产业链中断的风险。高度重视疫情后各类补贴与"救市"政策的"后遗症"，在地方债务累积、新一轮"僵尸企业"沉积等方面的风险凸显，将会延滞我国产业链升级的步伐。同时，疫情后产业链重构可能会给我国产业链的内循环带来缩链、解链风险。部分地区传统比较优势不断弱化，在高技能劳动力、技术、资本、数据等高质量发展要素上出现"断层"，难以参与新经济、新产业体系的分工，这会导致我国原有产业链地区合作体系面临"解链"风险，制约产业链整体升级的进程。因此，我们应当积极主动储备应对方案，从总体上谋划疫情后产业链调整政策，积极推进国内外双循环的"节点"链接建设，增强产业链的韧性，具体可以通过以下三点：

一是通过"铆住全球价值链+钩住区域价值链+稳住国内价值链"三位一体的方式提升产业链的韧性。坚持全球化、多边主义是历史的趋势与潮流，我国是全球电子信息、电气设备、批发贸易等产业链的重要节点，因此，我们可以在这些世界对我国依赖度较高产业上充分铆住产业链外循环，并在战略导向上转向以内需驱动内循环、带动外循环的发展方式，实现"国内需求—本土供给—服务全球"的有效对接，由此实现"内循环引致外循环"机制的实现。同时，从全球的主要产业链区域分布来看，欧洲与东亚的产业链区域内的联系更为紧密，特别是中国产业链与东亚区域相互依存更高，形成高效的东亚区域产业链体系是互利共赢的"正和博弈"。在一些重点产业链领域，我们要继续深化与重要经济、技术合作区域如日本、韩国为代表的东亚合作，建议在有合作基础、产业链联系比较紧密的电子信息等产业率先推动供应链、产业链的自由贸易、投资协定关系，通过保持经济交错互融，以增加"经济脱钩"成本，降低"科技脱钩"、产业链脱钩风险。逐步深入推进东亚区域贸易投资协议迈向升级版，深化东盟与中日韩（10+3）领导人会议，进一步加快落实《区域全面经济伙伴关系协定》（RCEP）等区域价值链合作框架职能与实施方案。进一步加强推进中欧自贸协定的谈判，以经济利益换得产业链调整的时间和空间。在此过程中，积极引导、推进中国企业走出去的合规经营和管理，提升国际化合作、竞争的能力。在我国有竞争优势的传统产业链中，引导产业链投资、贸易的多地化，形成多元化发展格局，在培育产业链承接地的同时对冲其他国家的影响。

二是主动融入高水平制度开放，以"稳定"战略基调夯实产业链发展基础。在疫情期间我们的供应链已经显示快速恢复的弹性，以此为基础，我们更需要实施更为积极主动的对外战略，与国际社会建立更加全面系统的抗疫合作治理机制。以"稳定"战略基调夯实未来产业链发展基础，稳住中国产业发展势头就在产业链"竞合"关系中占据了上风。依托区域全面经济伙伴关系协定（RCEP）继续加深区域合作，以深化国内改革为立足点，在知识产权、劳动和环境、竞争、国有企业、互联网规则和数字经济等对标高标准，稳步推进改革，积累相关经验后增强与全面与进步跨太平洋伙伴关系协定（CPTPP）等高水准网络的经贸联系。特别是对于畅通产业链内外循环、获取产业链控制权具有重要效应的数字经济，要全面推进其营商环境的优化，力争在全球获得规则制定权。以事中事后监管代替事前准入许可，积极构建"宽进严管、靶向追踪、信用监管"的协同监管机制，实施弹性的监管方式，坚持分级分类监管，建立公平竞争的市场秩序。同时，优化完善现有的法律法规体系，做好法规的"新立、修改、废止、解释"的工作。适应数字经济变化快的特点，对出台的相应管理办法设定有效期并不断修订，提升数字经济领域法规和标准的适用性，降低制度性成本。

三是积极谋划疫情后的产业链政策调整体系，以时间换空间，稳步化解产业链累积风险。逐步实施疫情期间应急性刺激政策的退坡措施，构建加速设备折旧、市场援助、促进转产、技术与经营支持、转岗培训等调整政策体系。同时，简化低效企业的退出流程，利用企业大数据实时监测企业的活跃度，进一步缩短企业退出市场的审批时间和审批流程，提高要素的配置效率。重点监测地方在新兴产业上的非理性投资行为，减少地方政府的非市场化参与方式，适当引导新兴产业向良性的社会化方向发展。积极推动传统重点产业对接新兴先导产业的政策支持，通过上下游的采购补贴、交易撮合、消费补贴等方式完善有利于上下游产业协同发展的体制机制，支持大中小企业和各类主体融通创新，鼓励上下游之间国产化配套，鼓励国产化采购。平衡好新兴产业资助与重点产业技改的支持，继续加大技改资金的规模与强度。在重点产业建立行业高质量数据集，大力推行机器换人、数字化、网络化等智能制造升级支持，以内涵式的效率提升方式撬动重点产业的规模倍增。在区域产业链政策上，以技术集群来构建突破传统产业垂直分工的旧格局，促进新产业分工、技术分工与区域分工的融合贯通，建立与新经济体系相匹配的产业链创新空间布局。系统性地引导人才、数据、金融资本、技术等要素的空间布局，围绕重点区域构建基础研究、应用发展、生产制造一体化的技术集群，带动更多区域新经济的快速发展，提升我国整体产业链的一体化。

四是积极推进国内外双循环的"节点"链接建设，增强产业链的黏性。首先，发挥我国潜在超大规模市场的优势，提高产业链的稳定性。加大对公共服务领域的投资，减轻民众在住房、养老、医疗、教育等方面的负担，释放庞大的消费潜力，倒逼产业升级。其次，亟须补上我国在全球产业链规则制定上具有重要话语权的国际组织缺乏专业人才的短板，重点积极加大国际组织人才的培养，在人才培养体系中加以重点谋划，储备国际组织中的中国人才。最后，在开放竞争中积极提升、培育本土的全能冠军企业、隐形冠军企业以及平台型企业，增强产业链的控制力和引领功能。整合走出去和补短板的政策，鼓励本土跨国企业为枢纽构建产业上下游的协同平台，增强国内产业链和国际产业链的对接。采取税收、金融、产业基金等政策工具鼓励大企业牵引国内配套企业发展，打造更多"专精特新"的隐形冠军，使其成为全球产业链中重要的"供应商"。培育更多"生产商驱动（如苹果公司）＋消费者驱动（如亚马逊公司）"的产业链平台治理者。投资机构、企业高度重视交叉专利授权的战略合作方式，在核心产业链领域以及未来技术前沿领域提前介入合作，形成你中有我、我中有你的相互制衡格局。增强链接全球产业链的黏性。同时，在开放竞争中积极推进上海等全球城市的建设，打造中国与世界链接的名片。

余典范

第 1 章　全球产业链重构趋势与中国应对

本章提要：

中国正面临"大国产业博弈显性化"的挑战，创新引领、统筹协调是中国应对全球产业链重构、构建现代产业体系的关键。特别是在产业链数字化转型加速、中国产业链重构、中美关系发生重大变化的背景下，中国被固化在产业链中低端的风险凸显。因此，产业链现代化的突围是构建现代产业体系的基础与关键。我们需要以新的"全球观""中国观"的战略高度谋划全球产业链竞争与合作；通过"铆住全球产业链 + 钩住区域产业链 + 稳住国内产业链"三位一体的方式构筑提升产业链的韧性；形成竞争政策和产业政策的合力，在重塑规则的产业链数字经济领域力争占得先机。

1.1　全球产业链调整趋势

全球价值链在 1990 年到 2007 年期间增长最为迅速，全球产品贸易、生产布局在全球快速扩张。主要原因在与交通、信息和通信领域技术进步，以及贸易壁垒降低吸引制造企业将生产流程延伸至国境之外。而 2008 年全球金融危机以后全球价值链扩张放缓，一方面源于全球产品分工红利逐渐耗尽，再分工的空间压缩，另一方面在于没有发生像 20 世纪 90 年代那样促进贸易自由化的变革性事件，如中国和东欧融入全球经济，乌拉圭回合

（Uruguay Round）、《北美自由贸易协定》（NAFTA）等重大贸易协定。而且，新冠疫情加速了产业链的本土化、近岸化、"去中国化"的趋势，产业链的重构不仅是成本—效率导向，更是与政治、意识形态挂钩，我们不能简单地以短期市场利益来揣度美国等发达国家对我国产业链的熔断，更应该从长期的国家战略来分析、应对与谋划。利用此次冲击带来的产业集群发展机遇、国产替代加速机遇、人才回流机遇，实施产业链补链固链强链战略，提升中国产业链的抗风险能力和竞争力。

1.1.1 国际贸易、投资增速减缓

从国际贸易和投资来看，2008年金融危机后，全球供应链和产业链开始逐步收缩。2000年和2008年，全球商品进、出口贸易总额年均增长率分别为12.41%、12.46%，而2009年和2019年的增长率分别降至-2.23%、-2.24%，进、出口贸易额增长率下降均超过10个百分点，降幅明显。全球对外直接投资增速减缓的趋势也十分显著，外向[①]对外直接投资流量总额2009年至2019年年均增长率仅为0.25%，与2000—2008年年均增长率（12.23%）相比，下降超过12%。内向对外直接投资则在2016—2018年连续三年负增长，且2009—2019年的年均增长率与2008年前相比，降幅同样明显。从贸易、投资增速减缓不难看出全球化进程的减速。

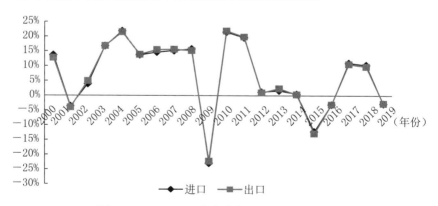

图 1.1　2000—2019年全球商品贸易额年均增长率

资料来源：根据联合国贸易与发展会议全球商品贸易相关数据整理绘制。

---

① 内向投资（inward）是外国对本国的投资，外向投资（outward）是本国对外国的投资。

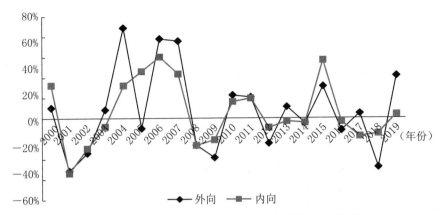

图 1.2　2000—2019 年全球对外直接投资流量额年均增长率

资料来源：根据联合国贸易与发展会议全球对外直接投资相关数据整理绘制。

　　特别是新冠疫情在全球的反复蔓延更是加剧了全球贸易、投资等全球产业链活动的收缩。国际贸易缩水严重。全球 7 个主要经济体 2020 年月度进、出口贸易额增长率基本处于负增长。而中国在疫情后，体现了产业链、供应链的快速复苏能力，是总体上唯一贸易额实现增长的经济体。全球对外直接投资流量变动也不容乐观，据联合国贸易与发展会议最新发布的《2020 年世界投资报告》预测，2020 年全球对外直接投资额将在 2019 年 1.54 万亿美元的基础上，下降近 40%，自 2005 年以来首次低于 1 万亿美元。同时，为防控疫情，许多国家出台了相关政策限制货物、人员等资源的国际流动，全球运输受阻严重。以国际邮政业供应链为例，万国邮政联盟（UPU）统计数据显示，疫情影响使得近二分之一的邮件被迫"搁浅"，国际邮政业务量缩减 23%，海关清关时间平均增加 32 倍。新冠肺炎疫情的暴发也严重影响全球人口的国际流动性，为外防输入病例，各国出台一系列的人员流动限制或禁令。全球航空运输业也因疫情遭受重创，据国际航空运输协会最新调查数据显示，受新冠疫情影响，约有 450 万次航班被取消，全球航空业收入损失预计高达 2520 亿美元。资源流动受阻同样为全球化进程设置了障碍，在疫情等紧急事件突发频率不断上升的趋势下，全球化进程出现阶段性放缓。

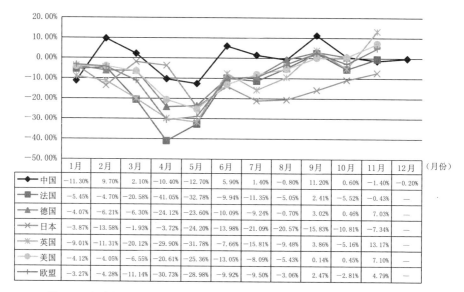

图1.3 全球主要经济体2020年1—12月商品进口贸易总额同比增长率（％）

资料来源：根据世界贸易组织，中国海关相关贸易数据整理绘制。

	1月	2月	3月	4月	5月	6月	7月	8月	9月	10月	11月	12月（月份）
中国	−11.30%	9.70%	2.10%	−10.40%	−12.70%	5.90%	1.40%	−0.80%	11.20%	0.60%	−1.40%	−0.20%
法国	−5.45%	−4.70%	−20.58%	−41.05%	−32.78%	−9.94%	−11.35%	−5.05%	2.41%	−5.52%	−0.43%	—
德国	−4.07%	−6.21%	−6.30%	−24.12%	−23.60%	−10.09%	−9.24%	−0.70%	3.02%	0.46%	7.03%	
日本	−3.87%	−13.58%	−1.93%	−3.72%	−24.20%	−13.98%	−21.09%	−20.57%	−15.83%	−10.81%	−7.34%	
英国	−9.01%	−11.31%	−20.12%	−29.90%	−31.78%	−7.66%	−15.81%	−9.48%	3.86%	−5.16%	13.17%	
美国	−4.12%	−4.05%	−6.55%	−20.61%	−25.36%	−13.05%	−8.09%	−5.43%	0.14%	0.45%	7.10%	
欧盟	−3.27%	−4.28%	−11.14%	−30.73%	−28.98%	−9.92%	−9.50%	−3.06%	2.47%	−2.81%	4.79%	

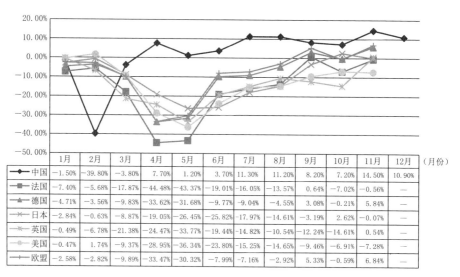

图1.4 全球主要经济体2020年1—12月商品出口贸易总额同比增长率（％）

数据来源：根据世界贸易组织，中国海关相关贸易数据整理绘制。

	1月	2月	3月	4月	5月	6月	7月	8月	9月	10月	11月	12月（月份）
中国	−1.50%	−39.80%	−3.80%	7.70%	1.20%	3.70%	11.30%	11.20%	8.20%	7.20%	14.50%	10.90%
法国	−7.40%	−5.68%	−17.87%	−44.48%	−43.37%	−19.01%	−16.05%	−13.57%	0.64%	−7.02%	−0.56%	—
德国	−4.71%	−3.56%	−9.83%	−33.62%	−31.68%	−9.77%	−9.04%	−4.55%	3.08%	−0.21%	5.84%	
日本	−2.84%	−0.63%	−8.87%	−19.05%	−26.45%	−25.82%	−17.97%	−14.61%	−3.19%	2.62%	−0.07%	
英国	−0.49%	−6.78%	−21.38%	−24.47%	−33.77%	−19.44%	−14.82%	−10.54%	−12.24%	−14.61%	0.54%	
美国	−0.47%	1.74%	−9.37%	−28.95%	−36.34%	−23.80%	−15.25%	−14.65%	−9.46%	−6.91%	−7.28%	
欧盟	−2.58%	−2.82%	−9.89%	−33.47%	−30.32%	−7.99%	−7.16%	−2.92%	5.33%	−0.59%	6.84%	

1.1.2 区域化、安全成为全球产业链重构的重要考量

全球产业链、供应链长期以"成本、效率、利润"为导向进行布局，偶

发的地缘政治冲突、大国博弈等事件使其局部受阻，但较少危及全局。在全球产业链逐渐到达分工拐点，后发国家通过国际贸易、吸引外商直接投资等方式不断提升自身生产供应能力，使得供应链、产业链的近岸化趋势日盛，传统的发达经济体和后发经济体之间纵向的分工模式逐渐转化为横向的竞争，产业链的竞合关系发生了较大的变化。而近期新冠疫情的冲击使产业链、供应链安全问题使效率的重要性后移。随着疫情的全球蔓延，美国银行的最新研究显示，疫情已导致全球 80% 的部门面临供应链中断风险，超过75% 的部门被迫扩大其现有的产业回流范围。世界经济常态化发展时，大型跨国公司或平台型企业是全球产业链、供应链的主要布局者，但伴随"黑天鹅"事件等不确定性越来越大时，各国政府也开始引导全球产业链转向以"效率与韧性，利润与安全，区域与全球化"为导向的协同发展。未来，产业链的重构将不再仅仅是成本效率导向，供应链、产业链安全成为重要的考量，这将会导致一些重要的产业全球价值链的收缩，特别是战略性产业供应链的本土回归，本土化、近岸化与分散化成为不可忽视的趋势。疫情带来的供应链断供危机使得产业链对中国高度依赖的国家为提升产业链安全性，纷纷加速多元化产业链布局、产业链本土回流等的步伐。美、日等国更是动用政府力量，呼吁企业撤离中国和迁出在中国的生产线等。2020 年 4 月，日本政府制定 2200 亿日元的预算，用于日本企业产业链多元化发展，意图刺激日本企业将生产线搬离中国。美国政府也在疫情暴发后，提倡美国企业搬离中国，美国经济委员会主任公开要求美国在华企业撤离，回迁美国或迁入东南亚。许多跨国企业也开始积极寻找中国以外的替代市场。2020 年4 月，苹果 AirPods Pro 开始在越南组装生产；5 月吉列德授权巴基斯坦和印度的 5 家仿制药企业进行瑞德西韦生产；印度媒体报道苹果公司计划将 20%的 iPhone 产能从中国转往印度。疫情暴发后，美国加强对中国经贸往来限制、科技企业合作封禁力度、人文交往阻碍等，企图将中美关系引入"脱钩道路"。

表 1.1 2020 年产业链调整事件

日本政府	制定了 2200 亿日元的预算，用于日本企业产业链多元化发展意图刺激日本企业将生产线搬离中国
美国政府	美国经济委员会主任公开要求美国在华企业撤离，回迁美国或迁入东南亚
苹果公司	2020 年 4 月，AirPods Pro 开始在越南组装生产；计划将 20% 的 iPhone 产能从中国转往印度
吉列德公司	2020 年 5 月，吉列德授权巴基斯坦和印度的 5 家放制药企业进行瑞德西韦生产

资料来源：根据各国权威媒体公开网络资料整理。

从产业链回迁具体环节和目的地上看，欧美日等国家为进一步提升其供应链、产业链安全性，产业链回流、收缩不可避免。但回流、收缩并不是在本土或近岸完整建设整条产业链，而是主要集中在高端制造、战略价值链环节，且主要表现为回流至欧美本地以及外迁至与欧美等国有投资贸易协定的"朋友圈"，以此形成产业链的"分散化"，提升产业链多元化，降低对中国的依赖性。短期内，欧美国家基于成本效率布局，产业链环节难以回迁。但基于政治等因素的产业链环节存在较大的回迁及分散化布局的概率。在产业链具体调整方式上，欧、美、日因为在产业的核心技术、关键零部件上具有竞争优势，其回迁过程中可能会先通过减少相应环节的出口来倒逼大型跨国公司核心装配厂回流，然后再吸引或自建与之相配套的零部件产业链。

1.1.3 全球产业链调整的最大公约数中美关系发生重大变化

2020 年 5 月 20 日美国首次公布《美国对中华人民共和国的战略方针》，报告"承认"美国过去几十年的对华接触政策"失败"，并表示将采取全面施压的方式，"遏制中国"。2020 年 6 月 10 日美国国会共和党研究委员会发布一份国家安全战略报告《强化美国以及应对全球威胁》，明确把中国作为美国的三大"威胁"之一。中美关系的战略性转变使得全球产业链调整的最大公约数发生重大变化，这不仅对中美产业链的竞合关系带来重大的冲击，也对全球产业链的布局产生了重要影响。

特别是在特朗普上台之后，之前以中国为代表的发展中国家和以美国为代表的发达国家之间各取所需的分工环境发生了变化，美国对我国产业链实施极限遏制：企图加征关税遏制制造业出口、加码高技术领域的技术出口限制、扩充实体清单打击我国科技企业、重构世界贸易组织国际经贸规则打乱中国全球产业链的参与、技术授权长臂管辖对中国实施产业链熔断。上述趋势在疫情冲击下正在显性化，我们需要以底线思维高度重视、评估全球产业链"断链"式中的两种典型方式：技术交叉授权带来的长臂管辖和产业链收缩问题。以美国为首的技术先进国家忌惮于中国在前沿技术的追赶，使用技术管制措施在关键、核心环节对我国实施"断链"极限打击。现在面临的比较严峻的问题是美国与日本、韩国以及欧洲很多高科技企业都有交叉性技术授权，因此可以使用长臂管辖权，迫使部分采用美国技术的公司也加入对中国的技术限制、断供的行列。因此，我们不仅需要高度警惕我国产业链的调整，更要重视由于交叉授权带来的全球核心技术的变化。通过对美国《商业管制目录》（CCL）和《瓦森纳协定》（WA）这两个主要管制目录进行整理，我们发现其技术管制主要集中在新一代信息技术、高端装备、航空航天、海洋工程、先进材料等领域的核心零部件和关键技术。长期而言，这些领域如果无法找到国际替代、而国产替代又无法及时填补的话，在新一轮技术竞争、产业竞争中我国又将陷入落后的窘境。

拜登上台后可能采取的"网络式围堵"也将深刻影响我国产业链长期竞争优势的构建。拜登团队成员对华态度基本一致，强调自由、规则与竞争，不冷战、不脱钩。希望通过联合盟友制衡中国。贸易方面，其可能重返跨太平洋伙伴协定，重构世界贸易组织规则、建立盟友统一战线，利用贸易法律制衡中国。科技方面，团结日韩等盟友通过行业标准制订在类似人工智能、5G 等高科技领域对中国采取"网络式"围堵。地缘政治方面，拜登可能会增加美国在亚太地区的军事部署、重振美国亚太主导地位、恢复和重构盟友关系。总体而言，美国对我国战略遏制和加大施压力度的企图不会改变，大国博弈的显性化将会在重点产业链展开长期对我打压，在 5G、人工智能、商用大飞机，特别是互联网领域将会有一定时期的"持久战"，这些新兴领域面临部分产业链中断的风险。

表 1.2   美国实体管制清单涉及中国实体信息

列入时间	实体名称	实体个数	所涉技术领域
2018 年 8 月	中国航天科技工业股份有限公司第二院、南京无线电技术研究所等	44（8 个实体和 36 个附属机构）	航空航天、通信技术、集成电路等
2019 年 5 月	北京华为数字技术有限公司、海思光电有限公司等	68（华为及其非美国关联企业）	集成电路
2019 年 6 月	中科曙光、成都海光集成电路等	5	集成电路
2019 年 8 月	中国广核集团等	4	核电
2019 年 8 月	华为科技投资有限公司（阿根廷）等	46（华为及其关联企业）	集成电路
2019 年 10 月	科大讯飞、旷世科技等	28	人工智能
2020 年 5 月	云从科技、北京云计算中心等	33	大数据、人工智能
2020 年 7 月	南昌欧菲光科技有限公司、北京六合华大基因科技有限公司等	11	集成电路、生物医药
2020 年 8 月	华为云计算技术、华为云北京等	38	集成电路

资料来源：根据美国商务部官方网站公开资料整理。

1.1.4   全球产业链调整的规则由自由贸易为主向公平对等转变

投资贸易的规则由自由开始向公平对等转变，传统的以降低关税为主的投资贸易方式向重视公平、对等的方式转变。这将倒逼我们产业链发展由被动式嵌入向主动式治理的反向转变。在全球自由贸易谈判陷入僵局，各国频繁使用加征关税的手段使得传统的自由贸易规则推行缓慢，在全球产业链布局中，公平对等贸易规则地位凸显。特别是针对补贴、竞争中立、知识产权、技术转让、国企改革等方面诉求增加。这也使得当前的高水平自由贸易协定均将此作为重要的考量标准，如全面与进步跨太平洋伙伴关系协定等。这些都将倒逼中国产业链的发展由被动式嵌入向主动式治理的方向转变。在补贴方面，逐渐取消一些产业补贴，在具有公共属性、基础性领域按照国民待遇原则、非歧视性原则、透明度原则实施促进竞争的补贴。不仅是在不同所有制企业实施竞争中性的原则，在各种政策工具使用上、在规则的制定和运用上竞争中性的原则同样重要，这也是我国市场化改革的重要取向。对于正从创新的跟跑向并跑和领跑转变的中国而言，知识产权保护应发挥基础性作用，这不仅是实施高质量开放战略的要求，也是保护我国关键核心技术的重要举措。在改革开放初期我们主要通过市场换技术被动式来获得技术转让，随着国外技术转让的限制以及中国技术水平的升级，中国通过主动技术引进以及自主研发能力提高来吸引高水平的技术是未来重要的战略方向。国企通过市场化实现混合所有制的改革探索，减少对政府特定的依赖，是深度融入国际产业链、参与国际竞争的必由之路。

1.1.5　产业链数字化转型给我国产业带来了弯道超车机遇

技术进步是全球产业链不断扩张的重要因素，近几年来随着新一代信息技术特别是数字技术的发展，产业数字化转型开始加速，特别是新冠疫情的冲击更是加速了这一趋势。自动化和数字化等节约劳动力的技术可以缩短生产者和消费者之间的距离，减少对国内外劳动力的需求，对产业链的重构带来了重大冲击。特别是产业数字化转型是未来产业话语权争夺的重要领域，这一过程以新一代数字技术为支撑，以数据赋能为主线，以数据为关键要素，对产业链上下游全要素进行数字化转型升级和价值再造，实现价值增值。但与此同时，产业数字化面临着投入高收益慢、上下游企业缺乏协同、平台和服务支撑不足、体制机制束缚较大等挑战。个体企业的数字化升级并不代表产业的数字化改造，只有上下游企业协同一致才能带来共赢的效果，但由于企业数字要素皆属于企业秘密，在数字产权难以界定的情况下，企业进行数字化改造的动力并不足。从产业链的位置来看，目前越靠近消费端，由于市场的规模效应越明显，且产业链向下的阶段较少，企业数字化协同的成本较低，所以消费端的数字化改造升级以及市场扩张较快。但在产业的上游，产业链数字化转型的协调成本较高，导致产业端的数字化转型并不顺利。我国企业正处于转型的关键期，其内部治理结构和战略转型还未完全与产业链数字化转型相适应，变革的阻力、数字化人才的短缺、组织方式的调整等均是企业数字化转型亟须解决的问题。

1.2　中国产业链发展现状与挑战

我国产业链面临着大而不强、与美国脱钩风险较大等内外部挑战。我们必须在战略上高度重视全球产业链的潮流，以底线思维积极应对，在疫情冲击下的产业链断供、回迁短时期内不仅仅是经济问题，更与政治、意识形态挂钩，我们不能以简单地以短期市场利益来揣度美国等发达国家对我国产业链的熔断，更应该从长期的国家战略来分析、应对与谋划。利用此次冲击带来的产业集群发展机遇、国产替代加速机遇、人才回流机遇，实施产业链补链固链强链战略，提升中国产业链的抗风险能力和竞争力。

我国已成为全球制造业大国，是全球产业门类最齐全、规模最大的市场之一。我国已经拥有 41 个工业大类、207 个工业中类、666 个工业小类，形成独立完整的现代工业体系，2019 年中国制造业增加值占全球的比重接近三分之一（28.21%）[①]且这一比重还处于上升趋势，中国制造业增加值比美国和日本的总和还要大。在产业的创新发展方面我国也取得了长足进步，我国研究强度 2019 年为 2.19%，连续多年超过 2%；[②]世界知识产权组织的报告显示，中国 2019 年全球创新指数的排名全球第 14 位，在中等收入经济体中稳居首位；2019 年 PCT 专利申请 5.899 万件，超过美国（5.784 万件）跃升至第一位。但在产业转型升级方面，"大而不强"的现象依然突出，存在着产业基础不牢、产业链现代化水平较低、产业链内外循环的链接能力较弱、被固化在产业链中低端的风险较大等突出问题，离构建"创新引领、要素协同、链条完整、竞争力强"的现代产业体系还有较大差距。

1.2.1　产业基础长期低水平徘徊、受制于人等制约了产业发展高度

我国核心的基础零部件、先进的基础工艺、关键的技术材料、关键的产业基础技术等工业"四基"和工业软件基础不牢、受制于人。2018 年我国基础产业（主要包括：基础零部件、数控机床、仪器仪表产业）增加值占全球的 6.40%，仅为美、德的 25% 左右；标志性产业集中度仅 40.57%，不足美、日、德一半，相对工业基础薄弱、产业集中度低。[③]"工业软件太软"导致中国产业升级的"腰杆不硬"，中国高端 CAD、CAE、MES、PLM、EDA 等工业软件市场被 SAP、西门子、法国达索、美国 PTC、美国新思科技、美国楷登

---

① 数据来源为世界银行（WDI）。
② 国家统计局。
③ 2019 年制造强国指数报告。

电子科技等国外厂商垄断，重点产业链的发展面临巨大的"腰斩"风险。工信部对全国 30 多家大型企业 130 多种关键基础材料调研结果显示，32% 的关键材料在中国仍为空白，52% 依赖进口，绝大多数计算机和服务器通用处理器 95% 的高端专用芯片，70% 以上智能终端处理器以及绝大多数存储芯片依赖进口。在装备制造领域，高档数控机床、高档装备仪器、运载火箭、大飞机、航空发动机、汽车等关键件精加工生产线上逾 95% 制造及检测设备依赖进口。

同时，我国产业基础创新策源能力亟须提升。基础研究是产业核心技术的基础和源泉，而这恰恰是我国创新的短板所在，我国基础研究占比 5% 左右，明显低于当前创新型国家 15%—25% 的水平，而在相似经济发展阶段时，美国这一指标为 13.27%、日本为 12.11%、韩国为 12.85%。按照国际经验，创新型的头部企业、大型的科研机构是基础研究的主要投入者、有竞争力专利的主要申请者，华为这样的创新头部企业还太少，这些是我国产业基础的短板之一。在研发人员方面，我们每百万人的研发人员只有 1300 人左右，不到美国、日本、德国等国家的 1/4，在一些新兴领域的领军人才我们更是严重缺失，美国等国家对高端人才流动的限制更是制约了我国产业升级的步伐。尽管我们目前是专利的大国，专利数量的原始积累阶段成效显著，但是我们由"量"到"质"的转变，才刚刚开始。譬如，我国平均每件 PCT 专利申请进入国家阶段的国家数目为 1.1 个，[①] 低于美国（3.1 个）、日本（2.8 个）等发达国家的水平。在基础材料、芯片、操作系统、集成电路制造、高端医疗器械、原创药物等"卡脖子"领域的 PCT 专利布局，我国与美国还存在显著的差距。以信息通信行业为例，中国在半导体存储、大数据分析、高速计算、信息安全、物联网、人机交互等领域的 PCT 储备和申请都落后于美国，只是在移动通信和网络通信上具有领先优势。代表新经济重要方向的"独角兽"企业，中（227）美（233）之间差距不大，但在领域分

---

① 国家知识产权局：《关于 PCT 制度在中国实施状况的调查报告（2018）》。进入国家阶段的平均数量在 1 附近，意味着一些 PCT 申请只停留在国际初步申请阶段，并没有进入任何国家，另外一些即使进入了国家阶段，可能也只在 1—2 个国家或地区进入国家阶段，PCT 途径的优势并没有完全发挥出来。

布上我们主要集中在电子商务等商业模式创新领域，而美国在软件服务、人工智能、医疗健康、数字金融等核心科技领域方面大幅领先我国。

关键环节缺失导致产业链黏合度较差，产业链先进性和自主性亟须提高。产业链国际竞争力弱、安全可控程度低、"卡脖子"现象严重、价值链处于中低端等均是我国产业链现代化受到的掣肘。我国制造业多数产品可替代性较强，产业链的根植性、稳定性较弱，尚未形成不易替代的竞争优势。我国高技术产品竞争优势远低于发达国家，以集成电路为例，2019年我国集成电路累计进口为3055.5亿美元，累计出口为1015.78亿美元，贸易逆差达到2039.71亿美元。从集成电路产品进出口单价来看，我国集成电路进口单价远高于出口单价，2019年集成电路进口单价为0.69美元/块，出口单价为0.46美元/块，进口单价约为出口单价的1.5倍。表明我国集成电路整体实力与国际先进水平还存在较大的差距，这在制程工艺上的差距可见一斑（见表1.3），上海的中芯国际落后台积电和三星2—3代。

表1.3　2011—2021年半导体制程工艺发展历程

年份 公司	2011	2012	2013	2014	2015	2016	2017	2018	2019	2020	2021
台积电	28 nm			20 nm	16 nm		10 nm	7 nm		5 nm	
英特尔	22 nm			14 nm					10 nm		
三　星		28 nm		20 nm			10 nm		7 nm		5 nm
格罗方德			28 nm	20 nm	14 nm		10 nm				
联华电子		28 nm					14 nm				
中芯国际					28 nm				14 nm		

资料来源：根据公开资料整理。

1.2.2　我国处于产业链分工低端的现象并没有大的改观

产业链分工方面，我们更多处于分工体系中产业链中低端，我国产业低端化发展现象仍需改善，主要表现在增加值率和生产率偏低、优质高端产品供给不足。根据经济合作与发展组织的测算，一方面，我国出口总值中国内增加值为67.8%，而同时期的日本、美国等成熟制造业发达国家分别超过了85%，另一方面，我国制造业增加值率近年来一直徘徊在20%左右，2018

年中国制造业增加值率21.17%，比美国、日本、德国等发达国家35%左右的水平低10%以上，且差距并未明显缩小。2018年中国制造业劳动生产率28974.93美元/人，仅为美国的19.3%、日本的30.2%和德国的27.8%。优质高端产品我国供应缺口较大，难以满足不断升级的高品质消费需求。

此外，以龙头企业与创新平台引领的产业生态格局还未形成。具有竞争力的产业链，往往存在着诸多专精特色的中小企业围绕着龙头企业集聚或者形成联系紧密的产业链的特点，如日本制造业就形成上中下游企业共同促进、利益均沾、共赢发展的金字塔式产业链结构。尽管我国世界500强企业数在2020年超过了美国居全球第一，但大部分是分布在金融、化工、钢铁等垄断性行业的国有企业，多数企业主要是利用国内的市场和资源与全球公司竞争，缺乏真正具有全球制造、全球设计研发、全球营销、全球经营能力的国际化企业，引领功能还比较欠缺。细分市场占有率高的"隐形冠军"等产业链"粘合剂"与德国、日本等相比差距较大。产业链上下游协同不足，上下游之间不信任现象突出，整机制造企业不采购国内设备，国内设备不适用国内配套零部件，零部件企业不使用国内原材料等现象比较突出。针对我国长期以来技术创新成果以单点突破为主导致严重的"技术孤岛"现象，我国也启动建设了一批国家级的新型创新载体，比如制造业创新中心、技术创新中心、产业创新中心等，各创新中心都是以集聚技术前沿、行业创新资源、打造高效协同创新生态系统为建设目的。但这些类创新平台依然存在着重复建设、定位模糊、行业公益性和市场化机制难以平衡等问题，从体制机制上进行梳理、完善，使其充分发挥应有的功能亦是紧迫之举。

1.2.3　在产业链数字化转型加速的背景下，中国被固化在中低端制造的风险凸显

在新一轮的技术革命和产业革命的推动下，全球产业链活动和组织方式的数字化变革正在加速推进。从研发、制造到服务等全产业链环节数字化水平显著提高。在全球产业链数字化转型背景下，发达国家的技术垄断优势和网络节点和极化效应进一步凸显。未来技术与产业的竞争，如智能制造、人工智能、大数据等最后溯源实际上是底层技术的竞争，包括基础理论底层技术、基础材料、新装备、工业软件，等等。这就为拥有底层技术的"策源

国"创造了更大的技术垄断空间,这从知识产权的收入可见一斑。2019 年全球知识产权使用费收入 3972.33 亿美元,其中高收入国家(3866.27 亿美元)占 97.33%,美国(1289.31 亿美元)占 32.46%,中国(66.05 亿美元)只占 1.66%。而在知识产权费的支付上,2019 中国 343.7 亿美元(占全球的比重为 7.85%),中国存在较大的逆差。与此同时,这些底层技术的迭代更新周期缩短、具有较强的网络特性,这意味着上一代的技术被替换后可能被市场淘汰(譬如集成电路先进制程往往对上几代具有毁灭性打击),不会像传统技术进入成熟后进行梯度转移,这样后发国家很难通过技术学习实现技术升级和赶超,被锁定在中低技术的概率大大增加。

表 1.4 世界主要国家知识产权使用费收入(亿美元)

	2009	2010	2011	2012	2013	2014	2015	2016	2017	2018	2019
瑞士	120.84	133.58	157.64	177.48	190.86	186.99	174.28	220.27	230.13	258.50	239.06
中国	4.29	8.30	7.43	10.44	8.87	6.76	10.85	11.61	48.03	55.61	66.05
德国	72.13	82.77	107.24	102.96	180.29	234.86	240.83	287.27	311.38	363.17	361.71
法国	126.71	136.25	153.45	127.42	131.69	145.43	152.43	154.82	168.53	168.19	153.71
英国	138.16	142.03	148.42	134.50	176.73	198.73	207.01	191.77	228.45	262.53	252.89
日本	216.98	266.80	289.89	318.92	315.87	373.36	364.77	391.36	417.21	455.71	468.53
荷兰	267.02	249.72	276.83	286.28	298.73	381.50	375.03	271.53	325.35	350.23	383.68
美国	984.06	1075.22	1233.34	1244.39	1280.35	1297.15	1247.69	1243.87	1265.23	1287.48	1289.31
高收入国家	2248.08	2446.03	2793.46	2838.79	3066.03	3357.66	3350.54	3361.68	3618.26	3888.04	3866.27
世界	2273.76	2471.05	2823.82	2873.66	3103.67	3393.96	3391.60	3402.97	3704.14	3986.39	3972.33

数据来源:World Development Indicators.

1.2.4 外循环依赖和内循环不畅也严重影响我国产业链升级

中国产业生产对全球的依赖主要集中于高新技术产品和基础原材料,"高不成、低不就"的产业链外循环特点突出。这在一定程度上对我国产业链会造成进口供应部分中断、出口需求减少的风险。供需双向挤压会导致我国产业链生产成本上升、产业升级受阻，传导到下游会带来价格上涨、通胀压力。同时，新冠疫情的反复会强化传统优势产业"转移"至与我国禀赋结构类似的经济体。传统劳动密集型产业在发达国家以及东南亚等国趋势明显；部分新兴产业也开始出现去"中国化"的苗头，如印度在电子信息产业通过进口替代方式减少了 1/3 左右对中国的进口，在疫情期间更是采用抵制性政策限制我国电子产品及相关应用。疫情长期得不到有效控制会进一步坚定这些国家大力实施供应链本土化的战略，成本效率成为"非首项"考量，这会影响我国产业链的全球化调整。疫情后产业链重构可能会给产业链的内循环带来缩链、解链风险。2019 年我国 60% 以上的进出口集中在广东、浙江、江苏、山东等沿海地区，超 1/3 的地区贸易依存度高于 20%，上海、北京、广东等地超过 60%。在全球产业链分工深度调整和向外转移的过程中，这些地区的发展将受到更为显著的冲击，长期依靠国际市场形成的优势能否维持住存在较大的不确定性。部分地区传统比较优势不断弱化，在高技能劳动力、技术、资本、数据等高质量发展要素上"断层"，难以参与新经济、新产业体系的分工。主要的创新密集型产业的地区集中度都较高，意味着多数地区尚未有效参与到新产业分工体系中，随着技术迭代更新的加快，这些区域参与分工的难度进一步增加。这会导致我国原有产业链地区合作体系面临"解链"风险，制约产业链整体升级的进程。

同时，制造与服务基本处于各自的"小循环"，相互融合促进的格局未形成，从中国制造与服务的产业关联来看[1]，2017 年制造业在整体经济中的中间需求率在 65% 左右，服务业在 56% 左右，制造业依然是我国经济发展的重要中间推动力量。其中，制造业为服务业提供的中间需求占 19% 左右，服务业为制造业提供的中间需求占 26% 左右，这表明我国产业的发展更多的是在产业内部循环，产业关联效应还有很大的拓展空间。从制造业与服务业的网络影响力看[2]，居于中心节点位置的主要是制造业，服务业特别是技术服务业、专业服务业等还需要进一步提升网络影响力。

---

① 作者根据 2017 年投入产出表计算。

② 借鉴社会网络分析方法可以测算不同产业在经济网络中与其他产业的关联程度，越居于网络中的中心位置，意味着越处于关键节点的地位。

表 1.5　2019年我国各地区对外贸易依存度

	>80%	60%—80%	40%—60%	20%—40%	10%—20%	10%以下
进出口贸易总额/国内生产总值	上海（89.41%）、北京（81.51%）	广东（66.21%）	天津（52.15%）、浙江（48.74%）、江苏（43.65%）	福建（30.96%）、辽宁（29.07%）、山东（28.36%）、重庆（24.69%）、广西（22.04%）	海南（17.24%）、四川（14.68%）、江西（14.11%）、黑龙江（13.75%）、陕西（13.7%）、安徽（12.73%）、新疆（11.39%）、河北（11.19%）、吉林（11.14%）、湖南（10.72%）、河南（10.46%）、云南（10.06%）	湖北（8.52%）、山西（8.49%）、内蒙古（6.36%）、宁夏（6.17%）、甘肃（4.39%）、西藏（2.74%）、贵州（2.7%）、青海（1.25%）
进口贸易总额/国内生产总值		北京（66.9%）	上海（53.69%）	天津（30.79%）、广东（26.18%）	辽宁（16.64%）、江苏（16.39%）、山东（12.99%）、浙江（12.55%）、福建（11.92%）、黑龙江（11.24%）、海南（10.73%）	广西（9.97%）、重庆（8.88%）、吉林（8.41%）、陕西（6.38%）、四川（6.26%）、云南（5.59%）、安徽（5.31%）、河北（4.64%）、内蒙古（4.2%）、江西（4.15%）、山西（3.78%）、河南（3.61%）、湖南（3.21%）、湖北（3.19%）、甘肃（2.89%）、新疆（2.86%）、宁夏（2.31%）、贵州（0.75%）、西藏（0.66%）、青海（0.58%）
出口贸易总额/国内生产总值				广东（40.03%）、浙江（36.19%）、上海（35.71%）、江苏（27.27%）、天津（21.36%）	福建（19.03%）、重庆（15.81%）、山东（15.37%）、北京（14.61%）、辽宁（12.44%）、广西（12.07%）	江西（9.97%）、新疆（8.53%）、四川（8.42%）、湖南（7.51%）、安徽（7.42%）、陕西（7.32%）、河南（6.85%）、河北（6.55%）、海南（6.51%）、湖北（5.32%）、山西（4.71%）、云南（4.47%）、宁夏（3.86%）、吉林（2.73%）、黑龙江（2.52%）、内蒙古（2.16%）、西藏（2.08%）、贵州（1.95%）、甘肃（1.51%）、青海（0.67%）

资料来源：中国海关。

1.3　提升我国产业链弹性和韧性的对策建议

后疫情时代有可能强化以美国为首的西方主要国家产业链重新布局、回流的趋势，叠加中美贸易摩擦向科技战的演进，将推动全球产业链体系向多元化和分散化、本地化方向发展，并可能通过示范效应和相互反制效应引发全球产业链的加速调整。

一是实施面向未来的产业链政策，在产业基础高级化、产业链现代化方面率先突破。产业基础高级化除了传统要素的升级以外，更重要的是一些"产业新要素"成为产业能级提升的基础，包括芯片、大数据、互联网以及由此衍生出的基础性产业的竞争。提升这些要素的核心在于技术（硬技术如集成传感器等高端芯片，软技术如算法、控制和软件平台等），根本在于人才、关键在于生态。一方面，硬技术的突破需要强化基础研究，依托并积极争取重大项目和国家专项任务，鼓励企业跨区域联合设立或升级研发创新中心来加大对前沿探索类、先导性、重大工程基础研究的稳定性支持；另一方面利用研发费用加计扣除政策、健全知识产权保护法规等入手，通过竞争性经费支持引导企业加强行业共性问题的基础研究。同时，我们应面向世界，加强国际合作，支持双边、多边基础研究合作，积极参与、发起和组织国际大科学计划与大科学工程，构建跨国学术交流网络与平台，推进国内外这些优质创新资源的合作对接，逐步形成"以我为主，为我所用"的开放式基础研究网络体系。人才的集聚需要以产业发展作为"事业平台"，增强人才梯队的传承性建设，促进人才强基的产业发展战略。生态构建的关键在于对标国际最高标准的规则，在产业开放、知识产权保护、新标准的制订、风险防控等方面对标甚至引领国际规则，以高标准的制度建设引领基础要素能量的迸发，增强在重点产业领域的话语权。

产业链的现代化需要突出产业链和创新链的协同与集群，深入推进产业链的横向升级与纵向升级相结合。构建"基础研究＋应用研究＋科技服务＋成果产业化"的全过程创新生态链、产业链。原因在于当前的研发和生产融合越来越深入、难以分割，拉长生产线和服务线，推动重点产业从"1 到 N"

的裂变，稳步推进产业规模的扩张，增强产业的引领作用。实施新技术、制造与服务的"融合工程"，通过融入"互联网+""智能+""数字+"等方式，努力为传统产业赋能，强化产业链升级的基础与可持续性。

二是通过"铆住全球产业链+钩住区域产业链+稳住国内产业链"三位一体的方式提升产业链的韧性。坚持全球化、多边主义是历史的趋势与潮流，在以美国为首的部分国家实施"中国+1"的战略下，以"全球化+1"来对冲。我们的分析表明，我国是全球电子信息、电气设备、批发贸易等产业链重要节点，因此，我们可以在这些世界对我国依赖度较高产业上充分铆住产业链外循环，并在战略导向上转向以内需驱动内循环、带动外循环的发展方式，实现"国内需求—本土供给—服务全球"的有效对接，由此实现"内循环引致外循环"机制的实现。同时，从全球的主要产业链区域分布来看，欧洲与东亚的产业链区域内的联系更为紧密，特别是中国产业链与东亚区域相互依存更高，形成高效的东亚区域产业链体系是互利共赢的"正和博弈"。在一些重点产业链领域，我们要继续深化与重要经济、技术合作区域如日本、韩国为代表的东亚的合作，建议在有合作基础、产业链联系比较紧密的电子信息等产业率先推动供应链、产业链的自由贸易、投资协作关系，通过保持经济交错互融，以增加"经济脱钩"成本，降低"科技脱钩"、产业链脱钩风险。逐步深入推进东亚区域贸易投资协议迈向升级版，深化东盟与中日韩（10+3）领导人会议，进一步加快落实区域全面经济伙伴关系协定（RCEP）等区域价值链合作框架职能与实施方案。要进一步加强推进中欧自贸协定的谈判，以经济利益换得产业链调整的时间和空间。在此过程中，积极引导、推进中国企业走出去的合规经营和管理，提升国际化合作、竞争的能力。在我国有竞争优势的传统产业链中，引导产业链投资、贸易的多地化，形成多元化发展格局，在培育产业链承接地的同时对冲印度等国的影响。

三是借疫情契机，提高中国供应链、产业链弹性恢复能力，促进全产业链的数字化转型，提升我国在全球供应链体系中的话语权和主动性。目前我国已经渡过了疫情应急期、进入了后疫情期（经济恢复期）、重点是在疫情后（经济发展期）如何抓住新产业、新经济发展的机遇，提前谋划抢占先发权。首先，利用大数据等新技术，构建、打通、完善产业链动态监测预警系统，实时分析预测外部冲击对我国核心产业发展的影响，建立产业链常态化应急协同响应机制。协同产业主管部门、海关、财税、统计、运输等部门共建产业链预警系统，这一体系应涵盖要素供给、需求变化的核心指标如原材料供应、人才支持、资金供给、进出口变化、产出指标、利润税收变化等，及时发现重点产业链受影响变化情况，研究共性问题的解决思路。其次，协同行业协会、龙头企业，建立政府—协会—企业联动机制，进一步强化企业跟踪服务，发挥平台思维和创新思维，用网上空间替代物理空间，调动一切生产要素和服务资源，对于重点产业中不可替代的关键技术、环节，形成联盟共同攻坚，并积极开展示范项目、应用项目的推广，通过产业链上下游的协同快速推动补强产业链的短板。促进企业正常经营并不断扩大生产、拓展国内外的潜在需求。在具体的发展思路上，我们要抓住数字经济在疫情中爆发出来的竞争力，站在新一轮技术和产业变革浪潮的战略高度来进行政策的顶层设计；需要改变疫情中暴露出来的信息孤岛和平台形不成合力、地方政府分割等问题，以产业互联网整体框架和国家战略来统筹推进工业、农业、服务业和公共服务的数字化改造进程。同时，我们需要充分利用消费端市场的优势，倒逼供应端产业互联的发展，充分发挥领军平台型企业的作用，构建消费和供给之间无缝链接的桥梁。形成"消费者为中心、市场驱动、智能化技术支撑、上下游贯通"的产业链生态，纵向实现人、智能应用、工厂、设备等的"万物互联"，横向与产业链竞争者实现业务交叉、信息共享，全面实现产业链质量体系的协同化、智能化、全球化，切实提升我国产业链的黏性。在此基础上，推动供应链、产业链的国际合作，在海事、航运、邮政等领域与相应的国际组织建立长效合作机制，共建富有弹性的供应链。以中国供应链的当地化响应全球产业链本地化生产的诉求，减少与其他国家的"零和博弈"，形成高度协同、更加友好合作的产业链战略伙伴关系。

四是鼓励企业多措并举在相关产业链中通过并购、战略合作、交叉专利授权等方式嵌入核心环节，形成"你中有我、我中有你"的相互制衡格局。在全球化发展不断深化的现在与未来，疫情的冲击不可能完全打断产业链，面对欧美日部分产业链的回流，我们战略导向更多地应是实现"你中有我、我中有你"的相互制衡格局。充分利用我们的市场优势、加工配套优势、供应链弹性优势等,在产业链的生态中嵌入不可或缺的环节。我们的投资机构、企业高度重视交叉专利授权的战略合作方式,在核心产业链领域以及未来技术前沿领域提前介入合作。一方面,政府应该搭建合作平台,提供国内供应商对之对接的机会,另一方面,国内供应商也应该对标国际先进水平,在技术能力、标准规则上尽快实现升级。同时,利用此次疫情冲击的机遇,国内有能力的企业积极拓展国际业务,通过合规的并购、战略合作等方式实现产业链资源的整合。在具体的方式上除了在欧美国家进行收购整合外(现阶段障碍比较多),更应该在关联国家与市场上进行"围魏救赵""暗渡陈仓"式的收购布局。应对欧美日核心产业链断供、回流的根本在于我们需要在核心技术上实现突破。基础技术需要实现"你中有我、我中有你"的相互制衡,重视撒手锏技术的非对称战略,前沿颠覆性技术需要超前布局、重点突破。总体思路上,在基础技术、通用技术的突破上,我们可以持续加大创新投入,加快制造业创新中心、研发与转化功能型平台等新型创新载体的培育速度,做好共性技术研发、产业化工艺研究等中间环节的突破,发挥好基础研究向产业化环节推进的承接作用。对于非对称技术、"杀手锏"技术,应做好顶层设计,加强技术储备,遵循科学规律,加大对好奇心驱动基础研究的支持力度,加大对非共识、变革性创新研究的支持力度,在可能重新定义产业和改变产业规则的前沿探索领域,如量子计算机、生物计算机等,为开辟新赛道提前布局和谋划。对于前沿技术、颠覆性技术,应强化国家技术创新中心、前沿探索类创新平台的作用,重视技术推动机制的效应,注重多技术路线培育,防止下一代技术出现落后。

五是积极推进国内外双循环的"节点"链接建设,增强产业链的韧性。首先,发挥我国潜在超大规模市场的优势,提高产业链的稳定性。加大对公共服务领域的投资,减轻民众在住房、养老、医疗、教育等方面的负担,释放庞大的消费潜力,倒逼产业升级。其次,在开放竞争中积极提升、培育本土的全能冠军企业和隐形冠军企业,增强产业链的控制力和引领功能。整合走出去和补短板的政策,鼓励本土跨国企业为枢纽构建产业上下游的协同平台，增强国内产业链和国际产业链的对接。采取税收、金融、产业基金等政策工具鼓励大企业牵引国内配套企业发展，打造更多"专精特新"的隐形冠军，使其成为全球产业链中重要的"供应商"，增强链接全球产业链的黏性。再次，瞄准新兴领域如人工智能、云计算、大数据、区块链等培育服务经济新的增长点，深度促进制造与服务的融合发展。顺应新兴服务业发展的趋势，改革监管思维、创新治理方式，按照统一高效、开放包容、多方参与、协同制衡的原则重新构筑服务业监管体系。在开放过程中对标国际高标准，加紧推进服务业制度空白领域的规范建设，特别是服务业领域的立法、服务业标准的体系、社会信用的体系的建设等，真正提升产业链的"服务"引领的能级。最后，协同高质量发展的产业政策与竞争政策，尽快完善产业链上下游协同发展的体制机制。通过上下游的采购补贴、交易的撮合，支持大中小企业和各类主体融通创新，鼓励上下游之间国产化配套，鼓励国产化采购，实现重点产业链从"并联"向"串联"转变。对标高标准，推动面向高质量发展的产业政策转型。产业链作为供应链的集成，需要产业政策的协调，未来的基础性技术发展具有超大规模技术开发和市场应用的特点，必须有强有力的产业政策保障，这也是发达国家密集颁布各类产业政策的根本原因。着力完善功能性、普惠性产业政策体系，聚焦技术深度更高、产业链较长的新兴前沿产业，发挥产业政策的网络溢出效应，更加注重功能升级和创新导向。相关政策可以把稳定市场创新预期作为重点，制定重点产业的技术短板清单，以稳定的创新预期牵引更多创新要素向核心、关键环节流动，加快产业链补短板。强化竞争政策的基础性地位，发挥市场竞争在促进产业创新中的重要作用。实施产业政策公平竞争审查制度，加大反垄断、反不正当竞争执法力度。对于新产业、新技术、新业态、新模式，要创新思维与监管方式，以"包容、审慎"的原则促进其发展。特别是对于畅通区域、产业循环具有重要赋能效应的数字经济，全面推进其营商环境的优化。以事中事后监管代替事前准入许可，积极构建"宽进严管、靶向追踪、信用监管"的协同监管机制，实施弹性的监管方式，坚持分级分类监管，建立公平竞争的市场秩序。同时，优化完善现有的法律法规体系，做好法规的"新立、修改、废止、解释"的工作。适应数字经济变化快的特点，对出台的相应管理办法设定有效期并不断修订，提升数字经济领域法规和标准的适用性，降低制度性成本。

| 参考文献

［1］中国工程院：《2019 中国制造强国发展指数报告》，2020 年。

［2］世界银行：《2020 年世界发展报告：在全球价值链时代以贸易促发展》，2020 年。

［3］张其仔、许明：《中国参与全球价值链与创新链、产业链的协同升级》，《改革》2020 年第 6 期。

［4］卓贤：《保产业链供应链的根本在于增强其韧性》，《国务院发展研究中心调查研究报告》，2020 年。

［5］贺俊：《从效率到安全：疫情冲击下的全球供应链调整及应对》，《学习与探索》2020 年第 4 期。

（本章主持及执笔：余典范）

第 2 章　技术变革与产业链重构

本章提要：

产品生产分工形成产业链，而技术变革则带来效率的提升，导致产业链重新分布。从历史角度来看，第一次技术革命出现蒸汽动力，形成以蒸汽机制造和交通运输业为主的产业，使得各国之间的货物的远洋运输成为可能，这也深刻改变了社会的供需结构，各国的产业间贸易开始出现；第二次技术革命后电力开始成为机器的主要动力，企业的生产效率显著地提高了，实现了企业的规模化和标准化生产。跨国公司的全球化经营成为全球生产分工的主要驱动力，跨国公司选择将生产的各个阶段分散到不同的地区进行，以实现对生产资源的充分利用，这从根本上导致产业链重新布局，改变国际贸易的本质；第三次和第四次技术革命，信息技术成为主力。以电子、计算机和互联网为代表的信息技术的发展彻底改变跨国公司等在全球价值链上的互动模式，跨国公司可以利用互联网技术等，实现远程协作，传达生产指令，信息技术化还降低了公司的交易成本，提高了服务的可贸易性。而新一轮技术革命的出现，数字技术将发挥主导和催化作用，以交叉融合带动各领域技术突破，加快全球技术进步与创新速度，并将引发全球产业链的重构，给中国产业链的发展带来新的机遇和挑战。本章主要通过综合研判历次技术变革对产业链发展的影响，从历史维度分析技术变革对产业链的影响规律，着重考察了新一轮技术革命对产业链的影响，并结合国际经验，给出中国产业链发展的针对性对策建议。

2.1 前言

产业链重构指的是对产业链战略环节重新定位调整、更换的过程，即重新构建一种有别于竞争对手的新的生产交易流程，使产业链拥有独特的竞争优势，并能带来产业链价值增值的新的生产经营模式。[①] 迈克尔·波特在《竞争优势》一书中提出了价值链理论。[②] 波特认为企业的价值活动包括研究开发、原料采购、生产、分销、营销和销售、售后服务等活动，所有这些活动构成企业的价值链，并组成价值链上的每个环节。产业链一般可以分解成研发设计、生产制造、市场营销和售后服务等生产阶段，从价值增值角度来看，产业链呈现"U"型分布，因为研发设计和售后等高附加值的环节位于两端，附加值低的劳动密集型生产环节则位于中间的底端。基于此，伴随着市场环境的改变，企业会根据要素资源流动等来确定自己的优势环节，剥离薄弱环节，从而重构自己的核心价值，确立竞争优势。尤其是全球化发展使得企业面临的市场扩大成全球市场，市场容量扩大，但同时也带来风险与不确定性。企业面临的竞争更加激烈，既有来自国内市场的竞争，又有其他国家跨国公司的竞争，而跨国公司为了增强其竞争优势，巩固其市场地位，将在全球范围重新配置产业链，从而形成全球产业链重构。一方面，发达国家可以将重心由生产制造转移到创新、设计、服务和制造业中高附加值的环节；另一方面，发展中国家获得大量从发达国家转移出来的生产制造等价值环节，融入全球产业链的发展过程中。

产业链发展和重构的过程中，技术变革是一个不可忽略的重要因素，产业链的形成是生产分工的结果，其根本驱动力是分工带来的效率提升，而技术变革会带来效率的提升，使得企业获得相关信息的成本降低，并且可以在全球范围进行资源配置、营销推广和服务管理。同时，企业通过产业链可以获得新知识，这样新技术在产业链内部得到传递，迅速得到应用，产业链

---

① 刘贵富：《产业链基本理论研究》，吉林大学博士论文 2006 年。
② ［美］迈克尔·波特：《竞争优势》，陈小悦译，华夏出版社 2003 年版。

形成以后，企业就可以利用技术进行企业管理，使产业链更易产生协同效应。总的来说，技术的发展改善企业经营的信息不对称等问题，提高产业链形成的可能性，促进产业链的发展，导致产业链进行重新分布，发生重构现象。而后疫情时代，技术管制壁垒的加码、技术民族主义抬头以及发达国家产业链关键核心环节回迁等，这些都会放大技术对产业链的影响。面对这些挑战，中国一方面要加速核心关键技术的本土突破，提升自身产业链、供应链本土安全，高度重视新兴领域如人工智能、大数据、5G 和工业互联网等核心前沿技术；另一方面还可以通过研判技术变革对产业链的影响，总结规律，更好地发挥新技术对产业链的作用，促进产业链高质量发展。

2.2 技术革命对产业链影响

2.2.1 历次技术革命与产业链重构

1. 技术革命与产业革命

一般研究认为，技术革命是人类实践手段或方式的飞跃，根据佩雷斯（Perez）研究，历次技术革命浪潮都由两个时期组成：技术革命的导入期和拓展期（图 2.1），每个时期大约 20—30 年，两个时期之间的一段时间被称为转折点，转折点中发生的制度重组为导入期爆发的技术革命在拓展期大规模发展和应用提供了基础。[①] 而产业革命是人类社会生产方式及经济结构的飞跃，人类认知的进步为技术革命提供了指导，当技术革命成果在生产中大规模应用和推广时，便转化为产业革命。

参考学者一般性研究结论[②]，近代以来全球一共经历了四次技术革命和三次产业革命（图 2.1）。第一次技术革命发生于 18 世纪 60 年代，以蒸汽动力技术为标志，并引发第一次产业革命，实现生产的机械化，形成以蒸汽机制造产业和交通运输业等为重点的主导产业群。第二次技术革命出现在 19

①　［英］卡萝塔·佩蕾丝：《技术革命与金融资本》，田方萌等译，中国人民大学出版社 2007 年版。

②　国务院发展研究中心"国际经济格局变化和中国战略选择"课题组：《全球技术变革对国际经济格局的影响》。

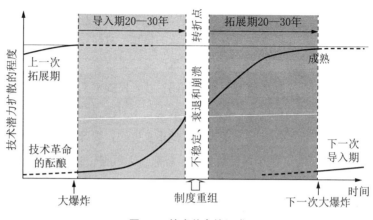

图 2.1　技术革命的组成

资料来源：贾根良《技术革命对我国现有产业的影响以及产业升级的思考》。

世纪 60 年代至 19 世纪末，以电力技术为标志，引发第二次产业革命，实现电气化，促进电器制造产业和汽车产业等产生和发展。第三次技术革命出现在 20 世纪 40 年代至 60 年代，以电子计算技术、空间通信技术和核技术为标志。第四次技术革命是 20 世纪 70 年代以来，以微型计算机、互联网出现为标志，并包括高温超导材料、基因技术、纳米技术和受控核聚变实验等高新技术的进步，而第三次和第四次技术革命共同引发第三次产业革命，实现自动化和信息化，出现电子产业、计算机产业和信息产业等。可以发现，从第一次技术革命爆发以来，产业革命就是技术革命的结果，新技术的出现和现实中重大需求则成为产业革命的前提条件。人类就是在一次次技术革命和产业革命过程中不断突破，向前发展。

从历次产业革命的结果来看，主导国的科技经济实力会迅速崛起，进而引发国际贸易、产业的变化。第一次产业革命推动社会生产力的极大发展，促进纺织、煤炭和冶金等近代工业的兴起和发展，主导国英国成为此次产业革命的最大赢家，巅峰时期，英国金属制品、棉织品和铁等工业产品约占到全世界一半，造船业、铁路修筑等居世界首位，迅速地领先其他国家。其后，第一次产业革命逐渐扩散到美国和欧洲等其他国家和地区。

第二次产业革命以电力技术为代表，德、美取代英、法成为新的世界强国，日本抓住机遇实现快速发展。20 世纪初，德国的国民生产总值和钢铁产量甚至超过英国，一些基本化学品产量居世界第一。同时，德国的电气产品在世界占比逐渐超过头号工业强国美国，19 世纪 70 年代到 20 世纪初，第一产业革命主导国英国贸易额增长要低于同期德国和美国，英国的贸易霸主地位逐步动摇。

第三次产业革命以电子、计算机和信息网络为标志，美国成长为超级大国，日本、苏联等国步入发达国家行列。20 世纪中期，美国生产总值占世界生产总值的一半，出口贸易和黄金储备占全球份额也较高。美国在二战后的很长时间里，始终维持着以美国为中心的新的单极国际贸易格局，直到 1970 年以后，世界开始出现一超多强的贸易格局，美国进出口贸易增速放缓，德国、日本贸易份额迅速增长，以亚洲"四小龙"为标志的亚洲贸易份额迅速上升，欧盟推动形成欧洲区域化贸易。

2. 产业链重构发展历程

产业链的发展不断改变着全球经济生产活动的空间结构（见图 2.2），自第一次产业革命后全球产业链开始形成以来，已经发生了五次全球性的产业链重构。[①] 第一次全球产业链重构发生在第一次世界大战前后，美国制造业的崛起使得全球产业重心从英国转向美国，以重化工业为主体的上游产业成为产业链重构和整合中的主导力量，支配了 20 世纪上半叶全球产业链重组；第二次全球产业链重构发生在 20 世纪 50 年代，美国将传统产业钢铁和纺织等向第二次世界大战的战败国日本和德国转移；第三次全球产业链重构发生 20 世纪 60—70 年代，以亚洲"四小龙"、部分拉美等新兴工业化国家及地区的制造业兴起为主要表现，日本和德国开始向这些国家或地区转移电子和纺织等劳动密集型加工产业；第四次比较大范围的全球产业链重构开始于 20 世纪 80 年代，发达国家和亚洲"四小龙"等新兴工业化国家及地区，将劳动密集型和低附加值产业向发展中国家转移，而此时中国正是改革开放的初期，因此成为世界产业转移的最大承接地，全球产业重心开始向中国转移，尤其是中国加入世界贸易组织之后，产业转移和产业链得以进一步强化，成为"世界工厂"；第五次全球产业链重构发生在当下，由于国际国内环境多

---

① 《从全球制造业的四次大迁移看各国制造业发展历程》，载新浪博客 http：//blog.sina.com. cn/s/blog_15b0b4e450102yc82.html。

重变化，加上国内劳动力成本不断上升，中国产业链开始向东南亚等劳动力成本较低地区转移。

从产业链重构过程来看，全球产业链重构基本是按照市场经济规律，不断追求更低成本、高效率的分工和生产协作体系是导致产业链重构的根本原因。每一次产业链重构，都可以看作一次共赢的进程，一方面，原有产业中心基本主导价值链的分配，并腾出更多的资源和空间实现产业创新和产业链升级；另一方面，新兴的产业链承接地开始依托禀赋优势，推动其产业链升级和经济的快速增长。

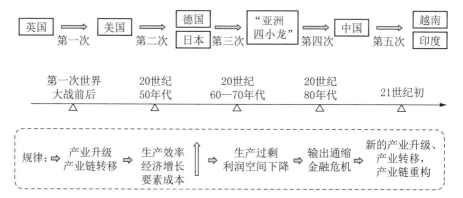

图2.2 近百年全球产业链的五次重构

资料来源：根据资料整理。

3. 技术革命促进产业链发展

第一次技术革命出现的蒸汽动力，形成以蒸汽机制造和交通运输业为主的产业，使得各国之间的货物的远洋运输成为可能，这也深刻改变了社会的供需结构，各国的产业间贸易开始出现，以英国为主的发达国家主要出口具有比较优势的资本密集型产品，而发展中国家则出口具有比较优势的劳动密集型产品。此时，全球产业分工的利益分配极其不均匀，具有较高工业生产率的发达经济体处于产业分工的核心位置，剩下国家则处于边缘地位。

第二次技术革命使得电力开始成为机器的动力，显著地提高了企业的生产效率，并实现了企业的规模化和标准化生产。跨国公司的全球化经营成为全球生产分工的主要驱动力，跨国公司选择将生产的各个阶段分散到不同的地区进行，以实现对生产资源的充分利用，这从根本上导致产业链重新布局，改变国际贸易的本质。利用这种形式，上游生产者就可以只生产中间品，而下游生产者做加工贸易，经过这样的多国多阶段，最终形成产品到达消费者，至此，也意味着全球价值链开始形成。

第三次和第四次技术革命，信息技术成为主力。以电子、计算机和互联网为代表的信息技术的发展彻底改变了跨国公司等在全球价值链上的互动模式，跨国公司可以利用互联网技术等，实现远程协作，传达生产指令，信息技术化还降低公司的交易成本，提高服务的可贸易性。此时，发达国家可以由生产制造转移到创新、设计、服务和制造业中高附加值的环节等方面。发展中国家获得大量从发达国家转移出来的生产制造等价值环节，融入全球产业链的发展过程中。

2.2.2 影响产业链的关键技术特征

通过总结历次技术革命及其引发的产业革命过程，可以发现历次技术革命都会首先出现在生产体系的某个区域，然后通过产业链或者网络结构逐步影响整个产业体系，进而改变整个产业的发展历程，而这些影响产业链布局的关键技术具有以下特征：

1．技术革命的主导技术出现倒逼科学和教育的发展

自从第一次技术革命以来，一系列新技术的出现推动自然科学和教育发展。化学、电磁学和热力学等学科迅速发展起来，各学科的发展开始揭开物质世界的普遍联系，相关理论的建立展现新技术的发展远景，为后续技术的广泛运用奠定理论基础。技术革命会促进科学技术人才培养和教育事业的发展。伴随着技术进步和生产力迅速提高，对劳动者的科学知识储备和劳动技能提升也上升到更高层次，因此，科学教育事业会得到大力支持和迅速发展。从历次技术革命的主导国来看，这些国家都实施许多鼓励科学技术和教育发展的政策，普及初等教育、丰富大学学科和设立职业学校等，为技术革命培养大批技术人才，这为后续技术革命爆发奠定扎实基础。

2．技术革命的主导技术群结构复杂性增强

每次技术革命的主导技术群会发生显著变化，从主导技术群的结构上看，第一次技术革命的主导技术群，包括纺纱机和蒸汽机等机械动力技术，技术结构单一。第二次技术革命的主导技术群的技术结构变得更加多元，包

括电动机、发电机、输电网、无线电通信等电力技术以及内燃机、汽车等内燃机技术。再往后，第三次和第四次技术革命的主导技术群逐渐形成更加科学、技术水平更高的现代复杂体系，包括计算机、微电子技术、自动控制和互联网技术等。可以看出，从第一次技术革命开始，主导技术群的技术结构变得越来越复杂，继而推动产业向前发展。

3. 技术革命的主导技术朝着解放体力，释放智力方向发展

通过对技术革命解决人类面临问题的方向研究发现，第一次技术革命，以蒸汽动力技术为主体，以轻工业生产的机械化为目标，解放了劳动者的体力，扩大了人的劳动能力。第二次技术革命，以电力技术、内燃机技术及电磁通信为主体，以轻工业、重工业生产和社会生活的电气化为目标，不仅在更大范围上解放了劳动者的体力，而且扩大了劳动力的劳动范围。第三次技术革命，以计算机、微电子技术、自动控制技术为主体，将各种产业和社会生活的自动化作为目标，第四次技术革命以微型计算机、互联网技术为主导，它们既扩大了劳动者的劳动范围，又进一步解放了人的智力。并且各次技术革命之间具有继承性，其继承的部分向更高水平发展。

2.2.3 技术革命影响产业链的途径

从历次技术革命来看：第一次技术革命中，形成了蒸汽动力技术及相关机械制造技术主导的技术群落；第二次技术革命以电力技术、内燃机技术及电磁通信技术为主导；第三次技术革命以计算机、微电子技术和自动控制技术等为主导；第四次技术革命以微型计算机和互联网技术为主导。而这些主导技术会引发技术范式和生产方式发生重大改变[1]，从而影响到产业链的发展。总结来说，技术革命对产业链的影响途径可以概括成"新技术出现，改变主导技术—形成新的关键生产要素—改变生产方式—产业升级、产业链重构"。

从表 2.1 来看，技术革命形成的主导技术群落的更替迭代会引发关键生产要素的变动，关键生产要素在历次技术革命中，由棉花、生铁、煤炭、钢铁、石油及微电子产品等先后完成更替。每一轮新的关键生产要素及其组合会导致人类生产生活方式的重大改变，随之带来社会产业结构的重大变革。

---

[1] 国务院发展研究中心"国际经济格局变化和中国战略选择"课题组：《全球技术变革对国际经济格局的影响》。

表 2.1 历次技术革命的核心特征

技术革命（起始年）	主导技术群落 / 代表性产业	关键要素	核心基础设施
产业革命（1771 年）	机械化的棉纺织业、熟铁、机器	棉花、生铁	运河网络、港口、收费公路等
蒸汽和铁路时代（1829 年）	蒸汽机和机器、铁矿业和煤矿业	煤	铁轨铁路、普遍的邮政服务、大型港口和环球航运
钢铁、电力和重化工业时代（1875 年）	钢铁、重化工业、电力设备工业、铜和电缆	钢材	世界范围的钢轨铁路、大型桥梁与隧道、基础电网
石油、汽车和大规模生产的时代（1908 年）	批量生产的汽车、石油化工、家用电器、内燃机	石油	高速公路、石油管道网络、普遍的电力供应
信息和远程通信时代（1971 年）	计算机、软件、远程通信、控制设备	微电子产品	世界数字远程通信、互联网、电子邮件

从全球范围来看，不同产业的研发设计、生产制造、投资、贸易、分工以及产业组织形态等围绕新的技术体系和生产要素进行重构。在新的技术体系和生产方式变革过程中，世界各国和不同地区之间的竞争优势发生改变，新的全球创新、生产、投资、贸易和竞争格局逐步形成，使得产业在全球的布局发生改变，形成产业链重构现象。

2.3 新一轮技术革命对产业链的影响

目前，全球新一轮技术革命和产业变革呈加速趋势，基于新一代信息技术、生物技术、新能源技术、新材料技术和智能制造技术等主导的技术群落，引发新的技术革命并不断向各产业扩散，带动应用领域的创新突破以及新业态的不断出现，数字化、网络化、智能化加速推进。新一轮技术革命将加快全球技术进步与创新速度，并将引发全球产业链的重构。在新一轮技术革命中，源于数字技术的颠覆性新兴技术将不断涌现，数字技术将发挥主导和催化作用，以交叉融合带动各领域技术突破，生物技术、新能源技术、新材料技术等成为新一轮技术革命的次主导技术，共同促进全社会技术进步。[①]

---

① 《未来 15 年国际经济格局面临十大变化》，载人民网 http://theory.people.com.cn/n1/2019/0116/c40531-30549831.html。

新一轮技术革命尤其是数字技术革命将引发"关键生产要素"的变动，并进一步推动生产方式变革和全球产业链格局变化。数字技术的深度应用催生大量的数据资源，通过与新材料技术等技术融合应用，使得数据成为新的关键生产要素，而互联网和物联网等将会增强生产要素的流动和匹配。这些新的生产要素及其新的组合应用将引发生产方式的重大变革，推动企业间研发设计向开放合作、国际化和专业化方向发展，制造业加速向数字化、智能化和个性化方向发展。随着数字技术等新技术的深入发展，将深刻改变国家和企业的比较优势和竞争优势，从而对全球产业布局产生重要影响。

2.3.1　新一轮技术革命的特征

1. 新兴技术群落更加复杂，并且技术迭代率和创新频率更快，呈指数式增长

全球技术发展处于快速进步中，颠覆性技术以及创新频率明显加快，各种重大技术突破纷纷出现。而且，这一轮技术革命并不是单一技术主导，而是呈现多点突破、群发性突破的态势，除了人工智能、大数据等数字技术，还有生物技术、新材料技术等也在不断突破中。新兴技术群落一般具有颠覆性，对社会生产生活方式、产业发展等会有变革性冲击。数字技术的出现为大规模生产、分享、应用和个性化定制提供了基础，并与传统产业不断融合，产业呈现数字化趋势，引领商业模式创新层出不穷，导致各领域发展方式出现革命性转变。而且，新技术进步不是以线性方式而是以指数方式发展，新技术扩散速度加快，迭代周期越来越短，在工业时代，电和电话等普及和应用需要几十年，而在数字时代，电脑和智能手机等普及使用年份已经下降到个位数，并且技术的普及速度还在加快。借助新技术的快速渗透力，中小企业成为创新前沿的重要力量，又会倒逼新技术的发展，使得技术和企业之间的边界越来越模糊。

2. 不同技术融合速度加快，融合领域不断拓展

20 世纪中叶以后，科学与技术相互结合越来越紧密，技术成果向现实生产的转化也变得越来越快，这就使得科学革命、技术革命和产业革命在内容上和时间上不再分离，而是时间上越来越相互重合，内容上越来越相互融合。①互联网技术出现后，就开始向各领域渗透，并得到广泛应用，人工智能、大数据等新技术一出现就迅速向各领域渗透，与其他技术互相交叉融合。并且，新技术交叉融合的领域也在不断拓展，生命科学、物质科学以及信息技术革命的更新换代带来颠覆性技术创新，不断加快各领域科学技术的融合，当前大部分研究都体现出跨学科的特征。学科交叉向生命健康、环境和能源等领域发展，形成"环境与健康"和"社会医学"等新领域。大数据、云计算等数字技术正在向以数据生产、流通和利用为核心的各个产业渗透，与不同技术进行深度融合，推动新技术走向更高水平。

3．新一轮技术尤其是数字技术发展具有共享性和普惠性

人工智能和大数据等新一轮技术的出现使得信息和数据成为重要资源，成为一种新的关键生产要素。与过去技术革命不同，以往是靠蒸汽动力、石油和电力等支撑产业发展，在数字化世界中，数据将成为重要生产要素，驱动经济发展。

一般而言，数据具有越共享价值越大的特点，数字技术等的应用能够显著提升数据使用范围，能够使得数据实现共享，并且，数据是非常容易复制和传播，尤其在网络和自媒体等媒介上传播速度非常快。进一步数字技术应用能够显著降低交流成本和使用成本，得到社会更广泛的共享和使用，如云计算技术的出现，使买不起昂贵硬件和软件产品、设备的个人或企业，也能通过很低成本使用云计算，这样个体和社会的福利水平都得到了提升，发挥出数字技术普惠性的价值。同时使得个人可以获得更优质服务、企业可以建立新的商业模式和行业出现新的发展路径。

2.3.2　影响产业链的表征

1．改变传统产业和企业竞争优势

首先，新技术可以通过降低错误率、节约成本和提高效率等渠道提高生产率。新的传感器、控制设备、数据分析、云计算和物联网的结合使智能化的机器和系统越来越多，使得生产过程中的错误几乎可以完全消除。新技术的使用可以预测维护需求，降低维修成本，还可以节省生产成本。如机器人

---

① 国务院发展研究中心"国际经济格局变化和中国战略选择"课题组：《全球技术变革对国际经济格局的影响》。

在汽车行业装配线的生产率要比普通工人更快、更强、更精确;材料科学和计算的进展将允许模拟开发新材料,这样可以节省时间和成本。其次,伴随信息化进程深入和网络技术的广泛应用,使得更多产业具有网络外部性特征。网络外部性具有正反馈、路径依赖和赢家通吃的市场特征,基于这些特征,具有先发优势的技术成为事实的技术标准,最先形成网络规模,最有条件形成市场壁垒,进而形成技术垄断。特别是,一些网络平台通过跨界创新,打破产业市场边界,强化市场的支配地位,从而造成"赢者通吃"的垄断格局和技术壁垒。最后,一些企业可以利用大数据技术,更精准地掌握消费者的行为和消费的痕迹,利用差异化优势创造更多选择空间,从而可以开发更微小和细化的市场。在全球竞争激烈的行业中,网络平台的使用越来越多,较小的生产者如果将服务定位于一个良好的目标市场,而不是宽泛的大众市场,那么它们将更有可能从数字经济平台中获益。

2. 数字技术推动生产服务化程度加深,专业化、外包化程度提高

数字技术进一步加深制造业服务化程度,相关服务可以合并为独立的业务实体,或外包给外部服务提供者。这种方式不再限于既有的行政和辅助事务的外包,技术服务外包越来越多用于专业诊断、设备监测和质量检测等方面。加速了全球合同制造组织(CMOs)的出现:通过提高独立组织之间的国际交流能力,降低了交易成本。[①] 除了加强日常操作,数字技术还实现了支持库存控制机制,并帮助支持改进产品设计和规范。因此,外包变得越来越有竞争力,使得企业可以专注于其核心竞争力。由于行业主导公司越来越专注于他们的核心竞争力,所以将非核心或价值较低的生产活动外包,全球化、碎片化的生产链条开始出现。随着数字技术的改进,服务和业务流程可交易性提高,这反过来又促进外包和离岸外包业务的发展。

3. 数字技术推动制造环节转向价值链高端环节

数字技术和智能制造等技术应用将使得传统大规模制造向个性化定制转变,研发、设计和制造呈现出一体化和社会化趋势。机器人和智能制造的广泛运用,传统的制造环节将由劳动密集型转向技术密集型和资本密集型,从

---

① 国务院发展研究中心"国际经济格局变化和中国战略选择"课题组:《全球技术变革对国际经济格局的影响》。

而使得制造转向价值链高端环节。智能制造不仅提高了劳动的边际生产率，还降低了工业对简单劳动的依赖，同时赋予产品更加丰富的竞争要素。因此，制造的价值创造能力在产业价值链上的战略地位将变得与研发和营销同等重要，甚至超越其他的价值创造环节。在制造业数字化转型过程中，劳动密集型生产环节和产业的发展空间和就业机会将大大减少，过去通过进入劳动密集环节参与全球价值链分工的发展模式将受到严重挑战。因此，发展中国家或地区的低成本优势将受到较大削弱，只有建立在人才和技术基础上的新比较优势才更加重要，未来的制造业将更可能集中在人才、技术和资本密集的国家和地区。

2.3.3　影响产业链的方式

1．数字产业化

数字产业化是指数字经济基础部分，即信息产业，具体业态包括电子信息制造业、信息通信业、软件服务业等，它是通过现代信息技术的市场化应用，推动数字产业形成和发展。2019 年我国数字产业化规模已达 7.1 万亿元，占 GDP 的 7.2%，占数字经济的 19.8%。其中，软件和信息技术服务业、互联网行业增长较快，2019 年收入同比分别增长 15.5% 和 21.5%。[①] 从图 2.3 来看，数字产业化内部中软件产业占比逐年上升，到 2019 年已经是占比最高的产业。

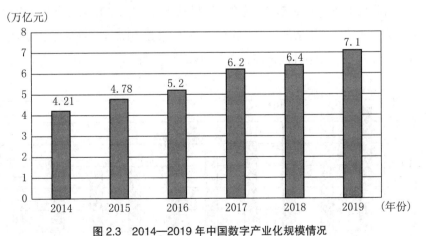

（万亿元）

图 2.3　2014—2019 年中国数字产业化规模情况

资料来源：中商情报网。

---

① 数据来源于中国信息通信研究院。

数字产业化是数字经济发展先导领域，数字产业实力的不断增强，可以奠定数字经济发展的基础，通过将数字化的知识和信息转化为生产要素，并将信息技术创新和管理创新、商业模式创新融合，还能连通产业的上下游，从而可以颠覆很多现有的产业形态、分工和组织方式，不断催生新产业新业态新模式，数字技术的广泛应用还将打破原有规模化、标准化生产模式，推动全球从产业链式分工，最终形成新的产业链和产业集群。

2. 产业数字化

产业数字化是指新一代数字技术支撑和引领下，以数据为关键要素，以价值释放为核心，以数据赋能为主线，对产业链上下游的全要素数字化升级、转型和再造的过程。数字经济渗透到传统产业的各个环节，使得传统产业生产方式等发生深刻变革，进一步影响到产业的发展。

全球主要国家数字经济都是按照服务业—工业—农业的逆向渗透发展。具体来看，主要国家服务业数字经济创新先行，激发了各种新模式新业态（图 2.4），电子商务和智慧医疗等快速发展，占行业增加值比重较高，成为数字经济发展的重点领域。其中，英国、德国和美国服务业数字经济占比超过一半，分别达 57.2%、57.1% 和 55.1%，中国服务业数字经济占比为 35.9%，超过 30%，但与发达国家还存在一定的差距。而主要国家的工业数字经济步伐加快，为传统产业转型升级提供助力（图 2.5），数字经济的快速发展为工业转型升级增加了重要途径，许多工业强国都通过数字经济推动工业数字化转型，其中韩国最高，达 44.5%，中国为 18.3%，与韩国之间差距

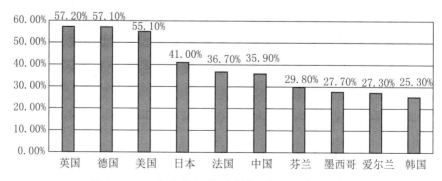

图 2.4 2018 年全球主要国家服务业数字经济占比情况

资料来源：中国信息通信研究院。

较大，还处于起步阶段。对比于服务业和工业数字经济发展，农业数字经济发展相对缓慢（图 2.6），成为世界主要国家发展数字经济的短板，这可能与农业本身的资源条件等有关。

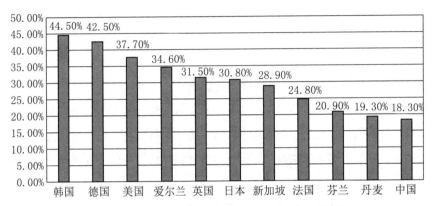

图 2.5　2018 年全球主要国家工业数字经济占比情况

资料来源：中国信息通信研究院。

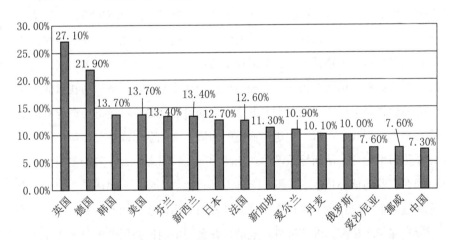

图 2.6　2018 年全球主要国家农业数字经济占比情况

资料来源：中国信息通信研究院。

从以上分析来看，产业数字化转型是新技术革命下生产方式变革和生产体系调整的主要方向，它能够改变企业生产经营和资源配置的方式和方向。一方面，新一代技术融入传统产品研发、设计、制造过程，将推动传统制造业由大批量标准化生产转变为以数字技术为支撑的个性化定制生产，大幅提升传统产业发展能级和发展空间，进一步改变世界范围的生产和投资布局，从而研发、制造、分工、投资和贸易等均将围绕新的技术体系和生产要素进行重构；另一方面，数字技术等嵌入制造和服务领域，打破传统的制造流程和服务业业态，促进了制造业和服务业在产业链上相互融合。并且，伴随产业融合、产业边界逐渐模糊，新业态和新模式将不断涌现，产业体系还将加速重构。

2.3.4 新一轮技术革命对中国产业链的影响

从历史上已发生的技术革命经验来看，每一轮技术革命，都会深刻影响全球产业链布局。面对不断加速的以数字技术引领的新一轮技术革命，将会给我国产业发展带来严峻挑战，同样也为我国抓住新一轮技术和产业发展先机提供了有利条件。

1. 新一轮技术革命给产业发展带来的挑战

2008年金融危机后就开始出现了全球供应链与产业链逐渐收缩，出现了"逆全球化"的趋势。世界各国为了寻找促进经济增长的新出路，开始重新重视制造业，美国、德国和英国等纷纷推出制造业国家战略，并聚集在以新一代信息技术、生物技术和新材料技术为代表的新兴技术领域上，展开新一轮的增长竞赛，试图抢占新一轮经济增长的战略制高点。虽然新技术的发展一方面会提高全球资源的流动与共享，但同时也会导致供应链与产业链体系容易在本土形成、生根，促进产业链的回流，这也会形成部分全球产业链的近岸化与本土化，从而导致部分产业从中国转移出去。如欧盟、美国和日本因为在产业的核心技术、关键零部件上具有竞争优势，其回迁过程中可能会先通过减少相应环节的出口来倒逼大型跨国公司核心装配厂回流，然后再吸引或自建与之相配套的零部件产业链。并且，中国过去凭借着要素成本的优势，尤其是劳动力成本低，伴随着新一轮技术革命发生，数字技术等应用会极大地降低劳动力在产业总投入中的比重，中国比较成本优势可能因此进一步弱化，特别是廉价劳动力优势可能会消失，从而会影响到产业的发展。

后疫情时代，中国将面临技术管制壁垒的加码、技术民族主义抬头，全球技术生态系统正在发生巨变，技术主权化、联盟化趋势加快，中国继续引进和利用国外先进技术的机会空间大幅缩小，更多需要原始创新、合作创新，而非跟随模仿。并且以美国为首的技术发达国家忌惮于中国在前沿技术的追赶，使用技术管制措施在关键、核心环节对我国技术发展尤其是前沿领域技术实施极限打击。除了直接的技术管制外，中国现在面临的另一个严峻问题是：美国与日本、韩国以及欧洲很多高科技企业都有交叉性技术授权，因此美国可以使用长臂管辖权，迫使部分采用美国技术的公司也加入对中国的技术限制、断供的行列。新技术的发展受限，会导致中国产业链的发展面临巨大挑战。

2．新一轮技术革命给产业发展带来的机遇

新一轮技术革命给中国带来一次利用新技术"超车"实现跨越和利用全球产业链重构实现跃迁的重大机遇。作为处于工业化中后期、全球制造业规模第一的中国，受到新技术革命的影响将远超其他新型工业化国家。充分利用好后发优势，实现"弯道超车"，将是中国积极部署和参与新一轮技术革命的历史性机遇。

新一轮技术革命以数字化、网络化、智能化为主导，将引发国际产业分工和生产格局的大调整、大变革。从分工方式看，制造业服务化、专业化以及产业链分工细分等特征凸显，服务业和制造业相互融合趋势加强。中国是世界上拥有全球最大制造业规模和联合国产业分类中全部工业门类的国家，利用数字化转型加速生产型制造向服务型制造转变，不仅将提升制造业效能和产品附加值，还将带动服务业结构持续优化，不断孕育新动能。从生产方式看，新技术将驱动生产格局向网络化、分布式方向发展，个性化定制和大规模定制将占据主流，社交化的制造平台不断涌现。中国企业将有更多机会更加广泛、深度地嵌入全球生产网络，特别是有望快速提升在全球产业价值链中的地位。

新一轮技术革命将给处在后发追赶地位的中国企业提供超越、迈入前沿的重大机遇。在数字化、网络化、智能化技术基础日渐夯实的条件下，新一轮技术的群体性突破，必将带来全球产业布局的革命性变化，也将引发新一轮各国竞争优势的更迭。相对于成熟技术和已有市场而言，新一轮技术体系尚不健全、技术壁垒（如知识产权）尚未形成、产业竞争格局还未成形、需求变化和商业模式存在较大不确定性，这些都为中国企业的追赶与跨越提供了全新的机会窗口。当前，在新一代信息技术、生物技术和新材料技术等领域都不同程度地出现了"技术变轨"和"市场变轨"的机会窗口。21 世纪以来，我国企业在互联网等领域迈入世界领先地位，就是利用新技术变革实现快速赶超的充分体现。同时，对传统产业数字化、智能化和绿色化改造，也将"倒逼"出更多的追赶机会，利用新技术改造传统产业，不仅能提升生产效率和产品质量，还可大幅降低能耗和物耗水平，实现清洁、绿色、高效生产，推动传统产业向高品质、高附加值的价值链中高端迈进。

2.4 国际经验借鉴

2.4.1 美国：以前沿技术创新实现产业链控制力

美国作为全球化分工体系的最顶端，一方面向全球提供输出需求，同时倚靠着自身的技术优势，还输出制度与技术方面的标准和协议，负责全球化的全局统筹与组织。在全球产业链的四个环节，即设计开发、制造、流通、消费中，设计开发的顶端基本被美国占据，因此美国获得全球产业链中利润最大的一部分，同时也使得参与到全球化分工中的国家的产业链对美国形成依赖。

一是美国从国家战略高度重视前沿技术发展，美国总统一般都会在任期内提出一系列技术发展目标等，例如 1991 年布什总统提出《国家关键技术》报告将"信息通信"技术列为关键技术内容；克林顿总统分别提出"信息高速公路"（NII）计划、全球信息基础设施计划（GII）、国家空间数据基础设施计划（NSDI）和数字地球计划（DE）；奥巴马总统推出大数据研究和发展计划和推进大数据科学与工程的核心技术（BIGDATA）等。通过国家层面战略保障，并持续给予充足的技术创新资金支持，来保证相关产业链高端化发展以及技术上持续的创新导向。

二是技术创新紧跟市场需求，往往能在最短时间内推出新技术，实现产品更新换代，如美国在操作系统、搜索和社交网络等为代表的技术领域保持全球领先优势，产生了微软和谷歌等公司，根据市场反馈，凭借超强研发能力，能够很快推出新产品。并在企业层面，推动基础研究领域的开拓，由于突破性创新在很大程度上依赖公司战略层面和运行层面的调整^①，美国企业很早就认识到基础研究的重要性，例如英特尔和苹果等公司从企业战略层面对基础研究给予人才和资金上的支持，并且在企业全球化过程中，美国企业将非核心技术、生产加工环节外包到发展中国家，保证国内创新资源对原始创新领域和关键核心技术的投入强度，也有效地提高企业技术创新能力。

三是推进产业技术标准制定。1990—2000 年，美国通过立法形式规定每年由国家关键技术委员会向国会和总统提交一份《美国国家关键技术》报告。同时，美国还竭力将本国技术标准转化为国际标准，并在全球通过"控制"与"争夺"战略，争取形成美国为中心的技术标准掌控局面。2005 年，美国《国家标准战略》正式签署实施，推进美国标准国际化。美国热衷参与国际标准制定，进一步实现对产业链的控制。

2.4.2 德国：深耕关键环节实现产业链布局

二战使德国遭受重创，但德国并没有被动接受低端制造业的转移，而是通过调整，迅速发展成为世界经济强国。时至今日，"德国制造"已是质量上乘的标志，不少德国企业已成为家喻户晓的世界知名企业，如"西门子股份公司""大众汽车集团""罗伯特·博世公司"等都在全球产业链中占据着重要地位。

一是动用国家力量，支持技术密集型企业做大做强，重视中小企业的发展，培育"隐形冠军"企业。德国中小企业占企业总数的 90% 以上，因此政府选择优先发展中小企业，培育出具备持续发展能力、拥有自主知识产权、掌握行业标准和占据产业链高端的"隐形冠军"企业，这些企业通过持续研发和技术创新，将某一项或一类产品做到全球领先的水平，从而占据产业链中重要的一环。

二是重视关键环节技术创新，德国加强对具有比较优势领域产品的研发投入，舍弃自己竞争力不足的领域，并通过专利保护，知识产权制度及技术标准等为企业创新提供激励。对传统产品、流程的关键环节进行更新或者直接替代，从而增强企业竞争力，实现在企业在产业链上的话语权和主导权。

---

① 单宝：《欧洲、美国、日本实施标准化战略的新动向及启示》，《中国科技论坛》2014 年第 3 期。

三是支持学校和科研机构等申请专利，注重加强研究机构与企业间的合作和加大引进人才的力度，同时加强教育，设置大学专业，大力培养关键领域专业人才。并且，通过设立风险投资基金来支持高技术成果的转化和产业化。

2.4.3　日本：构建产学研网络实现集群式产业链发展

日本产业占据着全球产业链中不可替代的重要环节。而日本也可以利用其独有专利技术来制衡来自他国的制裁"威胁"，以保障自身的产业链安全。例如日本半导体产业在全球的领先优势虽然不断地被后来者追赶并超越，但是凭借长期的技术积累，日本在该领域依然保持着着强大的研发实力和绝对的领导地位。

一是以科技服务中介机构为枢纽，构建产业研网络。为了促进科技成果产业化，当地大学会设立技术许可办公室，负责大学等研究人员的专利申请和技术许可等事务。此外，地区的县都设有各自支援、协调机构，还建有开发中心和制造中心等，促进当地产学研与政府之间合作网络构建。另外，日本中小企业厅主导的中小企业政策性融资体系还会为重点、风险等创新型企业提供资金、担保支持。

二是以政府通过多种方式降低技术应用成本。2014 年，日本出台《生产率提高设备投资促进税制》，提出企业对先进制造技术设备进行投资的税收优惠政策，吸引大量企业采用新型设备改造提升传统生产线；并且，引进先进制造业设备的中小企业还可在此基础上进一步享受税费减免，大幅降低中小企业应用新技术的门槛；对教育部门购买先进设备，政府也会对购买费用进行补助，最高达到三分之二。

三是以大型企业为核心、地方配套企业为辅。大型企业为降低生产成本，可以把劳动密集型的业务外包给地方中小企业，并相应地进行技术转移和培训，使得地方中小企业的技术能力得到迅速提升，促进产业链集群式发展。

2.4.4　英国：以技术应用促进产业链发展

英国重点发展应用前沿和尖端的技术及专业知识，并能够带来持续增长和高经济价值的相关产业等。其中，重点产业包括药物、生物科学和特殊材料等，还有发展关键技术领域，如纳米技术和信息交互技术等。

一是通过研发强度和增长率指标判定产业发展潜力，保证英国能够将在全球市场中占据重要技术地位的产业作为投资重点。进一步将这些产业按研发强度由小到大、增长率由低到高进行排序，重点选择研发强度大或增长率高的产业，确保以高经济价值产业来引领发展，同时努力打通从基础研发到技术市场化的路径，推动技术成果的转化。

二是确保政府资助精准有效。英国政府出资设立了技术创新中心—弹射中心，该中心主要作用是通过推动科学家、工程师和市场之间的协同，实现从基础研发到应用技术，再到商业化的过程，促进研发和科技成果产业化，打造与产业紧密结合的创新体系。技术创新中心每年与上千家企业开展合作，推动一系列应用技术的转化与推广，同时促进重点产业的发展。

三是着眼未来技术，增加创新基金投入。从英国政府公布的预算报告来看，英国希望成为创新中心，计划在机器人、5G 和量子技术等领域加大投资，适应未来产业发展需求。在 2017 年报告《产业战略：建设适应未来的英国》中提出英国政府将投资 7.25 亿英镑来支持工业战略挑战基金发展项目，重点创新技术发展领域包括人工智能和生命科学等。

2.5　对策建议

2.5.1　全面提升关键核心技术自主创新能力，实现产业链自主可控

习近平总书记指出，关键核心技术是国之重器。面对全球技术管制壁垒的加码、技术民族主义抬头以及发达国家产业链关键核心环节回迁等，这些都会不断放大技术对产业链的影响，应对这些挑战，需要加速核心关键技术的本土突破。因此，能否在关键核心技术创新领域实现根本性突破，是增强产业链自主可控能力，实现产业链安全稳定的重要保障。

首先，加大基础研究力度。我国基础研究与世界强国相比差距较大，而基础研究决定创新高度，进而体现一个国家科技综合实力。因此，应健全支持基础研究、原始创新的体制机制，在全社会研发投入中稳步提高基础研究比重，重点建设一批具有先进水平的跨学科创新基础平台和设施，重点支持

创新能力强的科研机构和优秀科技人才，完善基础研究经费拨付和管理办法，引导地方政府与企业加大对基础研究的投入力度，研究建立重大科技基础设施建设运营多元投入机制，支持民营企业参与关键领域核心技术创新攻关，形成支持基础研究的合力。

其次，充分发挥企业在技术创新中的主体作用。鼓励创新型企业参与关键核心技术攻关，促进创新要素向企业集聚。健全科技创新的市场导向制度，坚决破除制约科技创新的制度藩篱，在核心关键技术攻关上赋予企业充分的自主权，鼓励和支持企业建立研发机构、加大研发投入，参与和主导国家重大科技项目，开展原创性研究。发挥我国超大市场规模优势，推动技术和产业协同发展，打通融合创新链、产业链、价值链，进一步提升创新体系的整体效能。

最后，围绕产业链开展技术创新。要遵循技术发展规律，做好体系化技术布局，优中选优、重点突破，切实提高我国关键核心技术创新能力，研发和掌握更多的国之重器，把发展主动权牢牢掌握在自己手里。推动基础研究成果转化为关键核心技术，需要加强科学创新与技术创新有效衔接，解决好从科学到技术的转化问题。为此，需要推进产学研协同创新，让产学研各方共同介入产业创新链。作为知识创新主体的大学及其科研人员介入产业创新链，能够为技术创新提供坚实的基础理论支撑。同时，大学不应局限于创造原始创新成果，还应进入孵化新技术的平台，探索科学发现的技术应用场景。

2.5.2 加强数字基础设施建设，推动数字化转型，引领产业基础高级化和产业链现代化

加强数字基础设施建设是数字化的根基所在，决定了数字化的功能水平和应用前景。通过加快 5G 网络、数据中心等新型基础设施建设，提高信息及时传送、数字实时处理的基础保障能力。构建高速、移动、安全、泛在的新一代信息基础设施，扩大网络覆盖范围，提升网络供给能力，努力形成万物互联、人机交互的网络空间，为数字化转型提供基础保障。通过产业平台建设，推动实现线上定制、远程设计、协同制造，全面创新产业模式和产业链形式，数字经济时代，供求精准对接的产业链将改变原有的产业发展模式。

打造数字供应链，数字化转型减少中间环节、简化业务流程、优化关联组织、节约交易成本，推动产业链从规模性向功能性转变。进而提升中国企业在全球产业链中的地位，有效应对产业链竞争。全球经济发展困难因素增多，产业竞争进一步加剧，大国博弈的焦点正在从产业链分工转向产业链竞争。在这样的竞争态势下，积极的应对就是必须更好发挥我国的体制优势，更好发挥企业在产业链中的核心作用，夯实产业基础，提高产业水平，优化产业组织，加快推进企业数字化转型，使之在补链、稳链、强链中发挥主力作用。

数字化转型提升产业基础能力，从而支撑产业链现代化。只有产业基础能力全面提升，产业链现代化才能成为现实，数字化转型着力点就是产业基础能力提升，加大数字基础设施建设为产业发展提供了强基固本的条件。我国产业基础结构参差不齐，企业创新能力千差万别。随着数字化加快，基础设施短板制约凸显，既制约数字化发展，也制约产业链配套升级。对此，需要进一步加快 5G 等新型基础设施建设，以适应数字经济发展的要求，满足产业链现代化的需要。

数字化转型将会推动产业链创新。一是源自企业创新的推动，产业链是以企业为主体构建的，企业创新不断推动产业链创新。特别是企业数字化创新，打破创新流程各个环节的界线，促进时间和空间上的重叠，使得企业创新流程能够有效实现快速迭代。随着互联网技术从个人电脑互联到移动互联再到万物互联，催生新技术、新业态、新场景不断更新换代，通过对人、机、物的全面互联，拓宽产业新边界，推动产业链创新。二是对产业格局的影响。现有产业链是建立在传统分工基础上的，适应工业化的需要，形成固有格局。随着世界经济加快向数字化转型，必然会推动产业链发生格局性变化，形成全要素、全产业链、全价值链全面连接的新型生产制造和服务体系。其核心是按照数字思维，深化多元化合作、优化产业链布局、强化共生协同效能。网络化使得信息实时交互，供求精准对接，资源自由流动，线上交互打破物理空间的限制，打破各种形式的信息壁垒和数据资源垄断，不仅节约时间，也重新匹配资源。数字化生产流水线、数字化物流流通系统、数字化产能预测和数字化销售平台，产业数字化正在为传统产业带来全方位的数字化赋能，并重构产业链、供应链和价值链。

2.5.3 促进技术研发储备,力争在相关领域全球创新格局中占据重要位置,实现技术补链和强链

强化专利战略,以密集的研发投入等手段,在一些关键技术上,对标美国、德国和日本等国,以前沿技术创新实现产业链技术补链和强链。从长期来看,保障产业链的稳定高质量发展的核心在于技术创新,不仅需要科学制定战略规划,加强基础研发,还应以市场和国家安全为导向,以核心技术创新为突破口,实施专而精的策略,合理运用行政手段激励相关产业发展,加强技术研发储备和知识成果转化速率。加快科技创新和技术攻关,围绕产业链部署创新链,围绕创新链布局产业链,培育新技术、新产业、新业态,优化产业链格局。聚焦产业链数字化和智能化发展,将数字技术贯穿全球产业链发展各环节以及产品全生命周期,引领产业基础高级化和产业链现代化。加快建设产业集群,强化产业链在各地区的集聚化程度,将我国产业优势长期稳定地嵌入全球产业链体系中,提升产业链的协同力、创新力、附加值和安全性。强化关键环节、关键领域、关键产品优势,支持领先企业开展产业链体系建设,增强对全球产业链的引领力,分批次、分领域地培育出一批具有强大国际竞争力的高科技产业链。在处于快速发展期的新兴领域,如新能源汽车、芯片材料、人工智能、智能智造等,注重多技术路线培育,防止下一代技术出现落后;在人工智能、物联网等处于发展初期的产业,加强市场驱动的技术创新,实现专有芯片突破;在可能重新定义产业和改变产业规则的前沿探索领域,如量子计算机、生物计算机等,为开辟新赛道提前布局和谋划,着力培育部分本土全能冠军和一批隐形冠军,力争在相关领域全球创新格局中占据重要位置。

2.5.4 充分保障技术创新和产业链发展的关键要素

推进技术自主创新,实现产业链高质量发展,必须具备人才和资金等关键要素。结合国际经验,我国要加快建立多层次的人才培养体系,创新人才培养模式,统筹抓好以高层次人才和高技能人才为重点的各类人才队伍建设,着力构建人才发展体制机制,充分激发广大科技人员的创新创业活力。从全球来看,地缘政治冲突、中美脱钩、新冠疫情等"黑天鹅"事件频发,中国产业链、供应链表现出的弹性、韧性等激发了华人科学家和企业家归国

发展的愿望。应抓住这一机遇，加大"回流"人才吸引。除出台持续放大人才政策红利、推出高端人才医疗保障、人才招聘绿色通道、高层次人才定点接回等常规人才吸引措施外，留住人才还需要在高端人才个性化需求发掘与保障等方面进行精准施策。

另外，要正确把握技术创新和金融创新的客观规律，着力推动技术创新和金融创新的良性互动，大力推进技术资源和金融资源的有效对接，努力形成多元化、多层次和多渠道的投融资体系，促进技术、资本和人才等创新要素向科技型企业、新兴产业集聚。同时，我国外汇储备丰富，应该拓展外汇储备使用途径，可设立科技创新专项外汇基金，帮助企业和科研机构收购国际专利，并购海外科技企业。

2.5.5　加快完善产业链政策，实现重点产业链的"串联"与"并联"

国内部分重点产业链联动、协调较差，导致有些企业开始在不具有基础、优势的产业链环节进行布局，这其实是违背产业比较优势、不经济的举措。对于这些带有共性技术特点的重点产业链，现有的部分产业链政策相对较为松散。亟须尽快完善产业链政策，发挥功能型产业政策和竞争政策的协同效应，实现重点产业链从"并联"向"串联"转变。在产业政策上更加注重创新能力提升，注重产业发展的协调性和平衡性。将上海重点发展的共性关键技术的应用作为一个生态体系整体推进，通过上下游的采购补贴、交易的撮合、发挥竞争政策的基础性作用等方式，完善有利于上下游产业协同发展的体制机制，支持大中小企业和各类主体融通创新，鼓励上下游之间国产化配套，鼓励国产化采购。在产业链发展的各个环节和重点产业发展的各个阶段，统筹协调，科学规划、制定、实施有针对性的产业链政策。覆盖投资、人才、研发等关键要素；打通科学研究、试验发展、成果转化等核心创新链；贯穿初创、成长、壮大企业生命周期；实现产业政策链条的全覆盖，努力实现重点产业链的"串联"与"并联"。在产业政策上更加注重创新能力提升，注重产业发展的协调性、平衡性。相关政策可以把稳定市场创新预期作为重点，制定重点产业的技术短板清单，以稳定的创新预期牵引更多创新要素向核心、关键环节流动，加快产业链补短板。与此同时，特别需要注重产业政策的国际接轨，在政策工具的选择、介入机制、过程的监管、政策的退坡上符合国际规范，减少政府在市场中的"过度恋战"。强化竞争政策的基础性地位，发挥市场竞争在促进产业创新中的重要作用。实施产业政策公平竞争审查制度，加大反垄断、反不正当竞争执法力度。对于新产业、新技术、新业态、新模式，要创新思维与监管方式，以"包容、审慎"的原则促进其发展。特别是对于畅通区域、产业循环具有重要赋能效应的数字经济，应要全面推进其营商环境的优化。以事中事后监管代替事前准入许可，积极构建"宽进严管、靶向追踪、信用监管"的协同监管机制。适应数字经济变化快的特点，对出台的相应管理办法设定有效期并不断修订，提升数字经济领域法规和标准的适用性，降低制度性成本。对于具有超大规模技术开发和市场应用的新兴产业，需要以全产业链的思维打通研发到产业化应用的创新链通道。

▏参考文献

［1］王宏强：《产业链重构：概念、形式及其意义》，《山东社会科学》2016 年第 5 期。

［2］刘贵富：《产业链基本理论研究》，吉林大学 2006 年博士学位论文。

［3］芮明杰、刘明宇：《产业链整合理论述评》，《产业经济研究》2006 年第 3 期。

［4］赵红岩：《产业链整合的演进与中国企业的发展》，《当代财经》2008 年第 9 期。

［5］国务院发展研究中心"国际经济格局变化和中国战略选择"课题组、戴建军、熊鸿儒、马名杰：《全球技术变革对国际经济格局的影响》，《中国发展观察》2019 年第 6 期。

［6］［英］卡萝塔·佩蕾丝：《技术革命与金融资本》，中国人民大学出版社 2007 年版。

［7］［美］迈克尔·波特：《竞争优势》，陈小悦译，华夏出版社 2003 年版。

［8］马明媚：《新技术革命对产业变革的影响》，《商》2015 年第 31 期。

［9］许爱萍：《美国提高电子信息产业技术创新能力的经验及借鉴》，《中国科技论坛》2014 年第 3 期。

［10］单宝：《欧洲、美国、日本实施标准化战略的新动向及启示》，《中国科技论坛》2007 年第 6 期。

［11］樊继达：《以新型举国体制优势提升关键核心技术自主创新能力》，《中国党政干部论坛》2020 年第 9 期。

［12］丁志帆：《数字经济驱动经济高质量发展的机制研究：一个理论分析框架》，《现代经济探讨》2020 年第 1 期。

［13］Coase R H. The Nature of the Firm［J］. Economica，1937，4（16）：386—405.

［14］Perez C. Technological revolutions and techno-economic paradigms［J］. The Other Canon Foundation and Tallinn University of Technology Working Papers in Technology Governance and Economic Dynamics，2009.

（本章主持及执笔：陈磊）

第3章　全球出口管制与中国全球产业链重构

本章提要：

中国在20世纪80年代，通过承接发达国家的劳动密集型等低技术产业转移，迅速成长为"世界工厂"，而在2001年加入世界贸易组织以后，中国融入全球产业链的程度不断加深，外资的涌入、中间品贸易总量的提升等使得中国在出口中学习、技术引进等过程中产业链技术水平也不断提升。全球的产业链形成美国、德国、中国三个中心，世界各国广泛参与的基本格局。中国全球产业链地位的不断攀升，产业技术水平的提高引起美国的警惕，中美贸易摩擦叠加新冠疫情等造成的冲击使得美国开始频繁使用单边、多边出口管制机制，试图阻碍中国全球产业链地位的持续提升并在关键核心和基础研究等技术领域对中国进行封锁。出口管制的逐步加码使得传统的技术引进、出口中学习等技术溢出渠道受阻，企业的对外投资也遭到更严格的审查。与此同时，美国还加速产业链"中美脱钩"的进程。在此背景下，中国面临着欧美等高端产业链环节回迁，中低端产业转出到替代国等的威胁，这种威胁将影响中国产业链的技术创新和全球布局，引发中国全球产业链的新一轮重构。

首先，本章从历史的维度，一方面对全球出口管制体系的演变进行回顾，并分析美国、欧盟等主要经济体的出口管制体系和多边管制机制（《瓦森纳协定》）的管制清单、管制体系构成等，另一方面对全球产业链的几次重要转移和基本格局进行剖析。试图厘清全球出口管制体系和产业链的发展态势。

其次，本章概括全球对华出口管制体系和产业链格局的新变化。中国面临不断加码的全球出口管制，美国对华管控技术类别不断扩大，还频繁利用实体清单以实现对中国企业的精准打击，2018 年至 2020 年 5 月底，先后共有 10 批共计 296 家中国企业或机构被列入美国商务部实体清单。除此以外，美国还结合"长臂管辖"、外资审查等手段，以形成对中国全方位的"技术封锁"。全球产业链格局上，一方面，美国等发达国家加速产业链脱钩，美国、日本等国家先后出台政策要求在华企业回迁，英国也制定了华为 5G 设备的全面清退计划。另一方面，新冠疫情的冲击使得各国对产业链安全的重视程度极大提升，近岸化、分散化等成为产业链布局的新趋势。在出口管制体系逐步加码，产业链格局出现新变化的背景下，本章从产业链技术创新和产业链全球布局两个方面进一步剖析出口管制对中国全球产业链重构的影响。观测中国产业链现状后可以发现，中国在创新链上的地位不高，航空航天等核心关键技术严重依赖于向美国等发达国家的进口。一旦受到出口管制，高技术领域产业链断链风险很高。除此之外，中国在高技术产品领域，也严重依赖于向美国等发达国家的出口，这意味着出口管制的加码可能会使中国陷入进出口双头受制于人的窘境，抑制产业链技术创新。结合中国产业链的全球布局现状，高技术产业领域，中国产业链在美国等发达国家布局环节较多。遭受出口管制时，相应的产业链环节可能会被迫回迁或者转移至替代国。除欧美国家外，中国在日、韩等东亚国家的产业链环节布局也较多，东亚可以作为中国未来产业链转移的重要替代选择。

最后，本章在出口管制预警机制构建、完善国内出口管制体系、开辟全球产业链攀升新路径以及建立长效人才引入机制等方面针对中国应对出口管制冲击、全球产业链合理重构给出相应的对策建议。

3.1　全球出口管制体系、产业链布局演变分析

3.1.1　全球出口管制体系的历史演变分析

出口管制是国家出于政治、经济、军事和对外政策的需要，制定的商品出口的法律和规章，以对出口国别以及商品类别进行控制。其管制形式主要包括单边出口管制和多变出口管制两种，管制方法包括征收出口关税、制定出口许可证制度、出口商品的国家专营、实行出口配额等。

出口管制作为与自由贸易相对的一种重要贸易保护政策体系，由来已久，最早源于二战后各国的军事战略安排，主要是为了防止大规模杀伤性武器及其运载工具的扩散，特别是避免相关武器设备被威胁世界和平与安全的国家所获取。战后苏联的迅速崛起，欧洲综合实力的衰落等使得地缘政治格局、经贸格局等发生重大转变，以美国为首的西方阵营与苏联之间展开了激烈的军备竞赛，并竭尽所能遏制社会主义阵营的发展，美苏冷战拉开帷幕。而出口管制在冷战期间，主要实施目的转变为了东西方阵营的对垒。西方国家的出口管制措施以禁止出口为主，禁运范围主要是军事武器装备、尖端技术产品和稀有物资等货物和技术，针对对象涵盖以苏联为主的包括中国、越南、朝鲜等社会主义国家以及部分民族主义国家等，目的主要是为全面遏制社会主义国家军事、科技、经济等领域的发展。除了各自设立单边的出口管制安排外，为了协调行动，出口管制的多边机制也开始进入历史舞台。两大阵营建立了各自的多边机制，其中最具有代表性的是以美国为首西方阵营于 1947 年 11 月在法国巴黎成立的非正式多边组织"多边出口管制协调委员会"（COCOM，又名"巴黎统筹委员会"以下简称"巴统"），"巴统"是在世界上第一颗原子弹爆炸成功后成立的，其根本目的就是为了杜绝战略性物资及技术流入东方阵营国家。冷战后期，"巴统"的部分成员出于自身利益和经贸发展需要，开始不断突破禁运限制。到 1990 年，"巴统"大幅度放宽对东欧各国的高技术产品出口限制。1991年，伴随苏联的正式解体，美苏冷战宣告结束，"巴统"作为遏制苏联发展的同盟组织也于 1994 年 4 月 1 日解散，被 1996 年 7 月建立的出口管制多边论坛——《瓦森纳协定》组织取代。冷战结束后，联合国安理会主持制定《不扩

散核武器条约》《化学武器公约》《生物和毒素武器公约》《武器贸易条约》等多项有关防扩散的国际条约,《瓦森纳协定》组织、澳大利亚集团、核供应国集团、导弹技术管制机制、桑戈委员会等出口管制多边机制也成为世界出口管制体系重要组成部分。总的来说,冷战时代的落幕宣告全球出口管制措施从针对特定国家和地区的出口为主开始转向以限制特定货物、技术和服务出口为主。在国际条约和出口管制多边机制的推动下,现代出口管制制度已经发展为覆盖范围和管制环节全方位、以最终用户和最终用途为目标、以大规模杀伤性武器及其运载工具不扩散为管制重点、以恐怖组织为重要管制目标的高水平出口管制机制。管制措施从禁止出口为主转向以出口许可为主,管制环节从单纯的出境管制扩大到过境运输、转运、中介、在出口等。出口管制地区从特定国家或地区扩大到恐怖组织和个人。

3.1.2 全球出口管制体系的现状分析

1. 世界主要经济体出口管制体系分析

过去,出口的传统含义是指商品在物理意义上离开一国境内的贸易行为。随着世界经济的不断发展和经贸格局的变动,出口的范围也随之不断扩展,世界各国通过立法规定了出口管制下出口的内涵和范围。例如美国的《出口管理法》《出口管理条例》、欧盟的《管理军事技术和设备出口控制的共同条例》等都是出于避免过度出口、过度对外需求、保护本国高技术产业发展等不同目的的典型出口管制体系法律构成。

作为《瓦森纳协定》组织、核供应国集团、澳大利亚集团等出口管制多边机制的核心成员国,美国不断积极推进严厉的防扩散管制,逐步构建了包含管制立法、管制清单、出口许可等多维度的出口管制体系,并同时不断实施完善出口管制的域外管辖。

管制立法方面,美国的出口管制法律体系依据管制对象的不同可以分为两类:一类是包含《出口管理法》及其实施细则《出口管理条例》的民用品出口管制法律体系;另一类是《武器出口管制法》及其实施条例《国际武器贸易条例》等组成的军用品出口管制法律体系。

《出口管理法》于 1979 年正式出台,并分别在 1981 年、1985 年、1988 年多次小幅修改,其间《出口管理法》多次出现到期问题,美国总统利用

《国际紧急经济授权法》使国家进入紧急状态，从而得以继续实施该法案。直到 2018 年，美国新出台了《出口管制改革法》，与《出口管理法》不同，该法案是无限期有效的。《出口管理法》从原则上对出口范围作出规定，《出口管理条例》则是在此基础上对出口范围进行了进一步细化。《出口管理法》规定的出口范围包括：商品或技术通过实际的运送、转让、传送离开美国；位于美国的商品或技术向受管制国家的大使馆或关联机构转让；在美国国内或美国国外的商品或技术在明知或有意的情况下向未经许可的接收方运送、转让、传送。《出口管理条例》的出口说明包括：《出口管理条例》管辖的物项通过实际运送或传送的方式离开美国，或者属于《出口管理条例》管辖的技术或软件在外国公布或者向外国人公布。另外，"视同出口"也被纳入出口范围，将受管制技术向在美国的外国人公布，被视同向外国人的国家或国籍国出口。"视同出口"是美国出口管制立法的重要特点之一。"再出口"也被美国立法纳入出口范围。"再出口"是指属于《出口管理条例》管辖的物项从一个外国向另一个外国进行实际上的运送或传送，或者属于《出口管理条例》管辖的技术或软件向美国之外的外国人公布。"再出口"立法规定为美国域外管辖权的行使供了法律依据。

军用品出口管制法律体系方面，美国 1976 年颁布《武器出口管制法》，其主要目标为保持社会、经济、政治进步所必需的国际和平和安全环境，以国际协约的形式加强与友好国家的共同防御合作，落实美国的国家安全战略目标和外交政策等。相比民用品出口管制法律体系，《国际武器贸易条例》对出口的规定更加细致严密：（1）以任何方式将国防物项发送或者带出美国，不包括由含有技术数据的个人知识通过个人旅行方式离开美国；（2）在美国国内或美国国外，将《美国军品清单》管辖的任何航空器、船只、卫星向外国人转让登记权、控制权或所有权；（3）在美国将任何国防物项向任何外国政府的大使馆、专门机构或分支机构（例如外交使团）披露（包括口头或视觉披露）或转让；（4）在美国国内或国外将技术数据向外国人披露（包括口头或视觉披露）或转让；（5）运载工具或载荷不应当由于其自身的发射活动被视为本节所说的出口或转让；（6）在美国国内或国外，代表外国人或外国人的利益，执行国防服务。这些出口的规定体现了美国立法将"从事经纪行为"也纳入出口活动范畴的第三个典型特征。"经纪人"是指作为他人代理的任何人，从事国防物项或国防服务的合同协商或安排、销售、转让，获得费用、佣金或其他报酬作为回报。"经纪活动"是指，经纪人从事的行为，包括融资、运输、货运代理、促进国防物项或国防服务制造、出口、进口的任何其他活动，无论国防物项或国防服务的来源。"从事经纪"通过对经纪行为的限制，达到对出口关联行为进行管辖的目的，进一步扩大了出口管制范围。

在立法基础上，美国制定了详尽的出口管制清单和相应的出口许可政策以实施出口管制。与立法分类相同，美国出口管制清单同样可以分为针对民用品的商业管制清单和针对军用品的军品管制清单两类。商业管制清单在《出口管理条例》中将管制清单按照物项所属产业分为10大类，并进一步根据商品产业内用途在10大类下进行了5小类划分。根据安全关切程度，商业管制清单还将世界各国和地区进行了5类划分，列出国家一览表。另外，商业管制清单还针对不同管制商品出具了反恐、生化武器、犯罪控制、化学武器公约、加密物项、国家安全等各异的管制理由。军品管制清单对管制物项的划分则相对粗略，仅将受控军品划分为21大类，并未出具对应的出口管制分类号。

出口许可政策方面，商务部和国务院是美国颁发出口许可证的主要部门。其中商务部颁发的许可证可以分为一般许可证、单项有效许可证以及多次有效许可证三类，国务院发放的许可证可以分为DSP-5（长期出口许可证）；DSP-61（临时进口许可证）；DSP-73（临时出口许可证）以及DSP-85分类进出口许可证四类。

由于成员国众多，欧盟层面出口管制政策的历史演变显得更为复杂，经过多年的努力，欧盟在出口管制立法、管制清单列定、管制方式等方面同样形成较为完善的出口管制体系。立法层面，欧盟设立包括《欧盟理事会条例（EC）第428/2009号》(关于设立欧盟层面的两用物项出口、转让、经纪和过境管制制度)、《管理军事技术和设备出口控制的共同条例》等法律法规。除此以外各成员国还依自身国情制定国内层面出口管制法律法规，例如法国的《常规武器与两用物项和技术出口控制政策法》、德国的《对外贸易

表 3.1　美国商业管制清单分类

分类码	具体类别	分类码	具体理由	
清单大类 0 类	各种核材料、设施、设备	管制理由分类 0	美国国家安全（包括两用品清单和《瓦森纳协定》军品清单）以及和供应国集团两用品附录及出发清单上的物项	
1 类	材料、化学制品、微生物、毒素	1	导弹技术原因	
2 类	材料加工	2	核不扩散原因	
3 类	电子产品	3	生化武器	
4 类	计算机	5	美国商务部批准的国家安全或外交政策管制物项	
5 类	通讯与信息安全	6	（600 系列）受控物项为《瓦森纳协定》军品清单或者之前在美国军品管制清单上的物项	
6 类	激光器与传感器	9	反恐、犯罪管制、地区稳定、短缺供应、联合国制裁等原因	
7 类	导航与航天设备	国家/地区分类码	代表性国家和地区	国家定位
8 类	海洋探测设备与技术	A	澳大利亚、法国、德国、加拿大等	出口控制制度成员国
9 类	航空推进系统	B	希腊、智利、南非等	除其他三类以外的国家
商品分类 商品分类码	具体类别	国家一览表分类① C	—	目前保留
A	设备、装备、配件	D	中国、以色列、白俄罗斯等	受关注并有导弹技术的国家
B	试验、检测、生产设备	E	单边禁运国家如古巴、伊朗、朝鲜、苏丹等	技术禁止出口国
C	材料			
D	软件			
E	技术			

资料来源：根据美国商务部官网公开资料整理。

---

① 从 A—E 类，安全关切程度依序提升。

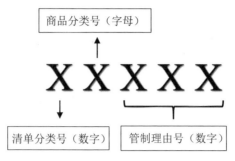

图 3.1 美国商业管制清单编码构成

资料来源：根据美国商务部官网公开资料整理。

表 3.2 美国军品管制清单受控军品分类

分 类	具体产品	分 类	具体产品
第 I 类	近距离攻击性武器、战斗散弹枪	第 XII 类	传感器和夜视设备
第 II 类	枪炮和武器装备	第 XIII 类	备用军事设备
第 III 类	弹药／军械	第 XIV 类	毒素，包括化学剂、生物剂及相关设备
第 IV 类	运载火箭、导向飞弹、弹道导弹、火箭、鱼雷、炸弹、水雷和地雷	第 XV 类	航天器及相关设备
第 V 类	爆炸性和高能材料、推进物、可燃剂及其构成部分	第 XVI 类	核武器、与核材料设计及检测相关的物项
第 VI 类	战舰和特殊海上设备	第 XVII 类	军品清单中未列举的所有相关分类产品、技术数据及国防服务
第 VII 类	坦克和军用车辆	第 XVIII 类	定向能武器
第 VIII 类	航空器及相关设备	第 XIX 类	蒸汽涡轮发动机
第 IX 类	军事训练设备	第 XX 类	潜艇、海洋及相关设备
第 X 类	个人防护设备和防护品	第 XXI 类	具有明显军事用途的任何相关物项
第 XI 类	军工电子产品		

资料来源：根据美国商务部官网公开资料整理。

表 3.3　美国出口许可证的类别及特征

颁发机构	分　类	适　用　情　形
美国 商务部	一般许可证	适用于普通商品或技术、总量和金额较少、进口国是美国盟国等出口情形
	单项有效许可证	适用于出口特定产品到特定目的地的出口情形。适用范围较广，两年有效期
	多次有效许可证	不限制出口数量、收货人和金额等，有效期较长但审批严格
美国 国务院	长期出口许可证	未分类的长期出口国防品和技术数据
	临时进口许可证	需要临时进行转口的未分类国防品
	临时出口许可证	临时出口的未分类国防品
	分类进口许可证	临时和长期出口的、临时进口和自由贸易协定管理的长期进口的分类产品

资料来源：根据美国商务部官网公开资料整理。

与支付法》等。出口范围界定上，欧盟出口管制立法中界定的"出口"包括：（1）符合欧洲理事会 1992 年第 2913 号规定（共同体海关法）的出口流程；（2）除过境项之外，符合共同体海关法第 182 条规定的再出口；（3）以含传真、电话、电子邮件或任何其他方式在内的电子媒介发送软件或技术到欧盟之外的目的地的情况，其中包括以电子方式向共同体外的法人、自然人和合伙机构提供软件和技术。通过电话描述技术，也同样构成以口头发送的形式进行出口的行为。可以看到，"视同出口"在欧盟立法中同样得到了体现。另外，"经纪服务"也被纳入出口范围。从第三国购买，向另一第三国销售或者供应军民两用物项，销售或者购买位于第三国的两用物项，并转让给另一第三国，为上述活动开展谈判或安排交易等被纳入"经纪服务"范畴。对出口范围的规定，美国与欧盟共同之处较多，除一般出口外，两者都将视同出口、再出口、经济活动纳入出口范围。不同的是，欧盟对从事经纪的规定范围更窄，单纯的辅助性服务例如运输服务、金融服务、保险或再保险服务，或者一般性的广告或推销服务等并没有被划定为经纪服务范畴。

出口管制清单方面，欧盟的出口管制清单分为两用物项及技术出口管制清单以及共同军品清单。欧盟两用物项及技术出口管制清单中，对清单和商品的分类及编码方式与美国基本一致，涉及管制理由的管制属性编码相比美国则更加细化。受控商品编号方式也与美国管制清单几乎一致，由 4 个数字和 1 个字母构成，第一个数字表示商品类别，第二个字母表示商品性能，后三位数字表示商品管制属性。对军品的管控分类，欧盟与美国类似，仅对大类进行划分，将受控军品分为 22 大类。

表 3.4　欧盟两用品管制属性分类

管制属性编码	具体管制属性
000—099	《瓦森纳协定》组织
100—199	导弹及其技术控制制度
200—299	核供应国集团
300—399	澳大利亚集团
400—499	《禁止化学武器公约》
500—899	保留
900—999	单边管制

资料来源：根据欧盟理事会条例（EC）整理。

表 3.5　欧盟受控军品分类

分类	具体产品	分类	具体产品
ML1	口径 20 毫米以下的光膛武器；口径 12.7 毫米及以下的其他枪械、自动化武器和配件及其特别设计的零件	ML7	化学或者生物毒剂、"暴动控制剂"、放射性材料、相关装备、零件与材料
ML2	口径 20 毫米及以上的光膛武器；口径 12.7 毫米以上的其他武器或兵器、投射器和配件及其特别设计的零件	ML8	"高能材料"与相关物质
ML3	弹药与熔断器设定装置及其特别设计的零件	ML9	水面或水面下作战船只、特别海军装备、零配件及其他水面船只
ML4	炸弹、鱼雷、导弹、火箭、其他爆炸装置和火药，相关装备与配件及其特别设计的零件	ML10	为军事用途特别设计或改装的"飞机""轻于空气的航空器"、无人驾驶航空器、航空引擎及相关装备、零件
ML5	为军事用途特别设计的发射控制及相关警示装备、相关系统、测试、校准、反制装备及其特别设计的零配件	ML11	未列入欧盟共同军品清单的电子装备及其特别设计的零件
ML6	地面车辆及零件	ML12	高速动能武器系统与相关装备及其特别设计的零件

（续表）

分类	具体产品	分类	具体产品
ML13	装甲或者防护装备、结构及零件	ML18	防护装备及其零件
ML14	"供军事训练的特殊装备"或供模拟军事演习使用的特殊装备，为使用ML1 或 ML2 管制的任何枪械或者武器的训练而设计的仿真器及其特别设计的零配件	ML19	导能武器系统、相关或反制装备与测试模型及其特别设计的零件
ML15	为军事用途特别设计的影像或者反制装备及其特别设计的零配件	ML20	低温及"超导"装备及其特别设计的零配件
ML16	锻件、铸件及其他半成品，而且专门为ML1—ML4、ML6、ML9、ML10、ML12 或 ML19 所指明的任何产品而设计的半成品	ML21	"软件"
ML17	杂项装备、材料与"图书资料"及其特别设计的零件	ML22	"技术"

资料来源：根据欧盟理事会条例（EC）整理。

出口许可政策同样使欧盟主要的出口管制方式之一，主要有欧盟通用出口许可、国家通用出口许可、全球出口许可以及单项出口许可四类。

表 3.6　欧盟出口许可的类别及特征

分　类	特　征
欧盟通用出口许可	适用于欧盟两用物项及技术出口管制清单上大部分受控物项
国家通用出口许可	成员国中法国、德国、荷兰等六国可以发放国家通用出口许可
全球出口许可	授权一个出口商出口一种或多种物项到一个或多个国家／最终用户
单项出口许可	授权一个出口商出口给一个最终用户

资料来源：根据 http：//ec.europa.eu/trade/creating-opportunities/trade-topics/dual-use/ 网站公开资料整理。

中国过去的出口管制体系还存在立法、执法机构统一性等问题需要改进。虽然中国已经出台《核出口管理条例》《军品出口管理条例》等一系列出口管制相关法规，但相关立法层级不高且相对分散，还缺乏统一立法将各法律规章相互联系形成一个综合法律体系。另外，中国对出口管制进行执法的政府机构间还存在层级、分工等模糊混杂的问题，缺乏机构间职能的统一定位。以《核出口管制条例》为例，管制过程中需要国家原子能机构和其他政

表 3.7　中国出口管制相关法律法规

领　域	法律法规	颁布年份
核领域	《核材料管理条例》	1987
	《核出口管制条例》及管制清单	1997
	《核两用品及相关技术出口管制条例》	1998
生物领域	《生物两用品及相关设备和技术出口管制条例》及其管制清单	2002
	《中华人民共和国监控化学品管理条例》及《各类监控化学品名录》	1995
化学领域	《〈中华人民共和国监控化学品管理条例〉实施细则》	1997
	《有关化学品及相关设备和技术出口管制办法》及管制清单	2002
导弹领域	《导弹及相关物项和技术出口管制条例》及管制清单	2002
军品出口领域	《军品出口管理条例》	1997
	《军品出口管理清单》	2002
其他相关法律	《对外贸易法》	1994
	《海关法》	1987
	《刑法修正案（八）》	2011
	《行政处罚法》	1996
	《技术进出口管理条例》	2001
	《出境入境边防监察条例》	1995
	《敏感物项和技术出口经营登记管理办法》	2002
	《两用物项和技术进出口许可证管理办法》	2005
	《民用航空零部件出口分类管理办法》	2006
	《中国禁止出口限制出口技术目录》①	2008
	《两用物项和技术出口通用许可管理办法》	2009
	《出口管制法》	2020

资料来源：根据中华人民共和国商务部、外交部官方网站公开资料整理。

---

① 2020 年《中华人民共和国出口管制法》出台后，《中国禁止出口限制出口技术目录》进行了对应修订。

府部门共同对核出口进行管制。而类似的《核两用品及相关技术出口管制条例》需要商务部会同其他政府部门共同进行管制。在涉及多部门管制又缺乏职能统一定位时，会影响管理机制运行的效率并加重相关企业运营成本。

目前，为了适应新时代的出口管制管理要求，2020 年 10 月 17 日，中国对出口管制进行统一立法，出台《出口管制法》，并相应地对《中国禁止出口限制出口技术目录》和《不可靠实体清单规定》进行了调整。《出口管制法》的颁布象征着中国出口管制体系建设迈入新的历史阶段。出口管制法的出台弥补了中国出口管制体系在立法层面的不足，但长期来看，在管制清单分类、出口管制许可制度完善等方面中国与欧盟、美国相比仍存在一定差距。管制清单制定上，中国在核领域、生物领域、化学领域、军品领域等分别制定单列的管制清单，但在出口管制法指导下类似欧盟和美国的统一民用品、军品管制清单仍然缺位。另外，管制商品和技术的编码方式与国际通用规则统一程度也不足。未来，中国需要在加强国际合作、完善出口管制法配套法规、清单和许可制度等方面作出更多的努力。

2．世界主要多边出口管制机制分析

除了各国指定的单边出口管制体系外，国际多边出口管制组织也是全球出口管制体系的重要组成。全球目前的多边出口管制体系主要由五个非正式组织和三个重要国际条约构成。五个非正式组织为《瓦森纳协定》组织、桑戈委员会、核供应集团、澳洲集团和导弹技术管制组织，三个国际条约分别为《不扩散核武器条约》《禁止化学武器公约》《禁止生物武器公约》。非正式组织和国际条约的管制侧重点有所不同，非正式组织以军民两用技术管制为主，而国际条约以武器管制为主。其中，《瓦森纳协定》组织从诞生之日起就内含遏制发展中国家特别是中国经济、技术等发展的目的，以下重点对《瓦森纳协定》组织的历史沿革和现阶段新的变化进行梳理总结。

《瓦森纳协定》组织——"巴统"新历史阶段的产物。"巴统"是《瓦森纳协定》组织的前身。"巴统"是美苏冷战初期由美国牵头组建的，专门对苏联等社会主义国家进行贸易封锁和管制的多变出口管制机构。而《瓦森纳协定》组织，则是冷战结束后，全球面临各国经济利益日益凸显、新国际安全威胁不断涌现、全球高科技产品和军品出口格局发生重大变化等新历史阶段

表 3.8　国际多边出口管制体系构成

组织或条约名称	主要成员国	主要目的	成立年份
《瓦森纳协定》组织	包括所有 17 个原"巴统"成员国在内的 42 个国家（不包括中国）	对常规武器和双用途物品及相关技术转让进行监督和控制	1996
桑戈委员会	39 个国家（包括中国）	防止核武器等大规模杀伤性武器的扩散	1971
核供应国集团	48 个国家（包括中国）	加强核出口管制，防止敏感物项出口到非《不扩散核武器条约》成员国	1975
澳大利亚集团	43 个国家（不包括中国）	防止生化武器扩散	1985
导弹及其技术控制制度	35 个国家（不包括中国）	防止可运载大规模杀伤性武器的导弹和无人驾驶航空飞行器及相关技术的扩散	1987
《不扩散核武器条约》	189 个缔约国（包括中国）	防止核扩散，促进和平利用核能的国际合作	1968
《禁止化学武器公约》	193 个缔约国（包括中国）	第一个全面禁止、彻底销毁化学武器并具有严格核查机制的国际军控条约	1993①
《禁止生物武器公约》	179 个缔约国（包括中国）	全面禁止缔约国发展、生产、储存、取得除和平用途外的生物武器；全面禁止缔约国协助、引导他国取得相关武器；防控非缔约国违反公约的行为	1975

资料来源：根据网络公开资料整理。

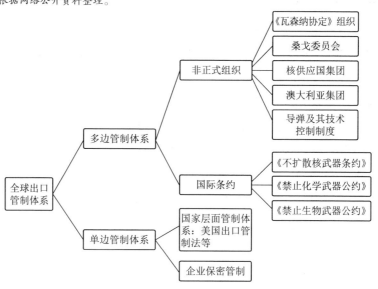

图 3.2　全球出口管制体系构成

资料来源：根据网络公开资料整理绘制。

---

① 《禁止化学武器公约》1993 年签署，1997 年才正式开始生效。

所催生的产物。"巴统"对物项的管制针对特定的国家，具有强烈的政治色彩，主要是为了尽力遏制对立阵营国家的发展。而《瓦森纳协定》组织的主要目标则转变为保护国际和地区安全，补充和增强现有的武器和两用品控制制度，加强对热点国家、地区的出口管制合作等，管制不再针对任何国家和地区。

《瓦森纳协定》组织的构成。机构设置上，由全体成员国组成的全体会议为《瓦森纳协定》组织的最高决策机构，最高决策机构下主要附属机构包括处理政策事务的一般工作组（GNG）、处理管制清单有关事务的专家组（EG）以及许可证和执法官员会议（LEOM）。其主要活动包括定期交流会议以及修订相关出口管制准则和程序等，其中出口管制的实现依赖于审议和更新管制清单。《瓦森纳协定》的管制清单可以分为常规武器和两用品清单，两用品清单又被分为一般、敏感、极度敏感两用品清单三类。管制清单的定期审议最大限度减少了因技术进步、国际安全环境和国际市场变化对管制活动连续性的影响，对清单的修订包括新增管制项目、放宽管制限制、收紧管制限制等方式。《瓦森纳协定》的常规武器清单分为主战坦克、装甲车辆、大口径火炮、军用飞机／无人机、军用武装直升机、军舰、导弹及导弹系统、轻小武器八个大类。两用品清单涵盖的内容则更为广泛，包括特殊材

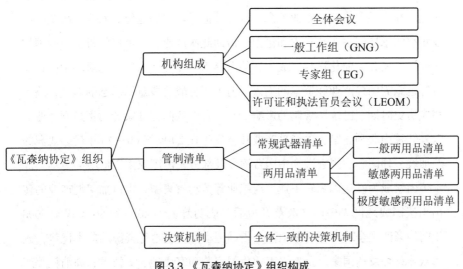

图 3.3 《瓦森纳协定》组织构成

资料来源：根据《瓦森纳协定》组织官方网站公开资料整理。

料、电子元器件、信息安全设备、航空航天设备和推进器等都上千种物项。其中，普通两用品清单包括1000种以上产品，敏感两用清单包括170多种，而受控程度最高的极度敏感清单包括80余种。决策机制上，《瓦森纳协定》组织采取全体一致的决策机制，这种"一票否决"的决策机制使得《瓦森纳协定》组织成为实质上被美国所操控的多边国际机制，被美国作为新历史阶段下打压中国发展，阻碍中国参与国际多边机制的新手段。

3.1.3 全球产业链布局演变分析

从历史的维度来看，全球产业分工布局至今已经完成四次大的变动，主要是依托国际产业转移所实现的，转移方向基本是从产业较发达国家向产业欠发达国家转移，转出产业多是劳动密集型、低技术等转出国的"低级"产业。第一次全球范围内的产业转移出现在19世纪下半叶第一次工业革命后，英国借助工业革命成为全球经济霸主，并由于产业容量趋于饱和、产业成本提升等原因开始对外进行产业转移和革命成果输出。法国、德国、美国成为第一次产业转移的主要承接国，其中美国借力于其丰厚的自然资源和开放的经济政策，成为最大的受益者。第二次全球产业分工格局变动发生在第二次世界大战后，第二次世界大战后美国迅速崛起，依托第一次产业转移的红利以及第二次工业革命的雄厚科技实力，利用欧洲国家战后的衰落期迅速崛起，并主导了第三次工业革命，维持了世界霸主的地位。而第二次全球产业转移的承接国主要是日本和德国，借助此次产业转移承接的机会，两国加速经济发展和工业化进程，成为新的世界工厂和经济强国。此时的中国、朝鲜等也急需国外产业和资本的输入，但由于冷战阶段意识形态的对立，叠加相应历史时期"巴统"规制的影响，并没有能从西方国家劳动密集型产业的对外转移中获利。第三次全球产业转移发生在20世纪60—70年代，亚洲的新加坡、韩国、中国香港和中国台湾以及部分拉美国家由于低廉的劳动力成本等因素成为发达国家轻工业、纺织业等劳动密集型、出口加工型产业的转出承接国或地区。中国在改革开放后，成功赶上了20世纪80年代至2008年间的第四次全球产业转移浪潮，借助劳动力、土地等资源的成本优势，成为欧美日等发达国家以及新兴工业化国家劳动密集型、低技术、高消耗等产业转出最重要的承接国。中国在2001年入世以后，完全融入了全球产业链，将原材料和市场"两头在外"的"世界工厂"模式发挥到极致。产业承接同时还推进了中国工业化、城市化的发展，并提高了居民收入，扩充了国内需求。内外需求的同步持续增长，加速中国的工业化进程和经济的增长，也使得中国借机建立了全球最完备的产业体系。

中国从承接全球第四次产业转移中获利颇丰，特别是 2001 年入世以后，在全球产业链中的参与度、重要程度均不断提升。全球产业链形成以美国、德国、中国为三大中心，全球各国普遍参与的格局，并呈现出网络化特征。据世界贸易组织 2019 年的全球价值链报告显示，从全球一般贸易和全球增加值贸易网络格局变动来看，北美和欧洲 2017 年相比 2000 年，贸易和价值链格局变动不及亚洲的剧烈。德国、美国分别在欧洲、北美的核心地位并未动摇，但中国从各个测算维度均取代了日本成为亚洲的贸易网络和价值链网络中心。然而，虽然中国在全球生产网络、贸易网络中的融入度不断提升，但产业链环节的位置却仍处在中游。在产业链相对较短的传统制造业例如金属冶炼、运输设备等方面优势明显，处在制造中心，但在产业链相对较长的新兴制造业，中国位于中下游环节。

3.2　出口管制与中国全球产业链重构

第一节内容主要对全球出口管制体系和产业链格局的历史演变进行了回顾和概括，本小节则立足于现阶段全球经贸格局和产业链格局新的变化，对出口管制与全球产业链重构之间的关系特别是出口管制对中国全球产业链重构的影响进行深入剖析。

3.2.1　全球出口管制体系和产业链格局的新变化

1. 美国及其主导的《瓦森纳协定》组织出口管制不断加码，竭力遏制中国产业技术进步

中国在第四次全球产业转移浪潮中，通过承接发达国家产业，结合自身优势，在全球产业链中融入程度不断加深，作用也越来越重要。中国还通过不断引入先进技术、在进口中学习、鼓励企业走出去等方式极大提升了产业技术水平。近年来，随着中国全球产业链地位、产业技术水平的不断攀升，以美国为首的发达国家为了继续保持自身的技术和产业链地位优势，企图通过各种手段打压中国的发展，而出口管制作为其中重要工具，产生了许多新的变化。

单边管制上，以美国为例，立法层面美国于2018年出台《出口管制改革法》，该法相比1979年出台的《出口管理法》，赋予管制目的、管制范围等新的内涵。从管制目的看，过去美国的出口管制体系主要是为了应对美苏冷战时期的军事竞争，但现如今更多的是为了在科技竞争中保持优势地位。《出口管理法》规定的管制目的主要是限制美国对手军事潜力和力量的发展，对华限制主要也是体现在军事领域。而《出口管制改革法》明确的管制目的则转变为全面保持美国的技术优势。管制理由也更加泛化，纳入了干涉人权、影响中国国内企业发展等更多维的因素。管制范围也有所扩张，在军品和商品基础上，引入对新兴技术和基础技术的管制，明确对14个领域加强技术出口管制。另外，有效期限上，《出口管制改革法》为美国出口审查制度提供永久的法律基础，规避了由于法律过期，依赖于总统紧急授权的问题。工业与安全局的权力范围也得到进一步扩大，授权其可以在不将交易方列入实体清单的情况下管制特定的交易，还特别赋予其设置临时管制的权力。总之，美国《出口管制改革法》的出台逆转了冷战结束以来出口管制日益放松的趋势，该法还体现了对中国特别的针对性。管制实施方面，频繁变更管制清单针对中国并不现实，美国主要通过管制实体清单变动实现对中国的技术打压。2018年至2020年5月底，共有10个批次296家中国企业或机构受到美国制裁，被制裁机构业务多涉前沿技术领域。对2016—2019年被列入实体清单的实体进行统计分析后还可以发现，材料化学、微生物与毒素、电子、计算机、通信与信息安全是美国商业管制清单分类中，被制裁企业数量最多的四个技术领域。2016—2019年这四个技术领域被列入实体清单的机构数也增长迅速。为了弥补出口管制与投资审查相分离的缺陷，美国还同步加强外国投资的外商投资审查，积极推动外资审查和出口管制法案之间的有机联动，并出台包含《外国投资风险评估现代化法》在内的一系列配套政策新规。《外国投资风险评估现代化法》重点关注27个技术领域，对出口管制重点关注的14个领域进行补充。

表 3.9　美国 14 个加强管制的技术领域

1	生物技术	纳米生物学	8	物流技术	移动电力
		合成生物学			建模和模拟
		基因组和基因工程			资产总体可见度
		神经科学			基于分销的物流系统（DBLS）
2	人工智能（AI）和机器学习	神经网络和深度学习（如大脑建模、时间序列预测和分类等）	9	增材制造（例如 3D 打印等）	
		进化和遗传计算（如遗传算法、遗传编程等）	10	机器人	微型无人机和微型机器人系统
		强化学习			蜂拥技术
		计算机视觉（如物体识别、图像理解等）			自组装机器人
		专家系统（如教学系统、决策支持系统等）			分子机器人
		语言和音频处理（如语音识别和制作等）			机器人编制系统
		自然语言处理（如机器翻译）			智能微尘
		规划（如统筹、博弈等）	11	脑机接口	神经控制界面
		音频和视频处理技术（如语音克隆、深度伪造等）			意识—机器界面
		AI 云技术			直接神经界面
		AI 芯片组			脑机接口
3	位置导航和定时（PNT）技术		12	高超音速空气动力学	飞行控制算法
4	微处理器技术	片上系统（SoC）			推进技术
		堆叠在芯片上的存储器			热保护系统
5	先进的计算技术	以记忆为中心的逻辑			专用材料（用于结构、传感器等）
6	数据分析技术	可视化	13	先进材料	自适应伪装
		自动分析算法			功能性纺织品（如先进的纤维和织物技术）
		上下文感知计算			生物材料
7	量子信息和传感技术	量子计算	14	先进的监控技术	如面印和声纹技术
		量子加密			
		量子传感			

资料来源：DOC. Review of Controls for Certain Emerging Technologies. Federal Register. Vol.83, No.223. https://www.federalregister.gov/documents/2018/11/19/2018-25221/review-of-controls-for-certain-emerging-technologies。

表 3.10 美国实体清单对华技术出口管制领域分析

受限技术领域	核及核相关	材料、化学、微生物及毒素	材料加工	电子	计算机
受限企业或机构数	4	23	1	79	62
受限技术领域	通信及信息安全	传感器与激光	导航与航天	航海	航空器和推进系统
受限企业或机构数	54	2	8	0	4

资料来源：周磊等《美国对华技术出口管制的实体清单分析及其启示》,《情报杂志》2020 年第 7 期。

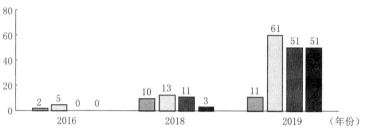

图 3.4　2016—2019 年 4 大技术领域出口受限态势 [①]

资料来源：周磊等《美国对华技术出口管制的实体清单分析及其启示》,《情报杂志》2020 年第 7 期。

表 3.11 《外国投资风险评估现代化法》重点关注的 27 个技术领域

1	飞机制造	10	核能发电	19	纳米技术研发
2	飞机引擎及引擎零部件制造	11	光学仪器及镜片制造	20	生物技术研发（纳米生物技术研发除外）
3	氧化铝精炼和原料铝生产	12	其他基础无机化学品制造	21	二次熔炼铝制品及铝合金
4	滚珠和滚珠轴承制造	13	其他制导导弹和太空飞船部件及辅助设备制造	22	搜寻、探测、导航、制导、航空、航海系统和仪器的制造
5	计算机储存设备制造	14	石油化学品制造	23	半导体及相关设备制造
6	电子计算机制造	15	粉末冶金零部件制造	24	半导体机械制造
7	制导导弹和太空飞船制造	16	电源变压器、配电变压器、特种变压器制造	25	蓄电池制造
8	制导导弹和太空飞船推进装置及推进装置零部件制造	17	原电池制造	26	电话机制造
9	军用装甲车、坦克及坦克组件制造	18	无线电广播、电视传送、无线通信设备制造	27	涡轮发动机和涡轮发电机机组部件制造

资料来源：DOT. Determination and Temporary Provisions Pertaining to a Pilot Program To Review Certain Transactions Involving Foreign Persons and Critical Technologies. Federal Register. Vol.83，No.197. https：//home. treasury.gov/system/files/206/FR-2018-22182_1786904.pdf。

---

① 2017 年没有中国实体被列入清单。

除了全面加强单边对华技术封锁和管控外，美国还主导在最新一次修订《瓦森纳协定》中，进一步加强对集成电路领域技术出口的管控，新增对于计算机光刻软件和大硅片技术的出口管制。而目前，计算机光刻软件全球市场主要由 ASML（荷兰）、Mentor（德国）以及 KLA-Tencor（美国）三家企业垄断，其归属国均为《瓦森纳协定》组织成员国。而 12 英寸大硅片的切割、研磨、抛光等方面加工技术则主要被信越、SUMCO 和环球晶圆等垄断。在此背景下，《瓦森纳协定》的最新管制清单无疑将对中国集成电路产业产生巨大影响。

2. 出口管制紧张形势叠加疫情冲击加速全球产业链调整、重构

出口管制的逐步加码于本就紧张的中美关系无异于"雪上加霜"，叠加中美贸易摩擦、新冠肺炎疫情等冲击，全球产业链布局也将加速一系列重要转变。

一方面美国等发达国家加速推进"中美脱钩"。该问题由来已久，此次新冠疫情的冲击使其进一步恶化。疫情带来的供应链断供危机使得产业链对中国高度依赖的国家为提升产业链安全性，纷纷加速了多元化产业链布局、产业链本土回流等的步伐。美、日等国家更是动用政府力量，呼吁企业撤离中国和迁出在中国的生产线等。2020 年 4 月，日本政府制定了 2200 亿日元的预算，用于日本企业产业链多元化发展，意图刺激日本企业将生产线搬离中国。美国政府也在疫情暴发后，大肆提倡美国企业搬离中国，美国经济委员会主任公开要求美国在华企业撤离，回迁美国或迁入东南亚。许多跨国企业也开始积极寻找中国以外的替代市场。2020 年 4 月，苹果 AirPods Pro 开始在越南组装生产；5 月吉列德授权巴基斯坦和印度的 5 家仿制药企业进行瑞德西韦生产；印度媒体报道苹果公司计划将 20% 的 iPhone 产能从中国转往印度。疫情暴发后，美国进一步加强对中国经贸往来限制、科技企业合作封禁力度、人文交往阻碍等，企图将中美关系引入"脱钩道路"。产业链最重要的中美关系发生重大变化。2020 年 5 月 20 日美国首次公布《美国对中华人民共和国的战略方针》，报告"承认"美国过去几十年的对华接触政策"失败"，并表示将采取全面施压的方式，"遏制中国"。2020 年 6 月 10 日美国国会共和党研究委员会发布一份国家安全战略报告《强化美国以及应对全球威胁》，错误地把中国作为美国的三大"威胁"之一。

从全球产业链的具体产业来看，2018年中美贸易摩擦爆发以来，美日印等国家从中国进口橡胶及其制品、木炭及其制品、塑料及其制品等基础工业品的金额下降十分明显。而在创新密集型行业，中国产业链的核心竞争力还不强，在半导体、航空航天产业、光学影像和医疗器械产业等行业对美国等发达国家进口依赖严重。

另一方面，供应链、产业链安全成为各国产业链布局的重要考量。产业链的重构不再仅仅是成本效率导向，供应链、产业链安全成为重要的考量，这将会导致一些重要的全球产业链的收缩，特别是战略性产业供应链的本土回归，本土化、近岸化与分散化成为不可忽视的趋势。从产业链回迁具体环节和目的地上看，欧美日等国家为进一步提升其供应链、产业链安全性，产业链回流、收缩不可避免。但回流、收缩并不是在本土或近岸完整建设整条产业链，而是主要集中在高端智造、战略价值链环节，且主要表现为回流至欧美本地以及外迁至与欧美等国有投资贸易协定的"朋友圈"，以此形成产业链的"分散化"，提升产业链多元化，降低对中国的依赖性。划分长短期来看，短期内，欧美国家基于成本效率布局、发展的产业链环节难以回迁。但基于安全、政治等因素的产业链环节存在较大的回迁或者分散化布局的概率。在产业链具体调整方式上，欧、美、日因为在产业的核心技术、关键零部件上具有竞争优势，其回迁过程中可能会先通过减少相应环节的出口来倒逼大型跨国公司核心装配厂回流，然后再吸引或自建与之相配套的零部件产业链。

3.2.2 出口管制对中国产业链的影响

1. 从历史维度看出口管制对中国产业链的影响

早在中华人民共和国成立初期，"巴统"就体现了对中国特殊的针对性。1949年12月，中国被列入"巴统"的管制国家清单，并且禁运物资名单长度为所有禁运国家之最，禁运严格程度甚至超过苏联，两者之间的差别被称为"中国差别"。1952年，"巴统"还在美国的操纵下成立专门的中国委员会。20世纪50—60年代，汽油、橡胶等基础工业品是发达国家对中国进行"锁喉"的重要物项。禁运限制在抗美援朝战争时期到达顶峰，最严重时基本形成了全面禁运的局面。全面禁运的局面随着抗美援朝战争的结束、中苏关系的紧张被逐步打破,马来西亚、印度尼西亚 1956 年开始对中国出口橡胶,联邦德国、日本、英国等也逐步放宽了对中国的贸易限制。1969—1972 年,中苏珍宝岛战役到中美建交以前,美国也先后七次放宽了对华贸易限制,后逐步放开向中国出售部分高技术设备和武器装备。苏联解体前,中国面临的出口管制环境与政治、军事博弈挂钩现象十分明显。苏联解体后直到 2018 年中美贸易摩擦以前,中国面临的出口管制进入平静期,全球的出口管制基本呈现不断放宽的格局。其间,中国加入世界贸易组织,承接了全球第四次大规模的产业转移,全球价值链、产业链参与度、影响力不断提升。科技实力也不断增强。但近三年来,由于中美之间的贸易摩擦和频发的“黑天鹅”事件影响,全球出口管制体系格局出现了新变化。主要特征在于以美国为首的发达国家加强了对华高技术领域的出口管制,2019 年日韩之间的半导体出口管制矛盾也是全球出口管制体系收紧的重要代表性事件之一。从历史的维度来看,全球出口管制体系态势往往紧跟国际政治、军事局势,近期中美摩擦的不断升温,新冠疫情带来的极端冲击等可能在一段时间内持续影响全球出口管制体系格局。

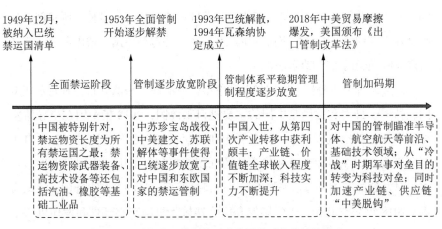

图 3.5　对华出口管制体系变化及其对产业链的影响

资料来源:根据网络公开资料整理绘制。

2.出口管制对中国产业链技术创新的影响分析

出口管制在新的阶段,不再是以往军事竞争的工具,而更多地被用在技术竞争中。这种变化叠加以美国为首的发达国家不断加码对我国技术出口管制，不可避免地将对我国产业链技术创新产生影响。

张其仔和许明2020年在《中国参与全球价值链与创新链、产业链的协同升级》一文中，利用联合国贸易和发展会议商品贸易数据库，参考麦肯锡全球研究院的全球价值链测算框架，从要素投入、贸易强度等六个指标维度拆分了全球价值链。其中，货物贸易被分为创新密集型、劳动密集型、区域生产型和资源密集型四大类。研究指出，2009—2018年，中国劳动力成本上升和技术转型升级的基本事实得到体现，出口贸易呈现创新密集型行业为主导的格局，产业链发展推动了创新链的动态跨越。再将中国放在全球范围来看，可以发现，中国产业链在全球创新链体系中，总体的竞争力还较弱。在创新密集型行业贸易竞争力指数（TC指数）上，中国的位置中等，而在生产密集型行业贸易竞争力指数上，中国处于领先地位。美国的TC指数在创新密集型行业中为负数，这并不代表美国的产业创新力不足，而是体现出美国较少在国内布局创新密集型行业生产链条，以进口最终品为主。这一推测可以从知识产权出口量中得到印证，2009—2018年美国的知识产权出口量远超中国、日本、韩国、英国、法国、德国、澳大利亚、巴西和意大利九国之和，处于全球创新链最高端。实质上，美国主要是通过前沿技术研发创新参与全球生产网络，并将中下游的生产制造环节外包至中国、德国和韩国等具有产业链配套的生产型经济体。

该文还进一步分析了中国创新密集型行业的进口来源分布，研究发现美国、韩国、日本和德国是中国的主要进口来源国，2018年中国在半导体及相关产业、航空航天产业、光学影像和医疗器械产业等行业进口和出口比例分别为26%和15.9%，在代表性的创新密集型行业中，中国仍以进口为主，对发达国家的进口依赖严重。以进口供给率最高的美国、德国、法国为例，2018年航空航天、光学影像和医疗器械、机动车零部件和发动机三个行业对中国的影响比例分别高达92.3%、45.8%、47.2%。对照"卡脖子"产品目录，该文测算了中国卡脖子产品进口来源占比，测算结果显示中国在高技术产品领域对发达国家的进口依赖更甚。在非创新密集型行业中，中国则是受区域生产型行业的进口制约最大，橡胶和塑料行业进口影响比例高达

45.7%。中国在相关行业对澳大利亚和巴西的进口依赖度较大。总的来看，中国在创新链供给端对欧美等发达国家进口依赖严重。再从出口端进行观测，在创新密集型行业领域，中国的外需同样对美国依赖程度高，美国在化工、汽车、计算机和电子、机械和设备以及运输设备五大类行业中均为上述十个国家中最大的进口国。非创新密集型行业中，中国对美国和西欧国家的依赖同样较高。中国创新链的需求端对欧美等发达国家出口依赖较大，面临外部冲击时，容易两头受阻。

表 3.12 2018 年中国创新密集型行业进口分布（%）

	澳大利亚	巴西	德国	法国	英国	意大利	日本	韩国	美国
化 工	0.84	0.28	8.52	4.24	1.78	1.96	13.00	15.10	11.11
汽 车	0.03	0.02	29.31	1.08	8.6	1.18	22.33	2.86	15.50
计算机和电子	0.05	0.02	2.56	0.39	0.18	0.24	8.50	19.15	3.78
机械和设备	0.08	0.09	11.88	2.21	1.24	2.70	20.15	11.77	9.05
电力机械	0.02	0.01	1.16	0.21	0.09	0.10	6.87	23.51	3.85
运输设备	0.03	0.12	24.79	8.46	6.14	1.09	16.22	2.13	25.85

资料来源：张其仔、许明《中国参与全球价值链与创新链、产业链的协同升级》，《改革》2020 年第 6 期。

表 3.13 2018 年中国创新密集型行业出口分布（%）

	澳大利亚	巴西	德国	法国	英国	意大利	日本	韩国	美国
化 工	0.84	0.28	8.52	4.24	1.78	1.96	13.00	15.10	11.11
汽 车	0.03	0.02	29.31	1.08	8.6	1.18	22.33	2.86	15.50
计算机和电子	0.05	0.02	2.56	0.39	0.18	0.24	8.50	19.15	3.78
机械和设备	0.08	0.09	11.88	2.21	1.24	2.70	20.15	11.77	9.05
电力机械	0.02	0.01	1.16	0.21	0.09	0.10	6.87	23.51	3.85
运输设备	0.03	0.12	24.79	8.46	6.14	1.09	16.22	2.13	25.85

资料来源：张其仔、许明《中国参与全球价值链与创新链、产业链的协同升级》，《改革》2020 年第 6 期。

表 3.14 2019—2020 年 7 月中国卡脖子产品第一大进口国进口来源占比（%）

卡脖子技术/产品	HS 编码（四位）	2019 年	2020 年 1—7 月
光刻机	8486	日本（33.73%）	日本（7.10%）
触觉传感器	8479	日本（29.51%）	日本（16.64%）
真空蒸镀机	8486	日本（33.73%）	日本（7.10%）
重型燃气轮机	8411	美国（55.95%）	美国（28.20%）
高端电容电阻	8532	日本（37.11%）	日本（18.32%）
ITO 靶材	8486	日本（33.73%）	日本（7.10%）
航空钢材（起落架）	7228	日本（34.52%）	日本（15.94%）
高压柱塞泵	8413	德国（24.84%）	德国（11.98%）
光刻胶	3707	日本（51.10%）	日本（24.46%）
掘进机主轴承	8430	韩国（25.59%）	韩国（23.40%）
燃料电池关键材料	8506	印度尼西亚（20.77%）	日本（10.70%）
原电池及原电池组	8507	韩国（21.65%）	韩国（11.82%）
锂电池隔膜	3920	日本（37.57%）	日本（19.79%）
医学影像设备元器件	9022	德国（29.82%）	德国（14.98%）
高强度不锈钢	7218	印度尼西亚（86.15%）	印度尼西亚（48.11%）

资料来源：根据对外贸易数据库相关数据计算整理。

由于在创新链上高度依赖美国等发达国家，一旦面临更加严峻的出口管制，中国产业链的技术创新会迅速跌入困境，进口中学习、技术引进、OFDI 等常规技术吸收学习路径也被阻断，在产业链高技术环节面临"断链"危机。比较 2019 年和 2020 年 1—9 月的部分重要产品国际竞争力可以发现，随着对华出口管制的收紧，对我国产业国际竞争力产生负面的冲击。应对这些挑战，中国在提升自身产业链、供应链本土安全的同时，要高度重视欧美日等对中国终端市场依赖低、对中间产品依赖度高的产业链实施进口替代战略式的产业回流。另外，还需高度重视新兴领域如 5G、人工智能、机器人、电动汽车、工业互联网等核心产业链的"逆全球化"，加速核心关键技术的本土突破。一方面，因为这些产业的终端消费市场容易在欧美等国家内部实现；另一方面，这些产业实际上还未迈过全球产业链生产模式的拐点，受到近期新冠疫情的冲击，各国都不会再倾向全球产业链生产，而会加以收缩，这些产业链的回迁还会给中国正在推进的新基建带来更大的挑战。长期，在进口替代、核心关键技术本土突破加速等因素共同作用下，出口管制的加码会倒逼我国产业技术的自主创新。

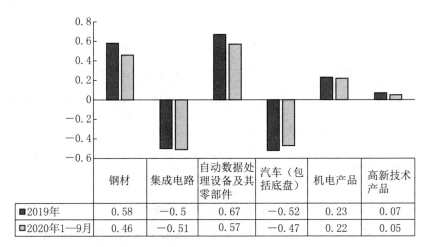

	钢材	集成电路	自动数据处理设备及其零部件	汽车（包括底盘）	机电产品	高新技术产品
■2019年	0.58	−0.5	0.67	−0.52	0.23	0.07
□2020年1—9月	0.46	−0.51	0.57	−0.47	0.22	0.05

图 3.6　中国部分产品的国际竞争力 2019—2020 年 9 月变化

资料来源：中国海关。

3. 出口管制对中国产业链全球布局的影响分析

为了对中国重点产业链的全球布局进行刻画，本书计算了中国部分重点行业国际生产分割阶段数，并对所占阶段数最多的十个国家／地区进行了排序。从中国创新密集型产业的国际生产分割阶段数可以看出，这些产业中国全球产业链的布局多集中在发达国家，美国在航空运输、机械设备制造、计算机、电子、光学产品制造等行业均占据了较多的生产阶段数。德国、英国、法国等欧洲国家也是中国高技术产业全球产业链的重点布局国家。这体现了中国通过在发达国家进行高技术产业链布局吸收、学习先进技术的特点，然而在逐步加码的出口管制打压下，中国在欧美国家的产业链特别是高技术产业链条将不可避免地出现回缩或者转移。长期出口管制的打压下产业链的回迁将倒逼国内产业链的协同发展。

表 3.15　中国重点行业国际生产分割阶段数区域分布情况

化工及化工产品制造		计算机、电子、光学产品制造		电气设备制造		机械设备制造		航空运输	
韩国	0.0405	韩国	0.1151	韩国	0.0462	韩国	0.0405	美国	0.0485
日本	0.0307	日本	0.0664	日本	0.0418	日本	0.0367	韩国	0.0228
美国	0.0257	美国	0.0309	美国	0.0230	德国	0.0226	澳大利亚	0.0184
澳大利亚	0.0244	德国	0.0210	澳大利亚	0.0215	美国	0.0223	日本	0.0179
俄罗斯	0.0165	澳大利亚	0.0121	德国	0.0206	澳大利亚	0.0174	德国	0.0170
德国	0.0147	俄罗斯	0.0108	俄罗斯	0.0138	俄罗斯	0.0114	俄罗斯	0.0134
巴西	0.0087	法国	0.0079	英国	0.0078	英国	0.0072	法国	0.0131
印度尼西亚	0.0071	英国	0.0074	巴西	0.0071	法国	0.0068	英国	0.0079
法国	0.0057	瑞士	0.0054	法国	0.0065	巴西	0.0060	巴西	0.0067

资料来源：2014 世界投入产出表数据。

4. 中国全球产业链在出口管制下的重构机遇分析

以往囿于国产替代品的性能、成本以及测试验证周期等，其市场推广困难，迭代升级速度慢，产业链上下游也难以协同，国产替代品的市场空间有限。面对逐步加码的出口管制，中国面临的全球产业链困局使得国产替代市场需求激增，倒逼国内加速产业链协同、集群发展。新能源汽车、生物医药、集成电路等产业都是迎来重大发展机遇的领域，中国在这些领域产业链的各个环节已经有了一定的技术基础，长三角等区域也具备一定的集群发展优势。在出口管制之困局中，长期如果能在国产替代、前沿领域集群发展等方面取得突破，借机进行更符合发展需要的产业链重构调整，对我国在全球产业链地位的提升未尝不是一个跃升良机。产业链布局上，近期区域全面经济伙伴关系协定的签署为中国在欧美以外寻找产业链布局替代地提供了有力支撑。在高技术领域，日韩等国在半导体领域实力不容小觑，东盟作为中国重要的贸易伙伴，越南、老挝等作为劳动密集型等中低端产业链承接国也具备相当的优势。在产业链布局调整的大背景下，面临出口管制风险，如果中国能充分利用区域全面经济伙伴关系协定的签署，构建起东亚"朋友圈"，对中国全球产业链布局而言无疑是一大机遇。另外，美国等对中国管控的加码和歧视性的封锁等还激发了华人科学家和企业家归国发展的愿望。中国应该抓住人才随产业回流的机会，从全球范围网罗更多尖端人才。

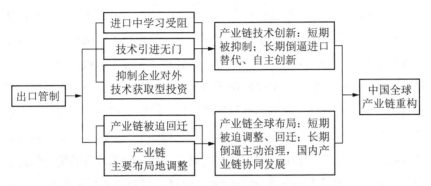

图 3.7　出口管制对中国全球产业链重构的影响路径

资料来源：作者整理绘制。

3.3　出口管制下中国全球产业链重构的对策建议

3.3.1　构建高效的国外对华出口管制预警体系

高效应对新阶段美国等对华的出口管制紧缩，需要构建完善的国外对华出口管制预警体系。在宏观层面，设置实时监控世界出口管制体系动态的多部门协调机构，尽早对中国经济安全、产业发展等有威胁的因素进行联合预警，加强防范意识、减少管制冲突。并逐步构建包含科技安全、信息安全、国家安全等多层次、多维度的情报监控体系，以对出口管制的趋势、政策变动进行综合的评估分析。高效的预警体系也离不开产业协会、学术研究界、企业等社会各界的多方参与，产业协会、学术研究界等对出口管制体系的监控和追踪，为预警体系提供了强有力智库支持，能够极大提升主管部门、相关企业等获取信息的速度和准确性。开展海外业务、高技术领域的企业等利益相关方，自身也应该建立风险预警体系，实时关注国际对华出口管制的变动和趋势，从识别、评估、监测、应对等方面对管制、制裁风险进行全面管理，避免开展相关业务时在合规性等上处于被动局面，防患于未然。

3.3.2 进一步完善国内出口管制体系

相比欧美等发达国家较为完善的出口管制体系，中国在立法、清单制定、执法等层面还有一定改进的空间。在立法层面，过去中国的出口管制体系始终缺乏统一的立法基础，各式相关法规存在层级不高、协调统一性不足等问题。随着《中华人民共和国出口管制法》的出台，中国在出口管制立法层面迈入了新阶段。但与出口管制法相配套的执行条例、执法机构等还没有完全跟上。借鉴欧美等国家的经验，未来，中国需要以出口管制法为纲，对出口管制清单进行相应修订和编制以提供统一的执法文本基础，并进一步明确各执法部门的层级和职能划分，以便出口管制体系能够高效运转。另外，中国还缺乏各类出口许可证申请和审批的统一信息平台，为提升出口管制行政审批的效率，建议可以建立专门的信息集成平台，为业务方和监管方提供双向便利。出口管制清单制定方面，欧盟和美国采用国际通用度高的物项编码规则，而中国的物项编码则与两者存在巨大差异，这种不一致性增加了企业和执法部门等对合规性进行准确研判的难度，采用国际通用度更高的物项编码方式有利于中国出口管制体系与国际的接轨。

3.3.3 开辟全球产业链攀升新路径以应对出口管制封锁

1. 优化关键核心产品进口来源地，扩大资源配置的地理空间

面对出口管制封锁，中国在航空航天、集成电路等核心技术领域进口美国产品或技术变得困难重重，中国应该在全球范围广泛寻找可替代的进口来源地，实现高技术产业的全球研发布局。在布局过程中，需要规避美国严格出口管制的敏感区域，将资源配置到对华管制相对宽松的国家或地区，比如欧洲、日本和韩国等。深化中欧全球治理合作，具备一定现实基础。美国对华实施的单边和多边出口管制，是绕开世界贸易组织争端解决机制的单边贸易制裁行为，与欧盟主张的全球治理原则相悖，对全球贸易秩序产生不利冲击。美国"长臂管辖"的实施除了实现对中国的制裁外，也使与美国存在技术交叉授权使用的欧洲国家遭受严重影响。欧盟已经开始对美国"长臂管辖"的反制。除此之外，中欧之间密切的经贸往来也为欧洲作为中国全球产业链配置上美国的替代区域提供了现实基础。亚洲基础设施投资银行、中欧

自由贸易区等的建设结合欧洲对美国高技术出口管制行为的不满情绪等都有利于中国降低对美国技术市场的依赖。在东亚生产网络的迅速扩张背景下，日本、韩国等东亚国家和地区也成为中国深化区域价值链、产业链合作，突破美国技术封锁的重要伙伴。区域全面经济伙伴关系协定等东亚区域经济合作框架的建立都为中国丰富核心产品进口来源地，扩大资源配置地理空间提供了路径。

2．加速关键核心产品的进口替代进程，提升自主创新能力

在美国对关键、新兴和基础技术的识别范围不断扩大，管控力度不断加强背景下，跨国技术合作和技术引进等必然会面临更大的阻碍，而中国还有相当数量的核心关键领域技术和产品依赖进口，这些问题使得加速进口替代进程，提升自主创新能力迫在眉睫。政府层面，引导新兴和基础技术的前瞻部署，发挥企业作为创新研发的主体作用和产学研联盟的载体作用，形成推动关键核心技术突破的强大合力。另外，加强重点领域人才队伍建设支持，建立长效海外人才引进机制，完善技术移民制度及保障机制等。

3．实施创新资源的全球化配置，形成"你中有我""我中有你"的制衡格局

全球化创新背景下，创新活动呈现出网络化特征。虽然美国竭力在核心关键、基础研究等技术领域对华实施高压管制措施，但创新资源的全球流动，研发合作网络的不断扩展等趋势使得各国的技术研发活动实质上形成了"你中有我""我中有你"的基本格局。为进一步稳固此制衡格局，以反制美国的技术制裁，中国需要进一步推动创新资源的全球化配置。在传统的产品进口和技术引进路径基础上，鼓励高技术产业设立海外研发中心，加强专利和专有技术的海外申请量，以专利联合申请和共有等模式与海外高技术企业形成紧密的利益共同体，实现优势互补和共享。以"你中有我""我中有你"的制衡格局制约美国的出口管制。

3.3.4　建立长效人才引入机制，加强海外人才引入风险管控

美国逐步加码的出口管制使得通过商品和技术交易、外企引入和对外投资等途径获取先进技术越来越困难，相比之下，技术人力资本国际流动的技术溢出作用变得更加中国重要。我国还缺乏成熟的国际人才引入机制，技术

移民制度也尚未建立。一方面，我国需要在顶层设计上优化人才引入和保障措施，加强对全球技术人才的吸引力。包括为高层次人才提供丰厚的科研资金支持、改善入境限制、完善生活保障等。另一方面，为了规避出口管制的制裁，我国需要更加重视海外人才的引入风险，建立全面的风险防范机制。包括在人才引入前，对其处在申请阶段、进行阶段和完成阶段的科研项目或技术成果展开调查和评议，排除潜在和可能的侵权行为。人才引入后，对其工作内容、科研过程等进行关注和追踪，防止侵权行为的产生。在技术成果转化阶段，应该出台相应的政策和配套措施，加速成果落地，避免成果被盗取或者侵权，尽可能降低国际诉讼风险。

┃参考文献

［1］韩爽：《美国出口管制从关键技术到新兴和基础技术的演变分析》，《情报杂志》2020年第11期。

［2］《中华人民共和国出口管制法》，《人民日报》2020年10月29日，第14版。

［3］吕文栋、林琳、赵杨、钟凯：《美国对华高技术出口管制与中国应对策略研究》，《科学决策》2020年第8期。

［4］姜辉：《美国出口管制与中国高技术产业全球资源配置风险》，《中国流通经济》2020年第7期。

［5］刘馨阳、许实清、郑丽香、聂国健：《美国电子元器件出口管制体系对我国的启示》，《电子产品可靠性与环境试验》2020年第3期。

［6］池志培、张晓洁：《美国出口管制改革与实施》，《和平与发展》2020年第3期。

［7］周磊、杨威、余玲珑、兰姗：《美国对华技术出口管制的实体清单分析及其启示》，《情报杂志》2020年第7期。

［8］魏简康凯、宿铮：《美国出口管制改革的竞争情报分析》，《情报杂志》2019年第4期。

［9］彭爽、李利滨：《论欧盟的出口管制体制》，《经济资料译丛》2018年第1期。

［10］何婧：《出口管制理论研究》，《长安大学学报》（社会科学版）2017年第6期。

［11］彭爽、张晓东：《论美国的出口管制体制》，《经济资料译丛》2015年第2期。

［12］许晔、孟弘：《〈瓦森纳协议〉对我国高技术的出口限制》，《科技管理研究》2012年第24期。

［13］侯红育：《瓦森纳协定的缘起与发展》，《国际论坛》2005年第4期。

［14］张彦：《全球价值链调整与中国制造业的攀升风险：总体国家安全观的视角》，《情报杂志》2020年第11期。

［15］张其仔、许明：《中国参与全球价值链与创新链、产业链的协同升级》，《改革》2020年第6期。

［16］王雪佳、雷雨清、周全：《美国对华科技企业限制：措施、影响与应对建议》，《产业经济评论》2020年第3期。

〔17〕DOC，"Review of Controls for Certain Emerging Technologies," *Federal Register*, Vol.83，No.223，https：//www.federalregister.gov/documents/2018/11/19/2018-25221/review-of-controls-for-certain-emerging-technologies.

〔18〕DOT，"Determination and Temporary Provisions Pertaining to a Pilot Program To Review Certain Transactions Involving Foreign Persons and Critical Technologies," *Federal Register*，Vol.83，No.197，https：//home.treasury.gov/system/files/206/FR-2018-22182_1786904.pdf.

（本章主持及执笔：王佳希）

第 4 章　全球产业链重构对中国产业冲击的评估

本章提要：

2001—2014 年，全球产业链表现出明显的重构现象。从国际生产分割阶段数看，除在 2008 年金融危机期间出现短暂的收缩外，全球产业链整体呈现扩张趋势，但 2011—2014 年间，扩张态势有所减缓。从增加值出口集中度（HHI）看，全球产业链整体呈现先扩张后收缩的现象。两个角度得出结果的差异性表明全球高附加值核心环节回流至本土，新技术使之前无法分割的生产环节得以分割，致使产业生产环节的收缩速度慢于价值链收缩速度。在全球产业链重构过程中，中国迎接此次挑战、抓住此次契机，逐渐成为东亚供给网络中心和需求网络中心，且成为连结全球三大生产网络的枢纽。在疫情加速的新一轮全球产业链重构下，中国的计算机、电子、光学产品制造部门、机械设备制造部门、制造机动车辆、拖架及半拖架部门等制造业发展将受到冲击。东亚的韩国、日本、北美的美国及欧洲的德国产业链重构对中国产业生产冲击也将较大。为了规避新一轮全球产业链重构对中国产业的冲击，中国需要借鉴德国等发达经济体的高端制造业发展经验，重视技术创造与技术溢出效应、加强扩展中小企业家精神生长空间和制定精确性的区域经济发展政策。在开放的时代，中国也需要继续维护与东亚主要经济体的贸易伙伴关系、重塑中美关系、构建国内循环系统，打造制造业全产业链。

4.1　全球产业链重构

4.1.1　全球产业链重构概念

　　随着全球生产技术的快速创新与进步、数字信息通信技术和各类运输设备的蓬勃发展、经济体间的贸易规则的日益完善、国际贸易和营商环境日趋良好，产品生产环节不断被分割和外包出去，产品生产分工更为专业化。由于生产技术的不断进步，产品的生产价值链条不断被延长，逐步形成以全球参与的、以生产国际分割为特征的全球价值链（Global Value Chain，GVC）分工模式。一般来说，发达国家的跨国公司以攫取最大化利润为原则把产品生产在全球布局。经济主体自身主要从事研发设计、品牌营销等具有高附加值的生产链条环节，而将加工组装等低附加值的生产链条环节分配到劳动和原材料等要素价格更为低廉的发展中国家和贫困国家。在此期间，中国凭借土地、劳动力、能源等要素低廉的价格优势，大规模吸引外商直接投资和全球经济体加工制造环节的外包，逐渐发展加工贸易，并快速融入美国、德国等发达国家跨国公司构建的全球生产网络中。中国制造业获得快速成长，逐渐成为全球制造大国。2008 年爆发的全球性金融危机致使生产环节全球扩张的势头出现中断，美国等多国经济增速放缓甚至衰退，并引发全球贸易规模的大幅下滑。为突破经济发展困境，以美国、德国等为代表的世界制造业强国在金融危机爆发后开始制定并实施"制造业回归"政策，将部分高附加值产业链、核心产业链环节收缩至其国内；随后在危机后的复苏期部分经济体又将部分价值链环节、产业链环节外包给要素价格低廉的经济体，并对承接外包的经济体进行地理区域上的调整。金融危机前后全球价值链收缩与扩张的过程实质上蕴含着全球价值链重构（Reconstruction of Global Value Chain）。

　　杰罗非（Gereffi）是最早对全球价值链重构的进行研究的学者，其分析了 20 世纪中叶亚洲服装产业在国际上转移情况，论述了跨国公司在全球范围对价值链不同环节进行资源整合的客观事实，形成了价值链重构概念的雏形。2008 年全球性金融危机爆发后，全球生产、贸易格局出了现周期性和结构性变动，引起众多学者关注，分别提出了略有不同的全球价值链重构概念并对现实产业重构现象进行解释。米尔伯格（Milberg）等以金融危机爆发后全球贸易的收缩与扩张为基础，首次提出全球价值链重构的概念，将其分为垂直型重构与水平型重构，并运用出口集中度测算了重构的规模，以中间产品供应商数量变动反映重构发生的具体状况，奠定了全球价值链重构研究的基本框架。

4.1.2　全球产业链重构历程

1．全球产业链重构整体情况

根据《2019 年全球价值链报告》可知，从传统贸易、简单全球产业链和复杂全球产业链三个维度来看全球供给网络中心和需求网络中心的转移情况，2000—2017 年，全球供给网络和需求网络区域化特征明显，形成以德国为中心的欧洲网络、以美国为中心的北美网络及以日本、中国为中心的东亚网络的三大供给和需求网络。2017 年，在东亚生产网络中，中国替代日本成为东亚供给和需求网络中心。

从国际生产分割阶段数[①]来看，2001—2014 年间，全球产业链重构呈扩张—收缩—扩张—收缩状态，收缩态势出现在 2008 年金融危机期间。但2011—2014 年期间全球产业链虽呈扩张趋势但扩张速度在减缓，甚至有收缩苗头。这与美国、德国、日本等经济体"再工业化"有关。从产业增加值出口的集中度[②]（HHI）看，全球价值链重构呈扩张—收缩—稍微扩张—再收缩趋势，在 2008 年金融危机过后，全球价值链重构整体上出现了收缩情况。这与发达经济体提出高附加值环节、核心环节回流的战略有关。从生产分割阶段数和增加值出口集中度两角度结合看，国际生产分割阶段数的波动趋势慢于增加值出口集中度的变动趋势。主要原因在于全球主要经济体把高附加值的生产环节收缩至本土，但由于技术进步使之前不可分割的生产环节变成可分割环节，导致国际生产分割阶段数收缩的速度慢于价值链的收缩速度（图 4.1）。

[①]　国际生产分割阶段数测度借鉴倪红福（2016）拓展方法。

[②]　增加值出口集中度测度借鉴刘慧岭和凌丹（2019）。

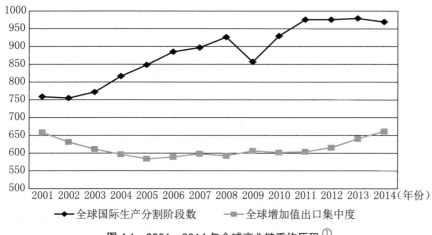

图 4.1　2001—2014 年全球产业链重构历程 ①

资料来源：根据 2001—2004 年世界投入产出表绘制。

2．全球各产业链重构情况

（1）全球各产业链重构情况——基于增加值出口集中度（HHI）

本节把 2000—2014 年分为三个时间段，分别为 2000—2007 年、2008—2011 年和 2012—2014 年。依据表 4.1 看增加值出口集中度在这三个时间段变化情况，得知与行业整体全球价值链重构所表现出的趋势不完全相同，存在行业的异质性。全球 18 个制造业部门全球价值链重构特征可总结为四种类型。第一类产业链重构具有扩张—收缩—扩张的特征。食品制造和烟草加工业部门、木材加工及木竹藤棕草制造业部门和汽车，拖车和半挂车的制造业部门这三个经济部门的增加值出口集中度变动趋势表现为扩张—收缩—再扩张三阶段特征，这类经济部门产业链重构趋势与整体产业链重构趋势基本相同。第二类产业链重构具有持续收缩的特征。纺织业部门、石油加工炼焦及核燃料加工业部门、橡胶和塑料制品的制造业部门、基本金属制造业部门、家具制造及其他制造业部门这五个低技术类制造行业部门增加值出口集中度在三阶段均呈上升态势，表明这些行业出口国内增加值不断向少数经济体集中。这类制造业部门价值链在所研究的时间段内处于收缩状态，其中金融危机是其收缩的主要力量。第三类产业链重构具有收缩—扩张的特征。化工产

---

① 图 4.1 中的两条折线上数值大小没有可比性，重点比较变动趋势。

品制造业部门，非金属矿产品的制造业部门，制造金属制品业部门，计算机、电子和光学产品制造业部门，电气设备制造业部门，机械设备制造业部门六个中高技术类制造行的增加值出口集中度在这三阶段呈现出"减小—增加—再增加"的变动，全球价值链扩张的局面被金融危机打破后长期处于收缩状态，表明这些行业受金融危机影响的持续性增强，这类产业在金融危机面前尤为脆弱。第四类具有持续扩张的特征。造纸和纸制品部门、印刷和记录媒介的复制业部门、医药制造业部门、其他运输设备的制造业部门这四类传统

表 4.1 2000—2014 年全球重点制造业增加值出口集中度情况

行　　业	2000—2007 年		2008—2011 年		2012—2014 年	
	均值	平均增长率（%）	均值	平均增长率（%）	均值	平均增长率（%）
食品制造和烟草加工业	702.08	−1.98	668.38	0.70	706.25	−0.39
纺织业	1255.96	7.50	1958.22	6.15	2210.30	2.04
木材加工及木竹藤棕草制造业	663.12	−4.35	616.88	4.44	735.86	−0.08
造纸和纸制品业	708.37	−1.96	655.76	−1.10	653.61	−0.47
印刷和记录媒介的复制业	883.81	−2.73	813.30	−0.10	988.42	2.76
石油加工炼焦及核燃料加工业	1815.57	1.43	1989.47	2.03	1901.84	2.24
化工产品制造业	841.47	−1.27	865.76	3.08	938.21	0.40
医药制造业	844.05	−1.45	785.61	−1.46	758.05	0.19
橡胶和塑料制品的制造业	693.31	0.16	717.36	0.85	791.26	2.20
非金属矿产品的制造业	619.02	−0.23	767.75	9.63	1112.61	4.58
基本金属制造业	705.38	0.10	828.84	8.62	1060.87	0.05
制造金属制品业（机械设备除外）	747.60	−1.22	777.97	2.07	908.78	3.84
计算机、电子和光学产品制造业	1021.26	−0.40	1292.95	7.47	1630.07	3.58
电气设备制造业	956.98	−0.54	1148.52	6.75	1545.95	9.91
机械设备制造业	938.37	−2.14	942.94	1.46	987.54	3.39
汽车、拖车和半挂车的制造业	1134.20	−1.35	1058.22	0.08	1043.33	−0.18
其他运输设备的制造业	1322.12	−2.60	1124.52	−3.05	1202.10	1.64
家具制造及其他制造业	940.78	1.46	1104.52	3.04	1132.20	2.12
全行业	743.67	−1.34	771.59	1.87	847.16	−1.29

资料来源：刘慧岭、凌丹《全球价值链重构与中国制造业转型升级——基于价值链分布的视角》，《中国科技论坛》2019 年第 7 期。

制造行业增加值出口集中度不断降低，即使在金融危机时期此类行业的全球价值链仍然保持扩张态势，是金融危机后全球价值链扩张的主要力量。

（2）全球各产业链重构情况——基于国际生产分割阶段数

图 4.2、图 4.3 这两张图反映了 2001—2014 年间全球 18 个制造业部门的国际生产分割阶段数情况，各行业的国际生产分割阶段数整体呈现递增的趋势，但都在 2008 年金融危机之后（2009 年）出现过短暂的减少，且 2011—2014 年递增态势趋缓，其中食品、饮料和烟草产品的制造部门，制造木材及木制及软木制品（家具除外），用稻草和编织材料制作的物品部门、焦炭和精炼石油产品的制造部门等多数制造业部门的国际生产分割阶段数出现降低态势。所以具体而言，制造业产业链重构整体呈现扩张—收缩—扩张—收缩态势。各行业产业链的重构与全行业产业链重构整体上呈现一致状态，但具有行业异质性特征。根据测算结果知，农业部门和制造业部门的国际生产分割阶段数比服务业部门的国际生产分割阶段数多，其中橡胶和塑料制品的制造部门，化工及化工产品制造部门，汽车、挂车和半挂车的制造部门的国际

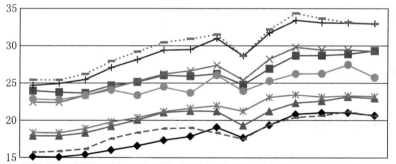

图 4.2　2001—2014 年全球制造业部门的国际生产分割阶段数

资料来源：根据 2001—2014 年世界投入产出表计算所得。

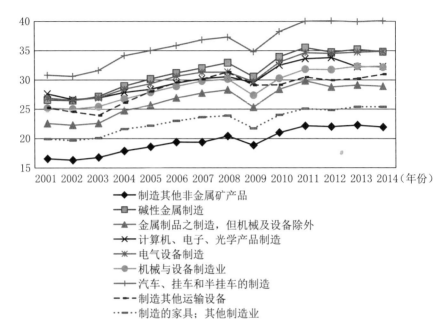

图例：
- ◆ 制造其他非金属矿产品
- ■ 碱性金属制造
- ▲ 金属制品之制造，但机械及设备除外
- ✕ 计算机、电子、光学产品制造
- ✱ 电气设备制造
- ● 机械与设备制造业
- ＋ 汽车、挂车和半挂车的制造
- -- 制造其他运输设备
- ⋯ 制造的家具；其他制造业

图4.3 2001—2014年全球制造业部门的国际生产分割阶段数

资料来源：根据2001—2014年世界投入产出表绘制。

生产分割阶段数相对较高。这类产业的生产需要多国进行生产分工合作，短期内不会出现大规模的收缩现象。

4.2 全球产业链重构对中国产业的冲击

在金融危机、逆全球化、2020年全球暴发的新冠疫情及愈演愈烈的中美贸易摩擦冲击下，全球价值链重构进程必然加速。中国作为全球"制造业大国"，得益于承接全球制造业加工环节的外包。所以全球产业链重构必然对中国制造业发展形成多重压力。整体来说主要有以下三点：其一，影响中国产品出口和核心技术的进口，2008年金融危机的爆发暴露了发达国家制造业空洞化对国家经济和就业的负面效应；金融危机后美国、日本等发达国家已着手收缩部分位于发展中国家的核心生产分工环节，并不断设置贸易壁垒、技术管制等限制性举措阻碍中国产品出口和核心技术的进口，如自2017年

4 月以来，美国政府相继发起以"232 条款""201 条款"和"301 条款"名义对中国发起一系列调查，并对中国商品大规模加征关税并限制中国企业在美国正常进行的投资活动，导致中国和美国间贸易摩擦愈演愈烈。其二，伴随着中国劳动力成本的持续上涨，劳动力比较优势在逐渐消失。发达国家跨国公司已经开始将部分外包给中国的加工制造环节转移至越南、印度尼西亚等劳动力更为低廉的东南亚发展中国家，导致中国制造业部分生产环节转移。其三，金融危机导致全球经济低迷，美国、德国等发达国家市场需求降低，导致中国东部沿海地区大批外向型制造企业受到巨大冲击，与此同时，作为为东部地区输入原材料和劳动力的中西部地区也进入就业和生产困境。面对发达国家产业链转出和新兴经济体的市场替代等双重挤压、中国面临低成本优势不断减弱和新竞争优势尚未形成的尴尬境地，也因此进入了"爬坡过坎"的关键时期。中国亟须在规避全球价值链重构的负面冲击同时，重新审视全球价值链重构带来的机遇与挑战，及时准确的调整产业发展政策，推动中国产业转型升级，实现从制造大国到制造强国的转变和经济的高质量发展。

　　本部分主要从三个角度对全球产业链重构对中国产业的冲击进行评估，分别为增加值贸易角度、国际生产分割阶段数角度和最强依赖路径。

4.2.1　全球产业链重构对中国产业冲击—基于增加值贸易 [①]

　　总体来看，大部分关于经济体对外依赖问题或者受外部冲击问题的研究普遍将中国的"外部依赖"或"外部冲击"仅仅定义在进出口贸易层面，采用的研究数据都是传统统计方式的贸易数据。但是，随着产品内分工的深化，中间产品在不同国家间的多次流转，传统统计方式在 GVC 主导的国际贸易中存在明显的"重复计算"（Double Counting）问题，这在一定程度上"扭曲"了各参与经济体或地区在生产网络中的分工地位、贸易利益及对外依赖情况。于是，经济合作与发展组织和世界贸易组织提出了"增加值贸易"（Trade in Value-Added）的概念，旨在将传统贸易统计的进出口总值分解为更加符合"碎片化生产"的国别增加值，以真实反映一国进出口规模，目

---

① 　参考韩中：《全球价值链视角下中国总出口的增加值分解》，《数量经济技术经济研究》2016 年第 9 期，把出口分解为不同增加值项目和重复计算项目，共 9 项。

前，学术界以及贸易组织开始研究增加值贸易的测算问题。

图4.1中全球产业增加值出口集中度的变动情况知全球价值链经历了扩张和收缩过程。那么全球价值链重构对中国增加值进出口将会产生哪些影响？一般而言，全球经济体的价值链收缩将导致中国增加值出口规模降低，部门产品增加值进口规模增加。表4.2反映的是2014年中国增加值贸易的国别分布情况，美国、日本、德国、俄罗斯、韩国、英国等经济体是中国重要

表4.2　2014年中国增加值贸易国别分布情况　　单位：百万美元

出口		进口		出口		进口	
美国	320288.8	美国	120552.0	挪威	5183.4	土耳其	5836.3
日本	137385.8	德国	97225.9	丹麦	5101.2	丹麦	5752.9
德国	71375.4	日本	95237.5	芬兰	5056.4	爱尔兰	5375.2
俄罗斯	62062.1	韩国	87128.4	奥地利	4874.6	波兰	5223.8
韩国	56391.7	澳大利亚	59181.6	捷克	4799.8	芬兰	3895.4
英国	49968.0	俄罗斯	40505.5	希腊	4399.1	捷克	3366.4
澳大利亚	43197.6	巴西	32569.8	爱尔兰	3204.4	匈牙利	1930.1
加拿大	42999.6	英国	29479.9	罗马尼亚	2849.5	罗马尼亚	1775.3
印度	39846.2	法国	27850.0	葡萄牙	2620.0	斯洛伐克	1675.2
法国	38267.4	印度尼西亚	21217.4	匈牙利	2342.1	葡萄牙	1512.8
巴西	36926.4	意大利	19529.0	斯洛伐克	1699.7	希腊	1363.5
印度尼西亚	29300.2	加拿大	18936.8	斯洛文尼亚	1167.4	卢森堡	1049.1
荷兰	26891.4	印度	18258.4	保加利亚	1149.7	保加利亚	762.7
意大利	25699.0	荷兰	15553.0	立陶宛	947.6	斯洛文尼亚	525.1
墨西哥	25081.5	瑞士	11981.8	卢森堡	919.8	立陶宛	508.6
西班牙	19997.7	西班牙	8439.2	克罗地亚	832.3	克罗地亚	440.0
土耳其	18765.2	比利时	8152.9	爱沙尼亚	682.8	爱沙尼亚	279.2
波兰	11771.3	瑞典	8146.9	拉脱维亚	645.7	拉脱维亚	262.1
比利时	9490.3	挪威	7776.1	塞浦路斯	568.9	塞浦路斯	162.7
瑞典	9004.7	墨西哥	7643.9	马耳他	350.1	马耳他	82.3
瑞士	7879.2	奥地利	6594.1				

数据来源：根据2014年世界投入产出表计算所得。

的增加值贸易伙伴国，且美国是中国第一大增加值贸易伙伴国，增加值进出口分别达 1206 亿美元和 3203 亿美元，远高于其他经济体。中国对全球经济体增加贸易呈现集中化、区域化分布，这致使中国面对重要贸易伙伴国发起的贸易摩擦冲击时，规避其价值链断裂的风险能力较差，风险不够分散。而且随着中美贸易摩擦的愈演愈烈，美国对中国价值链的收缩导致中国在增加值出口和中国在核心生产环节的进口方面受到的影响越来越大。由于地理位置邻近和文化的相似性，东亚的日本和韩国将持续是中国重要的贸易伙伴国，东亚市场也将是中国分散中国与欧美国家间贸易摩擦带来的产业链断裂风险的篮子。为了中国产业链安全，不仅仅是从国外经济体中寻找可替代市场，需要激发国内市场需求和增加国内市场有效供给，还需加速打造国内全产业链。构建国内国外双循环，以国内循环为主国外循环为辅的生产模式才能够规避全球产业链重构带来的风险，实现中国产业链安全。

表 4.3　2014 年中国最终品和中间品增加值贸易国别分布情况　　　单位：百万美元

增加值出口				增加值进口			
最终品		中间品		最终品		中间品	
美国	176253.5	美国	113975	德国	46832.1	美国	70005.5
日本	85731.7	日本	44613.1	美国	37870.2	日本	53623.2
俄罗斯	41992.2	韩国	31006.3	日本	34460.3	澳大利亚	51938.3
德国	37842.9	德国	22377	韩国	33424.8	韩国	49828.7
英国	24844.5	印度	21793.7	英国	9919.3	德国	42494.7
韩国	22639	巴西	18956.4	法国	9558.9	俄罗斯	34921.9
澳大利亚	20536.6	澳大利亚	18883.4	意大利	8185.9	巴西	27804.1
加拿大	20235.3	英国	17681.7	印度	6069	印度尼西亚	16499.6
法国	16161.6	加拿大	17628.9	澳大利亚	5010.7	英国	15288.7
印度	15848	印度尼西亚	16578.5	瑞士	4173.4	法国	14254.9
荷兰	15325.5	法国	15983.8	巴西	3270.1	加拿大	13343.8
巴西	15108.7	俄罗斯	14219.3	…	…	…	…
…	…	…	…	合计	243480.5	合计	506159.1
合计	594301.35	合计	436652.2				

资料来源：根据 2014 年世界投入产出表计算所得。

　　表 4.3 反映 2014 年中国最终品和中间品增加值贸易国别分布情况，整体来看，中国最终品增加值出口规模高于中间品增加值出口规模，但最终品增加值进口规模小于中间品增加值进口，且中国增加值进出口伙伴国主要为美国、日本、澳大利亚、韩国和德国等经济体。中国最终品增加值进口规模（243580.5 百万美元）远小于最终品增加值出口规模（594301.35 百万美元）、中间品增加值出口规模（436652.2 百万美元）和中间品增加值进口规模（506159.1 百万美元）。这也充分表明中国是个制造业大国，进口原材料和半成品，加工组装后出口至国外市场的规模巨大。需特别注意，中国对美国的最终品增加值出口规模、中间品增值出口规模和中间品增加值进口规模相对其他经济体较大。中美贸易摩擦的发生和美国对中国的技术管制将对中国的增加值贸易产生较大影响，尤其对增加值出口和核心产品的进口产生严重影响。

表 4.4　2014 年中国重点行业最终品和中间品增加值出口情况　　　单位：百万美元

最终品增加值出口		中间品增加值出口	
建筑	2377682.0	建筑	2567637.7
公共行政和国防；强制性社会保障	669324.8	公共行政和国防；强制性社会保障	724230.8
食品、饮料、烟草制品的生产	654494.2	食品、饮料、烟草制品的生产	650859.9
教育	500361.9	人类健康和社会工作活动	535014.4
人类健康和社会工作活动	478338.9	教育	520451.0
房地产活动	466791.2	房地产活动	483731.7
汽车、挂车和半挂车制造	424986.4	汽车、挂车和半挂车制造	443753.8
机械设备制造	391051.5	农作物和动物生产、狩猎及相关服务活动	366390.0
纺织、服装及皮革制品制造业	372530.5	机械设备制造	318092.3
农作物和动物生产、狩猎及相关服务活动	358889.0	批发贸易，但汽车及电单车除外	306149.5
批发贸易，但汽车及电单车除外	335294.7	住宿和餐饮服务活动	239792.7
计算机、电子、光学产品制造	301203.7	其他服务活动	227943.4
电气设备制造	226283.3	纺织、服装及皮革制品制造业	184136.5
住宿和餐饮服务活动	219582.6	其他运输设备制造	155465.7
其他服务活动	210477.8	电气设备制造	147974.9

（续表）

最终品增加值出口		中间品增加值出口	
其他运输设备制造	179921.1	电信	117787.5
电脑程式设计、顾问及有关活动；信息服务活动	107147.3	陆上运输和管道运输	110452.4
电信	103265.3	电脑程式设计、顾问及有关活动；信息服务活动	110343.0
陆上运输和管道运输	97097.1	金融服务活动，保险和养老基金除外	89923.6
制造的家具；其他制造业	85092.8	零售贸易，但汽车及电单车除外	77467.1
金融服务活动，保险和养老基金除外	83279.0	计算机、电子、光学产品制造	73212.2
零售贸易，但汽车及电单车除外	69154.9	电力、燃气、蒸汽和空调供应	65896.4
制造机械设备以外的金属制品	66130.2	渔业和水产养殖	65267.8
渔业和水产养殖	64685.1	行政和支持服务活动	61982.1
行政和支持服务活动	58188.8	其他专业、科技活动；兽医活动	59319.6
其他专业、科技活动；兽医活动	56029.4	保险、再保险及退休金基金，但强制性社会保障除外	56188.8
保险、再保险及退休金基金，但强制性社会保障除外	53184.2	制造机械设备以外的金属制品	50490.7
电力、燃气、蒸汽和空调供应	52262.8	生产焦炭和成品油	38108.3

资料来源：根据 2014 年世界投入产出表计算所得。

表 4.4 反映的是中国重点行业最终增加值出口和中间品增加值出口情况。2014 年，中国的建筑部门，公共服务部门，教育、人类健康部门和食品，饮料、烟草制品的生产部门等基础服务业部门和低技术制造业部门，不管是最终品的增加值出口还是中间品增加值出口规模都较大；汽车、挂车和半挂车制造部门，纺织、服装及皮革制品制造部门，计算机、电子、光学产品制造部门和电气设备制造部门等最终品和中间品增加值出口规模次之。特别需要注意，中国的建筑部门最终品增加值出口规模（2377682.0 百万美元）和中间品增加值出口规模（2567637.7 百万美元）相对其他经济部门较大，表明中国在对外的基建方面扮演着重要角色。总体表明中国是服务业增加值出口大国，但基本为基础服务业，与美国高端服务业出口相比还存在一定差距。结合对各产业的国际生产分割阶段数的测算可知，服务业国际生产分割阶段

数较小，制造业生产分割阶段数较大，面对全球产业链收缩或扩张的冲击，中国制造业的增加值出口受到的影响并不一定比服务业小，要重视加强对中国制造业全产业链的打造。

表 4.5 2014 年中国重点行业最终品和中间品增加值进口情况　　单位：百万美元

最终品增加值进口		中间品增加值进口	
计算机、电子、光学产品制造	66605.0	建筑	355676.8
机械设备制造	48302.5	汽车、挂车和半挂车制造	66005.7
汽车、挂车和半挂车制造	33361.3	机械设备制造	56080.7
食品、饮料、烟草制品的生产	25351.7	食品、饮料、烟草制品的生产	46810.3
电气设备制造	16798.5	公共行政和国防；强制性社会保障	42803.5
其他服务活动	14369.0	人类健康和社会工作活动	36535.7
法律和会计活动；总行的活动；管理咨询公司的活动	13705.0	教育	32103.1
其他运输设备制造	13348.7	电气设备制造	29501.7
制造的家具；其他制造业	13073.8	其他运输设备制造	28454.7
批发贸易，但汽车及电单车除外	10533.9	计算机、电子、光学产品制造	21245.9
基本药品和制剂的生产	9536.4	农作物和动物生产、狩猎及相关服务活动	18362.1
纺织、服装及皮革制品制造业	8113.2	其他服务活动	18282.1
农作物和动物生产、狩猎及相关服务活动	7188.8	纺织、服装及皮革制品制造业	17164.1
住宿和餐饮服务活动	7033.3	批发贸易，但汽车及电单车除外	13118.6
电脑程式设计、顾问及有关活动；信息服务活动	6431.4	电脑程式设计、顾问及有关活动；信息服务活动	13052.0
陆上运输和管道运输	4000.1	住宿和餐饮服务活动	12035.9
生产焦炭和成品油	3388.3	电力、燃气、蒸汽和空调供应	9939.6
零售贸易，但汽车及电单车除外	3349.6	生产焦炭和成品油	8985.9
制造机械设备以外的金属制品	3050.4	制造机械设备以外的金属制品	8507.2
采矿和采石	2124.1	房地产活动	7410.2
橡胶、塑料制品制造	2117.8	陆上运输和管道运输	6732.1
化工及化工产品制造	2101.7	其他专业、科技活动；兽医活动	6502.2
航空运输	1973.1	电信	6037.6

（续表）

最终品增加值进口		中间品增加值进口	
金融服务活动，保险和养老基金除外	1242.9	行政和支持服务活动	4921.6
水路运输	1232.3	化工及化工产品制造	4796.1
电信	1174.1	保险、再保险及退休金基金，但强制性社会保障除外	3197.0
保险、再保险及退休金基金，但强制性社会保障除外	1095.3	基本药品和制剂的生产	3086.5
汽车、摩托车批发、零售及修理业务	1004.7	基本金属制造	2717.3

资料来源：根据 2014 年世界投入产出表计算所得。

在表 4.5 中，中国最终品增加值进口规模较大的经济部门主要有计算机、电子、光学产品制造部门（66605.0 百万美元），机械设备制造部门（48302.5 百万美元），汽车、挂车和半挂车制造部门（33361.3 百万美元），食品，饮料、烟草制品的生产部门（16798.5 百万美元）和电气设备制造部门（16798.5 百万美元）等。中间品增加值进口规模较大的行业有建筑部门（355676.8 百万美元），汽车、挂车和半挂车制造部门（66005.7 百万美元），机械设备制造部门（56080.7 百万美元），食品、饮料、烟草制品的生产部门（46810.3 百万美元）等。最终品增加值进口和中间品增加值进口规模较大的行业分布较为相似，主要分布在制造业领域。全球制造业生产链重构对中国制造业的增加值进口的影响较为严重，可能增加其进口规模。

4.2.2　全球产业链重构对中国产业冲击—基于国际生产分割阶段数 [①]

2001—2014 年，全球 18 个制造业经济部门分布在中国的国际生产分割阶段数整体呈现出递增趋势，除在 2008 年金融危机这个特殊的时间段内出现短暂的收缩现象外。这表明 2001—2014 年，全球产业链的重构给了更多中国产业参与全球生产的机会，造就了中国"世界工厂"的称号，这无疑对中国产业发展带来了一定好处。且从行业异质性角度看，制造业部门的国际生产分割阶段数在中国分布较服务业部门和农业部门相对较多，这也成就了中国"制造业大国"的称号。尤其是纺织、服装及皮具制造业部门，化工及

---

① 国际生产分割阶段数反映了生产过程中中间环节的多少。

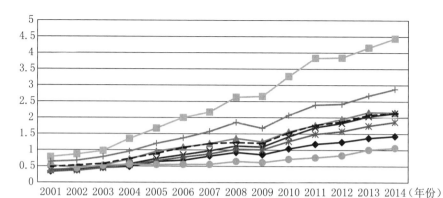

图 4.4 2001—2014 年全球 10 个经济部门的国际生产分割阶段数在中国的分布情况

资料来源：根据 2001—2014 年世界投入产出表计算所得。

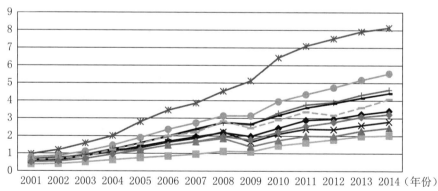

图 4.5 2001—2014 年全球 10 个经济部门的国际生产分割阶段数在中国的分布情况

资料来源：根据 2001—2014 年世界投入产出表计算所得。

表 4.6　2014 年中国重点行业的国际生产分割阶段数指数 [1]

经济部门	国际生产 分割阶段数指数
计算机、电子、光学产品制造	0.2165
生产焦炭和成品油	0.1646
基础金属制造	0.1435
电气设备制造	0.1338
航空运输	0.1304
化工及化工产品制造	0.1291
电脑程式设计、顾问及有关活动；信息服务活动	0.1274
其他运输设备制造	0.1274
机械设备制造	0.1266
橡胶、塑料制品制造	0.1211
电力、燃气、蒸汽和空调供应	0.1195
制造机械设备以外的金属制品	0.1189
其他专业、科技活动；兽医活动	0.1177
造纸及纸制品制造	0.1171
其他非金属矿产品的制造	0.1090
采矿和采石	0.1061
汽车、挂车和半挂车制造	0.1052
法律和会计活动；总的活动；管理咨询公司的活动	0.1038
印刷和复制记录媒体	0.1037
科学研究与发展	0.1036
林业和日志记录	0.1036
建设	0.1020
制造的家具；其他制造业	0.0984
制造木材及木和软木制品（家具除外）；草编制品和编织物制品的制造	0.0946
污水；废物收集、处理及处置活动；材料回收；整治活动及其他废物管理服务	0.0931

资料来源：根据 2014 年世界投入产出表计算所得。

---

[1]　国际生产分割阶段数指数 = 国际生产阶段数 / 全球生产阶段数。

化工产品制造业部门，计算机、电子、光学产品制造业部门和电气产品制造业部门的国际生产分割阶段数载中国分布较多，中国从事这类部门的加工环节较多。从单个经济部门的国际生产分割阶段数变动趋势看，全球的计算机、电子、光学产品制造部门的国际生产分割阶段数在中国分布递增态势，但后期出现递增趋势减弱的现象，这也意味着中国在面对新一轮的全球产业链重构时，应立足于应对被美国等西方发达国家的"卡脖子"技术等封锁，加强构建基内循环的同时努力向全球价值链高端攀升。

在新一轮带有技术封锁性质的全球价值链收缩的情况下，尤其美国对中国的技术封锁会导致全球重点行业分工环节的回流或者从中国转移到新的伙伴市场。这会对中国重点产业的发展产生不利影响，一是无法获得国外先进技术，二是撕裂中国产业生产的链条。表4.6反映2014年中国重点行业的国际生产分割阶段数情况，计算机、电子、光学产品制造部门，生产焦炭和成品油部门，基础金属制造部门，电气设备制造部门，航空运输部门，航空运输部门和化工及化工产品制造部门等制造业部门和技术型服务业部门的国际生产分割阶段数较高。在新一轮的全球价值链重构冲击下，中国这些经济部门将受到严重冲击。

表4.7反映中国重点产业的国际生产分割阶段数的区域分布。化工及化工产品制造部门，橡胶、塑料制品制造部门，电脑程式设计、顾问及有关活动信息服务活动部门，电气设备制造部门，机械设备制造部门，其他运输设备制造部门和计算机、电子、光学产品制造部门等这七个重点部门的国际生产分割阶段数主要分布在韩国、日本和美国等经济体。为规避全球产业链重构对中国上述七类产业生产的冲击，中国要加强维护与韩国、日本的贸易伙伴关系，重塑与美国友好贸易关系。生产焦炭、成品油部门和基本金属制造部门的国际生产分割阶段数在澳大利亚的分布较多。中国与美国在航空运输部门上游产品方面有着密切的贸易往来，而且航空运输部门的发展对中国各产业发展都有一定的影响。所以，中国在重塑与美国贸易伙伴关系时，打造航空运输业发展全产业链的内循环系统变得非常必要。

4.2.3　全球产业链重构对中国产业冲击——基于最强依赖路径

k_j经济部门生产k_1单位产品对i经济部门中间投入需求越多，则k_j部门

表 4.7　2014 年中国重点行业国际生产分割阶段数的区域分布情况 [1]

生产焦炭和成品油		化工及化工产品制造		橡胶、塑料制品制造		基本金属制造		计算机、电子、光学产品制造	
澳大利亚	0.0533	韩国	0.0405	韩国	0.044	澳大利亚	0.0381	韩国	0.1151
俄罗斯	0.03	日本	0.0307	日本	0.0361	韩国	0.024	日本	0.0664
美国	0.0175	美国	0.0257	美国	0.0261	日本	0.0233	美国	0.0309
韩国	0.0175	澳大利亚	0.0244	澳大利亚	0.0164	俄罗斯	0.022	德国	0.021
日本	0.015	俄罗斯	0.0165	德国	0.016	美国	0.019	澳大利亚	0.0121
巴西	0.0127	德国	0.0147	俄罗斯	0.0125	德国	0.0138	俄罗斯	0.0108
德国	0.0108	巴西	0.0087	印度尼西亚	0.0072	巴西	0.0098	法国	0.0079

电气设备制造		机械设备制造		其他运输设备制造		航空运输		电脑程式设计、顾问及有关活动；信息服务活动	
韩国	0.0462	韩国	0.0405	韩国	0.0417	美国	0.0485	韩国	0.0423
日本	0.0418	日本	0.0367	日本	0.0369	韩国	0.0228	日本	0.0257
美国	0.023	美国	0.0226	德国	0.026	澳大利亚	0.0184	美国	0.0174
澳大利亚	0.0215	德国	0.0223	美国	0.0256	日本	0.0179	德国	0.0115
德国	0.0206	澳大利亚	0.0174	澳大利亚	0.0159	德国	0.017	澳大利亚	0.0061
俄罗斯	0.0138	俄罗斯	0.0114	法国	0.0152	俄罗斯	0.0134	俄罗斯	0.0052
英国	0.0078	英国	0.0072	俄罗斯	0.0111	法国	0.0131	法国	0.0043

数据来源：根据 2014 年世界投入产出表计算所得。

[1] 剔除了世界其他地区，续表也如此。

对 k_1 部门越依赖，反过来思考，当上游 k_1 部门中间品生产受疫情严重影响后，下游 k_j 经济部门生产将受到冲击强度也就严重。根据投入产出框架中最强关系理论模型构建出如式（1）的最强冲击理论模型。既表达了 k_j 经济部门生产对 k_1 的依赖程度，也可表示 k_j 经济部门在疫情影响下对 k_1 经济部门最强依赖路径：

$$\text{Max} \prod_{k_1 \neq k_2 \neq k_3 \neq \cdots \neq k_n} a_{k_1 k_2}^{n_1 n_2} a_{k_2 k_3}^{n_2 n_3} \cdots\cdots a_{k_m k_j}^{n_{n-1} n_i} \tag{1}$$

其中 $n_{1、2\cdots c}$ 是经济体，其中 n_c 代表中国，a_{ij} 为 j 行业对 i 行业直接消耗系数，忽略反身性。通过数学转换，式（1）相等于式（2）：

$$\text{Min} \left(\log\left(\frac{1}{a_{k_1 k_2}}\right) + \log\left(\frac{1}{a_{k_2 k_3}}\right) + \cdots + \log\left(\frac{1}{a_{k_m k_j}}\right) \right) \tag{2}$$

利用系统工程学中弗洛伊德算法，通过公式（2）得出最短路径，即公式（1）的最强依赖路径。弗洛伊德算法是解决任意两点间的最短路径的一种算法。弗洛伊德算法是一种利用动态规划的思想寻找给定的加权图中多源点之间最短路径的算法，算法目标是寻找从点 i 到点 j 的最短路径。从任意节点 i 到任意节点 j 的最短路径不外乎两种可能，一是直接从 i 到 j，二是从 i 经过若干个节点 k 到 j。所以，算法假设 $Dis(i, j)$ 为节点 u 到节点 v 的最短路径的距离，对于每一个节点 k，算法检查 $Dis(i, k) + Dis(k, j) < Dis(i, j)$ 是否成立，如果成立，证明从 i 到 k 再到 j 的路径比 i 直接到 j 的路径短，便设置 $Dis(i, j) = Dis(i, k) + Dis(k, j)$，这样一来，当遍历完所有节点 k，$Dis(i, j)$ 中记录的便是 i 到 j 的最短路径的距离。

从上文对全球产业链重构现状的描述可知，在 2001—2014 年期间，全球产业链经历了扩张—收缩等重构的过程。中国抓住此次契机，融入全球生产网络，并且扮演着越来越重要的角色，逐渐成为东亚供给网络中心和需求网络中心，更成为连接全球三大生产网络重要桥梁。从中国生产与其他经济体供给所形成的最强依赖路径来看，节点为中国经济部门的数量占总的节点比重呈递增趋势，在 2008 年出现小幅的降低，随后又呈递增态势，但 2012—2014 年占比几乎没增。节点为中国经济部门的占比变动整体呈递增态势表明在全球产业链重构过程中，中国产业生产对中国自身经济部门的依赖程度增强，对全球经济部门的依赖程度在降低。中国逐渐有能力为本土产业生产提供上游产品，这表明中国有能力和基础构建内循环系统（见图 4.6）。

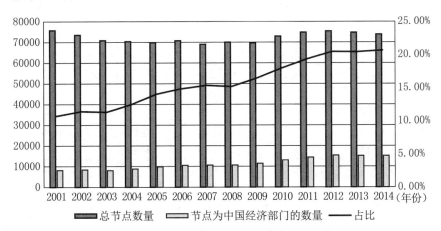

图 4.6　2001—2014 年中国 56 个经济部门生产所形成的最强依赖路径中节点数情况
资料来源：利用 2014 年世界投入产出表数据，根据弗洛伊德算法得出。

1. 最强依赖路径源点维度分析

从最强依赖路径源点——经济体角度看，中国产业生产对韩国、美国、日本、澳大利亚、德国、巴西、俄罗斯、法国、印度尼西亚、加拿大、英国、荷兰和意大利等国家的依赖最强，对马耳他、塞浦路斯、克罗地亚、爱沙尼亚等经济体依赖程度较低。从最强依赖路径源点——经济部门角度看，中国产业生产对全球的计算机、电子、光学产品制造部门，采矿和采石部门，化工及化工产品制造业部门，航空运输部门，农作物和动物生产，狩猎及相关服务活动部门，法律、会计及管理咨询部门，机器与设备制造业部门，基础金属制造部门，焦炭和精炼石油产品的制造部门和纸张及纸制品的制造部门等制造业部门，农业部门，运输业部门及技术型服务业部门依赖最强。而对全球的他公共服务部门，卫生公共服务部门，渔业和水产养殖部门、录音、音乐出版等活动部门，节目及广播活动部门，水的收集、处理及供应部门等基础性服务业依赖较弱（见表 4.8、表 4.9）。

从区域—行业两个源点角度结合看，中国产业生产对澳大利亚的采矿采

表 4.8　中国对全球经济体的最强依赖情况

经济体	最强依赖度	经济体	最强依赖度	经济体	最强依赖度
韩国	0.1590	比利时	0.0095	罗马尼亚	0.0011
美国	0.1460	丹麦	0.0092	保加利亚	0.0010
日本	0.1151	芬兰	0.0082	葡萄牙	0.0008
澳大利亚	0.1150	瑞典	0.0077	希腊	0.0008
德国	0.0924	瑞士	0.0072	卢森堡	0.0008
巴西	0.0649	墨西哥	0.0066	斯洛伐克	0.0006
俄罗斯	0.0522	奥地利	0.0059	立陶宛	0.0003
法国	0.0365	挪威	0.0051	斯洛文尼亚	0.0002
印度尼西亚	0.0325	爱尔兰	0.0049	爱沙尼亚	0.0002
加拿大	0.0259	西班牙	0.0049	拉脱维亚	0.0002
英国	0.0207	土耳其	0.0044	克罗地亚	0.0001
荷兰	0.0160	捷克	0.0036	塞浦路斯	0.0001
印度	0.0153	波兰	0.0030	马耳他	0.0001
意大利	0.0112	匈牙利	0.0019		

资料来源：利用 2014 年世界投入产出表数据，根据弗洛伊德算法得出。

表 4.9　全球经济体各经济部门对中国经济最强冲击度

行业	最强依赖度	行业	最强依赖度
计算机、电子、光学产品制造	0.1430	橡胶和塑料制品的制造	0.0212
采矿和采石	0.1340	陆路运输和管道运输	0.0211
化工及化工产品制造业	0.1160	食品、饮料和烟草产品的制造	0.0164
航空运输	0.0703	金属制品之制造，但机械及设备除外	0.0158
农作物和动物生产、狩猎及相关服务活动	0.0510	家具及其他制造业	0.0153
法律、会计及管理咨询	0.0484	纺织、服装及皮具制造业	0.0145
机器与设备制造业	0.0443	管理和支持服务活动	0.0130
基础金属制造	0.0438	电力、煤气、蒸汽和暖气供应	0.0102
焦炭和精炼石油产品的制造	0.0377	零售	0.0099
纸张及纸制品的制造	0.0362	污水处理、废弃资源和废旧材料回收加工	0.0095
电器设备制造	0.0348	木材加工及木、竹、藤、棕、草制品业	0.0095
批发	0.0347	仓储及其他运输辅助业	0.0082
汽车、挂车和半挂车制造	0.0301	基础药品和制剂生产	0.0073
其他运输设备制造	0.0299	金融服务活动，保险和养老基金除外	0.0073

数据来源：利用 2014 年世界投入产出表数据，根据弗洛伊德算法得出。

石部门和基础金属制造部门，韩国的计算机、电子、光学产品制造部门，化
工及化工产品制造业部门，焦炭和精炼石油产品的制造部门，电器设备制
造部门，机器与设备制造业部门，航空运输部门，基础金属制造部门和纺
织、服装及皮具制造业部门，美国的航空运输部门，农作物和动物生产、狩
猎及相关服务活动部门，化工及化工产品制造业部门，焦炭和精炼石油产
品的制造部门和法律、会计及管理咨询部门，纸张及纸制品的制造部门和
机器与设备制造业部门，巴西的农作物和动物生产、狩猎及相关服务活动
部门，纸张及纸制品的制造部门和采矿采石部门，俄罗斯的采矿和采石部
门和批发部门，日本的计算机、电子、光学产品制造部门和化工及化工产
品制造业部门，电器设备制造部门，基础金属制造部门，汽车、挂车和半
挂车制造部门，机器与设备制造业部门，橡胶和塑料制品的制造部门和金
属制品之制造（但机械及设备除外）部门，德国的汽车、挂车和半挂车制
造部门，法律、会计及管理咨询部门，机器与设备制造业部门，电器设备
制造部门，其他运输设备制造部门和化工及化工产品制造业部门，法国的
其他运输设备制造部门和航空运输部门等最强依赖较强，尤其是对澳大利
亚的采矿和采石部门，韩国的计算机、电子、光学产品制造部门，美国的
航空运输业部门等。在疫情加速全球产业链重构的情形下，中国想要发展
集成电路等被美国卡脖子的领域，亟须加强维系与日本和韩国的贸易关系
（见表 4.10）。

表 4.10　中国对全球各经济体各经济部门最强依赖情况

经济体 + 经济部门	最强依赖度	经济体 + 经济部门	最强依赖度
澳大利亚 + 采矿和采石	0.0677	德国 + 电器设备制造	0.0082
韩国 + 计算机、电子、光学产品制造	0.0506	美国 + 法律、会计及管理咨询	0.0081
美国 + 航空运输	0.0383	日本 + 汽车、挂车和半挂车制造	0.0079
韩国 + 化工及化工产品制造业	0.0336	日本 + 机器与设备制造业	0.0073
巴西 + 农作物和动物生产、狩猎及相关服务活动	0.0224	澳大利亚 + 基础金属制造	0.0071
俄罗斯 + 采矿和采石	0.0215	俄罗斯 + 批发	0.0070

（续表）

经济体＋经济部门	最强依赖度	经济体＋经济部门	最强依赖度
日本＋计算机、电子、光学产品制造	0.0207	法国＋航空运输	0.0066
日本＋化工及化工产品制造业	0.0179	美国＋纸张及纸制品的制造	0.0065
巴西＋采矿和采石	0.016	韩国＋电器设备制造	0.0065
美国＋农作物和动物生产、狩猎及相关服务活动	0.0142	德国＋其他运输设备制造	0.0062
韩国＋焦炭和精炼石油产品的制造	0.0125	德国＋化工及化工产品制造业	0.0062
美国＋化工及化工产品制造业	0.0121	日本＋橡胶和塑料制品的制造	0.0062
德国＋汽车、挂车和半挂车制造	0.0114	俄罗斯＋陆路运输和管道运输	0.0060
德国＋法律、会计及管理咨询	0.0114	巴西＋纸张及纸制品的制造	0.0059
日本＋电器设备制造	0.0113	印尼＋采矿和采石	0.0058
德国＋机器与设备制造业	0.0108	韩国＋机器与设备制造业	0.0053
日本＋基础金属制造	0.0098	美国＋采矿和采石	0.0052
美国＋焦炭和精炼石油产品的制造	0.00878	韩国＋航空运输	0.0048
法国＋其他运输设备制造	0.0083	日本＋金属制品之制造，但机械及设备除外	0.0047

数据来源：利用 2014 年世界投入产出表数据，根据弗洛伊德算法得出。

2. 最强依赖路径终点维度分析

中国的计算机、电子、光学产品制造部门，航空运输部门，焦炭和精炼石油产品的制造部门，其他运输设备制造部门，化工及化工产品制造业部门，电器设备制造部门，橡胶和塑料制品的制造部门，机器与设备制造业部门等运输业和制造业的生产对全球经济体最强依赖程度较强，其主要为制造业。且中国的计算机、电子、光学产品制造部门，航空运输部门和焦炭精炼石油产品的制造部门对全球的最强依赖程度比其他经济部门要高很多。全球产业链重构的过程中，为了规避重构对上述产业生产的冲击，中国需要弄清上述产业上游产品的全球重构的区域分布，重新选择贸易伙伴，并且国内培育高端制造业全产业链成为必要选择。

表 4.11　中国主要经济部门对全球经济体最强依赖情况

经济部门	最强依赖度	经济部门	最强依赖度
计算机、电子、光学产品	0.0741	电脑程式设计、顾问及有关工作；信息服务活动	0.0291
航空运输	0.0637	法律、会计及管理咨询	0.026
焦炭和精炼石油产品的制造	0.058	金属制品之制造，但机械及设备除外	0.0257
其他运输设备制造	0.0377	电力、煤气、蒸汽和暖气供应	0.0257
化工及化工产品制造业	0.0377	其他专业、科学技术活动；兽医活动	0.0234
电器设备制造	0.0369	其他非金属矿产品	0.0228
橡胶和塑料制品的制造	0.0363	仓储及其他运输辅助业	0.0225
机器与设备制造业	0.0347	科学研究与发展	0.0222
基础金属制造	0.0339	基础药品和制剂生产	0.0214
纸张及纸制品的制造	0.0334	水路运输	0.0207
印刷业及记录媒介的复制业	0.0306	采矿和采石	0.0207
汽车、挂车和半挂车制造	0.0295	食品、饮料和烟草产品的制造	0.0201

数据来源：利用 2014 年世界投入产出表数据，根据弗洛伊德算法得出。

3. 疫情重灾区维度分析

2020 年，全球性新冠疫情的暴发、中美和中印等关系、"逆全球化"思潮和行动的加剧等在一定程度上冲击、撕裂了全球中间品供应网络，改变了国际政治经济格局的发展趋势，也进一步加速了全球产业链重构进程。此部分从疫情重灾区重点部门与中国 56 个经济部门形成的具体最强依赖路径角度，分析新一轮全球产业链重构对中国产业的冲击。

巴西、西班牙、法国、英国、印度、意大利、墨西哥、俄罗斯和美国是本书研究的全球疫情重灾区。本部分依据表 4.12 中国 56 个经济部门对疫情重灾区经济部门最强依赖情况，筛选出疫情每个重灾区的 8 个经济部门作为本部分分析的样本。由表 4.12 知，中国产业生产对巴西的农作物、动物生产、狩猎及相关服务活动部门和采矿采石部门等，西班牙的化工及化工产品制造部门，采矿采石部门，其他公共服务部门，汽车、挂车和半挂车制造部门和机器与设备制造业部门等，法国的其他运输设备制造部门，航空运输部门和法律会计及管理咨询部门等，英国的基础金属制造部门，其他运输设备制造部门和批发部门等，印度的基础金属制造部门，化工及化工产品制造部门和农作物、动物生产、狩猎及相关服务活动部门等，意大利机器与设备制造部门，家具及其他制造部门和化工及化工产品制造业部门等，墨西哥的采矿采石部门，电器设备制造部门，家具及其他制造业部门等，俄罗斯的采矿采石部门、批发部门和陆路运输、管道运输等及美国的采矿采石部门，农作物、动物生产、狩猎及相关服务活动部门，化工及化工产品制造部门和焦炭和精炼石油产品的制造部门等最强依赖程度较高（见表4.12）。

表4.12　中国56个经济部门对全球疫情重灾区的最强依赖的重点部门情况

经济体	经济部门
巴西、俄罗斯、美国	纸张及纸制品的制造
巴西、印度	食品、饮料和烟草产品的制造
西班牙、法国、墨西哥	汽车、挂车和半挂车制造
西班牙、法国、英国、意大利	其他运输设备制造
西班牙	其他公共服务
法国、英国、俄罗斯	批发
巴西、印度、俄罗斯、美国	农作物和动物生产、狩猎及相关服务活动
俄罗斯	陆路运输和管道运输
巴西	零售
意大利	金属制品之制造，但机械及设备除外
西班牙、印度、美国	焦炭和精炼石油产品的制造
印度、意大利、墨西哥	家具及其他制造业
墨西哥	计算机、电子、光学产品制造
巴西、西班牙、英国、印度、墨西哥、俄罗斯	基础金属制造
西班牙、法国、英国、意大利、墨西哥、美国	机器与设备制造业
巴西、西班牙、法国、印度、意大利、墨西哥、俄罗斯、美国	化工及化工产品制造业
法国、英国、美国	航空运输
法国、英国	管理和支持服务活动

（续表）

经济体	经济部门
印度、意大利	纺织、服装及皮具制造业
巴西、法国、英国、意大利、美国	法律、会计及管理咨询
意大利、墨西哥	电器设备制造
俄罗斯	电力、煤气、蒸汽和暖气供应
巴西、西班牙、英国、印度、墨西哥、俄罗斯、美国	采矿和采石

资料来源：利用 2014 年世界投入产出表数据，根据弗洛伊德算法得出。

直接最强依赖路径，通过对所有最强依赖路径的梳理，得出中国 47 个经济部门与全球 9 个疫情重灾区共 72 个重点经济部门形成 3384 条最强依赖路径，直接最强冲击路径有 1834 条，且同类经济部门间的冲击基本为直接最强冲击，除俄罗斯的批发部门和陆路运输管道运输部门这两个经济部门外。中国产业生产对西班牙的机器与设备制造业部门和其他公共服务部门，法国的批发部门和航空运输部门，英国的批发部门，航空运输部门和法律、会计及管理咨询部门，印度的食品、饮料和烟草产品的制造部门，纺织、服装及皮具制造部门和家具及其他制造部门，意大利的家具及其他制造部门和美国的航空运输部门等最强依赖路径中有超 40 个经济部门是直接最强依赖。一旦这些经济体经济部门进行全球范围内重构，对中国经济冲击是以直接最强冲击为主，尤其是英国和法国的批发部门及英国和美国的航空运输部门。全球服务部门对中国产业生产冲击以直接最强冲击为主。中国采矿采石部门、纸张及纸制品的制造部门、其他非金属矿产品部门、基础金属制造部门、金属制品之制造（但机械及设备除外部门）、家具及其他制造部门和建筑业部门等这 6 个经济部门分别受到疫情重灾区重点行业最强冲击达到 50 条（包含 50 条）。美国重点产业的重构对中国经济最强冲击以直接最强冲击为主。

间接最强依赖路径，通过中国生产对疫情重灾区重点经济部门的间接最强依赖路径的梳理，得知间接最强依赖路径根据其含节点个数分为三大类，含有一个节点的间接最强依赖路径、含有两个节点的间接最强依赖路径和含三个节点的最强依赖路径，且分别有 1316 条、224 条和 10 条。且终点前一节点为中国经济部门的路径也相对较多，有 1153 条，占间接最强冲击路径的 74.39%。中国经济部门在间接最强依赖路径中占有重要地位。终点前一节点为疫情重灾区经济部门的路径有 366 条，相比终点前一节点为非疫情重灾区经济部门的路径数量也较大。三大类路径中节点为中国经济部门的频数较高，尤其是其他公共服务，焦炭和精炼石油产品的制造，食品、饮料和烟

表 4.13　全球疫情重灾区重点行业对中国经济间接最强冲击路径中的节点分

经济体＋经济部门	频数	经济体＋经济部门	频数
中国＋其他公共服务	451	中国＋基础药品和制剂生产	22
中国＋焦炭和精炼石油产品的制造	279	中国＋汽车、挂车和半挂车制造	22
中国＋食品、饮料和烟草产品的制造	144	中国＋航空运输	22
中国＋法律、会计及管理咨询	114	俄罗斯＋纸张及纸制品的制造	22
中国＋基础金属制造	91	巴西＋采矿和采石	21
美国＋航空运输	70	中国＋水路运输	21
中国＋电器设备制造	64	中国＋住宿及餐饮业	21
巴西＋农作物和动物生产、狩猎及相关服务活动	59	巴西＋纸张及纸制品的制造	17
俄罗斯＋采矿和采石	50	中国＋化工及化工产品制造业	17
中国＋电力、煤气、蒸汽和暖气供应	47	意大利＋机器与设备制造业	17
中国＋印刷业及记录媒介的复制业	46	美国＋农作物和动物生产、狩猎及相关服务活动	17
中国＋采矿和采石	41	中国＋机器与设备制造业	16
中国＋建筑业	35	中国＋橡胶和塑料制品的制造	15
美国＋焦炭和精炼石油产品的制造	32	中国＋纸张及纸制品的制造	14
中国＋陆路运输和管道运输	28	中国＋金融服务活动，保险和养老基金除外	14
中国＋农作物和动物生产、狩猎及相关服务活动	27	墨西哥＋采矿和采石	14
中国＋金属制品之制造，但机械及设备除外	26	墨西哥＋电器设备制造	14
中国＋其他运输设备制造	26		

资料来源：利用 2014 年世界投入产出表数据，根据弗洛伊德算法得出。

草产品的制造，法律、会计及管理咨询，基础金属制造，电器设备制造，电力，煤气，蒸汽和暖气供应，印刷业及记录媒介的复制业，采矿和采石，建筑业，陆路运输和管道运输，农作物和动物生产、狩猎及相关服务活动，金属制品之制造（但机械及设备除外），其他运输设备制造，基础药品和制剂生产等经济部门频数偏高。节点为美国的航空运输和焦炭和精炼石油产品的制造，巴西的农作物和动物生产、狩猎及相关服务活动和采矿和采石，俄罗斯的采矿和采石、纸张及纸制品的制造等在最强冲击路径中承担重要作用。为了规避全球产业链重构的冲击，需在加强培育国内循环系统的同时，打造全产业链、寻找上游产品可替代市场等。

4.3　对策建议

在全球产业链重构的时代背景下，各经济体采取了不同应对冲击的策略。中国是积极融入全球生产网络，从事低端加工、组装环节，以要素换技术。在此期间，中国产业发展取得一定成绩但也被限定在全球价值链低端位置。中国如何更好地规避全球产业链重构对中国产业发展的冲击？其中德国在高端制造业发展上的成功经验值得中国借鉴。德国是一个典型的制造业驱动型经济体，并且在全球化市场中成为高端制造品市场的佼佼者，其最重要的原因是德国掌握了高端制造业发展良性循环的关键机制。其机制主要包括技术创造与技术溢出体系、中小企业家精神和区域经济政策、秩序政策的制定。通过借鉴德国高端制造业发展的经验，提出以下四点对策建议。

第一，创造"创新性毁灭式"的发展环境，实现及时创造和技术溢出，强化现实比较优势基础，防止"双向挤压型行业"被挤出全球价值链。金融危机以来，中国土地、资源、商务及劳务成本不断上升，环境保护压力日趋严峻，致使大型跨国公司部分业务回流以及本土制造企业转移海外的事件时有发生，表明"双向挤压型行业"国内价值链条出现收缩并向发达国家和发展中国家转移，中国制造业全球价值链环节面临被挤出风险。这一现象充分说明中国制造业前期嵌入全球价值链所依靠的低成本比较优势已难以为继，必须从降成本与增效率两方面寻求突破。一方面深入贯彻《降低实体经济企业成本工作方案》中所提及的降低企业税费负担、融资成本、制度性交易成本等方面；另一方面淘汰低端落后产能，激发企业强化对发展软硬环境的投资，从根本上提升生产效率。在"硬件"方面，沿着"中国制造2025"所提出的信息化与工业化融合发展方向，组织研发或引进智能制造装备或智能化、自动化生产线；强化"互联网+"行动，促进互联网在企业研发、生产、运营、营销等全链条上的集成运用。在软件方面，积极引进高层次、紧缺型和创新型人才，强化对员工操作技能、企业文化等的培训，营造企业"毁灭性创新"的发展环境。

第二，培育新时代中小企业家精神，改善中小企业的营商环境，拓宽企业家精神生长空间。激发中小企业家精神，营造更为公平、公正的市场竞争环境、出台更为宽松的市场政策和保持更加开放的竞争心态，给各经济主体以平等的市场地位和权利。培养中小企业家群体，最重要的是要通过改善营商环境、确保规则公平、稳定预期，处理好政府和市场的关系，厘清政府和市场的边界，使市场在资源配置中起决定性作用，同时更好地发挥政府的辅助作用，让企业家对企业发展前景、社会大势有足够的信心。

第三，提高区域经济发展政策的精确性和均衡性。中国作为一个区域发展极为不平衡且地域辽阔的经济体，各地产业发展政策的异同使得区域发展更为不平衡。为了规避全球产业链重构对中国整体产业的冲击，制定的区域政策需结合地方制度和经济发展状况，进一步缩小政策实施的地理单元尺度，因地制宜地制定差异化发展政策，尤其要加强内陆地区的区域政策精确性，实现区域均等化的基本公共服务体系的建立以及在落后地区形成合理的空间经济结构，从而推动落后地区经济社会发展的追赶。

第四，抢抓"一带一路"和区域全面经济伙伴关系协定机遇，营造区域间合作良好环境。在中美贸易摩擦日益激烈的当下，"一带一路"和区域全面经济伙伴关系协定作为两个创新性的全球经济合作平台，拓宽了中国自身经济的发展空间，带动中国与"一带一路"沿线国家和地区及东盟十国进行更大规模、更为频繁的投资与贸易活动，进而成为推动国家制造业转型升级的重要机遇。在全球产业链重构期间，中国"国际产能合作型行业"的价值链布局不断向沿线国家拓展，形成国际产能合作的良好开端。今后一段时期，中国应当进一步优化与"一带一路"沿线国家和地区及东盟十国合作的政治环境、投资环境、金融环境等软环境，以及物流、港口等基础设施硬环境，确保中国与沿线国家产能合作的快速推进，为国内制造业提供更大发展空间、积累更多资本，带动制造业转型升级，规避全球价值链重构给中国产业发展带来的负面冲击。

▎参考文献

［1］倪红福、龚六堂、夏杰长：《生产分割的演进路径及其影响因素——基于生产阶段数的考察》，《管理世界》2016 年第 4 期。

［2］赵瑞娜、倪红福：《全球价值链重构的经济效应——兼论中美经贸摩擦的影响》，《中国流通经济》2020 年第 5 期。

［3］刘世锦、韩阳、王大伟：《基于投入产出架构的新冠肺炎疫情冲击路径分析与应对政策》，《管理世界》2020 年第 5 期。

［4］郑建明、杨策、王万军：《我国在全球价值链重构中面临的挑战和机遇——基于中美贸易摩擦视角》，《国际贸易》2020 年第 9 期。

［5］张轶晴、李宏瑾：《中美贸易摩擦对中国全球产业链地位冲击的影响研究》，《黑龙江金融》2018 年第 11 期。

［6］刘慧岭、凌丹：《全球价值链重构与中国制造业转型升级——基于价值链分布的视角》，《中国科技论坛》2019 年第 7 期。

［7］朱明珠、孙菁：《全球价值链新一轮重构下中国企业突破"低端锁定"的路径选择》，《商业经济研究》2020 年第 14 期。

［8］陈俊营、方俊智：《产品内分工视角下全球制造业生产网络的演化特征》，《世界地理研究》2020 年第 4 期。

［9］韩中：《全球价值链视角下中国总出口的增加值分解》，《数量经济技术经济研究》2016 年第 9 期。

（本章主持及执笔：高录问）

第 5 章　人工智能

本章提要：

在新一轮的科技竞赛中，人工智能相关技术与产业对国家经济增长和安全至关重要，将推动数万亿数字经济产业转型升级。据 Sage 预测，到 2030 年人工智能的出现将为全球 GDP 带来额外 14% 的提升，相当于 15.7 万亿美元的增长。当前人工智能技术已步入全方位商业化的阶段，并对已有的传统行业带来了深远的影响，改变了各行各业的生态体系。中国的人工智能产业已经走过了萌芽阶段与初步发展阶段，将进入快速发展阶段，并且更加注重应用落地。经过快速发展，国内人工智能产业上中下游格局也逐渐清晰。其中，上游提供基础能力，中游将基础能力转化成人工智能技术，下游则将人工智能技术应用到特定行业中。随着技术不断迭代，市场认知也逐渐完善更多产业对人工智能的思考如何将与商业相结合、作伙伴共同重构传统产业价值链的阶段，时代进入了人工智能与广泛、深度融合阶段。本章通过梳理人工智能在中国发展的现状，同时对产业链结构、绩效和行为进行分析，发现中国人工智能产业目前存在的问题与挑战，并从政府和企业层面提出建议。本章力图综合展现中国人工智能发展现状和趋势，以提升公众认知水平，助力产业健康发展，服务国家战略决策。

5.1　我国人工智能发展进入新时代

在新的国际环境与经济发展趋势之下，人工智能成为我国科技发展的重要支撑之一，被纳入新基建七大领域之一。人工智能也是第四次工业革命的重要组成部分，将推动制造业与数字经济产业的转型升级。人工智能作为新技术，在新一轮产业变革中是核心动力，将进一步释放每一次科技变革和产业革命蓄积的巨大热量，对于创造新动力具有重要意义，正在慢慢发展为国家间相互竞争的新核心和经济发展的新动能。从 2015 年起，我国人工智能产业开始快速地成长，国家的政策重心从核心技术攻克到实景应用，从单项技术转向人机协同。截至 2019 年年底，我国人工智能相关公司总数超过2200 家，人工智能赋能实体经济产业规模接近 570 亿元。

5.1.1　人工智能产业链组成

人工智能是用机器不断感知、模拟人类的思维过程，使机器能够达到甚至超越人类的智慧（《人工智能发展白皮书》，中国信通院，2018），也即人工智能是要具备人的感知、认知、思考和决策能力。从目前发展来看，从技术逻辑可以将人工智能产业分为基础层、技术层和应用层。

基础层从硬件和理论层面，为人工智能的实现提供根本保障，主要包括人工智能芯片和深度学习算法。人工智能芯片的发展进步，提供越来越强的计算能力；深度学习算法的建立，提供人工智能解决问题的计算方法。例如以地平线为代表的芯片企业，以云从科技为代表的平台与大数据服务，以海康威视和大华为代表的传感器硬件，以阿里云和华为为代表的算法云服务等，都是基础层的核心企业。

技术层是基于基础层的支撑，设计出的解决某一类过去需要人脑解决问题的通用方法，具体包括智能语音、计算机视觉、自然语言处理以及其他类这四大人脑功能的处理方法。这些方法基于深度学习算法，根据具体的数据以及处理场景，形成专门的成套技术处理方法和最佳实践。通过技术层的实现，我们可以将基础层提供的算力以及计算方法运用到具体领域，去真实对应到大脑的某一类功能以及实践能力。以商汤科技、科大讯飞、小 i 机器人、名略科技以及百度等为代表的企业皆位于技术层。

应用层基于技术层的能力，解决具体现实生活中的问题。比如利用计算机视觉技术，实现金融、安防等多个领域的人脸识别；利用智能语音技术，实现智能音箱、录音笔等的语音识别；利用自然语言处理技术，用于智能客服的问答。在实际的应用中，技术层和应用层的关系是相互交叉的，某个领域可能用到多个维度的技术层的能力，比如金融行业对于智能语音、计算机视觉、自然语言处理技术都会有需求；同样某个技术层的能力也可以广泛应用到多个不同的应用领域，比如计算机视觉技术可以广泛应用到金融、安防、医疗、交通、教育等多个维度。

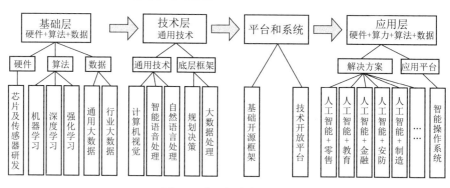

图 5.1　人工智能产业结构

资料来源：依据相关资料绘制。

5.1.2　我国人工智能产业的发展现状

2010 年后，随着中国人工智能技术的快速发展以及和商业应用的快速推广，人工智能插上了腾飞的翅膀，已成为各国之间的竞争新赛道。2017 年 7 月，国务院印发《新一代人工智能发展规划》，从国家层面制定未来十多年人工智能的战略部署。人工智能技术在实体经济中寻找落地应用场景成为核心要义，相关技术逐步与传统行业营模式及务流程产生实质性融合，人工智能经济时代的全新产业版图初步显现。

人工智能产业已经在多个细分领域实现了深入应用，例如交通、金融、医疗、家居、制造等。所以，人工智能产业实现了多方面的经济赋能，主要可以体现在两个方面：一是提高了劳动生产率，降本增效；二是创造了新

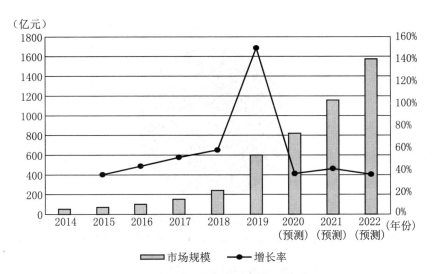

图 5.2 中国人工智能市场规模及增长率

资料来源：艾瑞咨询研究院《2019 中国人工智能产业研究报告》。

的经济需求和增长点。前者主要指赋能细分领域，快速高效的处理数据，提高生产效率。例如新冠疫情期间，百度 Hi 企业智能远程办公平台和空中课堂提供了企业通信、语音视频会议、协同办公等服务，助力复工和教育。人工智能在中国实体经济发展中成为核心推动力，人工智能技术与传统行业精英模式及业务流程产生实质性融合。后者主要指创新新需求、新商业模式、新的经济增长点。如人工智能在汽车行业的应用，智能网联一方面提升了汽车的智能化，另一方面与 5G 结合，提高了汽车信息沟通能力，百度的"Apollo Robotaxi"就是一个典型的案例。在一些针对中国经济的研究中，埃森哲认为到 2035 年，人工智能将使中国经济的预期增长率提升 1.6 个百分点，即人工智能情境下的年增长水平接近 8%，这意味着人工智能将为该年的经济总增加值额外贡献 7.1 万亿美元。

从我国人工智能企业的分布来看，中国企业多位于应用层，而技术层和基础层企业较少，其中以大数据、云计算以及机器人学习为核心技术的企业占比较高。从国际范围来看，人工智能行业呈现美国相对领先，中美"双雄并立"构成第一集团，英日法德等传统发达国家构成第二集团的竞争局面。同时全球各国针对人工智能领域的发展均出台政策大力支持，其中又尤以中

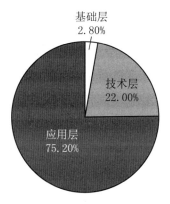

图 5.3　中国人工智能企业层次分布

资料来源：前瞻产业研究院《2019 中国人工智能行业现状与发展趋势报告》。

国和美国的支持力度较大，上升到国家战略层面。

5.1.3　我国人工智能产业的区域分布分析

从发展趋势来看，人工智能企业主要分布在京津冀、长三角、珠三角、川渝四大都市圈，根据一项针对 745 家人工智能企业的研究来看，四个区域人工企业分别占 44.8%、28.7%、16.9% 以及 2.6%。在各省市自治区中，人工智能企业主要分布在北京市、广东省、上海市、浙江省、江苏省、四川省、湖北省。在各城市中，人工智能企业主要分布在北京市、上海市、深圳市、杭州市、南京市、广州市、成都市。所以，从区域上来看，整体呈现出东高西低的态势。其中，北京布局相对成熟，具有较为完善的产业链，尤其中关村科学城等机构为北京的人工智能产业发展提供利好的政策、技术、人才等支持。目前，北京拥有人工智能企业数量位于全国前列，约为 400 家。广东科技创新能力同样处于领先地位，尤其粤港澳大湾区的规划发展重视人工智能的布局。截至 2019 年，广东省已成功认定两批共 8 个园区作为"广东省人工智能产业园"。

与此同时，中国的人工智能发展规划也采用了经过深思熟虑且越来越区域化的执行方法。人工智能计划鼓励市政府和省政府奉行人工智能友好政策，并与私营部门合作，加快人工智能技术的发展。越来越多的地方和省级政府推出人工智能政策举措。上海、武汉、北京等城市都已经发布人工智能实施计划。在全国范围内出现众多以人工智能为中心的产业园区、研究机

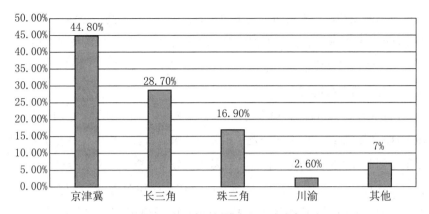

图 5.4 中国人工智能企业区域分布

资料来源：中国新一代人工智能发展战略研究院。

构、融资计划以及为人工智能企业提供地方政府补贴的情况。上海、武汉、北京等城市都已经发布人工智能实施计划。上海将为关键性人工智能项目提供补贴，补贴金额为其投资的 30%。武汉已与小米建立战略合作伙伴关系，以建立人工智能、云计算和大数据的研发中心。而天津生态城则已成为扩展中国 5G 网络和可持续技术的试验场。

5.2 我国人工智能产业发展的结构性分析

在新一轮科技革命和产业变革浪潮中，人工智能从感知和认知两方面来模拟人类智慧，在与 5G 通信技术、物联网以及云计算的协同下，人工智能产业发生新的发展逻辑。中国的人工智能产业已经走过萌芽阶段与初步发展阶段，将进入快速发展阶段，并且更加注重应用落地。经过近几年的快速发展，国内人工智能产业上中下游格局也逐渐清晰。本节结合人工智能行业的技术发展、市场发展现状、投资情况及企业数据，对人工智能行业的发展进行结构性分析。

5.2.1 中国人工智能产业技术发展分析

依据《中国新一代人工智能科技产业发展报告（2019）》的数据，我国人工智能企业广泛分布在 18 个应用领域，其中企业技术集成与方案提供、关键技术研发和应用平台两个应用领域的企业数占比最高，分别达到 15.7% 和 10.5%。从发展来看，以生物识别、图像识别、视频识别等技术为核心的计算机视觉市场规模最大，根据 2019 年的数据可以看到这一领域约占 35%，达 200 亿元的市场规模。

而从中国人工智能企业涉足的具体领域来看，应用层是主要的发展领域，这一层级围绕着应用端开发了相关的技术、算法、产品及解决方案，也是很多创业公司涉足的领域；而从技术类型分布来看，涉及机器学习、大数据、云计算和机器人技术的公司较多，整体分布相对均匀。总体而言，金融、营销、安防、客服等场景在 IT 基础设施、数据质量、对新技术的接受周期等人工智能发展基础条件方面表现较优，而在当下市场规模、行业发展增速、解决方案落地的效果和政策导向等诸多因素的影响下，这些产业受到人工智能的影响较大。

1. 科技产出与人才投入

根据世界知识产权组织（WIPO）的统计数据，中美日三国人工智能专利数量占全球人工智能专利总数的 75%。中国专利数量领先，美国和日本，专利数量占 37%，成为全球人工智能专利申请数量最领先的国家。在细分领域中，专利申请主要集中在语音识别、图像识别、机器人、机器学习等方向，主要应用在能源、通信和汽车行业，尤其是在数据处理系统、数字信息传输等方面专利技术创新发明数量较多，占总发明件数的 16%。

在基础研究方面，2010 年以来全球人工智能领域论文发表量逐年增加，中国占比逐年增加，2019 年达 27.4%。中国是发表人工智能领域论文最多的国家，发表 9 万余篇，占全球人工智能领域论文发表总量的 22.7%。位列中国之后，发表人工智能领域论文最多的国家是美国，其次是印度、德国和日本等国家。从被引论文量来看，近 10 年来，中国在人工智能领域的高被引论文数量涨势明显，2019 年中国高被引论文数量占全球总量的 45%。美国是全球高被引论文总量最多的国家，其次是中国、英国、德国和澳大利亚等国家。近些年全球高水平人工智能论文关注的是深度学习、神经网络、自适应控制、优化以及大数据等多个方向，中国相对比较集中在自适应控制、神经网络和大数据等领域。

从人才投入来看，2019 年中国国际人工智能人才投入总量位列第二，是美国人数的 65%，国内整体呈现东多西少的态势。东部省份人工智能人才投入量高达 13 万人，占据全国总量的 60%，北京优势明显，人才投入量累计达到 28000 人，名列全国第一，整体来看，东部人才投入呈现北京、江浙沪双极态势，中部和西部则出现湖北省和陕西省两个高点。人工智能人才研究领域相对分散，遗传算法、神经网络等算法领域是我国研究的热门方向，相关领域人才投入累计达 45000 人，故障诊断、数据挖掘、BP 神经网络与支持向量机紧随其后。

2．企业组成

至 2019 年底，中国人工智能相关企业超过 2000 家，主要集中在北京、上海和广东三地，而从成立时间来看，中国人工智能企业的涌现集中在 2012—2016 年间，在 2015 年达到顶峰，新增初创企业数量达到 356 家，而从 2016 年开始创业企业的增速有所放缓。作为新兴行业，注册时间超过 10 年的人工智能企业数量仅为 26%，而少于 10 年的人工智能企业数量占比则较大，包括商汤科技、旷视科技、依图和地平线等人工智能独角兽公司在内，将会迎来新一轮的发展机遇，潜力巨大。

同时国内企业较为看重智能机器人、无人机和智能驾驶等终端产品市场，这也导致中国人工智能企业主要分布在应用层领域。另外一些初创企业垂直突围，在语音识别与自然语言处理、计算机视觉、人工智能芯片、智能驾驶等领域一些新的企业崭露头角。以人工智能芯片为例，截至 2019 年 10

表 5.1　主要人工智能芯片技术参数对比

	英特尔 EyeQ4	英伟达 Xavier	华为 昇腾 310	寒武纪 1M-4K	百度 昆仑
工艺制程（纳米）	28	12	12	7	14
整数运算能力（TOPS）	N/A	30	16	8	260
浮点运算能力（TFLOPS）	2.5	N/A	8	N/A	N/A
功耗（瓦）	5	30	8	N/A	150
能耗比（TOPS/ 瓦）	N/A	1	2	N/A	1.7

资料来源：恒大研究院。

月，中美两个人工智能芯片专利申请量分别为 1.6 万和 1.1 万项，三星和英特尔表现积极，从实际应用产品来看，代表性的企业包括英特尔、英伟达、华为昇腾、寒武纪以及百度，但是从芯片技术指标对比来看，中国企业尚有差距，面临着基础研发欠缺的局面。

5.2.2　中国人工智能产业市场行为

本节从产业的投融资行为、产品行为以及实体经济赋能角度进行总结。

1．投融资行为

自 2013 年以来，全球和中国人工智能行业投融资规模都呈上涨趋势。据统计，2015 年至 2020 年 10 月，我国人工智能领域累计发生 4462 件融资事件，融资金额累计 6968.96 亿元。2015 年至 2017 年在融资事件数和融资规模上呈现增长态势，2018 年起至今融资事件数量呈现回落态势。2015 年至 2020 年 10 月，企业单笔融资金额从最初的 0.36 亿元增加到 8.17 亿元，资金逐渐流向头部企业的态势明显，反映出资本市场对人工智能领域的青睐。从获投企业分布来看，相比于相对成熟的安防和金融领域，医疗、制造和自动驾驶领域处于早期阶段，格局尚未形成。我国人工智能领域涌现出不少大额融资项目，亿元以上投资就达到百件以上。其中融资额过 10 亿元的有 11 个，包括商汤科技、优必选、旷视科技等热门赛道上的明星项目。可见虽然总体融资额较 2017 年明显增长，但事实上大量的资金被集中投放到较为成熟的中后期项目，甚至仅仅被细分领域的巨头收入囊中，资本向头部集中的趋势明显。

从企业融资阶段来看，人工智能领域获得融资的早期项目居多，集中在种子和 A 轮，但伴随企业生长周期的演进，市场逐渐成熟，融资阶段相应向成长期和成熟期偏移，资金逐渐流向头部企业的态势明显。如百度、阿里、腾讯和京东（简称 BATJ）纷纷提高自身在人工智能领域的投资力度，尤其是腾讯和阿里分别投资了 12 家、11 家人工智能创业企业。从投资领域看，投资巨头重点关注大数据及数据服务、人工智能驾驶。此外，百度侧重于语音领域，阿里除了着重向"人工智能＋"的旅游、安防、保险以及智能家居等领域投资外，还集中向智能机器人发展迈进；京东的重点投向集中在"人工智能＋"的安防及物流等领域。此外，科大讯飞作为人工智能领域的佼佼者，在基础硬件设施、智能机器人两大领域均有所布局。

2．产品与应用

从国内发展来看，比较典型的关键技术包括八大领域：计算机视觉技术、自然语言处理技术、跨媒体分析推理技术、智适应学习技术、群体智能技术、自主无人系统技术、智能芯片技术和脑机接口技术。在人工智能技术向各行各业渗透的过程中，不同产品由于使用场景复杂度的不同、技术发展水平的不同，而导致其成熟度也不同。比如，教育和音响行业的核心环节已有成熟产品，技术成熟度和用户心理接受度都较高；个人助理和医疗行业在核心环节已出现试验性的初步成熟产品，但由于场景复杂，涉及个人隐私和生命健康问题，当前用户心理接受度较低；自动驾驶和咨询行业在核心环节则尚未出现成熟产品，无论是技术方面还是用户心理接受度方面都还没有达到足够成熟的程度。

在人工智能技术向各行各业渗透的过程中，安防和金融行业的人工智能使用率最高，零售、交通、教育、医疗、制造、健康行业次之。安防行业一直围绕着视频监控在不断改革升级，在政府的大力支持下，我国已建成集数据传输和控制于一体的自动化监控平台，随着计算机视觉技术出现突破，安防行业便迅速向智能化前进。金融行业拥有良好的数据积累，在自动化的工作流与相关技术的运用上有不错的成效，组织机构的战略与文化也较为先进，因此人工智能技术也得到了良好的应用。零售行业在数据积累、人工智能应用基础、组织结构方面均有一定基础。交通行业则在组织基础与人工智能应用基础上优势明显，并已经开始布局自动驾驶技术。教育行业的数据积累虽然薄弱，但行业整体对人工智能持重点关注的态度，同时也开始在实际业务中结合人工智能技术，因此未来发展可期。医疗与健康行业拥有多年的医疗数据积累与流程化的数据使用过程，因此在数据与技术基础上有着很强的优势。制造行业虽然在组织机构上的基础相对薄弱，但拥有大量高质量的数据积累以及自动化的工作流，为人工智能技术的介入提供良好的技术铺垫。

我国确定了五大国家新一代人工智能开放创新平台：分别依托百度、阿里云、腾讯、科大讯飞公司、商汤集团，建设自动驾驶、城市大脑、医疗影像、智能语音、智能视觉人工智能开放创新平台，并由发改委、科技部、财政部、教育部、工信部、中科院等 15 个部门构成的新一代人工智能发展规划推进办公室来推进项目、基地、人才的统筹布局。这批"国家队"开放创新平台将在四个方面发挥核心使命，包括建立人工智能国际化人才体系并培养国际化人才，通过人工智能赋能，创造以众创空间、孵化器为代表的大众创业、万众创新的生态环境等。人工智能开放平台的建立，有助于降低企业的技术门槛，让所有创业者都享受到人工智能技术进步所带来的红利，同时也有助于连接各行业内的产学研机构，实现数据打通，避免重复工作，构筑完整的产业生态，大幅提升整个产业的生产效率。除了国家级人工智能开放创新平台以外，越来越多人工智能领域的其他企业也开始搭建人工智能开放平台，如教育领域的"松鼠 AI 1 对 1"建立了智能适应教育开放平台，京东建立了以智能零售为京东人工智能开放平台"NeuHub"等。如果说早年间的人工智能开放平台由国外巨头如谷歌等领跑，那么随着中国人工智能行业的整体发展，国内人工智能企业也开始尝试营造开放的行业生态。

5.2.3 中国人工智能产业市场绩效——以企业为例

整体来讲，我国人工智能企业处于快速成长的阶段，多为一些创业型企业，所以企业的经营绩效差别较大。本书依据我国上市人工智能公司的经营情况，以及涉及的相关业务，选取了 56 家公司进行分析。这些企业数据来自国泰安数据库，涉及 2015—2019 年，行业包括软件和信息技术服务业、计算机、通信和其他电子设备制造业、专用设备制造业、通用设备制造业以及互联网相关服务。

1. 企业整体绩效分析

从 2015—2019 年的整体数据来看，人工智能企业的盈利能力依据行业有较大的差异，但也有一定的亮点。2015—2019 年人工智能行业平均营业利润率达为 12%，平均投入资本回报率为 5.8%，与我国这些年的经济发展相匹配，说明我国经济已经进入稳中有进的平稳发展阶段。但是，值得注意的是，本次选取的 56 家与人工智能行业相关的企业包含范围广泛，其中不乏有一些传统行业正在转型阶段，这是降低了高附加值的人工智能行业的利润率一个重要的原因。本节提取与人工智能行业相关性最强的三个行业的数据

表 5.2　2015—2019 年人工智能上市企业的经营绩效总体情况分析

		软件和信息技术服务业	计算机、通信和其他电子设备制造业	专用设备制造业、通用设备制造业	互联网相关服务业
盈利情况	净资产收益率	2%	6%	6%	−35%
	销售利润率	13%	9%	12%	5%
资产质量	总资产周转率（次）	41%	72%	36%	50%
	现金及现金等价物周转率 A′（%）	274%	502%	489%	515%
成长情况	销售增长率	12%	18%	15%	13%
	资产增长率	9%	22%	12%	3%

资料来源：国泰安数据库。

对人工智能行业整体作进一步的描述。2015—2019 年软件和信息技术服务业，平均营业利润率为 13%，2019 年净利润增长 56%；2015—2019 年计算机、通信和其他电子设备制造业，平均利润率为 9%，2019 年销售收入增长 38.02%。2015—2019 年专用设备制造业、通用设备制造业，平均营业利润率为 12%，销售收入连着两年有所下降。

从上述分析来看，我国主要人工智能行业发展已经进入平稳增长阶段。软件和信息技术服务业，计算机、通信和其他电子设备制造业，专用设备制造业，通用设备制造业四大行业盈利能力总体较好，2018 年我国对商誉会计科目重新进行制定，这是软件和信息技术服务业销售理论率出现负值最重要因素，加上一些数字经济相关企业较难从经济带动性上进行测量，还需精准的测量方法进行计算。四大产业均体现产业的高附加值特性，现金及现金等价物周转率较高。2019 年我国 GDP 同期增长 6.1%，而产业成长均高于行业的平均水平，其他行业发展情况较好。

通过对这 56 家企业经营数据的分析，分别从盈利能力（总资产利润率、净利润率）、运营能力（总资产周转率、应收账款周转率）和成长能力（营业收入增长率、资产增长率、净利润增长率）三个维度分析企业绩效，从而以这些样本归纳产业的经营绩效。数据采用近五年（2015—2019 年）的数据，以科大讯飞为例，见表 5.3。

表 5.3　2015—2019 年科大迅飞公司经营绩效数据提取样表

	2015 年	2016 年	2017 年	2018 年	2019 年
总资产利润率（%）		5	4	4	8.17
销售净利润率（%）	3	29	41	16	7.8
总资产周转率（次）	30	32	41	52	48
应付账款周转率（次）	2.46	2.77	3.15	7.46	6.85
营业收入增长率（%）	51.46	27.90	63.97	45.41	27.43
总资产增长率（%）	62	24	28	15	18
净利润增长率（%）	141	944	330	255	45.46

资料来源：国泰安数据库。

2．盈利绩效分析

通过总资产利润率和销售利润率两个指标来衡量。从总体看，人工智能企业的盈利情况下降百分之一个百分点，平均资产利润率 2015—2019 年分别是 7%、6%、6%、2%、3%，整体呈现了下降的趋势；平均销售利润率分别为 11%、9%、15%、12%、11% 以及 10%，2019 年没有增长，销售利润率 2016 年达到峰值后，呈现下降趋势。从这个数据可以看出，人工智能企业盈利情况趋于稳定，这是我国在供给侧改革技术转型期间出现阵痛后，经

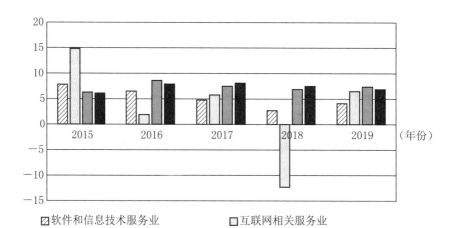

图 5.5　2015—2019 年人工智能行业 ROA 变化

资料来源：国泰安数据库。

营逐渐回升的表现。

从细分的行业来看，软件和信息技术服务业，计算机、通信和其他电子设备制造业，专用设备制造业，通用设备制造业，互联网相关服务业，与互联网相关的产业，净资产利润率与销售利润率 2019 年出现了明显增长，其中原因与我国经济发展的质量提升所致，互联网相关服务业净资产利润率略有上升。而计算机、通信和其他电子设备制造业，专用设备制造业，通用设备制造业，盈利能力较强。

3．运营绩效分析

采用总资产周转率（次）和应收账款周转率（次）来衡量企业的运营情况。从总体看，2015—2017 年人工智能企业资产周转率逐步提高，2019 年均出现增长率速度减缓。平均资产周转率 2015—2019 年分别是 53%、56%、56%、60%、58%，近五年较为平稳，没有太大多动但有小幅度上涨。营收账款周转天数分别为 28.29、17.3、13.94、11.18 以及 12.27，说明人工智能企业的账期逐渐变短，随着市场需求增大与技术的进步，收账情况逐渐变好。

从行业来看，2015—2019 年计算机、通信和其他电子设备制造业应收账款周转天数逐渐增大，其他三个行业应收账款的周转天数在逐渐的下降。计算机、通信和其他电子设备制造业应收账款周转天数增加，其原因是因为我国处于制造业转型阶段，传统模式下的生产的产品在技术上和质量上有一定

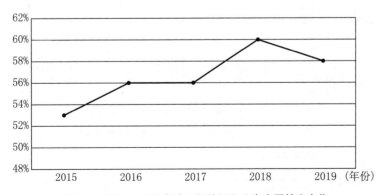

图 5.6　2015—2019 年人工智能行业总资产周转率变化

资料来源：国泰安数据库。

的滞后性，所以应收账款天数增长。所以从这些数据可以看出，随着人工智能企业的资产增加，技术高净值的企业整体运营能力增加，低净值的企业营收能力下降。所以计算机、通信和其他电子设备制造业所属的企业应当加大研发的力度，增加核心竞争力，通过尖端技术研发市场所需的产品，减少应收账款周转天数。

4．成长绩效分析

成长绩效用营业收入增长率、资产增长率和利润增长率三个指标来界定。从营业收入角度进行分析，2016 年人工智能产业企业营业收入快速增长，2016 年营业收入增长率 92% 达到峰值，2018 年最低营业收入增长率最低，2019 年有所回升，说明人工智能企业的成长能力在减缓，但是营业收入增长率仍然很高。资产增长率 2017 年出现小幅度波动后，整体出现体现下滑趋势，说明我国人工智能企业成长性减弱，2015 年最多，达 50%，2018 年最少，资产增长 15%。利润增长率 2016 年达 799%，2016 年利润增长率只有 2015 年的四分之一，2018 年又出现了腰斩式的减少，2019 年利润增长率为 101%，只有 2017 年的二分之一。说明人工智能企业利润在市场规模不断扩大、竞争逐渐增多的情况下逐渐趋于理性。

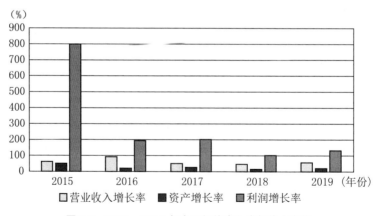

图 5.7　2015—2019 年人工智能产业成长能力变化

资料来源：国泰安数据库。

5.2.4　科创板人工智能企业分析

科创板的成立为创新企业融资提供新的路径，也大大促进人工智能企业的发展。截至 2020 年 7 月，科创板共有 121 家上市企业，其中人工智能以及智能制造相关的公司有 22 家，约占 18%，总市值超过 3200 亿元。从这 22 家企业的发展来看，2019 年平均增长率达 25%，平均营业收入达 5.56 亿元，平均净利润达 9076 万，平均净资产收益率为 18%，人工智能企业在销

表 5.4　2019 年科创板 22 家人工智能企业经济绩效

企 业	区 域	营业收入（亿元）	增长率（%）	净利润（亿元）	增长率（%）	总资产（亿元）
优刻得	上海市	15.15	27.58	0.21	−72.56	22.09
柏楚电子	上海市	3.76	53.33	2.46	76.85	22.21
普元信息	上海市	3.96	16.4	0.5	4.67	10.88
博汇科技	北京市	2.75	−3.28	0.51	−7.41	4.55
宝兰德	北京市	1.43	17.11	0.61	19.04	9.62
致远互联	北京市	7	21.06	0.97	33.56	16.83
龙软科技	北京市	1.54	23	0.47	51.16	5.72
航天宏图	北京市	6.01	42.01	0.83	31.33	15.26
安博通	北京市	2.49	27.33	0.73	19.86	10.65
金山办公	北京市	15.8	39.82	4.01	28.94	68.44
佳华科技	北京市	5.15	32.32	1.19	85.65	9.08
开普云	东莞市	2.98	30.71	0.78	24.71	3.81
光云科技	杭州市	4.65	−0.18	0.96	−10.03	8.29
虹软科技	杭州市	5.64	23.23	2.1	33.52	27.49
当虹科技	杭州市	2.85	39.78	0.84	32.52	15.14
安恒信息	杭州市	9.44	50.66	0.92	19.96	21.72
财富趋势	深圳市	2.26	15.67	1.74	22.13	10.74
凌志软件	苏州市	5.97	27.74	1.5	64.04	7.9
山石网科	苏州市	6.75	19.97	0.91	32.12	16.25
泽达易盛	天津市	2.21	9.4	0.84	58.49	5
卓易信息	无锡市	2.13	21.14	0.41	−20.36	9.44
威胜信息	长沙市	12.44	19.78	2.17	22.77	24.47

资料来源：东方财富网。

售额、净利润、每股净收益和净资产利润率等方面超过了科创板企业的平均水平，这体现出了人工智能的高质量发展性。

5.3 政策与企业发展案例

由于人工智能产业处于行业的快速发展期，其具备了不同于其他行业的特点，尤其是其赋能于其他行业的功能，本节选取具有代表性的技术领域进行分析，同时针对"人工智能＋"的赋能情况进行分析，最后梳理国家对人工智能行业的政策支持。

5.3.1 人工智能具体技术领域的发展特征

1．机器视觉

计算机视觉（Computer Vision）是一门研究如何使机器"看"的科学，更进一步地说，是指用摄影机和电脑代替人眼对目标进行识别、跟踪和测量的科学。计算机视觉技术实现了快速发展，其主要原因是 2015 年基于深度学习的计算机视觉算法在 ImageNet 数据库上的识别准确率首次超过人类，同年谷歌也开源了自己的深度学习算法。计算机视觉系统的主要功能有图像获取、预处理、特征提取、检测／分割和高级处理。机器视觉技术典型应用在交通、安防、医疗、翻译、体育赛事、农业和制造业等领域。

2019 年初国家科技部宣布依托商汤集团建设智能视觉国家新一代人工智能开放创新平台。商汤集团成为第五大国家人工智能开放创新平台。依托多年的人工智能科研技术积淀，商汤打造了集基础研究、产业结合、行业伙伴一体化、开放共享的智能视觉开放创新平台。商汤科技拥有人脸检测跟踪、人脸关键点定位、人脸身份验证、场景识别等核心技术，基于智能视频、身份验证、移动互联网产品在智慧城市、智能终端、互联网娱乐、智慧金融等领域的应用，推出了 SenseAR 开发者平台、SenseAR 增强现实感绘制引擎、SenseMedia 智能图片视频审核平台、SenseFace 3.0 人脸布控实战平台和 SenseFoundry 方舟城市视觉平台等新产品，打造智能视觉开放创新平台，加速人工智能技术的落地。

与此同时，机器视觉的市场空间也在不断扩大，随着国内平安中国建设的稳步推进，金融科技的快速发展，计算机视觉技术的下游需求迅速扩大，两者的叠加造成计算机视觉在国内迎来爆发式增长，同时这样的趋势仍在延续。预计 2020 年，国内机器视觉市场空间将达到 755.5 亿元，连续 4 年保持 100% 以上的增长速度。

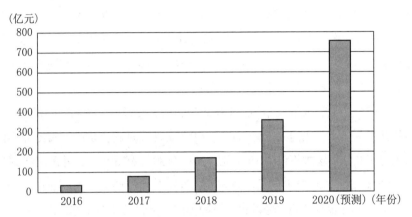

图 5.8　机器视觉领域近些年的市场空间

资料来源：中商产业研究院、招商银行研究院。

2．自然语言处理领域

自然语言处理的可以分为基础性和应用性两部分，语音和文本是两类研究的重点。基础性研究主要涉及语言学、数学、计算机学科等领域，相对应的技术有消除歧义、语法形式化等。应用性研究则主要集中在一些应用自然语言处理的领域，例如信息检索、文本分类、机器翻译等。由于我国机器翻译的基础理论研究起步较早，且基础理论研究是任何应用的理论基础，所以语法、句法、语义分析等基础性研究历来是研究的重点，而且随着互联网网络技术的发展，智能检索类研究也逐渐升温。计算机视觉在产业界和学术界不断取得突破，取得代表性成果的组织有谷歌、阿里、百度、搜狗、科大讯飞等公司，清华大学、Allen 人工智能研究所等高校和研究所以及其他多种类型的组织或个人。信通院预测全球的自然语言处理市场规模预计将从 2016 年的 76.3 亿美元增加到 2021 年的 160.7 亿美元，复合年增长率 16.1%，国内 2017 年的自然语言处理市场规模大约为 49.77 亿元，相对国际来说较为落后。

3. 人工智能芯片领域

2018 年以来中国在人工智能芯片领域得到长足发展，越来越多的企业开始布局这一领域。以华为为例，在 2018 年华为全链接大会上，发布两款人工智能芯片——华为昇腾 910 和昇腾 310，华为轮值董事长徐直军表示，昇腾 910 是单芯片计算密度最大的芯片，计算力远超谷歌及英伟达，而昇腾 310 芯片的最大功耗仅 8W，是极致高效计算低功耗人工智能芯片。芯片领域迎来众多新玩家，百度、阿里巴巴、亚马逊等互联网公司相继进入人工智能芯片领域，推出或计划推出相应产品。

据前瞻产业研究院发布的《中国人工智能芯片行业市场需求分析与投资前景预测》显示，我国人工智能芯片行业尚处于发展起步阶段，2016 年中国人工智能芯片市场规模仅为 19 亿元，2018 年约为 45.6 亿元，并预测到 2020 年市场规模将达到 75.1 亿元。国内人工智能芯片设计企业的商业模式分为 IP 设计、芯片设计代工、芯片设计三种类型。IP 设计相对于芯片设计是在更顶层的产业链位置，以 IP 核授权收费为主；芯片设计代工和制造业的代工一样，提供代工设计服务的企业，并不能在产品上贴上自己的标签，也不能对外宣布该产品为自己设计的芯片；大部分的人工智能新创企业是以芯片设计为主，但国内只有少数人工智能芯片设计企业会进入传统芯片企业的产品

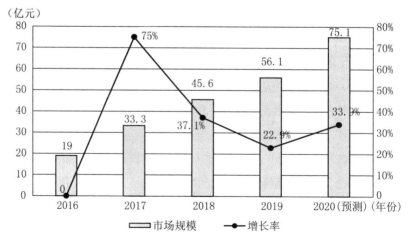

图 5.9 2016—2020 年中国人工智能芯片产业市场规模及预测

资料来源：前瞻产业研究院。

领域，如寒武纪与英伟达竞争服务器芯片市场、地平线与英伟达竞争自动驾驶芯片市场，其余是在物联网场景上布局。

从已经在科创板上市的企业情况来看，被视为科创板人工智能第一股的虹软科技公布上市后的首份半年报显示，营收、净利润双双实现大幅增长。作为上海集成电路领域的重点企业，澜起科技对国际芯片市场发展趋势有一定敏感度，把握住了技术方向，股价较发行溢价超 200%，企业持续走研发为核心的道路，公司盈利也显著提升，毛利润从 2016 年的 4.33 亿元，增加到 2019 年的 12.85 亿元，毛利率从 51% 增长到 73%。上海科创版制造企业在销售额、净利润、每股净收益和净资产利润率等方面超过科创板企业的平均水平。

2020 年在科创板上市的中芯国际已成为中国大陆规模最大、技术最先进的晶圆代工企业，在全球晶圆代工厂排名中位列第 4，市场占有率约为 6%。企业业务主要集中于集成电路晶圆代工、设计服务与 IP 支持、光掩模制造与凸块加工及测试等一站式配套服务。其 2019 年营业收到达到 200 亿元，未来在 28 nm 和 14 nm 制程实现业绩放量的背景下，企业的市场规模将快速提升。

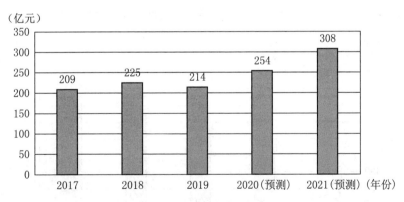

图 5.10　中芯国际近三年主营业务收入及预测

资料来源：东方证券网。

5.3.2　人工智能应用领域发展特征

1. 人工智能赋能实体经济的发展现状

总体而言，金融、营销、安防、客服等场景在 IT 基础设施、数据质量对新技术的接受周期等人工智能发展基础条件方面表现较优，而在当下市场规模、行业增速发展基础条件方面表现较优，而在当下市场规模、行业增速解决方案落地效果和政策导向等诸多因素的影响下，安防、金融教育客服场景将产生较高商业化渗透对传统业提升程度。其余环境下，制造场景由于基础建设复杂、数据获取难较大且实际智能应用仍为边缘化人工智能应用短期内渗透释放难度较大；医疗、零售交通等场景随着人工智能技术与场景核心痛点匹配度上升、产品逐渐完善，未来将激发更大价值；农业因为技术基础、商模式购买能力等问题，目前人工智能的企业单纯向传统技术输出的模式已经有所改变，全产业链都可以参与进来，随之而来的是人工智能应用的快速渗透和相应场景的优化。预计 2020 年人工智能核心产业规模将突破 800 亿元，之后几年也将呈现超 30% 的增长速度。

在当下市场规模、行业发展增速、解决方案落地效果和政策导向等诸多因素的影响下，安防、金融、教育和客服等场景将产生较高的商业化渗透和对传统产业提升程度，其余产业中由于场景基础建设复杂、数据获取难度较大，且实际只智能应用仍较为边缘化，人工智能应用短期难以形成规模；而医疗、零售、交通等场景随着技术与场景核心痛点匹配度上升、产品逐渐完善，未来能够激发更大的价值。接下来选择安防等领域进行分析。

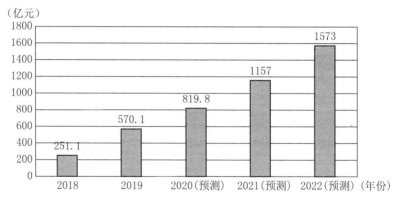

图 5.11　2018—2022 年中国人工智能赋能实体经济市场规模及预测

资料来源：前瞻产业研究院。

2．人工智能赋能安防产业

安防是人工智能落地较好的应用领域，以图像、视频数据为核心，海量的数据来源满足了算法和模型训练的需求，同时人工智能技术也为安防行业事前预警、事中响应和事后处理提供了技术保障。人工智能改变了安防过去取证、被监控的形态：人工智能视频分析技术对监控信息进行实时解析，使人力查阅监控和锁定嫌疑轨迹的时间由数十天缩短到分秒，极大提升了公共安全治理效率；核验技术识别速度快、准确率高，节省了人力成本；智能访客识别与车辆为园区文教卫业务办理提升效安全管保驾护航。

2016 年人工智能赋能安防商业化开始快速发展，2018 年，我国人工智能安防软硬件市场规模达到 135 亿元，部分头部安防厂商人工智能业务在总营收中占比从 4% 提升至超过 8%，部分典型人工智能公司安防业务则占接近一半的营收入。2018 年城市公共安防中人工智能渗透率达到 2.6%。预计 2019 年市场仍将保持高增速，到 2020 年增速开始稳定，届时市场规模可达到 453 亿元（城市公共安防人工智能渗透率达 11%，2022 年市场规模有望突破 700 亿元）。城市公共安防人工智能渗透率达 25%，从 2017 年到 2022 年复合年均增长率达 78.3%。从具体类型来看，视频监控占据绝大部分，份额占 90%，成为人工智能赋能的核心领域。利用人工智能技术实时分析图像和视频内容，可以识别人员、车辆信息、楼宇监控、"人脸打卡"、人员进出管理等。但是这些领域整体显示出门槛相对较低的特点，绝大部分安防产品与解决方案提供商多涉足这些领域，市场相对较大。

3．人工智能赋能交通行业

2016 年人工智能技术逐渐应用到交通管理中，使管控系统正式步入化时代。人工智能主要应用到拥堵分析、路线优化、车辆调度、驾驶辅助等场景，有效改善交通问题。实质是囊括数据采集平台、分析平台、数据建模和决策的 PaaS 云服务，通过对城市交场景中众多传感器采集的数据信息关联性处理建立数据库。2019 年全国交通管控项目规模约为 175 亿元，其中智慧交通项目约为 5.3 亿元。但从经营模式上看，项目供应商多采用与合作伙伴绑定的形式，利润在整个项目的 20% 左右，在产业链中的话语权不高，但以北上广深为代表的一线城市和部分二线城市，已经从基础建设阶段向应用阶段过渡，对软件的需求逐渐上升。

与此同时智能网联是人工智能在汽车行业应用最受关注的领域。人工智能一方面可以提升汽车的智能化，包括自动驾驶、智能语音、智能座舱等；另一方面与 5G 相结合，提升汽车信息沟通能力，实现网连化，包括人员和车辆安全管理、城市道路规划等。人工智能在自动驾驶、车路协同、智能车联灯领域的应用，可以进一步覆盖到智能信控、智能公交、智能停车、智能货运等应用场景，并能带动传感器、芯片、自动驾驶算法、车云服务等产业发展，进而提升出行效率、降低出行成本，成为智慧出行的重要增长点。

4. 人工智能赋能制造业

制造业是实体经济的支柱，中国制造的基础实力较为雄厚，但是随着土地、原料、人工成本等生产要素成本大幅增长，我国制造业的高质量发展面临着困难，很多制造企业面临着生存危机，而数字化、智能化以及网络化的转型迫在眉睫。"人工智能 +"制造的方式成为制造企业转型升级发展的重要方向。人工智能技术与制造的融合场景主要有三个：一是智能化研发设计，二是智能质检，三是设备的预测性维护。其中智能质检是相对成熟的领域，主要利用图像识别与深度学习技术可以解决传统质检的人工成本高且无法长时间连续作业、只能抽检且缺陷检出率不高等痛点，大幅提升产品质检效率和缺陷检出准确率，在降低人工成本的同时确保产品的合格率。

但也应该看到，"人工智能 +"制造落地相对较难，取决于数字化程度。2019 年中国工业数字化经济的比重不足 20%，可以看到的是人工智能在制造业整体渗透率还不高。人工智能加强了制造企业的数据洞察能力，是企业实现智能化管理和控制的技术保障，是制造业企业转型升级的有效手段，也是打通智能制造"最后一公里"的关键环节。在传感技术、工业大数据、云服务及云计算等技术广泛应用于制造业的基础上，人工智能将助力制造业企业完成制造智能化的冲刺阶段。

5. 人工智能赋能教育业

人工智能已在老师教学与学生学习、评测的各个环节切入教育领域，相关产品服务包括拍照搜题、分层排课、口语测评、组卷阅卷、作文批改、作业布置等功能，涉及自适应、语音识别、计算机视觉、知识图谱、自然语言处理、机器翻译、机器学习等多项人工智能技术，正在创造着更加个性化、服务于终身学习的智能高效学习环境。相关产品及服务已经开始在 K12、高等教育职业各类细分赛道加速落地，主要应用场景包括拍照搜题、分层排课口语测评组卷阅作文批改业布置等。就目前而言，主要应用场景还只是停留在学习过程的辅助环节上。

在新冠疫情背景下，用户对在线教育的接受程度不断提升，在线学习体验和效果都得到了提升，中国在线教育的市场规模得到突破式的发展。2019年中国在线市场规模为 3200 亿元，人工智能技术进入教育领域后，一些新型教育机构不断涌现，在线教育企业也在已有业务线基础上引入人工智能技术以提升教学效率、拓展商业模式。在人工智能技术不断发展及教育领域人工智能成熟度持续提升的背景下，预计 2022 年与人工智能技术相关的在线教育业务规模将超过 700 亿元。

6．人工智能赋能医疗健康产业

医疗行业拥有海量的数据，无论是医学影像数据、患者就诊数据、药物研发数据、靶点数据、文献数据等都为人工智能的使用提供了应用场景。人工智能在医疗行业中已经应用到体征监测、智能辅诊、电子病历、运动管理、医学影像、药物研发以及疾病预测等。在医学影像方面，人工智能医学影像在已定级医院总付费渗透率达 5%，在三级医院和二级医院的总付费渗透率达到 8%。主要参与的企业主要包括医疗影像设备厂商、医疗信息化厂商、科技巨头以及人工智能新创企业。

另外人工智能辅助药物研发主要服务于化学新药。整体来看，国外市场比较成熟，国内则是仿制和改良。不过恒瑞、海正复星等国内药企研发投入力度加大，领域也逐渐向肿瘤等复杂疾病集中创新，市场景气度较高，为国内人工智能制药的发展提供了较好环境。新药研发平均总耗时 10—15 年，花费近 80 亿元，新药研发周期长、成本高、失败率高等特点促使深度学习知识图谱等技术开始被药企接受，部分案例表明人工智能可使单个研发环节周期缩短 80%。我国人工智能制药企业务方向较为分散，偏垂直细分领域，主要通过盲测、学术研究合作进入药企供应商体系，人工智能制药企业多以项目制形式为药企服务，未来部分企业将自由研发新药以获取丰厚的利润，可能衍生出新的研发实体。

7."人工智能＋"赋能零售产业

新零售的发展促使人工智能产业应用到零售产业，通过技术捕获人、货、场中的数据信息，辅助工作人员优化销售、物流、管理，以及供应链方面的流程。人工智能技术在零售中的应用主要以深度学习和计算机视觉为主，深度学习主要用于数据建模和产业优化，而计算机视觉技术在数据的采集方面有重要价值，通过对消费者行为和商品的识别，对店中的经营情况进行量化，是后续优化精英策略的必要基础。以货物为识别对象的 CV 应用，如商品识别、物损检验、结算保护等在实际场景中已经替代人工的效果，产生巨大的经济价值。

与此同时，人工智能在广告营销产业也快速发展，主要切入内容管理、流量管理以及数据管理三大维度。随着营销产业的不断发展，传动的营销模式逐渐不足，在用户时间碎片化的前提下，广告的投资回报率（ROI）效果不理想，目标用户不清晰等问题被不断放大，媒介与流量管理的效率亟待提升。人工智能针对这些问题，通过技术与营销环境相结合，在提供更加充实的用户特征以及创意内容的同时，对投放的策略和形式进行优化。2018 年基于人工智能场景识别的广告业务市场规模达到 8.8 亿元。

5.3.3 人工智能产业政策梳理

自人工智能全球热潮兴起始，中国陆续出台有关人工智能的政策，从国家层面到省地市层面几乎全面铺开，这些政策促进了人工智能产业的稳步发展。其中包括《"十三五"国家科技创新规划》《国务院关于印发新一代人工智能发展规划的通知》和《新一代人工智能发展规划》等重大人工智能核心政策相继出台。相关的人工智能政策可分为三类：法律法规和伦理规范、推动产业落地政策以及推动技术创新发展政策。

法律法规和伦理规范主要是与人工智能应用相关的民事与刑事责任确认、隐私与产权保护、信息安全利用等方面的基础法律和政策规范。推动产业落地政策是如针对人工智能中小企业和初创企业设立的财税优惠政策，通过对企业的税收优惠和研发费用扣除等措施支持人工智能企业的发展。推动技术创新发展政策是推动人工智能创新基地和人工智能相关的国家实验室、企业实验室落地，支持人工智能重大科技项目的实施等。目前，社会各界对人工智能的认识更加务实，相关政策更加具有针对性。而从目前政策的主要布局领域进行分析发现相关主题集中在物联网、"互联网＋"、大数据、创新战略等，从整体上呈现中国人工智能政策的主要领域。

2015 年以来，人工智能在国内获得快速发展，国家相继出台一系列政策支持人工智能的发展，推动中国人工智能步入新阶段。2019 年，人工智能连续第三年出现在政府工作报告中，继 2017 年、2018 年的"加快人工智能等技术研发和转化""加强新一代人工智能研发应用"关键词后，2019 年政府工作报告中使用了"深化大数据、人工智能等研发应用"等关键词。从"加快""加强"到"深化"，说明我国的人工智能产业已经走过萌芽阶段与初步发展阶段，下个阶段将进入快速发展时期，并且更加注重应用落地。

在国家层面政策的不断推动下，我国各省区市也相继出台适合本地发展环境的人工智能相关规划，提出人工智能核心产业规模和相关产业规模的发

表 5.5　国家层面人工智能政策举例

政策名称	主 要 内 容
《国务院关于印发新一代人工智能发展规划的通知》	确定新一代人工智能发展三步走战略目标，人工智能上升为国家战略层面。到 2020 年，人工智能技术和应用与世界先进水平同步，人工智能核心产业规模超过 1500 亿元，带动相关产业规模超过 1 万亿元；2025 年，人工智能基础理论实现重大突破，部分技术与应用达到世界领先水平，核心产业规模超过 4000 亿元，带动相关产业规模超过 5 万亿元；2030 年，人工智能理论、技术与应用总体达到世界领先水平，核心产业规模超过 1 万亿元，带动相关产业规模超过 10 万亿元
《促进新一代人工智能产业发展三年行动计划（2018—2020 年）》	从推动产业发展角度出发，对《新一代人工智能发展规划》相关任务进行了细化和落实，以信息技术与制造技术深度融合为主线，以新一代人工智能技术的产业化和集成应用为重点，推动人工智能和实体经济深度融合
《新一代人工智能产业创新重点任务揭榜工作方案》	通过在人工智能主要细分领域，选拔领头羊、先锋队，树立标杆企业，培育创新发展的主力军，加快我国人工智能产业与实体经济深度融合
《关于促进人工智能和实体经济深度融合的指导意见》	把握新一代人工智能的发展特点，结合不同行业、不同区域特点，探索创新成果应用转化的路径和方法，构建数据驱动、人机协同、跨界融合、共创分享的智能经济形态
《新一代人工智能治理原则——发展负责任的人工智能》	突出了发展负责任的人工智能这一主题，强调了和谐友好、公平公正、包容共享、尊重隐私、安全可控、共担责任、开放协作、敏捷治理八条原则

展目标，加快当地人工智能产业发展，推动人工智能与实体经济的深度融合，为我国人工智能行业的发展提供良好的政策环境。地方政府的人工智能政策响应国家战略规划，但与地方发展条件和目标而大有不同，例如江苏省人工智能政策主要包括三个主题：基础设施、物联网和云计算；广东省关注基础设施、智能制造和机器人。但是整体体现出大数据、物联网、自主创新、知识产权、科技成果转化等角度，制定符合本体实际的政策和法规，强调自主创新和数据共享，是各个省市关注的核心。

5.4 我国人工智能产业发展的对策建议

5.4.1 人工智能产业发展特点分析

我国人工智能产业保持快速增长，部分技术接近或达到国际领先水平，产业规模、投融资规模和企业数量位居世界前列。人工智能发展迅猛，日益成为引领科技进步、推动产业升级的新引擎，将深刻改变人类社会的生产生活方式，并成为新一轮国际竞争的焦点。中国智能产业目前发展的现状有下面一些特点。

第一，中国在人工智能芯片、5G 等人工智能设施与技术研发持续加力。芯片、5G 通信等技术是人工智能发展的底层驱动力。中美贸易摩擦引发国内巨头的芯片研发热潮，目前国内人工智能芯片企业主要落地应用的场景是安防领域，在统计的国内 40 多家人工智能芯片企业中，以安防为核心业务的企业接近 30 家，而面向自动驾驶、医疗、智能家居等场景的人工智能芯片研发则都相对较少。在基础研究方面，比如直接在存储器内执行计算而不需要数据传输的内存计算领域，异构融合类脑计算领域，可重构计算芯片技术领域，我国的基础研究能力已经与国际接轨甚至引领。我国广泛的行业分布为人工智能的应用提供了广阔市场，但相比市场和数据方面的优势而言，我国人工智能芯片发展仍处于奋力追赶状态，虽然在不同技术路线上均有突破，但仍任重道远。

第二，行业资源整合将会持续推进。人工智能产业进入平稳发展期。近年来，中国人工智能产业规模保持稳步增长，投融资更为理性，新增企业数量趋缓。大公司将在行业资源整合中扮演更重要角色。国内平台层面资源将加速整合，大企业将通过投资并购迅速获得相应细分领域中的前沿核心技术，降低研发失败的风险，在行业资源整合中发挥越来越重要的作用。百度将以自动驾驶作为核心，着力打造技术驱动的应用型平台生态；阿里将以云服务为生态基础，注重消费级人工智能产品研发，将人工智能赋能于商业生态；腾讯将围绕用户体系组建软硬件融合的人工智能服务生态；科大讯飞将继续深耕语音识别领域，基于语音系统建立通用解决方案，打造智能语音开放平台。

第三，与实体经济融合进一步深化。传统行业如何引入人工智能？直接与国内外人工智能巨头合作，引入外脑，也是人工智能赋能实体经济的趋势之一。人工智能将进一步推进中国制造业的品质革命，如钢铁行业可以利用云计算、大数据、人工智能等新一代信息技术，推进"智慧钢铁"的建设。智慧城市细分场景逐步清晰，体系也初步成型，包括智慧政务、民政、财政、安防、交通、口岸、教育、医疗、房产、环保、养老等，用科技赋能新型智慧城市建设成为人工智能赋能的重点领域。同时人工智能也不断延伸到全新场景，如教育、环境保护等。中国人工智能企业在全球崭露头角，这也助推了中国人工智能产业在全球影响力的形成。

第四，政府政策与资本市场有效推进了人工智能产业的发展。中央和地方政府都积极出台大力支持人工智能发展的政策，资本市场对人工智能投资热情高涨。中国社会对人工智能的发展总体上是积极主动的，为人工智能产业的发展提供了非常有利的政策、舆论、金融、市场和人才供给等发展环境。中国在人工智能发展政策上主要强调促进技术进步和产业应用，如何平衡鼓励发展与合理规制是对政府治理能力与治理水平的挑战与考验。所以，在推动人工智能产业健康发展、规避过去在传统产业、战略性新兴产业领域的"重复投资"问题思考与关注。

5.4.2　人工智能产业发展问题总结

1. 我国人工智能领域的基础创新投入尚不足

从企业研发创新看，中国人工智能企业的创新研发支出仍远远落后于美国、欧洲和日本。2018—2019 年，美国人工智能领域企业投入的科技研发费用占据了全球科技支出的 61%，我国人工智能领域企业研发支出虽然快速增加，增长 34%，但实际占据的全球科技支出份额明显小于美国。从人工智能知识产权保有量看，我国各类实体拥有的人工智能专利总量超过 3 万件，位居世界第一，但中国相关企业拥有的人工智能相关专利多为门槛较低的实用新型专利，发明专利仅占专利申请总量的 23%。同时，根据世界知识产权组织的数据，我国企业拥有的 95% 的人工智能设计专利和 61% 的人工智能实用新型专利将会在 5 年后失效，相比之下，美国 85.6% 的人工智能专利技术在 5 年后仍在支付维护费用。未来我国需要在人工智能基础研究与创新，打造核心关键技术长板、加强知识产权保护方面加大投入力度。

我国人工智能需要进一步增强技术创新与产业能力，夯实发展基础。我国人工智能产业的算力算法核心基础相对薄弱。我国人工智能发展在数据规模和算法集成应用上都走在世界前列，但在人工智能基础算力方面，能提供国产化算力支持的企业还不多。

2. 地区发展不平衡，需要进一步提升传统制造区域的产业转型

由于中国地大物博，数字化进程在地区与地区、产业与产业、社会阶层与社会阶层之间在基础设施、数字素养以及使用上存在差异，进而带来了数字鸿沟。尤其是中国东西部在经济上的差异，也导致了数字化进程的地区差异，例如 2017 年中国东部地区固定宽带家庭普及率为 80.2%，西部为 58.9%，中部地区只有 54.8%，中西部地区低于全国平均水平，这将导致中西部地区人工智能发展的缓慢。数字素养已经成为各行各业对劳动力的一项基本素质要求，加强数字化教育是解决数字鸿沟的重要手段。

3. 消费级市场尚未形成，受众对产品接受有待增强

现阶段我国的人工智能尚处在发展初级阶段，对于人工智能的认知、人工智能产品的开发还不够成熟。相比较于传统实体产品质量高、性能稳定、市场需求度高等优势，人工智能产业在发展初期存在着市场需求度低、市场前景模糊、相关产品制作成本高等问题，人工智能产业处在起步阶段，在市场中处于偏弱势的地位，无法与发展多年的传统产业进行有效竞争活动。在人工智能的市场消费方面，政府还无法有效进行有利、规范的市场引导。因此，导致人工智能产业消费市场不能实现高速增长，拖慢人工智能的发展

步伐。

4．产学研合作密切度待提升，成果转化率不高

对我国人工智能产业而言，高校、科研院所、企业之间如何实现密切合作的问题亟待解决。现有产学研合作培养模式较为单一，高校、科研院所、企业之间的合作多为自发性短期行为，缺乏顶层统筹以及可持续运行机制。当前我国人工智能产业发展迅速，但人才尤其是高水平、资深人才规模较小，难以满足行业发展需求。我国人工智能基础环节薄弱，与缺少顶级基础研究人才有直接关系。

5．市场乱象涌现，发展制度规范需要加强

人工智能技术与实体经济融合入，市场运行相对复杂。首先，线下不规范问题在线上得以放大，不正当竞争行为在网上快速扩散，损害了正当的市场竞争。其次，新兴行业经营不规范为不断涌现，监管框架的缺失导致行业发展违规现象出现，传统监管已不适合人工智能的融合发展。所以，行业治理方式亟待优化创新，人工智能新兴业态的发展同现有法律滞后性的矛盾越发突出，部门业务领域存在立法空白，给行业发展带来了极大的不确定性，法律法规建设相对滞后。

5.4.3　人工智能产业未来发展建议

人工智能产业具有显著的溢出效应，其将与 5G、大数据、云计算等一起推动数字经济时代的产业转型升级，是当前及未来各国科技竞赛的制高点。大国科技实力是国家实力的核心，能否抓住智能时代的变革机遇，是中国经济高质量发展的关键。总体而言，我国人工智能产业仍处于发展初期，面临着基础研发欠缺、技术和场景尚未融合，传统基础设施跟不上技术发展等问题。基于此，给出如下的发展建议：

1．对政府层面的建议

（1）为人工智能产业发展做好"软性"支撑

加强人才的集聚和培养。对照美国对科研人才的吸引措施，中国在研究经费资助、个人税收、签证、户口、子女教育等一系列领域推出引进海外高端人才的一揽子政策，切实解决科研人员后顾之忧，并为其科研、创业提供更大力度的支持。加快科教体制改革，建立市场化、多层次的产业研合作体

系。由国家主导加大基础研究投入，由企业主导加大试验开发投入，多类主题形成合力的科研分工。

（2）为人工智能产业发展打好"硬性"保障

加快信息化基础设施建设，并对传统物理基础设施进行智能化升级。云计算、大数据、人工智能、5G、区块链将是未来的重点，所覆盖的新基建建设包含两个方面：一是以数字中心、基站为代表的信息化设备；二是公路、铁路等传统基建设备。需要从这两方面入手，加快宽带网络、5G 网络等建设，加强对传统铁路、机场等公共场景如传感器、控制平台、云平台等智能化的配备，为后续技术发展打好数据收集、传输、沟通、分析的硬件基础。

（3）加快"两化融合"发展

应加快推动人工智能与传统制造业、服务业的融合，以及衍生产业的建立与发展，开拓多元化人工智能服务业态。人工智能零售、医疗、教育、金融等行业需要进一步的数字化，因此，调整产业配比，加强人工智能化融合推广，鼓励高科技及人工智能化新兴产业蓬勃发展，开拓多元化的人工智能制造业态和服务业态。欧盟把数字素养提升到国家战略的高度，为促进对数字素养的理解和公民数字素养的发展，实施"数字素养项目"，该框架包括信息、交流、内容创建、安全意识和问题解决五个"素养域"。要重视消除"数字鸿沟"，进一步消除网络信息设施地区分布不均的状况，普及提升教育人民大众的"数字素养"，降低宽带资费和移动互联网费用以及提高整体的网络运行效率。

（4）实现差异化扶持，构建创新网络

政府要重点关注人工质量相关政策对于企业的帮扶作用，在其发展过程中不断的根据地区和企业特点完善和优化人工智能产业的发展方向。我国人工智能产业大多还处在起步阶段，因此更需要政府对其进行帮扶。政府要积极鼓励人工智能企业与科学单位或相关高校建立长期稳定的合作关系，建立以企业为主体、高校、科研院所为主体的科研架构体系。政府应充分发挥引导和整合作用，利用政府丰富的公众服务平台，合理有效的整合各方资源板块。

（5）大力实施人工智能战略，与传统产业相融合

中国正处在传统产业向新兴产业过渡的重要阶段，我国的经济增长手段

正逐渐由靠廉价劳动力堆砌起来的数量性产业转变为靠科技手段的质量型产业。人工智能的不断发展可以实现与传统产业的深度融合进而引领传统产业实现深层转型。开展人工智能医疗模式、人工智能交通模式、人工智能管家模式，依靠庞大的互联网信息消费者，来开拓出基于原有市场下的新型人工智能消费人群。

2．对企业层面的建议

（1）人工智能企业应从创新、效益和成长性上构建核心竞争力

人工智能企业竞争是硬件、软件和数据的竞争，需要以自身拥有人工智能化能力的、能发展出平台能力的以及能发展出集成能力为引领带动行业人工智能。一是充分发挥人工智能企业的技术创新引领示范作用，加快形成企业更多聚焦于基础技术研发与原创性研发的格局，企业可牵头推进核心技术的研发，制定长期战略，明确突破方向与路径；二是调整创新战略，企业在推进技术发展与数字经济深度融合的方式打造创新平台同时，也要最大限度地集聚"源创造力"，坚持走"从 0 到 1"的创新道路，真正实现自主创新；三是加大研发投入力度，确保研发费用稳定增长的长效机制，加快创新步伐；四是加强创新人才的培育与储备，完善创新人才激励措施，发挥人才潜能；五是有效整合全球创新资源，积极主动面对全球的创新竞争，优化创新成果的商业化价值，形成创新的正向激励与循环。

（2）构建企业品牌效应，提高中国企业的国际显示度

相比传统企业，人工智能企业需要更高的品牌效应。人工智能企业应更好地利用自身的人工智能技术和人工智能媒体，建设人工智能品牌，提升用户体验，与客户进行更多、更深入的互动，能够用更丰富的内容和形式进行情感表达和互动性，尤其是针对新一代年轻的客户。人工制造企业要相应品牌，尤其要突破中低端制造。人工智能企业要突破的是，不要跟在别人的后面发展，而是要起引领作用，起导向作用。企业不仅要把数量当作追求的目标，而且一定要在质量上起带头作用。企业每一项新产品、新技术，都必须是国内领先的、世界具有一定地位的。

（3）建设企业创新精神，让企业家精神成为促进企业成长的主要推动力

在我国经济已由高速增长阶段转向高质量发展阶段，增长动力亟须从要

素驱动、投资驱动向创新驱动转换，市场经济体系尚未完全建立起来，此时企业的发展尤其需要企业家精神的引领作用。人工智能企业的企业家应当遵循市场发展规律，提升自身业务水平，在企业经营中充分发挥企业家精神，需要全力克服企业体制机制弊端，推动企业治理水平与管理能力提升。

虽然人工智能企业研发投入已经领先，但是前文分析也看到，相比国外的人工智能企业，中国的人工智能企业在研发投入和水平上还有一定差距。为了适应技术与市场的变化，人工智能企业需要依靠创新来增加其核心竞争力。当然，现在看到的是，很多新兴的人工智能企业在短短十年中得到飞跃式发展，但是应该清醒地认识到，人工智能经济的竞争才刚刚开始，未来的竞争会更加激烈。人工智能企业本身加快发展，部署和推动自身企业的发展路径，也是迫在眉睫的事情。

| 参考文献

［1］胡昌昊：《浅析人工智能的发展历程与未来趋势》，《经济研究导刊》2018年第5期。

［2］刘涛雄、刘骏：《人工智能、机器人与经济发展研究进展综述》，《经济社会体制比较》2018年第6期。

［3］曹静、周亚林：《人工智能对经济的影响研究进展》，《互联网经济》2018年第1期。

［4］吴清军、陈轩、王非、杨伟国：《人工智能是否会带来大规模失业?》，《山东社会科学》2019年第3期。

［5］深圳前瞻产业研究院：《2019年人工智能行业现状与发展趋势报告》，2019年。

［6］头豹研究院：《2019年中国人工智能行业政策解概览》，2019年。

［7］艾瑞咨询：《2018中国人工智能产业研究报告》，2018年。

［8］艾瑞咨询：《2019中国人工智能产业研究报告》，2019年。

［9］恒大研究院：《人工智能：新基建》，2019年。

［10］清华大学中国科技政策研究中心：《2019中国人工智能发展报告》，2020年。

［11］埃森哲：《人工智能：助力中国经济增长》，2018年。

（本章主持及执笔：牛志勇）

第6章 大数据产业

本章提要:

按照大数据从产生到应用的过程,大数据的产业链包括从数据来源,数据采集,数据整理、传输、存储、处理分析和融合应用等,其中核心的环节为数据源市场、大数据分析与挖掘、大数据流通、大数据交易。从2014年3月"大数据"一词首次写入政府工作报告以来,中国大数据产业加速发展。从全球来看,中国大数据产业发展处于全球第一梯队,但在新型计算平台、分布式计算架构及大数据处理、分析和呈现等方面与领先国家相比仍存在较大差距,开源技术和相关生态系统影响力较弱。

从产业链角度,中国大数据产业已经基本上形成完整的产业链,国内大数据企业生态地图不断完善。但是,从产业链的质量来看,大数据产业中我国的产业链体系仍处于价值链中低端,核心的环节仍然比较薄弱:一是在核心的数据智能平台、架构、技术支撑和数据处理方面美国仍然占据主导地位,在存储芯片、数据库、算法等方面仍然严重依赖于国外企业;二是关于大数据规则的制定,缺少全球话语权;三是数据开放度有限;四是数据安全保障力度不足,包括个人数据的保护和隐私以及商业数据的保护。应对全球产业链重构,进一步加强大数据产业的发展,提升中国大数据产业链的全球竞争地位,可以从以下四方面进行重点突破:一是加强核心技术攻关与产业化推动;二是明确数据要素市场的数据流通规则,加强对商业数据的保护;

三是完善并统一数据标准，探索建立数据空间；四是在数据流动等方面加强国际合作，并积极推动数字经济领域的国际标准设定。

6.1 大数据产业概况

6.1.1 大数据产业的界定

"大数据"一词，早在 1980 年就被提出。但是目前对于大数据的概念并没有统一的定义。自然（Nature）杂志在其专刊中定义大数据为"由于数据规模巨大，无法使用现有的技术和方法进行处理的数据"。大数据产业主要指以数据生产、采集、存储、加工、分析、服务为主的相关经济活动。大数据具有"3V"特征，即体量巨大（Volume）、种类繁多（Variety）和处理速度快（Velocity）。互联网数据中心（2012）提出大数据具有 4 个特征，即"4V"，在前面 3 个特征的基础上增加了价值密度低（Value）特征。同年，IBM 又提出大数据有 5 个特征，增加了真实性（Veracity）特征，构成"5V"。"5V"特征表明，大数据不仅是数据量达到新的高度，而且在数据处理的难易程度、处理速度及处理效果方面，都有全方面的发展和提高。

从细分行业来看，大数据行业包括大数据硬件和软件、大数据软件、大数据服务、大数据安全等。大数据产业链主要涉及大数据采集、数据处理、数据流通与交易以及大数据应用等环节。随着产业生态的逐渐完善，大数据技术可以在制造业、服务业以及公共服务等各个行业赋能发展，实现应用落地。围绕数据资源开展的新型基础设施建设、数据采集和整合、数据分析处理、流通、开放共享和数据安全交易等，带动大数据融合应用的场景发展，进而赋能传统行业，衍生出大数据政务和服务、大数据金融、大数据医疗等。

6.1.2 全球大数据产业发展现状

近年来，各国高度重视大数据产业的发展，将发展大数据产业上升到战略层面，大数据数据量和交易规模都保持较高的增速。从大数据储量来看，2018 年全球大数据储量就已达 33ZB，相对于 2017 年增长 52.8%。根据国际权威机构 Statista 的预测，2020 年全球数据量有望达 50.5ZB。

图 6.1　全球大数据储量和增长率

资料来源：Statista、前瞻产业研究院。

从大数据储量的全球分布情况来看，2018 年美国大数据储量占全球大数据储量的 21%，欧洲、中东、非洲占 30%，中国占 23%，中国在大数据储量的总量占比上优势明显。

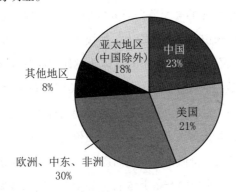

图 6.2　2018 年全球大数据储量分布

资料来源：Statista、前瞻产业研究院。

从大数据市场规模来看，全球大数据的市场规模仍保持上升趋势，但是增长的走势放缓，说明全球大数据市场已经从高速发展期进入成熟稳定期。2019 年全球大数据市场规模达 596 亿美元，相对 2018 年增长 11%。大数据市场规模的高速增长阶段为 2012—2014 年，之后增长率显著下降，2017 年之后稳定在 10% 左右。按这一增速估计，到 2020 年，全球大数据市场规模将超过 650 亿美元。

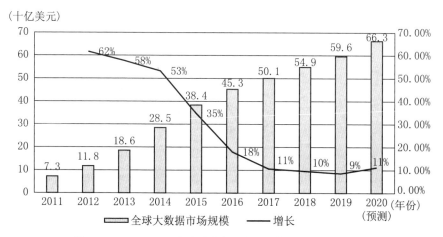

（十亿美元）

图 6.3　2011—2020 年全球大数据市场规模及增长走势预测

资料来源：智研咨询。

1．美国大数据战略

美国是率先将大数据从商业概念上升到国家战略的国家。2012 年 3 月，美国政府公布 2 亿美元的《大数据研究发展计划》，提出通过提高美国从大型复杂数据中提取知识和观点的能力，加快科学与工程研究步伐，加强国家安全。2012 年 11 月美国政府公布的具体研发计划涉及各级政府、私企及科研机构的多个大数据研究项目。2014 年 5 月美国发布《大数据：把握机遇，守护价值》白皮书，对美国大数据应用与管理的现状、政策框架和改进建议进行了集中阐述，并指出在大数据发挥正面价值的同时，应该警惕大数据应用对隐私、公平等长远价值带来的负面影响。2016 年，美国发布《联邦大数据研发战略计划》，到 2019 年 6 月 5 日，又发布《联邦数据战略第一年度行动计划》草案，给出每个部门具体需要交付的成果，目的在于引导联邦机构利用数据作为战略资产来发展经济。

2．英国大数据战略

英国重视大数据对经济增长的拉动作用，密集发布《把握数据带来的机遇：英国数据能力战略规划》《数字战略 2017》《工业战略：建设适应未来的英国》等，希望到 2025 年数字经济对本国经济总量的贡献值可以达到 2000 亿英镑，从而积极应对脱欧可能带来的经济增速放缓的挑战。

2012 年，英国便将大数据作为八大前瞻性技术领域之首，一次性投入1.89 亿英镑用于相关科研与创新，在八大领域投入总额中占比高达 38.6%，远超其余七个领域。随后，英国将全方位构建数据能力上升为国家战略，于2013 年发布《把握数据带来的机遇：英国数据能力战略规划》，提出人力资本（研发人才与善于运用数据的民众）、基础设施和软硬件开发能力，以及丰富开放的数据资产是发展大数据的核心，事关能否在未来竞争中占据领先优势。

2017 年 3 月，英国提出了新时期发展数字经济的顶层设计《数字战略2017》。新战略中提出七大目标及相应举措，特别是对各个目标都提出了更高标准的要求：一是打造世界一流的数字基础设施；二是使每个人都能获得所需的数字技能；三是成为最适合数字企业创业和成长的国家；四是推动每一个企业顺利实现数字化智能化转型；五是拥有最安全的网络安全环境；六是塑造平台型政府，为公众提供最优质的数字公共服务；七是充分释放各类数据的潜能的同时解决好隐私和伦理等问题。

2017 年 11 月，英国面向全社会发布《工业战略：建设适应未来的英国》白皮书，强调英国应积极应对人工智能和大数据、绿色增长、老龄化社会以及未来移动性等四大挑战，呼吁各方紧密合作，促进新技术研发与应用，以确保英国始终走在未来发展前沿，实现本轮技术变革的经济和社会效益最大化。为此，2018 年 4 月底英国专门发布《工业战略：人工智能》报告，立足引领全球人工智能和大数据发展，从鼓励创新、培养和集聚人才、升级基础设施、优化营商环境以及促进区域均衡发展五大维度提出一系列实实在在的举措。

3. 韩国大数据战略

2013 年 12 月，韩国多部门便联合发布"大数据产业发展战略"，将发展重点集中在大数据基础设施建设和大数据市场创造上。2015 年年初，韩国给出全球进入大数据 2.0 时代的重大判断，大数据技术日趋精细、专业服务日益多样，数据收益化和创新商业模式是未来大数据的主要发展趋势。在同年发布的《K-ICT》战略中，韩国将大数据产业定义为九大战略性产业之一，目标是到 2019 年使韩国跻身世界大数据三大强国。

韩国于2016年年底提出《智能信息社会中长期综合对策》，将大数据及其相关技术界定为智能信息社会的核心要素，并提出具体的发展目标与举措。一是充分挖掘数据资源价值，强化未来竞争力源头。构筑开放共享的大规模数据基础设施，到2025年实现320个公共机构的数据开放；促进数据流通和使用，激活数据交易市场，推动公共和民间数据实现以价值为导向的交易；激活数据分析企业，到2020年数据专业服务企业规模达到100家；培养大数据专业人才，将每年培养的数据科学家数量从2017年的500名增

表6.1　主要国家大数据相关战略和政策

国家	主要政策和规划
美国	2012年3月，奥巴马政府宣布启动"大数据研究与开发计划"，投入2亿美元进行大数据相关技术研发
	2013年5月，奥巴马政府发布行政令，加大政府数据开放力度，以更有效地利用宝贵的公共信息资源
	2014年5月，白宫行政办公室与总统科技顾问委员会联合发布《大数据：抓住机遇，保护价值》与《大数据和隐私：技术视角》，分别从政策和技术的角度分析大数据的发展对社会带来的影响，特别是对隐私的影响
	2016年5月，美国政府又发布《联邦大数据研发战略计划》报告，在已有基础上总结未来研发重点战略，指导大数据发展进程
	2019年6月5日，美国政府发布《联邦数据战略第一年度行动计划》
英国	2013年《把握数据带来的机遇：英国数据能力战略规划》发布，提出人力资本（研发人才与善于运用数据的民众）、基础设施和软硬件开发能力，以及丰富开放的数据资产是发展大数据的核心，事关能否在未来竞争中占据领先优势
	2017年3月，英国提出新时期发展数字经济的顶层设计《数字战略2017》，新战略中提出七大目标及相应举措
	2017年11月，英国面向全社会发布《工业战略：建设适应未来的英国》白皮书，强调英国应积极应对人工智能和大数据、绿色增长、老龄化社会以及未来移动性四大挑战
韩国	2012年，韩国国家科学技术委员会就大数据未来发展环境发布重要战略规划
	2013年，韩国未来创造科学部提出"培育1000家大数据、云计算系统相关企业"的国家级大数据发展计划，以及出台《第五次国家信息化基本计划（2013—2017)》等多项大数据发展战略
	韩国于2016年年底提出《智能信息社会中长期综合对策》，将大数据及其相关技术界定为智能信息社会的核心要素，并提出具体的发展目标与举措

资料来源：根据公开资料整理。

加到 2030 年的 1000 名；发展区块链技术，提高数据管理可靠性等。二是筑牢大数据技术基础。加强数学方法论研究，长期稳定支持新型学习推断、量子计算、神经形态芯片等下一代计算技术研究，推动科研大数据开放共享，推进产业数据中心建设，强化产学研合作共同研发产业共性技术等。三是面向数据服务需求，构筑超链接网络环境。确保频率资源供应，有序推进 5G 商用化进程，实现大规模机器间通信，实现不同业务网络之间的实时超链接；推动通信运营商体系优化，摒除后发企业进入运营行业的壁垒；进一步强化物联网和云计算基础设施并充分利用智能传感器数据；分阶段引进量子通信与安全网络等。

6.1.3　中国大数据产业的发展现状

1. 中国大数据市场的发展现状

随着中国移动互联网、物联网、云计算产业的深入发展，2018 年中国大数据产业规模突破 6000 亿元。中国大数据发展形成多区域集聚发展，第一梯队优势明显的格局，北京、江苏、广东、浙江、上海位列大数据产业发展第一梯队。上海市大数据企业已超 500 家。

2. 中国大数据产业的战略和政策脉络

从 2014 年 3 月"大数据"一词首次写入政府工作报告以来，我国大数据政策逐步完善，国务院和国家发改委、农业部、工信部、科技部等部门都通过意见指导、项目支持等方式引导和推进大数据产业发展。根据政策的内容和深度，2014—2020 年，中国大数据的战略和政策可以划分为预热、起步、落地、深化四个阶段（见图 6.4）。

2015 年 8 月 31 日，国务院印发《促进大数据发展行动纲要》（国发〔2015〕50 号），成为我国发展大数据的首部战略性指导文件，对包括大数据产业在内的大数据整体发展作出了部署，体现出国家层面对大数据发展的顶层设计和统筹布局。2016 年，《十三五规划纲要》的公布标志着国家大数据战略的正式提出，彰显中央对于大数据战略的重视。2016 年 12 月，工信部发布《大数据产业发展规划（2016—2020 年）》，为大数据产业发展奠定了重要的基础。2017 年 10 月，党的十九大报告中提出推动大数据与实体经济深度融合，为大数据产业的未来发展指明方向，也意味着大数据战略走向深

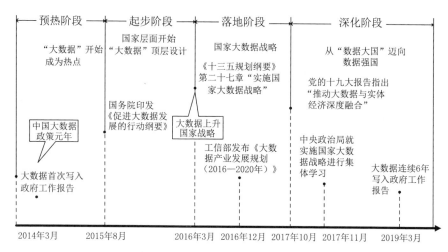

图 6.4　中国大数据政策的阶段划分（2014—2019 年）

资料来源：中国信通院《2019 年大数据白皮书》。

表 6.2　2014 年以来中国大数据主要相关战略和政策

时间	文件（会议）名称	主要内容
2014 年 3 月	《政府工作报告》	大数据首次被写入政府工作报告
2015 年 8 月	《促进大数据发展行动纲要》	中国发展大数据产业的战略指导性文件
2015 年 10 月	《中共第十八届中央委员会第五次全体会议公报》	实施"国家大数据战略"，标志着大数据战略正式上升为国家战略
2016 年 3 月	《中华人民共和国国民经济和社会发展第十三个五年规划纲要》	实施"国家大数据战略"
2016 年 12 月	工信部《大数据产业发展规划（2016—2020 年）》	到 2020 年，技术先进、应用繁荣、保障有力的大数据产业体系基本形成。大数据相关产品和服务业务收入突破 1 万亿元，年均复合增长率保持 30% 左右，加快建设数据强国，为实现制造强国和网络强国提供强大的产业支撑
2017 年 10 月	党的十九大报告	推动大数据与实体经济深度融合
2020 年 3 月	中共中央政治局常务委员会会议	加快 5G、数据中心等新型基础设施建设进度
2020 年 4 月	《中共中央、国务院关于构建更加完善的要素市场化配置体制机制的意见》	党中央第一份关于要素市场化配置的文件，数据首次被正式纳入生产要素范畴

化阶段。2017 年 12 月，中共中央政治局就实施国家大数据战略进行集体学习。2019 年 3 月，政府工作报告第六次提到"大数据"，并且有多项任务与大数据密切相关。2020 年 3 月，中共中央政治局常务委员会会议上提出要加快 5G、数据中心等新型基础设施建设进度。2020 年 4 月 9 日，《中共中央、国务院关于构建更加完善的要素市场化配置体制机制的意见》公布，分类提出了土地、劳动力、资本、技术、数据五个要素领域改革的方向，明确完善要素市场化配置的具体举措。这是党中央第一份关于要素市场化配置的文件，也是数据首次被纳入生产要素的范畴。

6.2 大数据全球产业链现状

本节将首先介绍大数据整个产业链的构成，然后分析每一环节的全球市场结构、竞争状况、中国在产业链环节中的竞争地位以及面临的主要挑战。

6.2.1 大数据的产业链构成

按照大数据从产生到应用的过程，大数据的产业链包括从数据来源、数据采集、数据整理、数据传输、数据存储、数据处理分析和融合应用等，其中核心的环节为数据源市场、大数据分析与挖掘、大数据流通、大数据交易。

大数据产业链的另一种分类方式是按照基础设施层、数据服务层和融合

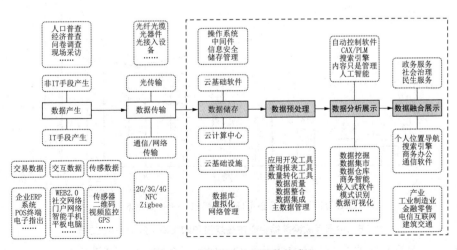

图 6.5　大数据产业链具体构成

应用层进行分类。基础设施层是整个大数据产业的基础，包括网络、存储、计算等硬件基础设施，资源管理平台以及各类与数据采集、预处理、分析和展示相关的方法和工具，比如数据中心、云计算资源管理平台、NoSQL 和 NewSQL 数据库等。数据服务层是机遇大数据提供的辅助性服务，包括数据交易服务、数据采集和处理服务、数据分析服务、数据安全方案等。融合应用层则是大数据与实体经济的深入融合，也是大数据产业发展的最终重点。

6.2.2 互联网数据中心（IDC）：大数据发展的新基建

互联网数据中心（Internet Data Center，"IDC"），就是电信部门利用已有的互联网通信线路、带宽资源，建立标准化的电信专业级机房环境，为企业、政府提供服务器托管、租用以及相关增值等方面的全方位服务。全球互联网数据中心市场格局呈现"一超多强"的局面。美国在市场规模、超大型数据中心、技术力量、国际资本合作等层面依然占据头把交椅。欧盟、中国紧随其后，在数据中心及相关产业迅猛发力。凭借庞大的市场规模和各大厂商的持续发力，依托技术实力的不断升级，中国在"弯道超车"的道路上呈现加速度追赶之势，成长为全球互联网数据中心产业第二级，吸引国内外各大厂商投资合作，兴建数据中心项目。

图 6.6　中国互联网数据中心市场规模和增长率（2014—2022 年）

资料来源：中国 IDC 圈研究中心《2019—2020 年中国 IDC 产业发展研究报告》。

根据赛迪顾问的数据，2019 年中国数据中心有 7.4 万个，大约占全球数据中心总量的 23%，数据中心机架规模达 227 万架，在用互联网数据中心数量 2213 个。《2019—2020 年中国 IDC 产业发展研究报告》显示，2019 年，中国互联网数据中心市场业务规模达 1562.5 亿元，比上年增加 333.5 亿元，同比增长 27.2%。根据历年数据预测，到 2022 年，中国互联网数据中心业务市场规模将超过 3200 亿元。

按区域市场来看，中国互联网数据中心业务市场已逐渐形成以京津冀、长三角、粤港澳大湾区为代表的城市群发展格局，以此承载区域内日益增长的客户需求，拉升互联网数据中心业务市场规模。

6.2.3　数据标准规范与数据安全

2020 年 11 月 10 日，国家主席习近平在上海合作组织成员国元首理事会第二十次会议上指出，中方发起"全球数据安全倡议"，旨在共同构建和平、安全、开放、合作、有序的网络空间，欢迎各方参与。

根据全国信息安全标准化委员会大数据安全标准特别工作组发布的《大数据标准化白皮书（2020 版）》，大数据的标准体系由 7 个方面构成，分别是基础标准、数据标准、技术标准、平台 / 工具标准、治理与管理标准、安全与隐私标准、行业应用标准。ISO/IEC JTC1/SC 32 数据管理和交换技术委员会负责大数据标准规范制定的国际化组织之一，在各个方面制定相关的标准。在数据标准的规范上，欧盟和美国是主要的领导者，尤其是数据安全和隐私方面，欧盟引导着全球数据规则的制定。中国起步比较晚，近年主要致力于与国际标准接轨，此外也积极参与大数据领域的国际化组织的标准化工作。

基础标准为整个标准体系提供包括总则、术语、参考模型等基础性标准，是整个标准体系的基石。在这一领域，ISO/IEC 制定《信息技术—大数据—概览与术语》（ISO/IEC 20546）以及《信息技术—大数据—参考架构》（ISO/IEC 20547）系列标准，参考架构系列标准包括框架与应用、用例与需求、参考架构、安全和隐私、标准化路线图 5 个分册，作为大数据基础性标准考虑得相当全面。

而 ITU-T 的 SG13 也发布了《基于云计算的大数据需求与能力》（ITU-

TY.3600），作为该研究组大数据系列标准的基础，该标准定义大数据生态系统中的相关角色及其活动，并规范基于云计算的大数据的需求和能力。但是，ISO/IEC 与 ITU-T 这两大国际标准化组织并没有像当初制定云计算标准时那样联合制定术语和参考架构这样的基础性标准，联合制定的标准将具备更大的影响力和更高的可参考性。

数据标准主要针对底层数据相关要素进行规范。包括数据资源和数据交换共享两部分，其中数据资源包括元数据、数据元素、数据字典和数据目录等，数据交换共享包括数据交易和数据开放共享相关标准。

数据安全和隐私保护作为数据标准体系的重要部分，贯穿于整个数据生命周期的各个阶段。大数据安全虽仍继承了传统数据安全保密性、完整性和可用性等特性，但也有其特殊性，主要表现在个人隐私保护、跨境数据流动等方面。欧盟于 2018 年 5 月颁布的《通用数据保护条例》（General Data Protection Regulation），也进一步凸显大数据时代数据隐私保护的重要性。

从法律法规体系方面来看，我国的数据安全法律法规仍不够完善，呈现出缺乏综合性统一法律、缺乏法律细节解释、保护与发展协调不够等问题。[①]2019 年 5 月，国家互联网信息办公室发布《数据安全管理办法（征求意见稿）》，不仅对公众关注的个人敏感信息收集方式、广告精准推送、APP 过度索权、账户注销难等问题作出了直接回应，还对网络运营者在数据收集、处理使用、安全监督管理等方面提出要求。2021 年 6 月和 8 月，分别出台了《数据安全法》和《个人信息保护法》，初步建立了个人信息保护的法律制度体系。

6.2.4 数据源市场

数据来源主要是官方数据、行业数据、企业数据及第三方数据服务；数据管理及分析含数据集成、数据存取、数据挖掘、计算处理、图像文字处理等。数据经过清洗、脱敏、关联等预处理过程，形成可使用的数据资产。

将数据整合清洗是产生数据价值的前提，是大数据企业的基础能力。原

---

① 中国信通院：《2019 年大数据白皮书》。

始数据获取渠道的多样性，以及数据结构、数据格式不统一，使得无法有效连接形成大数据资源。因此，数据价值需要对数据进行清洗、整合，建立数据之间的联系，破除"信息孤岛"，使数据自由流动，产生价值。高效数据整合及清洗技术具有一定的技术壁垒，一般数据科学家会把高达80%的时间用于数据的准备工作。

大数据收集与管理的主要参与者以传统数据库企业为主，国际上主要有IBM、甲骨文（Oracle）、英特尔（Intel）、Green-plum、InforMatri Cloudera等；国内主要有中兴、华为、用友、浪潮、拓尔思、数据堂、九次方、亿赞普、达梦等。各家企业针对大数据应用开展各具特色的数据库架构和数据组织管理研究，形成针对具体领域的产品。但是，目前国内的数据库企业无论在国内市场，还是全球市场，竞争力都比较弱，无法与国际数据库企业进行竞争。国内大部分金融行业客户依然是以采用国际数据库巨头产品为主。数据库作为三大基础软件之一，以竞争门槛高、技术含量高、产品打造难度高而著称，往往需要大量的人才、资金进行长期耐心投入。国际数据库厂商们已经将市场门槛构筑得足够高，中国数据库厂商要想达到同样的高度或者实现超越，在产品与技术上还有很长的路。

6.2.5　大数据存储、分析与挖掘

大数据存储主要涉及中间件、云基础软件、云计算中心、云基础设施、数据库虚拟化等相关行业的发展。数据分析与挖掘的能力直接决定了大数据的应用推广程度和范围，是大数据产业的核心。我国大数据产业发展处于全球第一梯队，但在新型计算平台、分布式计算架构及大数据处理、分析和呈现等方面与领先国家相比仍存在较大差距，开源技术和相关生态系统影响力较弱。

对大数据分析与挖掘主要有两个目的：一是从大量的结构化和半结构化数据中分析出计算机可以理解的语义信息或知识；二是对隐性的知识，如关联情况、意图等进行挖掘。常用的方法包括分类、聚类、关联规则挖掘、序列模式挖掘、时间序列分析预测等。

数据分析与挖掘的核心算法与软件主要掌握在大型数据库公司及高校的手里，国际上主要参与者包括IBM、甲骨文、微软、谷歌、亚马逊、

表 6.3　全球领先大数据存储企业

企业	总公司所在地	核心服务
Pure Storage	美国	高速数据存储算法
微软 Azure	美国	多功能存储也适用于 IoT、Web 和 Analytics
谷歌 AWS	美国	数据加密和访问管理
戴尔 EMC	美国	云储存
IBM	美国	云存储和数据分析
NetApp	美国	混合数据服务和云数据应用程序
甲骨文	美国	数据管理，分析和自治数据库
希捷科技	美国	数据存储及高性能计算

资料来源：前瞻产业研究院《2019 年中国大数据行业研究报告》。

Facebook 等，国内主要参与单位包括数据库企业、高校、以 BAT 为代表的大型互联网企业等。

6.2.6　大数据流通与交易

数据价值随着数据的流通使用而增大，而数据使用的边际成本趋于零，因此边际效应趋于无穷大。数据流通是数据资产价值体现的基础，大数据资产价值的体现需要海量数据的流通融合。从数据提供方角度分类，第一方数据是指企业自有数据，为企业最直接的数据，获取难度最低；第二方数据指企业所在行业的公司数据，虽然具有很高价值，但是由于与企业存在竞争关系，获取难度很高；第三方数据是指脱离开业务背景和利益关系的机构提供的数据，具有数据源广泛，数据客观真实等特点，为企业发展决策提供更全面视角。在行业内部企业数据难以共享的情况下，第三方数据像桥梁一样，将外部数据引入企业内部，实现企业内外部数据的流通结合，为企业发展提供价值。

数据交易是数据源端重要的变现方式。数据交易促进数据的流通融合，在为数据持有方带来收益的同时，也使数据本身产生更大的价值。基于大数据的待开发、隐私及归属问题，数据交易企业需要在数据交易前对数据进行流程化操作，分为数据产品化和数据交易两部分。

大数据交易按照运营方式的不同，可以分为两类，第一类是渠道型数据交易。其往往根据数据购买方的需求，选择性地收集数据。第二类是平台型数据交易。其数据需求方主要是企业，其数据提供方可以是个人也可以是企业。其具有数据类型多样，数据领域广泛的特点。贵阳、上海、北京等多地均通过与企业合作等方式建立或试点建立大数据交易中心或研究所。各地政府设立多项优惠政策，提供大数据产业交流机会，为大数据交易落地保驾护航。在大数据确权、评估定价方面采取开放试点政策，给企业足够的空间去摸索大数据交易产业。

2014 年以来，国内出现一批数据交易平台，各地方政府也成立数据交易机构，包括贵阳大数据交易所、长江大数据交易中心、上海数据交易中心等。同时，互联网领军企业也在积极探索新的数据流通机制，提供行业洞察、营销支持、舆情分析、引擎推荐、API 数据市场等数据服务，并针对不同的行业提出相应的解决方案。

但是，由于数据权属和数据估值的限制，以及数据交易政策和监管的缺失等因素，国内的数据交易市场尽管在数据服务方式上有所丰富，发展依然面临诸多困难，阻碍了数据资产化的进程。主要体现在如下两点[1]：一是市场缺乏信任机制，技术服务方、数据提供商、数据交易中介等可能会私下缓存并对外共享、交易数据，数据使用企业不按协议要求私自留存、复制甚至转卖数据的现象普遍存在。我国各大数据交易平台并未形成统一的交易流程，甚至有些交易平台没有完整的数据交易规范，使得数据交易存在很大风险。二是缺乏良性互动的数据交易生态体系。数据交易中所涉及的采集、传输、汇聚活动日益频繁，相应的，个人隐私、商业机密等一系列安全问题也日益突出，亟须建立包括监管机构和社会组织等多方参与的、法律法规和技术标准多要素协同的、覆盖数据生产流通全过程和数据全生命周期管理的数据交易生态体系。

---

① 中国信通院：《2019 年大数据白皮书》。

6.2.7 大数据应用市场

随着产业生态的逐渐完善，大数据技术可以在制造业、服务业以及公共服务等各个行业赋能发展，实现应用落地。大数据与行业与企业深入融合，具体运用于金融行业、地产、医疗、能源、制造、电信行业等，为人类提供辅助服务，为智能化提供决策服务。中国大数据在金融、电商领域的应用相对成熟，教育、医疗、物流等行业正在不断深化应用。

1. 大数据在农业领域的应用

大数据技术可以与农业的生产、经营、管理、服务等各个环节融合应用，从而推动农业的生产模式、安全监管、物流推广等的优化升级。

大数据应用于农业产业，可以推动生产模式优化升级，进行精细化农业生产。例如，在种植领域正积极开展基于土壤、气象、病虫害等多维数据推动精准化种植的生产模式。政府、企业等加快构建各农业细分领域的大数据平台，通过对海量农业数据的采集、整合与发布，有效缓解农业领域的信息不对称问题，从而有利于农产品生产者基于农业大数据作出更加科学合理的经营决策。

农业监管方面，数据支撑农产品质量安全追溯，精准化农业监管广泛普及。地方层面，各省区市积极利用物联网技术和设备，采集农产品追溯链条的物流、信息流、人流等信息，在此基础上借助大数据挖掘和分析技术，实现对整个农产品产业链条的高效监管。近年来，浙江、江苏、江西、河南、河北等省份已陆续建立以大数据、物联网等技术为支撑的农产品质量安全追溯平台，形成"用数据说话、用数据管理、用数据决策"的管理机制，实现对农产品产地、农药使用情况、产品质量等信息的精准追溯。

农村物流服务方面，第三方平台等广泛采集、深入挖掘运输需求、物流车辆等数据，基于大数据技术对农产品运输需求作出快速响应与精准匹配，农业物流服务愈加便捷高效。

2. 大数据在制造业领域的应用

在大数据的带动下，传统企业的研发、生产、运营、营销和管理具有更高的效率，推动制造业转型升级提速。一方面随着大数据对生产现场多方要素覆盖愈发全面，生产制造过程智能化效果明显提升。另一方面，大数据对价值链各环节的驱动效果明显，制造企业对生产组织过程的管理能力显著提升。

大数据驱动的新模式新业态加速落地，推动制造业服务化转型。例如，大数据推动个性化生产加速落地，企业生产模式从同质化生产向定制化生产发展，面向不同用户的个性化需求输出定制服务。

大数据变革制造业增长模式，绿色化转型趋势愈发明显。在生产过程上，能耗与排放优化明显。大数据技术正在被高污染、高排放行业用于精准判断和调控生产线的能耗状况，有效帮助企业实现生产过程的节能降耗。在产品设计中绿色基因被注入。大数据技术正在被用于优化产品的设计方案，促进产品全生命周期的绿色节能。

3. 大数据在服务业领域的应用

金融行业对数据的依赖性极高，超八成大数据交易集中在银行、证券、保险领域。大数据推动金融体系建设完善，金融业态日益丰富。一是金融投资决策更加智能。金融机构利用大数据、云计算技术系统分析借款人的各种精细解析数据，为投资者创建专属的投资组合。二是金融风险管控能力显著增强。金融机构通过对数据挖掘建立大数据风控模型，及时发现交易风险，减少大量经济损失。三是金融产品定价趋于合理，金融产品和金融衍生品通过对顾客进行精准画像和大数据分析，价格制定更科学。四是普惠金融服务覆盖更广。在大数据等金融科技手段的帮助下，对小微企业进行授信评估，帮助没有征信记录的小微企业享受到普惠金融服务。

大数据促进供需对接日益精准，零售行业优质供给不断增加。一是零售业门店运营管理优化。零售企业充分利用零售大数据对经营管理进行调整并对门店及时指导，实现门店销售额增长。二是大型电商精准营销效果显著。三是零售供应链效率大幅提高。零售企业通过大数据对供应链进行翔实的掌控，促进供应链各个环节协同优化。四是垂直细分的专业化市场快速拓展。一些中小型电子商务网站利用大数据分析技术实现对消费者的实时和极端的细分，开拓"量体裁衣"的新市场。

大数据大幅提升流通效率，物流成本有效降低。一是货源与运力之间实现精准匹配。货物O2O平台基于大数据技术实现智能配货和智能找车，使运输资源的利用率得到提升。二是物流路线调度更加智能。物流公司通过大数据与人工智能技术实现智能车辆路径规划，实现物流运输路径最优化。三是物流储运由被动响应走向主动感知。电商平台根据消费趋势大数据预知需求提前分仓布货，使消费者的订单在最短的距离和时间内送货上门。四是物流行业协同能力提升。互联网科技公司开展物流网络的平台服务，推动物流高效协同。

大数据创新服务理念模式，文化体育生活更有质量。一是大众文化消费需求精准对接。不同群体对文化服务的需求有显著差异，大数据技术的应用，让精准分析、按需供给文化服务成为可能。上海建立全国第一个省域全覆盖的"互联网+"大数据公共文化服务平台——"文化上海云"，其文化活动大数据信息在 2018 年底覆盖全市 16 个区的 2040 个文化场馆，月均为市民精准推送 1.2 万场活动。二是运动竞技训练走向智能。大数据技术的运用提升了专业运动员的科学训练能力。三是健康运动成为全民风尚。公众对健康重要性的认知在快速提升，大数据在分析、推动、改善公众运动健康发展方面发挥着日益重要的作用。

4. 大数据在公共服务领域的应用

大数据助力政府高效管理，市场空间逐步开发、潜力巨大。多元挖掘政务数据，推动政务服务提质增效。一是政务服务数据化管理水平大幅提升。各级党政机关积极运用微博、微信等平台发布政务信息、开展协同治理，政务服务数据化管理水平明显提升。二是跨部门信息共享能力加强。国家数据共享交换平台的建设应用步伐加快，大幅提升跨地区、跨部门、跨层级的公共服务数据共享和业务协同。三是"政府数据＋市场技术"实现政企民多方共赢。腾讯、阿里、新浪、神州数码等企业积极进军政务服务领域，利用用户数据挖掘产生广阔增值空间，推动了政务服务的高效多元。四是社会数据有力支撑政府决策。大量市场主体积极贡献自身数据，优化城市治理。2020年政府大数据细分领域众多，按照需求的紧迫性不同，可以实现层次性发展，在不同阶段释放不同细分领域的发展空间，发展潜力巨大。

教育大数据覆盖面广，驱动在线教育创新发展。一是大数据加快推动教育资源广覆盖。中央地方多层互联的教育信息化系统，促进优质资源共享。

二是教育大数据助力"因材施教"深入推行。北京翠微小学、厦门英才学校等引入教育大数据技术，构建全向互动、数据把脉、精准反馈、轻负高质的高效互动课堂。三是大数据技术驱动在线教育蓬勃发展。近年来，市场上出现一批利用结合大数据、人工智能、VR/AR 等技术，满足用户多元化、个性化在线教育需求的互联网企业，例如 VIPkid 等。

医疗数据加速汇聚，大数据技术成为优化医疗服务利器。一是健康医疗大数据实现重大疾病监测预警。国家医疗健康信息平台加快推进全员人口信息、电子健康档案、电子病历等数据库建设。全国已有 27 个省、自治区、直辖市建成省级人口健康信息平台，初步建立涵盖医疗机构、医师、护士等的专业注册数据库，健康服务信息系统实现对艾滋病、结核病等 22 个重大疾病的长效化监测和大数据预警。二是医疗大数据平台为精准医疗奠定基础。三是医疗大数据技术助力辅助诊断加快进步。

扶贫大数据分析动态精准，助力打赢脱贫攻坚战。一是一体化扶贫平台建设助推扶贫识别的精准化。国务院扶贫办已基本完成国家、省、市、县多级一体化网络精准扶贫平台，基于立体化数据采集与分析，对纳入平台的贫困人口建档立卡，通过跨部门数据比对分析，梳理贫困人口清单，明确贫困程度、致贫原因等信息，为各级政府部门精准识别提供决策支撑。二是扶贫大数据分析实现差异化帮扶。扶贫大数据平台利用大数据技术剖析各地贫困因素，为差异化贫困供给多元化扶贫方式。三是大数据系统提升扶贫监管的动态性。

6.3　全球产业链重构对中国大数据产业的影响和挑战

中国大数据产业已经基本上形成完整的产业链，国内大数据企业生态地图不断完善。中国大数据相关企业共计 5637 家，包括已从事大数据业务的企业 2621 家，以及拥有相关专利、著作正在转型中的企业 3016 家。[①] 上述大数据企业大多分布在沿海地区，以北京、广东、上海最多。目前快速成长

---

① 前瞻产业研究院：《中国大数据产业发展前景与投资战略规划分析报告》。

的企业主要分为三类：一是已经有获取大数据能力，具有一定国际影响力的公司，例如百度、腾讯、阿里巴巴等互联网巨头；二是华为、浪潮、中兴、曙光、用友等为代表的电子信息通信厂商；三是以亿赞普、拓尔思、九次方等为代表的大数据服务新兴企业。①

近年来，中国在大数据行业级落地应用领域、数据中间件领域发展迅速，但是在核心的数据智能平台、架构、技术支撑和数据处理方面，美国仍然占据主导地位。中国大数据市场产业链的薄弱环节主要有两个方面。一是大数据基础层的云存储和计算环节，按照产业结构来看，云计算产业链可以分为上游核心硬件（芯片：CPU、闪存，由于芯片——主要包括服务器、存储芯片等，是云计算上游产业链最核心的部分，因此本报告主要阐述服务器和存储芯片）、中游 IT 基础设备（服务器、存储设备、网络设备等）以及下游云生态（基础平台、云原生应用等）三部分。

二是在存储芯片领域，中国厂商在高端存储芯片领域缺少核心技术，需与国外合作。紫光国芯、武汉新芯等企业已经或正在建设存储芯片工厂，进行存储芯片领域的自主研发。紫光国芯作为紫光集团在各地的存储芯片制造工厂的投资主体，业务涉及存储芯片的设计、生产、测试以及方案构建，主要专注 12 英寸 DRAM 存储芯片的研发，但仍与美国等领先企业有较大的差距。②

三是大数据存储的数据库。全球数据库市场中的前五大供应商，包括甲骨文（Oracle）、IBM、微软、SAP 等国际厂商占据 87.7% 的市场份额，整个数据库行业基本被美国所垄断。③ 即便是在国内市场，国产数据库也只占据不到 7% 的国内市场份额，尤其在数据库最核心的交易业务中，鲜有能跟甲骨文同台竞争并实现替换的产品。尽管国内也诞生了部分优秀公司，但这些公司仍然无法进入核心领域，比如银行、军事、能源、电信、社保、税务等。

---

① 赛迪智库：《大数据：2019 年产业规模将达 7200 亿元》，载 http：//www.cena.com.cn/industrynews/20190801/101823.html。

② 国务院发展研究中心国际技术经济研究所：《中国云计算产业发展白皮书》。

③ 檀结庆：《两会声音：解决被卡脖子问题，推动国产数据库高速发展》，载 https：//xw.qq.com/cmsid/20200527A06N4P00。

6.4　中国大数据产业发展存在的主要问题和对策建议

6.4.1　存在的主要问题

结合中国大数据的发展现状，以及大数据产业链各环节在全球的竞争地位，中国大数据产业发展和产业链的构建，主要存在以下几个问题。

第一，我国大数据产业发展处于全球第一梯队，但在新型计算平台、分布式计算架构及大数据处理、分析和呈现等方面与领先国家相比仍存在较大差距，开源技术和相关生态系统影响力较弱。大数据领域我国企业自主的系统性、平台级的核心技术创新仍然很少。大数据产业核心的数据智能平台、架构、技术支撑和数据处理方面美国仍然占据主导地位，大部分国内企业应用的仍然是国外企业的数据采集、数据处理、数据分析、数据可视化技术，自主核心技术突破还有待时日。

第二，关于大数据规则的制定，缺少全球话语权。中国在大数据标准制定、交易规则、数据治理等方面还处在努力与国际接轨的阶段，较少在规则的制定中提出中国方案，这些方面的国际标准的话语权的缺失，将对我国大数据、数字贸易等相关产业的发展产生长远的不利影响。尤其是在开源产品的技术标准方面，中国的国际话语权和影响力有较大的提升空间。

第三，数据开放度有限。大数据产业的高质量发展依赖于有效的数据的流动、共享和交易。我国数据资源丰富、数据产业发达，但数据作为新的生产要素创造价值并最终参与分配还面临一些体制障碍和技术短板。在数据创造环节，政府主导的数据采集模式的弊端是数据资源的开放程度有限，使得数据获取成本高，数据价值降低。"数据孤岛"的现象仍然较为严重，海量数据的真正价值无法有效发挥。

第四，数据安全保障薄弱的问题。个人信息保护和大数据平台安全问题仍未得到有效、系统的解决。个人信息泄露时有发生，不断出现出售个人信息或利用他人信息进行违法活动的恶劣后果。商业数据即企业手中的数据是数据要素市场的核心，关系着数字经济和实体经济融合发展的前景。一方面。数据的安全保证和流通规则的不明确，会严重阻碍数据要素市场的健康有序发展。另一方面，大企业对数据资源的垄断，也为相关行业构建了很高的进入壁垒，不利于行业的有效竞争和创新。

6.4.2 对策建议

基于我国大数据产业的发展现状、产业链解构，以及目前存在的主要问题，对标大数据产业发展领先的美国和欧洲，中国大数据进一步加强产业链韧性，促进大数据产业高质量发展，可以从以下四个方面重点突破。

第一，加强核心技术攻关与产业化推动。自主研发创新是提高大数据产业竞争力的主引擎。要彻底改变我国大数据产业创新能力不强、关键核心技术对外依赖度偏高的这一局面，必须抓住重点领域、关键环节和核心问题，找准着力点和突破口，加大政府财政资金的引导支持力度。在国家层面设立大数据重点领域的关键技术研发创新的国家财政专项资金，支持突破一批关键核心技术研发创新与应用，构建具有核心技术自主权的大数据产业链，形成自主可控的大数据技术架构，提高关键核心技术的自主研发创新能力，有效破解制约产业发展的瓶颈。

第二，明确数据要素市场的数据流通规则，加强对数据的保护和商业数据的规则制定。《中共中央、国务院关于构建更加完善的要素市场化配置体制机制的意见》（以下简称《意见》）提出"研究根据数据性质完善产权性质"，"加强对政务数据、企业商业秘密和个人数据的保护"。数据产权制度的完善，有利于培育健康有序的数据交易市场。可以在《反不正当竞争法》等法律法规中明确商业数据的流通规则，对损害企业商业利益、信息网络安全、用户隐私、社会公共利益的数据不当获取及使用行为予以规制，以便维护正常的数据流通市场秩序。

第三，完善并统一数据标准，探索数据标准的制定，尤其是开源产品的技术标准，争取国际话语权。缺乏标准化的、高质量的可用数据，极大阻碍了人工智能等新技术的应用。《意见》提出"推动人工智能、可穿戴设备、车联网、物联网等领域数据采集标准化"，因为只有数据是标准化的、高质量的、可用的，才能发挥出对技术（如人工智能）等其他生产要素的倍增、乘数作用。因此，需要进一步发挥行业协会、标准化组织等的作用，在各个细分领域逐步建立统一的数据标准、接口和规范。

　　第四，在数据流动等方面加强国际合作，利用北京自贸区等对数据流动规则先行先试，并积极推动数字经济领域的国际标准设定。我国应在数据流动等方面加强国际合作，探索双边、双边的数据自由流动机制。欧洲、美国近年都在积极建立和争取相关的国际联盟、同盟、"数据俱乐部"等，希冀主导数据流动、数字税收、数据治理以及人工智能的技术、伦理、治理等方面的国际标准。从长远来看，缺失这些话语权会影响我国小到大数据产业、大到所有科技产业的高质量打造。为此，我国需要积极参与甚至主导建立数据和新技术领域的相关国际规则，目前新获批的北京自贸区重点发展数字贸易、数字经济，可以在数据流动规则和国际合作模式方面先行先试，形成经验。

┃参考文献

　　［1］中国信息通信研究院：《2019 年大数据白皮书》。

　　［2］前瞻产业研究院：《中国大数据产业发展前景与投资战略规划分析报告》。

　　［3］前瞻产业研究院：《2019 年中国大数据行业研究报告》。

　　［4］赛迪智库：《大数据：2019 年产业规模将达 7200 亿元》，载 http：//www.cena.com. cn/industrynews/20190801/101823.html。

　　［5］国务院发展研究中心国际技术经济研究所：《中国云计算产业发展白皮书》。

　　［6］2020 全球大数据市场企业一览图，载 http：//mattturck.com/wp-content/uploads/2020/ 09/2020-Data-and-AI-Landscape-Matt-Turck-at-FirstMark-v1.pdf，2020 年 11 月 20 日。

　　［7］曹建峰：数据上升为生产要素地位，国外数据政策趋势带给我们哪些启示？载《互联网前沿》，https：//www.tisi.org/14384，2020 年 5 月 10 日。

　　［8］Laney，D.（2001）. 3D Data Management：Controlling Data Volume，Velocity and Variety. Retrieved from http：//blogs.gartner.com/doug-laney/files/2012/01/ad949-3D-Data-Management-Controlling-Data-Volume-Velocity-and-Variety.pdf.

（本章主持及执笔：应珊珊）

第 7 章　5G 移动通信

本章提要：

第二次工业革命以来，通信技术进展迅猛，极大地推动了经济社会发展，到如今已演进到第五代移动通信技术。与 2G 萌生数据、3G 催生数据、4G 发展数据不同，5G 是跨时代的技术——除了更好的体验、更大的容量，它还将在各个行业中大展拳脚，开启万物互联时代，助力人类社会登上信息通信时代的黄金时刻。中国在经历了"1G 空白、2G 跟随、3G 突破、4G 并跑"之后，5G 时代终于在标准制定、商用等方面实现领跑全球。

5G 定义了 eMBB（增强移动宽带，针对的是大流量移动宽带业务）、uRLLC（超高可靠超低时延通信，例如无人驾驶等业务。3G 响应为 500 ms，4G 为 50 ms，5G 要求 0.5 ms）和 mMTC（大连接物联网，针对大规模物联网业务）三大应用场景，除了能满足人们的日常生活，还能满足工业环境下的设备互联和远程交互应用需求。因此，5G 可以通过其庞大的上下游产业链，对经济高质量发展产生巨大的拉动作用。目前，华为、中兴、中国移动和海康威视等中国企业在 5G 发展、应用方面取得巨大进步，有很强的国际竞争力。然而，也要看到中国在芯片设计和制造、射频器件和存储元件等重要领域仍受制于人，需要大量进口相关元件。为了突破这些"卡脖子"核心技术难题，需要发挥社会主义制度的优越性，同时合理利用市场机制，逐步占领 5G 价值链和产业链的高端。

7.1　5G 产业概述

7.1.1　通信技术发展历史

自古以来，人类社会不断革新信息传递方式和渠道以保障信息高速有效准确地传递，从最原始的"烽火传军情"等原始通信到"八百里加急"等生物通信方式，再到"电话电报"等电子化通信方式，人类交流渠道发生了巨变。尤其是第三次工业革命以来，通信方式和通信质量快速提升。信息作为当前社会最重要的生产要素之一，其传递方式历经巨变，现代移动通信技术历经 1G、2G、3G、4G 的技术积累和迭代，第五代移动通信技术（5G）正式诞生。2019 年 6 月 6 日，工信部正式向中国电信、中国移动、中国联通、中国广电发放 5G 商用牌照，标志着我国正式进入 5G 商用元年。

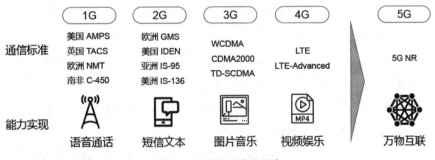

图 7.1　移动通信发展历史

1. 第一代移动通信网（1G）

20 世纪 80 年代以来，移动通信每十年便推出新的无线通信技术。1G（First-Generation Mobile Communications System）采用频多分址（FDMA）和模拟调制技术，把语音转换到高频的载波频率上，传输模拟信号，因此只能应用在一般语音传输上。1979 年日本在东京、神户等地投入并使用了800 MHz 汽车电话系统（HAMTS），我国移动通信时代起步比较晚。直到1987 年 11 月 18 日在广东举办第六届全运会时，才开始 1G 的正式商用。1G的主要制式有 AMPS、NMT、TACS，因摩托罗拉和爱立信使用的不同频段划分为 A 网、B 网。典型代表是摩托罗拉 8000X，即俗称"大哥大"。1G 移动通信的诞生标志着移动通信实现了从 0 到 1 的质变，但其保密性差、系统容量有限、频率利用率低、只能进行通信无法进行数据传输、设备成本高、体积重量大、传输带宽小等缺点制约了其发展，只能作为一种区域性的移动通信技术。在 1G 时代，相关通信标准只有"国家标准"，没有"国际标准"，系统制式混乱，国际通信受阻，直接制约了 1G 网络的发展。

2. 第二代移动通信网（2G）

1G 通信所采用的模拟信号由于其固有缺陷被数字信号替代，20 世纪 90 年代末期，欧洲和美国分别推出 GSM（基于 TDMA）和 CDMA 两个 2G 标准。2G 网络下，相同带宽下可以携带更多信息，提升了频谱的利用率，实现了数字化语音通信，最大速率可达 384KB/S，能够满足简单的网页浏览和网络聊天。1992 年 GSM 开始在欧洲商用。1993 年 9 月 19 日，我国第一个数字移动电话 GSM 网在浙江省嘉兴市开通，中国加入世界贸易组织后，中国联通又组建新的 CDMA 网络，并于 2002 年 1 月开始商用。

值得注意的是，移动通信标准的争夺战正是始于 2G 时代。1G 时代各国的通信模式系统互不兼容迫使厂商要发展各自的专用设备，无法大量生产在一定程度上抑制了产业的发展。2G 时代则出现了"领导性"的网络制式。基于 TDMA 的 GSM 让全球漫游成为可能，但用户数量的急剧增加使得基于 TDMA 的 GSM 弊端凸显，美国高通便开始 CDMA 的研发，并获得成功。

3. 第三代移动通信网络（3G）

3G 主要采用码分多址（CDMA），改变了信息接收方式，提升了频谱利用率和信噪比，支持数据和多媒体业务，最大速率可达 42M/s，能够满足视频通话、在线影音和游戏等业务。2000 年 10 月，韩国 SK Telecom 就推出世界上第一个商用 CDMA20001X 网络。国际电信联盟（ITU）发布官方第三代移动通信（3G）标准 IMT-2000（国际移动通信 2000 标准）。在 2000 年 5 月确定 WCDMA、CDMA2000、TD-SCDMA 三大主流无线接口标准；2007 年，WiMAX 成为 3G 的第四大标准。2009 年 1 月 7 日 12:30，工信部为移动、电信和联通发放了 3 张 3G 牌照，紧接着 3G 商用正式开始。值得注意的是，我国第一次正式参与到国际移动网络通信标准的制订中，并被接纳为国际第三代移动通信三大主流标准之一。这是我国第一次在政府主导下，以企业创新为主体、技术创新为核心的移动通信产业链整体构建与突破的一次伟大尝试，首次和欧美日等国际电信巨头在通信技术标准领域站在了同一平台。

4. 第四代移动通信网络（4G）

2012 年 1 月 18 日下午 5 时，国际电信联盟在 2012 年无线电通信全会全体会议上，正式审议通过将 LTE-Advanced 和 Wireless MAN-Advanced（802.16 m）技术规范确立为 IMT-Advanced（俗称 "4G"）国际标准，大会亮点是：中国主导制定的 TD-LTE-Advanced 和 FDD-LTE-Advance 同时并列成为 4G 国际标准，标志着中国在移动通信标准制定领域再次走到世界前列，为 TD-LTE 产业的后续发展及国际化提供重要基础。

4G 主要采用正交频分多址（OFDMA）和多入多出（MIMO）的模式，支持宽带数据和移动互联网业务，能够用于网络直播、在线游戏和视频监控等领域。2009 年 12 月 15 日，北欧运营商 TeliaSonera 在斯德哥尔摩正式启用全球首个 4G/LTE 网络，2013 年 12 月 4 日三大运营商获得 TD-LTE 牌照并随后开通了 4G 商用服务。

5. 第五代移动通信技术（5G）

5G 网络（5G Network）是第五代移动通信网络，其峰值理论传输速度可达 20 Gbps，合 2.5 GB 每秒，比 4G 网络的传输速度快 10 倍以上。其具有标志性的关键能力指标相比此前几代的移动通信技术要更为加强和丰富，总体来说其特性可以总结为：超高带宽、超多连接、超低时延三大特性。例如下行峰值数据速率可达 20 Gbps，而上行峰值数据速率超过 10 Gbps，用户实际体验速率达到 100 Mbps 至 1 Gbps、端到端可实现小于 5 毫秒的时延、连接密度高达 100 万个 / km^2、每平方公里数十 Tbps 的流量密度，500 km/h 以上的移动性能和 20 Gbps 的峰值速率，无论是时延、传输速度还是网络利用效率都将大幅提升。5G 给我们带来的是超越光纤的传输速度（Mobile Beyond Giga），超越工业总线的实时能力（Real-Time World）以及全空间的连接（All- Online Everywhere），5G 将开启充满机会的时代。

从 1G 到 4G，其关注的仍然解决人与人之间的沟通问题[①]。5G 是 4G 的

[①]　1G 到 4G 的演变主要参考自 http://baijiahao.baidu.com/s?id=1596253921523085899&wfr=spider&for=pc，并结合其他文献确定。

延伸，与已有的通信技术最大的区别在于，它不仅实现了人与人的联系，还联系了人与物、物与物，构筑起万物互联互通的时代。5G 主要采用移动边缘计算、网络切片、超宽带、大规模天线、超密集组网等技术。国际标准化组织 3GPP 定义 5G 的三大场景，其中，eMBB 指 3D/ 超高清视频等大流量移动宽带业务，mMTC 指大规模物联网业务，URLLC 指如无人驾驶、工业自动化等需要低时延、高可靠连接的业务。在此之前，我国 MT-2020（5G）推进小组发布的《5G 概念白皮书》中也明确四大应用场景：连续广域覆盖、热点高容量、低功耗大连接、低时延高可靠。5G 最大速率可达数 G/s，可以应用于工业互联网、车联网等领域。按照 3GPP 的计划，5G 有 R15 和 R16 两大阶段，其中 R15 又分为三部分，R15 NRNSA（新空口非独立组网）标准 2017 年 12 月完成，R15 NRSA（新空口独立组网）标准 2018 年 6 月完成。2020 年 7 月 3 日，国际标准组织 3GPP 宣布 R16 标准冻结，标志 5G 第一个演进版本标准完成。R16 是 3GPP 史上第一个通过非面对面会议审议完成的技术标准，是全球产业团结协作的结晶。

韩国于 2019 年 4 月 3 日正式推出 5G 商用服务，成为首个进入 5G 商用的国家。4 月 6 日，美国运营商 Verizon 宣布推出首个商用 5G 网络，美国开始进入 5G 时代，5 月 7 日，瑞士电信宣布正式提供 5G 商用服务，成为欧洲第一家宣布开展此类服务的电信运营商。由此，瑞士也成为了第一个 5G 商用的欧洲国家。5 月 31 日英国电信公司旗下的 EE 公司宣布，在英国 6 座城市正式启动 5G 服务，英国也正式进入 5G 时代。2019 年 6 月 6 日，中国移动、中国电信、中国联通、中国广电四家企业从工信部手中接过 5G 牌照，这也代表着我国将进入 5G 商用时代。

7.1.2 5G 的关键技术和标准必要专利

1. 5G 关键技术

中国移动通信发展史，大体上可以称为"2G 跟随，3G 突破，4G 同步，5G 引领"的发展轨迹，相比于前面几代移动通信技术，中国在 5G 时代成功实现超越，引领国际通信发展。中国在多项关键技术和核心专利上取得重大突破，并快速占领国际 5G 网络制高点，走在世界前列，成功从跟随并跑到引领世界移动通信发展。

与前四代通信技术标准的百花齐放所不同，5G 技术过于复杂，专利相互授权交叉持有现象较为普遍，需要各个企业齐心协力才能制定出统一的标准。5G 的关键技术分为无线关键技术和网络关键技术，主要技术如下：

（1）大规模天线阵列

天线多输入多输出（MIMO）技术的优势包括：通过使用多根天线，发射或接受更多的信号流，提高信道容量；通过智能波束成型，将射频的能量集中在一个方向上，提高信号的覆盖范围；较大的阵列增益也可以灵活地降低发射功率，降低基站能耗，节约网络运维成本，实现绿色通信。5G 时代，大规模 MIMO（Massive MIMO）技术将成为技术趋势，天线振子将从目前的 4×4 水平向 16×16 等更高数量级升级。

（2）超密集组网

为了解决未来成百上千倍的移动数据流量增长和用户体验速率提升上百倍的需求，除了提高频谱利用率以外，提高小区基站的密度仍然是最经济有效的办法。目前的无线通信以小区分裂的方式部署基站，但这种方法在覆盖半径减小时难以进行，必须在热点区域安装更多小基站，形成超密集组网。在 5G 时代，"宏基站为主，小基站为辅"的组网方式仍然是快速提升网络覆盖的主要途径。5G 网络的频段使得其在室外场景下覆盖范围减小，加上宏基站布设成本较高，因此急需小基站配合组网。根据 3GPP 组织的规则，无线基站可以分为四类，如表 7.1 所示。

表 7.1　5G 基站类型

类　　型	单载波发射功率	理论覆盖半径
宏基站（Macro Site）	12.6 W 以上	200 m 以上
微基站（Micro Site）	500 mW 至 12.6 W	50 至 200 m
皮基站（Pico Site）	100 mW 至 500 mW	20 至 50 m
飞基站（Femto Site）	100 mW 以下	10 至 20 m

资料来源：国际电信联盟。

（3）新型多址技术

多址技术是基站区分终端用户的技术。3G 时代的 CDMA、4G 时代的 OFDMA 等都是重要的多址技术。5G 时代的多址接入技术主要包括：大唐电信的 PDNA（功率域非正交多址接入）、华为的 SCMA（稀疏码本多址接入技术）、高通的 RSMA（资源扩展多址接入）和中兴的 MUSA（多用户共享接入技术），以及日本的 NOMA（非正交多址接入技术）技术。中国公司的技术在全球主要技术中已占据主要地位。

（4）全频谱接入技术

全频谱接入包括 6 GHz 以下低频段和 6 GHz 以上高频段，前者是 5G 的核心频段，可以提升热点区域的速率。低频和高频混合组网能够发挥低频和高频的优势，为 5G 优势的发挥打下了坚实的基础。

（5）新型多载波

为了更好地支撑 5G 的各种应用场景，新型多载波技术的研究需要关注多种需求。首先，新型多载波要能更好地支持新业务，其次，新型多载波技术需要具有良好的可扩展性，以便根据不同业务进行改良。此外，新型多载波技术还需和其他技术实现良好兼容。业内呼声最高的 3 个候选技术是：F-OFDM、FB-OFDM 和 UF-OFDM。

（6）先进调制编码

先进调制编码涵盖许多单点技术，它们大致可以分为链路级调制编码、链路自适应、网络编码三大领域。先进调制编码中的多种技术可以用于很多场景。多元 LDPC 码、新的比特映射技术和超奈查斯特调制适合大贷款大数据传输，在高信噪比环境增益明显，较适于热点高容量场景。联合编码调制的旋转调制依靠多发射天线提高链路的鲁棒性，十分适合广域覆盖场景。网络编码可以加强多个节点之间传输的协作性，在超密集组网中将起到重要作用。2020 年 11 月，华为 Polar 编码方案正式成为 5G eMBB 场景下的短码信道控制方案。

（7）全双工

提升 FDD 与 TDD 的频谱效率，并消除其对频谱资源使用和管理方式的差异性，是未来移动通信技术革新的目标之一。基于自干扰抑制理论和技术的全双工技术成为实现这一目标的潜在解决方案。从理论上来讲，全双工可以使频谱效率提升一倍。

（8）毫米波

毫米波的波长在 1 mm 至 10 mm 之间，可靠性高、方向性好、容量大、易于集成，能够满足 5G 网络的高速需求，但是穿越障碍物的能力较弱，因此需要与超密集组网相结合。

2．5G 标准必要专利

（1）标准必要专利（SEP）

全球主要经济体的数字经济转型战略均将 5G 作为优先发展的领域，美国、欧美、日本、韩国等全球主要经济体都在力图超前研发和部署 5G 网络、普及 5G 应用，加快数字化转型的步伐。总结 2G—3G—4G 的发展历史，移动通信标准构成整个通信产业的核心上层，也构筑了整个移动互联信息产业的核心基础，因此标准的制定除了设备商的支持外，还与国家信息技术发展战略息息相关。从 2G 到 4G，专利官司屡见不鲜，现在进入 5G 时代，与前几代不同，5G 不仅是连接智能手机，还要连接万物和各行各业，因此，5G 标准专利的重要性不言而喻，所以越来越多的运营商、设备商在各国战略和政策的支持下开始抢先实验 5G，着力于抢占 5G 产业的制高点，大规模的研究开发投入与快速广泛的专利申请越发激烈。各国正快速加大 5G 的研发投入和专利申请与认证，在技术为王的 5G 时代，最重要的专利就是标准必要专利。

标准必要专利是指从技术方面来说对于实施标准必不可少的专利，或指为实施某一技术标准而必须使用的专利。根据国际标准化组织和国际电工委员会的定义，标准是指为在一定范围内获得最佳秩序，经协商一致指定并由公认机构批准，共同使用的和重复使用的一种规范性文件。典型的例子是产品采用何种技术以及产品设备间的接口定义。采用统一的标准能带来的主要好处是提升各厂家产品之间的互操作性，通过规模应用可以大幅度降低成本，这一特性在满足成本弱可加性的自然垄断行业更为显著。

对于广泛应用的移动通信行业标准，其中所包含的必要专利具有重要商业价值。参与公司一方面能够借此主导标准的技术方向，建立竞争优势，另一方面也能借助标准的网络效应和技术锁定效应，通过专利许可获取巨大的经济利益，如美国高通公司 2019 年财报显示，2019 年营收 243 亿美元，其中 60% 来自其 CDMA 技术（QCT），19% 来源于技术许可（QTL）。[①] 因此

---

① 载 https://investor.qualcomm.com/about-qualcomm/overview。

不但行业巨头会积极参与标准的制定，许多公司甚至不销售具体产品的企业也因其具有可观的潜在经济利益而投入其中。在5G的新战场上，各大厂商纷纷重金投入，争夺标准必要专利，而5G的标准必要专利主要包括以下三类：一是用户设备（UE）：保障手持设备或消费设备（例如智能电话）在5G网络上正常运行的标准必要专利；二是无线电接入网（RAN）：基站在多个用户设备与核心网络之间传输信号的标准必要专利；三是核心网络（CN）：涵盖支持用户设备和基站网络的标准必要专利。

（2）5G标准必要专利的比较

2017—2019年期间声明的大多数5G专利数据表明，专利数逐年大幅增加。而且由于5G标准制订工作尚未全部结束，预计将来还会有更多的标准必要专利被申请与授权。此外，由于5G是在4G基础上的进一步发展，部分4G技术在5G时代仍然有效，在初期申请的专利中，还有很大比例的专利是4G时代的专利。

据德国的专利数据公司IPlytics在2020年1月1日发布的一份关于"5G标准专利声明的实情调查"报告显示，5G标准必要专利中总共有95526项5G声明专利，其中细分为21571个独有专利族。

在欧洲电信标准化协会（ETSI）定义的5G标准专利族（标准必要专利族）数据中，共有21005个5G标准专利族声明。从全球主要公司5G标准必要专利声明量表7.2可知，按各国公司排名来看，超过2000专利族的共有五家企业，其中我国的华为公司拥有最多的已申报的5G标准专利族，达3325族。其次是三星（2846族）、LG电子（2463族）、诺基亚（2308族）、中兴（2204族）。所有这些顶级5G专利所有人都曾积极参与4G标准制定。

我国在5G标准必要专利上，不仅头部公司表现亮眼，不少新进公司也表现不俗，如国产手机厂商OPPO（Guangdong Oppo M. Telec）、vivo（Vivo Mobile）、联想集团（Lenovo Group Limited）、鸿颖创新（FG Innovation）、展讯通信（Spreadtrum Communications）和华硕电脑（ASUS Tek Computer）等企业。中国在5G产业中展现出惊人的研发实力和创造力，如图7.2所示，我国5G领域的标准必要专利声明量居世界第一位，远超美国、芬兰和日本等老牌移动通信强国。

表 7.2　全球主要公司 5G 标准必要专利声明量

专利声明企业	已申报的 5G 专利系列	在至少一个机构（USPTO、EPO 或 PCT）提交	至少一个机构被授予
华为（CN）	3325	2379	1337
三星电子（KR）	2846	2542	1746
LG 电子（KR）	2463	2296	1548
诺基亚（FI）	2308	2098	1683
中兴（CN）	2204	1654	596
爱立信（SE）	1423	1295	765
高通（US）	1330	1121	866
英特尔集团（US）	934	885	171
夏普集团（JP）	808	677	444
NTT Docomo（JP）	754	646	351
中国电话公司技术 CATT（CN）	588	360	72
国际数字技术（US）	428	346	226
广东欧珀（CN）	378	363	36
维沃移动（CN）	193	168	0
黑莓（CA）	138	130	126
华硕［CN（TW）］	117	103	35
NEC 公司（JP）	114	102	84
苹果（US）	79	73	52
KT 公司（KR）	75	53	15
ETRI（KR）	71	50	20
富士通（JP）	68	18	66
摩托罗拉移动（US）	56	54	50
联想集团有限公司（CN）	51	48	19
HTC 公司［CN（TW）］	46	44	40
联发科［CN（TW）］	42	38	30
威卢斯集团（KR）	41	20	2
松下（JP）	33	30	9
鸿颖创新（CN）	33	33	4
Sony Corporation（JP）	22	17	23
ITRI［CN（TW）］	14	13	12
SK 电信（KR）	12	8	0
展讯通信（CN）	11	8	6

资料来源：IPLYTICS.Who is leading the 5G patent race? A patent landscape analysis on declared SEPs and standards contributions，February 2021.https：//www.iplytics.com/wp-content/uploads/2021/02/Who-Leads-the-5G-Patent-Race_February-2021.pdf.

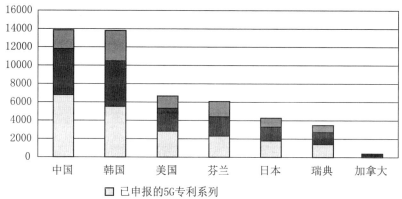

图 7.2　各国标准必要专利分布

资料来源：Who is leading the 5G patent race?

在为中国声明专利总量感到自豪的同时，还需要指出的是，我国公司 5G 专利族数量虽然位居全球第一，但国际注册率偏低。从声明的 5G 专利所有者公司总部所在国拥有的 5G 专利族（包括已授予的和未授予的专利申请）数量来看，32.29% 的 5G 专利申报来自我国。其次是韩国（26.22%）、美国（13.46%）、芬兰（10.99%）、日本（8.56%）等。

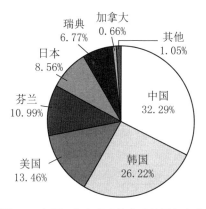

图 7.3　各国 5G 专利（按声明数量）占比

资料来源：Who is leading the 5G patent race?

虽然从专利持有人原籍国的 5G 专利族（已授予和未授予专利申请）数量来看，中国声明的 5G 专利族数量排名全球第一，但国际备案率仅有

73.91%，大幅低于加拿大、欧洲、韩国、美国、日本等国家和地区。同时，也只有约 30.52% 的 5G 专利族已获得至少一家国际专利局的授权，远低于欧洲、韩国、美国、日本等国。

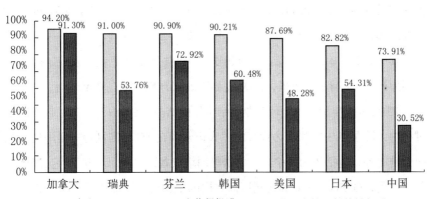

图 7.4 各国 5G 专利授权比例（%）

资料来源：http://www.icsmart.cn/36500/。

（3）中国企业引领 5G

2020 年 7 月 23 日，在 3GPP TSG 第 88 次会议上，5G R16 标准宣布冻结，意味着 5G 第一个演进版本标准正式完成。在本次 5G R16 标准的制定过程中，以中国移动为代表的三大运营商和以华为为代表的多家中国通信企业充分展现了在国际标准制定中的中国力量。

中国移动一马当先，引领全球运营商。中国移动在 R16 标准化中继续发挥主力军作用，提交技术提案 3000 余篇，占全球运营商提案总数的三成以上，主导完成 15 项技术标准制定工作，包括旨在降本增效的无线数据采集与应用、服务化架构框架及接口增强、应对大气波导的远端站干扰消除、高铁场景性能提升、服务质量保障管理、增加部署灵活度的非同步载波聚合、虚拟化策略管理提升、提高上行覆盖的高功率终端技术、安全能力服务开放等。

中国电信主导完成 10 项技术标准制定，包括非公共网络组网、移动性增强、5G 性能指标定义与增强等关键标准领域。R16 标准周期内，在 3GPP RAN，中国电信主导立项数列位全球运营商第一，提交提案数位列全球运营商第三。尤其值得重点关注的是，中国电信引领完成的5G超级上行核心标准，作为5GR16的关键特性之一，纳入3GPP全球统一规范。

中国联通在R16标准化中继续发挥重要作用，提交技术提案1000余篇，主导完成6项技术标准制定，包括NR 2.1 GHz大带宽、从5G到3G的语音业务连续性、FDD-TDD双连接高功率终端、4G和5G基站一致性架构演进等。其中，2.1 GHz大带宽立项引领5G共建共享全球产业链发展；高功率终端弥补5G上行覆盖短板，首次完成涉及FDD频段的高功率终端。

5G技术标准制定是全球产业团结协作的结晶。在5G R16通信标准制定过程中，除了以中国移动为代表的三大运营商在5G标准制定方面展现的中国力量之外，包括华为、中兴、大唐等网络设备商，海思、联发科、展讯等芯片厂商，OPPO、vivo等终端厂商在内的中国通信企业也发挥了非常重要的作用。

在3GPP（第三代合作伙伴计划）的席位中，中国厂商的数量也已非常可观。2020年5月29日，3GPP已拥有超过700个成员，覆盖全球电信运营商、设备制造服务商、终端厂商等产业链上下游企业，其中中国有124个成员，约占17.7%，成员数量排名靠前。

除了成员数量多之外，中国企业在智慧贡献方面的作用更为明显。3GPPRAN全会副主席、中国移动首席专家徐晓东表示，据不完全统计，在全球运营商对R16标准的文稿贡献中，我国三大运营商的贡献占比达四成左右。

7.1.3 5G 建设现状

1. 国内 5G 建设现状

（1）5G 手机出货量

据中国信息通信研究院的报告显示，2020年11月，国内手机市场总体出货量2958.4万部，同比下降15.1%；1—11月，国内手机市场总体出货量累计2.81亿部，同比下降21.5%。

5G手机方面，2020年11月，国内市场5G手机出货量2013.6万部，占同期手机出货量的68.1%；上市新机型16款，占同期手机上市新机型数量的 53.3%。1—11 月，国内市场 5G 手机累计出货量 1.44 亿部、上市新机型累计 199 款，分别占 51.4% 和 47.7%。

中国移动在 5G 方面的建设中国移动已经开通 5G 基站 38.5 万个，为所有地级市和部分重要县城提供 5G SA 服务，提前超额完成全年任务。

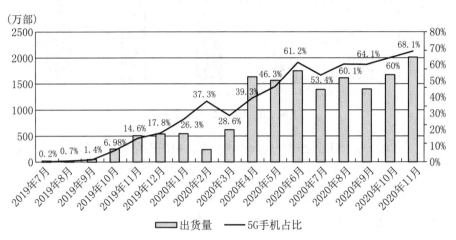

图 7.5　2019 年 7 月以来国内 5G 手机出货量及 5G 手机占比

（2）中国 5G 基站建设情况

相较于过去的 1G 空白、2G 跟随、3G 突破和 4G 同步，中国在 5G 时代处于引领地位。早在 2012 年中国便开始了 5G 研究，2013 年中国工业和信息化部、国家发展和改革委员会等联合成立 IMT-2020（5G）推进组，统筹推进 5G 相关工作；2016 年工信部正式启动 5G 技术研发试验；2019 年 6 月 6 日，工业和信息化部向中国移动、中国联通、中国电信和中国广电四家企业发放 5G 商用牌照，标志着我国成为全球第一批建设 5G 网络的国家，2019 年也正式成为 5G 商用元年。

在 2020 年 11 月 11 日的中国发展高层论坛 2020 年年会上，工业和信息化部副部长刘烈宏表示，我国已建成近 70 万个 5G 基站，5G 终端连接数已超过 1.8 亿。其中，广东省在 5G 建设上领跑全国，至 2020 年 11 月已建设 5G 基站超 11 万座，位居全国首位，深圳已实现 5G 信号全覆盖。5G 基站的建设速度和终端应用速度均远超预期，提前完成 5G 建设目标。

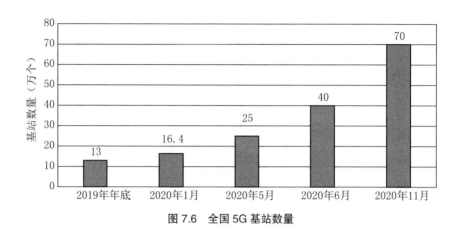

图 7.6　全国 5G 基站数量

在 2020 年中移动全球合作伙伴大会上，中国移动副总经理简勤晒出成绩单——中国移动已建成全球最大 5G 网络，全国 337 个城市基本实现 5G SA 网络覆盖，开通基站数超 38 万站。5G 套餐客户 10 个月突破 1 亿户，预计年底将超 1.5 亿。

中国电信和中国联通达成协议，在部分区域共建共享 5G 基站，至 2020 年 11 月底，中国电信已累计开通 32 万个 5G 基站，覆盖 300 多个城市，5G 用户超 7000 万。中国联通则宣布累计开通 5G 基站 33.2 万站，已实现一线城市及城市群核心城市已经实现市区、县城、重点乡镇的室外连续覆盖；重点城市实现主城区、发达县城的室外连续覆盖；其他城市实现核心城区、县

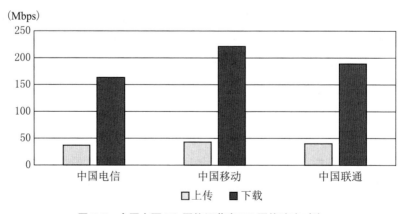

图 7.7　全国主要 5G 网络运营商 5G 网络速度对比

资料来源：Speedtest 测速网。

城热点区域的室外连续覆盖。中国联通方面表示，到 2020 年底，5G 基站规模预计超过 38 万个；第四家 5G 运营商——中国广电也与华为达成合作，开始建立 700M 大宽带的 5G 基站。

从实际建设效果来看，以网速体验为例，著名测速网站 Speedtest 数量显示 5G 网络平均上传速度是 4G 的 2.55 倍，平均下载速度是 4G 网络的 7.67 倍，而且 5G 网络的平均下载速度高于普通宽带网络，但上传速度低于普通宽带网络。

（3）中国三大运营商 5G 资本开支情况

根据中国移动数据，2008—2019 年中国移动资本开支呈现周期性变化，与移动通信技术的迭代密不可分。当前进入 5G 周期，2019 年中国移动资本开支为 1659 亿元，其中 5G 相关投资 240 亿元；2020 年中国移动资本开支预算 1798 亿元，其中 5G 相关投资 1000 亿元，占比超过总开支的 55%，设备端增加 7%—15%，土建和其他减少 19%，彰显中国加大 5G 投入的力度和决心。

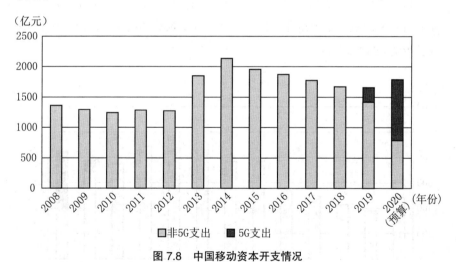

图 7.8　中国移动资本开支情况

资料来源：中国移动历年财务报告。

根据中国联通数据，2019 年中国联通资本开支为 564.2 亿元，其中 5G 相关投资 79 亿元；2020 年中国联通资本开支预算约 700 亿元，其中 5G 相关投资约 350 亿元，计划与中国电信共同建设 5G 基站超 25 万个，并进一步完善 LTE900 的网络部署，2020 年中国联通将网络建设重心全面投向 5G，契合国家要求加快 5G 网络建设的要求。

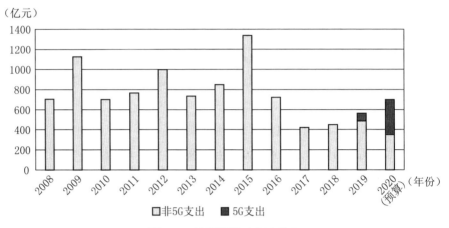

图 7.9　中国联通资本开支情况

资料来源：中国联通历年财务报告。

根据中国电信数据，2019 年中国电信资本开支为 775.6 亿元，其中 5G 相关投资 92.3 亿元；2020 年中国电信资本开支预算约为 850 亿元，其中 5G 相关投资 453.1 亿元。

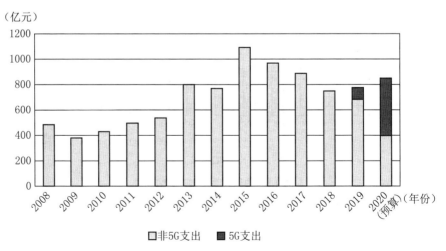

图 7.10　中国电信资本开支情况

资料来源：中国电信历年财务报告。

2．国外 5G 建设现状

（1）北美 5G 网络建设

北美已经出现小范围的 4G 网络更新迭代，逐渐过渡到 5G。但部分地区由于网络基础较差，2020 年 5 月才进入 5G 网络的爆发增长期。据估计，到 2023 年，高达 32% 的北美移动通信终端将使用 5G 网络。

在美国，由 Verizon、C Spire 和 Starry 运营的 5G 无线宽带在少数地区可用，而 5G 移动网络在大多数城市可用。

在加拿大，罗杰斯通信公司（Rogers Communications）在 2019 年对 5G 投资超过 40 亿美元之后，于 2020 年初开始推出 5G 网络。新的 5G 网络覆盖约 130 个城镇。另一家通信企业 Telus Mobility 则于 2020 年 6 月在温哥华、蒙特利尔、大多伦多地区和其他地区开始推广其 5G 网络。

（2）南美 5G 建设

在巴西，到 2020 年 7 月，中国企业 vivo 的网络已在 8 个城市可用。2020 年 9 月，蒂姆（Tim）建立了 5G 网络并在 3 个城市运行。在哥伦比亚，其最大的电信公司 Telefónica Telecom 在 2020 年全年进行试验，并可能在 2020 年底或 2021 年初为客户推出商用版本的 5G 网络。在巴拉圭，当地运营商 Tigo 与爱立信达成协议，爱立信在 2018 年 12 月表示，他们将扩展 Tigo 的现有网络并对现有 2G/3G 和 4G 站点进行现代化改造，使该网络最适合 Tigo 将来提供 5G 和 IoT 服务。在阿鲁巴，运营商 Setar 与诺基亚合作，两家公司预计到 2022 年在该岛实现全覆盖。

（3）亚洲 5G 建设

在韩国，早在 2018 年 2 月的平昌冬奥会上，韩国就提供了包括超高清电视直播、VR 等应用在内的 5G 服务。这被业界认为是全球范围内的"5G 首秀"，不仅如此，韩国"抢跑"，并成为全球首个宣布实现 5G 商用的国家。根据 Strategy Analy TIcs 在 2020 年 2 月 3 日发布的报告显示，截至 2019 年年底，韩国的 5G 连接数量达 470 万，占总市场份额的 6.8%。在 2019 年 12 月，韩国 5G 流量占所有移动连接流量的比例，更是高达 21%。

在日本，NTT Do Co Mo 是日本最大的无线运营商。该公司于 2020 年 3 月 25 日正式启动 5G 商用服务。Auby KDDI 于 2020 年 3 月 26 日启动其 5G

网络，软银也于 2020 年 3 月 27 日以 1000 日元 / 月（9 美元）的价格开始其 5G 服务。Rakuten Mobile 于 2020 年 9 月 30 日启动 5G 服务。

在新加坡，5G 建设较为缓慢，2020 年 6 月底才颁发全国性的 5G 许可证。最大电信公司 SingTel 选择爱立信为合作方，另外两家电信公司 Star Hub 和 M1 则选择了诺基亚建立 5G 基础架构，而完全选择华为设备的电信公司 TPG Telecom 则未能获得全国性的许可证。该国预计 2022 年年底可实现一半以上地区拥有 5G 网络覆盖。

在阿拉伯联合酋长国，5G 于 2019 年 5 月 30 日通过 Etisalat 正式商用。在 2020 年末，开始为固定网络上的家庭用户开放了 5G 服务。他们在 2019 年初宣布推出 700 个 5G 站点。合作伙伴包括诺基亚和华为，该国计划于 2025 年底在所有居民区实现 5G 网络全覆盖。

（4）非洲 5G 建设

非洲国家由于原有的电信基础设施和经济基础较薄弱，与世界其他地区相比，在 5G 的投资上较为滞后。但各个主要国家（如：埃及、乌干达、尼日尼亚、肯尼亚、塞内加尔、摩洛哥等）纷纷表示在 2020 年会逐步迈出 5G 商用的"第一步"。在南非，沃达康集团（Vodacom Group）第一个推出 2G、3G 和 4G 网络，在发布 5G 时冲锋在前。2020 年 5 月，该公司在约翰内斯堡、比勒陀利亚和开普敦启用 5G 网络，并着力进一步扩大网络覆盖范围；Rain 是另一家推出 5G 的南非电信公司，自 2020 年初，Rain 的客户就可以约翰内斯堡、茨瓦内和开普敦的部分地区访问 5G 网络。

（5）欧洲的 5G 建设

在德国，Deutsche Telekom（德国电信）于 2019 年 9 月在柏林等四个城市开始商用 5G 网络，并计划在 2021 年之前覆盖 2/3 的人口，到 2025 年将覆盖全国 90% 的人口。据德国媒体《星期日世界报》2020 年 11 月 15 日报道，虽然德国此前公开表示，不会拒绝与华为进行 5G 合作，但是目前德国本土三大运营商（德国电信、沃达丰和西班牙电信）选择在构建 5G 核心网络时避开华为的设备和技术。

在英国，最大的网络运营商 EE 于 2019 年 5 月 30 日在英国率先推出 5G，现在已在 112 个城镇运营 5G 网络，沃达丰则在英国 46 个地区提供服务，英国基本已实现主要大城市的网络覆盖。值得一提的是，因美国贸易政策的影响，英国最终决定停止在 5G 的建设中使用 5G 之前的供应商华为的设备。

在意大利，沃达丰于 2019 年 6 月在意大利的五个城市推出 5G 网络，并计划到 2021 年推广到 100 个城市。该国最大的电信提供商 TIM（意大利电信）于 2020 年年初在 9 个城市启用 5G，预计到 2021 年，其网络将覆盖多达 120 个城镇。10 月 22 日，意大利直接阻止了意大利电信集团 fastweb 与华为签订协议，成为了继英国和瑞典之后，明确拒绝在 5G 通信领域使用华为的产品的欧洲国家。

在西班牙，西班牙电信（Telefónica）于 2020 年 9 月 1 日启用 5G 网络。与西班牙沃达丰电信一样，两家公司在建设 5G 网络时均采用华为的设备进行 5G 组网。

在芬兰，Elisa Oyj 公司于 2018 年 6 月在坦佩雷开设商用 5G 网络，并称自己是"世界上第一个推出商用 5G 的国家"，在此前的网络建设中也采用了华为的设备和技术，但拟出台的电信安全法有可能排除华为和中兴等中国厂商。

在俄罗斯，BeeLine 公司与诺基亚和高通合作于 2020 年 8 月在圣彼得堡启动 5G 测试。根据 GSMA 的预测数据，到 2025 年 5G 网络将覆盖俄罗斯 80% 以上的人口。虽然俄罗斯与多家电信公司合作建立 5G 网络，但该国的基础设施水平严重制约 5G 网络的建设。

7.2　5G 产业链

7.2.1　上游产业

5G 产业链的上游包括射频电子器件、基带芯片等各类器件和制备原材料。射频器件是无线连接的核心，凡是需要无线连接的地方必备射频器件。通常情况下，一部手机主板使用的射频芯片占整个线路面板的 30%—40%。目前，无论是 5G 移动通信中的光芯片还是手机中的 CPU，我国与国际一流水平还存在着很大的差距。虽然手机中的大部分零部件可以实现国产化，但手机中的一些核心零部件，如手机 CPU 等，距离完全的国产化还有很长的一段路要走。

从产业链价值来看，整个光通信领域呈现出明显的"倒金字塔"形结构，产业链越上游，核心价值越高，上游的芯片工艺决定了整个光模块的性能，技术壁垒、行业集中度明显更高，占据整个光模块的大量成本空间，尤其是高端芯片。从图 7.11 可以看出，随着器件从低端向高端过渡，芯片研发的技术难度越大，相应芯片在器件中的成本占比也不断扩大，其中高端器件中芯片的成本高达 70%。

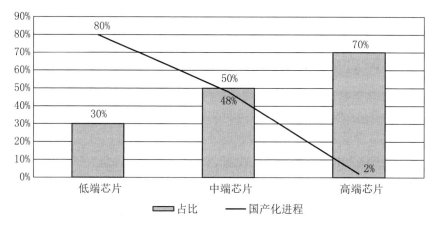

图 7.11　芯片在器件／模块中成本占比和光芯片国产化率

资料来源：中国半导体行业协会，《中国光电子器件产业技术发展路线图（2018—2020 年）》。

从我国的光通信芯片产业来看。在低端产品中，光芯片的国产化率可以高达 80%。据行业龙头光迅科技资料显示，我国低端产品技术水平已与国际水平旗鼓相当；在中端产品中，我国 10 Gb/s（信号传输速率）的光芯片国产化率相对较高，接近 50%，能够实现量产的公司主要有：光迅科技、昂纳科技、海信宽带、华工科技；而高端产品（25 Gb/s 以上）的国产化率则非常低，无论是设计与测试的专业人才，还是制造芯片的机械设备均存在着较大短板，与国际一流水平还存在着较大的差距。高端芯片的国产化率只有 2%，而且良品率不够高，难以大规模量产应用。高端芯片中的绝大多数产品依赖进口，国内的供应商（光迅科技）只有 25 Gb/sPIN 等个别器件可以少量提供。在国内所有光芯片供应商中，研发面向 5G、数据中心等应用的多款 25Gb/s 以上速率半导体激光器芯片的公司只有三家，光迅科技、华为海思、海信宽带。

　　然而，在美国对华为进行一系列的技术禁令的同时，多家与华为拥有合作关系的芯片制造厂商、芯片研发厂商，都被美国警告。ARM 公司作为在芯片领域具有较高影响力的企业，虽然其具体运行中包含百分之五十以上的中国资本，但是究其根源，其技术专利还是归美国所有，与华为停止合作关系是 ARM 公司唯一的出路。美国的禁令进一步加剧我国芯片行业发展的困难，使得华为在高端芯片领域已然"无芯可用"。不过，值此内外高压之下，华为等中国企业，联合富士康、中芯国际、联发科等，强强联手，正式开始发力国产高端芯片的设计与制造。国外的高通公司等也逐步获得向华为的供货许可，也许可以暂解燃眉之急。但芯片行业属于国之"重"器，需要将关键核心技术掌握在自己手中，芯片的研发与制造我们仍然需要持续发力，相信未来一定能在这一技术领域有所突破。在整个的光模块市场中，短时间内呈现出完全的市场竞争局面，全球的顶级厂商并没有建立绝对的优势，市场份额占据偏分散，各主要厂商的市场份额如图 7.12 所示。

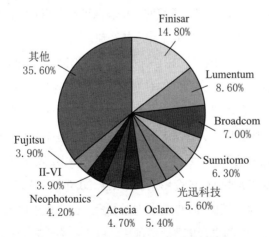

图 7.12　全球主要厂商光模块市场份额

资料来源：市场研究公司 Omdia。

7.2.2　中游产业

　　5G 的中游产业主要是基站设备、小基站、光通信设备、网络工程建设、终端设备制造等环节。5G 基站的巨大变化使得基站供应链充分受益。

5GAAU 包括中频模块、转换模块、射频模块和阵列天线。射频模块和阵列天线变化最大，射频模块包括射频前端器件和 5G 特有的波束赋形器件，阵列天线将振子、PCB、滤波器集成一体。

在终端设备制造领域，我国已初步形成涵盖网络设备、手机终端、智能硬件的 5G 整机产业体系。智能终端整机领域基础良好，有中兴通讯、大唐电信等一批龙头企业；工业机器人、特种机器人领域优势明显，拥有诺贝特、非凡士等优秀企业；在无人机领域，大疆无人机、因诺航空等已成为硬科技独角兽培育企业。但在智能制造、人工智能机器人等先进领域，我国企业的科学技术水平与生产制造水平与国际一流企业仍然存在较大差距。

1. 基站设备

从宏观上来看，5G 网络中游产业链可以分为三个领域，和通信网络架构一一对应，分别是接入网产业链、承载网产业链和核心网产业链。这三个产业链里面，接入网和承载网是最值得关注的。因为对于 5G 这样的公网来说，需要建设数量和规模非常庞大的基站和光纤通信网络。基站属于接入网。光纤通信虽然在接入网、承载网、核心网里都有用到，但主要是用在承载网。承载网产业链，也就等同于光通信产业链。

与 4G 基站主要是 BBU、RRU 和无源天线不同，5G 基站变成 CU（集中单元）、DU（分布单元）和 AAU（有源天线）的深度融合。5G 所使用的天线也与 4G 存在着很大的不同。在 5G 时代，大规模天线阵列（Massive MIMO）技术开始应用，天线从无源变有源，技术复杂度高了很多。天线与基站主设备之间的关系更为紧密，不再单纯只是朝指定方向辐射信号。

各国都在逐渐加快 5G 的商用进度。截至 2020 年，中国是世界上 5G 基站数量最多的国家，美国在 5G 建设方面的投入已经被中国超越，而且在政策上面中国对于 5G 的支持也要比美国快，以基站为代表的通信基础设施建设市场，预计将率先进入产业化。三大运营商于 2019 年启动 5G 基础建设，预计 7 年内总支出金额达 1800 亿美元（约合人民币 1.2 万亿元），远高于 2013—2020 年的 4G 投资金额 1170 亿美元。随着全球整体数据流量的激增，我国 5G 产业将迎来大规模的需求增长。预计到 2022 年，我国 5G 基站规模将达到千亿市场，5G 基站数量将达百万个。

2．传输设备

各大设备商均已发 5G 承载方案。由于市场集中度较高，竞争格局已趋于稳定。我国传输设备市场中的主要企业分别是华为、中兴、诺基亚、烽火。这些企业的 5G 承载设备方案都在配合运营商进行外场测试，并在布网上验证可行性。

华为于 2017 年 8 月正式发布面向 5G 的移动承载解决方案 X-Haul，该方案具备四大核心价值：全场景灵活接入，匹配不同站点场景；基于云化架构，实现敏捷运营；通过端到端网络分片，使能新业务创新；以及支持 4G 承载网络向 5G 承载的平滑演进。

中兴通讯 5G 前传回传一体化解决方案名为 5G Flexhaul，该方案将"Flex E"与"IP+ 光架构"深度结合在一起，在一台设备上实现 5G 前传和回传统一承载，提供灵活的超大管道承载能力，极大地增强带宽的灵活扩展性，降低了初期建网的成本。

诺基亚推出面向 5G 时代的"anyhaul"端到端移动传输产品组合，对包括微波、IP、光及固定接入解决方案等在内的产品进行重新组合，可提供最优化的时延和带宽组合，确保运营商能够依托最全面的传输网络产品组合顺利迈入 5G 时代。其率先提出的"IP+Optics+SDN"的理念，按需提供带宽，实现灵活性。

烽火通信的承载方案名为 Fit Haul 5G，其基于 SDN/NFV、云等技术，实现了云化的 5G 承载架构。烽火的承载方案具有泛在、超宽、极简、随需四个特质，针对超低时延，创新性地引入 Flex E Shim 层交叉、低抖动队列、TSNMAC、Cut-through 等技术。

7.2.3　下游产业

5G 产业链的下游是电信运营商及应用，通过它们将 5G 技术应用在工业、通信、智能家居、智能制造等场景。我国共有 4 家拥有 5G 牌照的运营商，分别是中国移动、中国电信、中国联通和中国广电。中国广电经营的是高清直播等有线电视和广电行业。前三家运营商与生产生活联系更加紧密。在四大运营商获得 5G 牌照后，纷纷加码 5G 建设，我国 5G 网络建设和应用进入快车道，相关建设取得突出成果。

2020 年，中国移动董事长杨杰 11 月 20 日在广州披露，中国移动已开通 5G 基站 38.5 万个，提前超额完成今年 5G 建设目标；中国电信在 11 月 7 日的天翼智能生态博览会上披露，该公司已累计开通 32 万个 5G 基站；中国联通则在 10 月底披露，已累计开通 33.2 万个 5G 基站，到年底开通规模预计将超过 38 万个。其中，2020 年中国电信与中国联通共建共享 25 万个 5G 基站，中国电信负责 14 万个，中国联通负责 11 万个。也就是说，在中国电信和中国联通披露的数据中，有 25 万个是重复计算的。以此推算，2020 年年底三大运营商共计建了 70 万—80 万个 5G 基站，且基本实现地市级的 5G 覆盖。

在 5G 套餐用户方面，除了中国联通外，中国移动和中国电信均披露了 5G 套餐用户数据，分别为 1.14 亿户和 6480 万户。在 5G 手机的出货量方面，据中国信通院数据显示，2020 年 11 月，国内市场 5G 手机出货量 2013.6 万部，占同期手机出货量的 68.1%，加上 iPhone12 和 5G 千元机的面世，5G 手机换机潮将在 2021 年到来，5G 终端将迎来更高速地增长。据 Digitimes Research 最新预测，2020 年全球 5G 手机出货量有望达到 2.5 亿部，中国 5G 手机出货量达到 1.4 亿到 1.7 亿部，约占出货量的 70%。

其实 5G 手机并非 5G 中的最重要的终端，除了前述的消费互联网之外，5G 更重要的应用领域是产业互联网。也就是说，5G 网络的主要服务对象并不是手机用户，而是行业用户。作为万物互联的重要载体，5G 会在包括工业、农业、物流、交通等产业提供服务。在不同的应用场景下，就有不同的 5G 终端。例如车联网，5G 汽车某种意义上来说就是 5G 终端。5G 无人机也一样，植入了 5G 模组和芯片的无人机，也是 5G 终端。我国的 5G 终端随着 5G 基站的建设保持着高速增长。

综上所述，我国的 5G 产业，无论是网络建设、手机出货量，还是 5G 用户规模的发展速度，都大大超过业内预计，虽然受到疫情冲击，我国 5G 产业发展仍然提前完成建设任务，又好又快地加速了 5G 推广和应用，尤其消费类电子产品先行先试 5G 并取得较大成功。

7.3　5G 应用场景

7.3.1　5G 与农业

5G 能给农业带来的最大变化，无异于实现智慧农业了。所谓智慧农业就是将物联网技术运用到传统农业当中，用传感器和软件通过移动平台（例如手机和平板电脑）或者电脑平台对农业生产进行控制，使传统农业更具有智慧。

"5G+智慧农业"就是各种先进设备和农业相结合，让农业生产变得更加便捷。5G 网络的发展将为农民和农业企业提供智慧农业所需要的基础设施，它们将被运用到物联网技术中，对农业活动进行跟踪、监测、自动化和分析。5G 技术能将农业丰富的数据类型，与应用场景进行不断深度融合，将实现应用创新层面的大爆炸。

1．智慧种植技术

农业物联网一般应用是将很多传感器节点构成相应的监控网络，通过多种传感器采集各种信息，大量使用各式各样智能化、自动化、远程控制的生产设施，促使以人力为中心、依赖于孤立机械的生产模式的传统农业向以信息和软件为中心生产模式的现代智慧农业转变。比如，一些温室蔬菜大棚就利用了现代通信和信息技术，对大棚中的农作物种植环境和植物生长状态进行实时监测。随着 5G 通信技术的发展，农业物联网在各种农业领域应用会越来越广泛，智能化水平也会越来越高，最关键的是建设成本越来越低。

伴随 5G 通信技术的发展，农业种植技术越来越智能化。智慧种植技术在 5G 通信技术的协助下，采用高精度土壤温湿度传感器和智能气象站，远程在线采集土壤墒情、酸碱度、养分、气象信息等，实现墒情（旱情）实时自动预报、预警、灌溉用水量智能决策、远程、自动控制灌溉设备等功能，并且将数据及时反馈给相关技术人员，最终达到精耕细作、准确施肥、合理灌溉的目的。

2．农产品溯源

农产品溯源就是为了加强农产品质量的安全可靠管理，保证消费者身心健康，从农产品整个供应链的角度出发，利用数据库技术、二维码技术、网络信息技术进行农产品信息系统的构建和开发，实现各种农产品在整个供应链上从播种、施肥、采收、加工到销售的全程无缝跟踪和科学溯源，有效地加强对各种农产品质量安全的监督管理，保证消费者对农产品的最终知情权。

3. 农业无人机

以植保无人机为例，植保机械化是实现农业种植机械化、现代化的关键一环，无人机植保更适合我国国情。相对于普通飞机喷洒而言，无人机植保具有作业效率高、单位面积施药液量小、无需专用起降机场、机动性好等优点。无人机植保包括喷洒农药、驱鸟、巡逻监视、病虫监察等应用。种植户无需购买无人机，只需要订购农事服务即可，互联网农业服务平台公司一端连接种植户，一端连接专门提供无人机喷洒农药服务的队伍。

4. 智能养殖

我国不少牧区已经实现类似的远程监管。当搭上 5G 的"快车"，除了监管便利，牲畜的育种选择、生长状况、饮食优化、疫情预防等信息不仅能第一时间被农场主掌握，每个品种均能根据牧场实际情况生成最佳的饲养模型。国内企业阿里巴巴或者京东养猪等，都在探索智能化养殖。阿里云关于智能养殖设备已经推出多款，但网络限制这些设备没有相对独立，设备整体化达不到标准。而 5G 时代很有可能解决这个问题，把整个养鸡场变成一个大网络。水产养殖中，溶解氧含量、pH 值、水温、ORP（氢化还原电位）、氨氮含量、亚硝酸盐含量等环境指标直接关乎鱼虾的生死。在 5G 时代，通过在水中铺设智能物联网等设备，养殖户可实时获取水质分析、设备运行状态、鱼虾健康状况、产量预测、养殖风险等情况，从而提高养殖产量和防控病害，保持良好的水产养殖环境，构建起可持续循环的生态系统。

5. 劳动力管理

劳动力管理即加强劳动力的计划管理。目前在我国的农业生产中，人工成本比较高。5G 时代智能化农业最大的优点就是以智慧机械代替人工。比如，使用智能农场各种设备，当人们不在的时候，可以通过网络打开或关闭温室大棚的窗户，并自动供断水。也就是说，可以更加高效地管理农作物及其健康有机生长。在 5G 技术支持下，根据农作物信息数据提供最佳生长环境，即使劳动力和资源较少，也可以提高农产品的生产力和质量。可以更精确地算出需要几个劳动力、干多少就完成工作、不会浪费人力，或者是智能机器人去干人该干的活，节省人力。

7.3.2　5G 与工业

5G 与工业互联网融合应用出现了八大类新型场景，分别为"5G+ 超高清视频""5G+AR""5G+VR""5G+ 无人机""5G+ 云端机器人""5G+ 远程控制""5G+ 机器视觉"以及"5G+ 云化 AGV"，相应应用场景对 5G 网络提出了新的需求。在应用场景发展节奏方面：5G 与超高清视频的融合应用已进入应用成熟期，将成为 5G 在工业互联网领域的第一批应用场景；"5G+AR""5G+VR"以及"5G+ 机器视觉"等应用已进入高速发展期，经济价值逐渐显现，将成为工业互联网的主流应用场景；"5G+ 云化 AGV""5G+ 无人机"等应用受限于与设备深度融合的需求，还需等待产品成熟，未来将有较快发展；"5G+ 远程控制"和"5G+ 云端机器人"等应用由于涉及工业核心控制环节，目前还处于探索期，有待进一步的测试验证。

1．5G+AR

增强现实（AR）是人工智能和人机交互的交叉的学科，是一种实时地计算摄影机影像的位置及角度并加上相应图像、视频、3D 模型的技术，也是一种把真实世界和虚拟世界信息有机集成的技术。AR 把原本在现实世界一定时空范围内很难体验到的实体信息（主要包括视觉和听觉信息）通过计算机模拟仿真后叠加，将虚拟的信息应用到真实世界并被人类感官所感知，从而达到超越现实的感官体验。

目前 AR 的应用已融入工业制造的交互、营销、设计、采购、生产、物流和服务等各个环节，典型的应用包括 AR 远程协助、AR 在线检测、AR 样品展示等。利用基于 5G 的 AR 远程协助，后台专家可以通过语音视频通信、AR 实时标注进行远程协作，实现现场人员和远程专家的"零距离"沟通，大大提高工业生产、设备维修、专业培训等价值链的效率。

表 7.3　AR 远程协助对于 5G 网络的需求

典型应用	通信速率	通信时延	应用范围
维修指导	>50 Mbps（下行）；>20 Mbps（上行）	<20 ms	工厂设备维保
辅助装配	>50 Mbps（上行）	<10 ms	设备辅助装配于远程协助

2．5G+VR

虚拟现实（VR），是一种可以创建和体验虚拟世界的计算机仿真系统，利用计算机生成一种模拟环境，使用户沉浸到该环境中。虚拟现实技术就是利用现实生活中的数据，通过计算机技术产生的电子信号，将其与各种输出设备结合使其转化为能够让人们感受到的现象，并通过三维模型表现出来。

目前 VR 的在工业互联网中主要应用在虚拟装配、虚拟培训、虚拟展厅等场景：VR 虚拟装配是工业设计必不可少的审核环节，可以在设计接口、部件外观大小等方面最大化优化产品实际装配时的能效；VR 虚拟培训相较于传统的课堂更能全面、及时反馈，相比于教科书里面难懂的文字和需要考验学生想象力的平面图，虚拟现实的场景表达更直观，并传递更多的信息；VR 虚拟展厅将展厅及展示产品 3D 化，带给观展者足不出户就能身临现场的体验。

表 7.4　VR 对于 5G 网络的技术需求

	沉浸等级	速率要求	时延	应用范围
VR 虚拟应用	初步沉浸	25 Mbps	<40 ms	虚拟展示等静态展示
	部分沉浸	100 Mbps	<30 ms	虚拟培训等交互场景
	深度沉浸	400 Mbps	<20 ms	虚拟装配等强交互场景
	完全沉浸	1 Gbps	<20 ms	强交互，全沉浸场景

3．5G+ 无人机

无人机作为高新科技发展的产物，目前在我们周边的应用已经越来越广泛。从应用领域来说，无人机可分为消费级无人机和工业级无人机，相对于已经较为成熟的消费级无人机，工业级无人机的应用还处在不断探索的阶段。工业级无人机被广泛的应用在智慧物流、智慧园区、设备巡检等领域。

通过 5G 无人机平台，可以实现厂区范围内规范化、常态化的空中安保巡视和设备点检。利用 5G 的高速率、高可靠、低时延无线网络，可以将搭载在无人机上的摄像头视频（可见光高清、红外等）实时传送到厂区综合控制中心。通过对视频图像进行基于人工智能的物体识别、模式识别分析，判断所巡检的地点是否存在安保异常或火警异常并实现智能提示，最大限度降低安保人员日常劳动强度。

从设备巡检的角度来说，传统的基于 4G 的无人机时延大，画面不清晰，而采用 5G 的无人机设备巡检有两个优势：一是 5G 的上行速率可达200Mbps，可以支持 4K、8K 甚至全景的视频回传；二是 5G 毫秒级的低时延高可靠特性可以有效地保障无人机的精确控制和精准定位。

4．5G+ 云端机器人

2017 年发布的《人工智能时代的机器人 3.0 新生态》白皮书把机器人的发展历程划分为三个时代，分别称之为机器人 1.0、机器人 2.0、机器人 3.0。在机器人 2.0 的基础上，机器人 3.0 实现从感知到认知、推理、决策的智能化进阶。2019 年 6 月，《机器人 4.0 白皮书》发布，机器人 4.0 时代是在机器人 3.0 时代加上自适应能力，对三维环境语义的理解，在知道它是什么的基础上，把看到的信息变成知识，让存储就变得更加合理，而且可搜索、可查询、可关联、可推理。

近几年来人工成本不断提高，不但使得工业企业的利润持续降低，而且大量的人工操作不利于产品质量控制和企业管理。机器人成为了解决人工成本的优秀替代方式，但传统的工业机器人存在不足，比如工作范围受限、工作内容有限、设备成本高等问题。随着人工智能、云计算等技术的不断成熟，云化机器人将逐渐成为主流。云化机器人将控制"大脑"放在云端，根据本地机器人的不同工作内容和工作地点针对性控制，真正实现机器人的自主服务和自主判断。同时由于"大脑"放在云端，"大脑"可以将所有机器人检索的信息进行整合，完善自身的学习能力和自优化能力。

实现云端机器人大规模密集部署和应用拓展，对 5G 网络提出了两个需求，即：满足通信调度及业务数据实时交互需求和集成其他视觉应用的通信需求。云端机器人系统包括室内及室外应用场景，可满足工业高可用指标 99.9999%，通信时延 10—100 ms。目前单个机器人安装 10—20 个摄像头

（实现视觉导航、视觉检查等多种功能），移动速度提升到 2—3 m/s，因而网络上行带宽需求小于 1 Gbps（随着低时延的视频压缩和解压技术成熟，可以在机器人端实现视频压缩预处理，节省上行带宽），时延 10—100 ms。

5. 5G+远程控制

远程控制一直是工业生产中保障人员安全、提升生产效能、实现多生产单元协助的必要手段。由于远程控制直接关系生产环节的产品质量和生产效率，工业上大多数远程控制还是基于有线网络。虽然有线网络稳定，但也限制了生产的灵活性，同时也在一定程度上限制了生产过程的控制范围。

为达到远程控制的效果，受控者需要在远程感知的基础之上通过通信网络向控制者发送状态信息。控制者根据收到的状态信息进行分析判断并作出决策，再通过通信网络向受控者发送相应的动作指令。受控者根据收到的动作指令执行相应的动作，完成远程控制的处理流程。为保证控制效果，通信网络时延和可靠性就更加重要。

在工业生产中某些环境场合确实不适宜人工作业，比如高温、高空、环境指标差等场合。甚至有的工作人工无法完成，比如工厂内大件货物或港口集装箱的装卸，都需要远程控制机械来实现。要实现远程控制，不仅需要足够高清晰度视频提供视觉支持，还需要实时稳定的网络保证操控的灵敏度和可靠性。这些对现有工业网络和 4G 技术来说是一个挑战。考虑远程控制的需求，5G 网络的优势一方面在于高速率可以满足高清视频回传的要求，另一方面也可以在保证可靠性的前提下满足远程控制对于时延的要求。

6. 5G+机器视觉

机器视觉是人工智能的一个重要分支，在工业上的应用极为广泛，可以有效提高生产的柔性和自动化水平。适用于一些需要人工作业的危险工作环境或者人工难以满足要求的场合。

机器视觉的应用主要包含五大类，包括图像识别、图像检测、视觉定位、物体测量、物体分拣。

为了保证判别结果的准确性和应用的正常运作，整套系统的信号传输是一个关键的因素。通过 5G 网络，机器视觉系统实现以移代固，将视觉系统单元配置为无线传输来替代传统有线连接方式；图像采集自由分布于多个工位且共享图像处理单元，共同实现高速，低成本自动化检测生产线。同时通过"5G+MEC"搭建的"5G 虚拟专用网"将生产过程数据的传输范围控制在企业工厂内，满足生产数据安全性要求，确保了网络安全和生产安全。

基于 5G 虚拟专网和万物互联部署，机器视觉系统可以实现实时远程监测功能。依托 5G 高速率、大连接特性，不用进车间即可通过移动终端和便携终端监视制造企业生产过程执行管理系统（MES），获取视觉检测系统的运行状态，如正常运行时间、有效运行时间、故障原因等。

7. 5G+ 云化自动导引运输车

自动导引运输车（AGV），指装备有电磁或光学等自动导引装置，能够沿规定的导引路径行驶，具有安全保护以及各种移载功能的运输车。自动导引运输车不需驾驶员，以可充电的蓄电池为其动力来源，一般可通过电脑来控制行进路线以及行为。所谓云化自动导引运输车，是把自动导引运输车上位机运行的定位、导航、图像识别及环境感知等需要复杂计算能力需求的模块上移到 5G 的边缘服务器，以满足自动导引运输车日益增长的计算需求，而运动控制 / 紧急避障等实时性要求更高的模块仍然保留在自动导引运输车本体以满足安全性等要求。这相当于在云端为自动导引运输车增加了一个大脑，除自动导引运输车原有的复杂计算以外，各种各样的能力扩展成为可能。

实现云化自动导引运输车大规模密集部署、大范围无缝切换以及应用拓展，对 5G 网络提出相关需求：即满足通信调度及业务数据实时交互需求，以及集成其他视觉应用的通信需求。云化自动导引运输车系统包括室内及室外应用场景，室外覆盖范围约 2 km；满足工业高可用指标 99.9999%，通信时延小于 100 ms。双目视觉自动导引运输车，网络需求为上行带宽 144 Mbps（如果自动导引运输车端视觉预处理，上行带宽要求不高），时延 30—40 ms。未来自动导引运输车安装 6—10 个摄像头（视觉导航、视觉检查等多种功能），移动速度提升到 2—3 m/s，网络上行带宽需求小于 1 Gbps（随着低时延的视频压缩和解压技术成熟，可以在自动导引运输车端实现视频压缩预处理，节省上行带宽），时延约为 20 ms。

7.3.3 5G 与服务业

1. 5G+ 智慧城市

智慧城市的总体架构大致可概括为四个层面：感知终端层、通信网络层、平台服务层和城市应用层。通过技术手段对传统基础设施（例如水、电、气、道路、交通枢纽等）进行智能化及数字化的改造，获得可感知终端运营数据；通信网络基础设施，包含固网宽带、移动网络、物联网、专用网络等，作为信息数据传输的管道；数据平台基础设施，用于储存、交换和分析处理数据信息，通信网络与云计算、人工智能等基础技术相互结合，可构建或优化大量通用技术，通用技术与垂直行业场景的结合，可赋能智慧城市下不同领域的应用场景。

从全球和中国智慧城市的发展进程来看，通信网络的部署是各国建设智慧城市过程中的重点之一。要实现智慧城市的诸多应用场景，终端数据采集、通讯网络数据传输、数据存储计算缺一不可。其中通信网络作为连接数据采集端和处理端的通道，扮演着十分重要的角色。

以 5G 为基础所构建的泛在传感网络将成为智慧城市的基石，也是实现智慧城市万物智联，人、机、物深度融合发展的关键基础设施之一。5G 超高速率、超低时延、超大连接特性，将全面支撑智慧城市的创新发展。同时，5G 融合人工智能、大数据分析、云计算以及物联网等为代表的新一代信息技术，将全面深刻地改变城市生产、生活及治理等方方面面。

具体而言，"5G+ 智慧城市"可体现在以下方面。在智慧交通方面，提升交通安全与疏导效率；在编队行驶方面，提升交通效率，实现环保驾驶；在交通管控方面，完善交通体系，提高通行效率；在智慧安防方面，全时空高效监控，切实保障城市安全，借助 5G 安防巡检机器人，可明显节省人力成本，维护公共安全；在移动警务方面，提升智能警务装备信息化，促进执法信息联动；在智能环保监测方面，可实时监测水域水质与大气质量等，借助无人机等先进设备取证，切实保护环境并落实环保政策。

2. 5G+ 智慧医疗，践行公平、可及、普惠的医疗改革

智慧医疗就是利用物联网技术，进行信息化，实现患者与医务人员、医疗机构、医疗设备之间的互动。其中，远程诊疗基于低时延的高清影像传输

技术，使医生能够远程为患者诊断甚至治疗，能够极大程度上解决上述问题。

借助 5G 网络高速率的特性，能够实现 4K 甚至 8K 的医学影像数据的高速传输与共享，提升了诊断准确性，使远程高清会诊成为可能。高清低时延的数据传输和共享功能，延伸出如机械臂等相关的技术应用，和患者身处异地的专家，通过机械手臂，能够对患者完成远程诊疗的操作，免去患者跨省市的奔波，真正实现优质医疗资源的下沉。

2020 年年初暴发的新冠肺炎疫情对我国重大疫情防控机制、国家公共卫生应急管理体系带来了严峻考验。相较于 4G、5G 网络利用其高速率、低时延、广连接等特点，再结合大数据、人工智能、云计算等通用技术，能够有效应对疫情防治诊疗中的实时数据挑战，为抗疫各环节的筛查、诊疗提供新方法和新思路。

全国各地派出数以万计的医护工作者支援武汉，以缓解一线人员紧缺的情况，然而长时间近距离的接触和治疗患者的同时，也对医护工作者的身心健康带来较高的风险。利用 5G 技术和智能机器人的结合，可以在导诊、消毒、清洁和送药等工作中为医护工作者减轻工作压力，并降低安全隐患，同时也有助于将有限的医疗资源从繁重的日常消毒清洁工作中释放出来，投身于其他需要人工干预的复杂看护工作中去。

在帮助政府重大应急事件响应和处置方面，5G 及其与物联网、大数据技术相结合催生的泛在网络设施，能够将重大公共应急事件下的物理城市，通过数字孪生技术转化为细致和全面的大数据，包括动态数据和静态数据，政务数据和社会数据，历史数据和推演数据。以数据为驱动，为政府应急指挥中预测预警、智能研判、应急联动和辅助决策注入更多智慧。5G 与云计算、人工智能等其他新兴信息技术相结合在疫区等高风险场景中，通过人工智能设备等数字信息化技术手段替代传统依赖工作人员实地处置的工作，通过 "数字抗疫""数字抗灾" 等新兴方式降低工作人员风险，提高处置效率。

3．5G+ 超高清视频

超高清视频是继视频数字化、高清化之后的新一轮重大技术革新，将带动视频采集、制作、传输、呈现、应用等产业链各环节发生深刻变革。高清视频被认为是 5G 时代应用最早的核心场景之一，加快发展超高清视频产业，对满足人民日益增长的美好生活需要、驱动以视频为核心的行业智能化转型、促进我国信息产业和文化产业整体实力提升等具有重大意义。

随着技术发展，超高清视频已不局限于监视、录像、回放等传统功能，开始向字符识别、人脸识别、行为分析、物体识别等智能化方向发展，对视频流的清晰度以及流畅度提出更高的要求，而5G网络的承载力成为解决这些需求的有效手段。在工业环境下，高清视频的主要应用于智慧园区的安防、人员管理等场景，通过5G高速率的特性，将采集的监测视频/图像实时回传，实现视频、图片、语音、数据的双向实时传输，同时结合5GMEC统一监控平台，实现人员违规、厂区的环境风险监控的实时分析和报警，大大提高作业安全规范性。

2020年4月，5G超高清视频直播更是登上世界之巅，三大运营商均在海拔5000米、6500米的营地成功建设5G基站，实现5G信号成功覆盖。中国电信推出慢直播，和600万网友在"云"端见证珠峰的日升日落。

7.4 5G产业发展建议

5G产业正在蓬勃发展中，基于通信的发展历史和5G技术与市场特点，提出如下建议：

第一，加快5G网络建设，提高5G网络质量，不断扩大信号覆盖，提升信号稳定性，切实增强用户体验，保障5G网络低延迟、高并发、高速响应，充分发挥5G网络优势。在大力建设5G的同时，也要保障4G网络的稳定供应，实现市县和乡镇的连续覆盖以及农村热点区域的有效覆盖；不仅如此，运营商还应积极探索培育新型商业模式，推动试点示范成熟和推广，进一步丰富5G网络的应用场景，合理引导市场由4G向5G无缝过渡。

第二，加强产业引导。政府应从人才培育、技术创新、产业整合发展、知识产权保护等多方面为抓手，加快出台落实5G和周边产业规划，引导商业应用有序发展。如工信部门等对5G运营商等给出相应的指导意见，同时强化以华为、中兴等为核心厂商的5G新产业，与软件企业深度合作，密切硬件设备商与软件开发商之间业务往来，推动5G与云计算、大数据、人工智能等技术深度融合；加强复合型人才培养和引进，培育 5G 人才产业链，鼓励建立 5G 行业智库；实施严格的知识产权保护制度，促进产业创新能力提升；政府营造创新环境，促进产业融合发展。

第三，促进军民融合发展，力推先进技术军转民，实现关键核心部件国产替代。国内通信领域的微波组件主要依赖进口，核心技术和关键零部件被国外垄断，但是在军品方面，我国基本可以实现自主可控，我国主要的雷达、导引头、电子对抗等相关研制单位均有一定微波组件研制生产能力。军工央企的技术水平相较于民企有较大优势，但主要受制于成本原因，军民融合深度发展，军工央企的技术与民品的商业化模式相结合，有望突破我国在核心部件上出现的"应用强、技术弱、市场厚、利润薄"困境。建议在通信企业加大通信上游环节产业研发投入，对于芯片等技术资金双密集行业考虑建立行业联合基金进行研发投入，增加我国整体通信企业竞争力与安全性。

第四，推动 5G 与工业的融合发展，助力经济社会发展。实现现代化工业体系核心"三化"（自动化、数字化、智能化）有赖于大数据应用和 5G 智能网支持下的"物物相联"，5G 的发展为其提供重要技术支持。国家可从技术、人才、资金等层面对 5G 支持下的工业创新发展提供支持，引导企业进行 5G 智能化改造，营造 5G 与工业融合发展的生态环境，推动实质性试点工作。

第五，加强国际间交流合作，推动 5G 走出国门。在国内研发、建设、推广 5G 的同时，还应积极参与国际组织的相关活动，加强与其他国家间的沟通交流。培养国内企业的国际合作意识，推动与其他国家在技术标准规范、频谱资源管理、应用创新发展等方面的合作，构建合作共赢的 5G 全球产业生态。把握"一带一路"沿线国家发展机遇，推动我国 5G 技术、产品、应用与服务走出国门。

第六，提升 5G 网络安全水平，确保国民经济平稳安全运行。5G 不仅仅是速率变得更高，时延变得更低，它将渗透到万物互联的各个领域，与工业控制、智慧交通、无线医疗等方方面面紧密结合在一起，网络一旦被攻击后果不堪设想。2019 年委内瑞拉发生因供电系统被病毒攻击导致的全国大停电，2018 年全球最大晶圆代工厂台积电的晶圆厂和营运总部网络遭病毒攻击，导致生产线全数停摆等一系列震惊世界的网络安全事件给 5G 时代敲响了安全警钟，需要出台 5G 安全国家战略以应对日益严峻的安全形势。

第七，鼓励和引导 5G 融入各行各业创新发展，加快 5G 在消费领域、工业物联网领域等实体经的运用，赋能实体经济质量变革、效率变革、动力变革。将 5G 纳入相关行业发展规划；打造一批 5G 联合应用项目，推动 5G 在重点行业领域的融合应用创新；推动设立 5G 产业园区、创新中心、孵化平台，为中小微企业打造 5G 创新创业环境，鼓励开展 5G 应用创新，加快推动前沿应用的孵化落地，分散前期研发投资成本，推进 5G 技术更快应用和生产力转化。

┃参考文献

［1］李平安：《移动通信的发展及关键技术介绍》，《长江大学学报（自科版）》2017年第 9 期。

［2］中国信通院：《中国国内手机市场运行分析报告》，中国信通院，http：//www.caict.ac.cn/kxyj/qwfb/qwsj/202012/P020201210482218978100.pdf。

［3］Counterpoint. Global smartphone market share by quarter［R］.*Seoul：Counterpoint*，2020.

［4］Tom's guide starff. When is 5G coming to you? The definitive guide to the 5G network rollout［R］. *New York：Tom's guide*，2020.

［5］中信证券：《2020 全球 5G 和新基建产业展望》，199it 网，http：//www.199it.com/archives/1120991.html。

［6］郭建军、林丽君、王克强等：《5G+智慧农业初探》，《科技资讯》2019 年第 17 期。

［7］Doreen Bogdan-Martin. Handbook for the Collection of Administrative Data on Telecommunications/ICT 2020 cover page［R］. *Geneva：International Telecommunication Union*，2020.

［8］Tim Fisher. When is 5G Coming to the US?（Updated for Nov 20，2020）［R］. *New York：lifewire*，2020.

［9］IPlytics GmbH. Who is leading the 5G patent race?［R］. *Germany：IPlytics*，2020.

［10］中国电子元件行业协会：《中国光电子器件产业技术发展路线图（2018—2022）》，中国工业和信息化部电子信息司，https://www.miit.gov.cn/n1146290/n1146402/n1146440/c6001146/part/6005856.pdf。

［11］CTTIC 交通通信信息网：《一文看懂 5G 产业链》，搜狐网，https://www.sohu.com/a/383050416_99921063。

［12］Ovum. 5G：key market developments 2q20［OL］. https://www.omdia.com/resources/product-content/5g-key-market-developments-2q20-glb007-000409.

（本章主持及执笔：张家才）

第 8 章 机器人

本章提要:

机器人是应用于各种不同领域的多关节机械手或多自由度的机器装置,能够帮助实现自动控制,是提升生产效率、实现产业升级的高端装备。随着科技的发展和进步,机器人的应用领域不断拓展,呈现多样化、拟人化和智能化等特点。工业机器人是智能装备的重要组成,也是推动制造业向智能制造方向转型的重要基础。作为全球工业机器人最大的需求市场,中国机器人销售量居世界第一位。这是一个中国制造向中国智造转型的时代,中国机器人产业不断快速发展,是推进产业升级、促进经济高质量发展的有力引擎。但是,与欧洲、美国和日本等发达国家的机器人企业相比,中国国产的机器人在全球机器人市场的竞争力较弱,还有较大的技术进步空间。

本章首先阐述机器人的发展,将机器人从工业机器人和服务机器人角度进行分类讨论,并分析中国机器人行业发展的特点。然后,介绍机器人的产业链组成与中国机器人企业在全球产业链中的定位,发现中国机器人企业缺乏产业链上游的核心零部件等领域的生产技术,主要集中在机器人产业链中下游,国际竞争力较弱。最后,基于中国机器人行业发展的优势和劣势对中国应对全球产业链重构提出相应的建议。

8.1 机器人行业发展概况

8.1.1 机器人的发展与分类

1. 机器人的产生与发展

国际标准化组织（ISO）定义：机器人是一种自动化装置，是可以通过编程实现自动控制并执行相应任务的机器。1959 年，乔治·德沃尔（George Devol）与约瑟夫·恩格尔伯格（Joseph Engelberger）共同创造出全球第一台工业机器人，并联手成立全球第一家工业机器人制造工厂 Unimation。[1]1961年，Unimation 公司生产的工业机器人在通用汽车公司安装运行，让机器人承担对人类有危险的或重复性的工作，如高温环境下的工作或标准化生产汽车的硬件等。此后，工业机器人的功能不断扩展，技术不断进步，应用领域不断增多。1984 年，约瑟夫·恩格尔伯格又创建 TRC 公司，转而研发服务机器人。1988 年，他推出第一个服务业机器人"护士助手"，应用于医院使用。随后又发明为病人送饭、送药、送邮件，并记录病人情况的机器人，为机器人装上各种传感器，直接为人类服务。机器人逐渐步入产业化发展，生产规模不断扩大，应用领域不断拓宽。"机器换人"能够通过增强人力资本积累、提升全要素生产率和促进技术创新激励渠道，进而推动产业价值链升级。[2]近年来，全球机器人市场竞争不断激烈化。机器人的发展，成为权衡一个国家创新能力和产业竞争力的重要标志，是推进科技进步实现智能制造的重要途径，是全球新一轮科技革命的重要切入点。

根据机器人的应用环境，国际机器人联合会（IFR）将机器人分为两类：工业机器人和服务机器人。中国电子学会将机器人划分成三类：工业机器人、服务机器人和特种机器人。特种机器人包括应用于农业、军事、极限作业、安防与救援等专业领域的机器人。本章主要分析工业机器人和服务机器

---

[1] 乔治·德沃尔（George Devol）于 1954 年申请了第一个工业机器人 Unimate 的专利，Unimate 的特点是一个机械臂，能够运输压铸件并将其焊接到位。它是今天广泛运用的机器人的雏形。

[2] 刘胜、陈秀英：《"机器换人"能否成为全球价值链攀升新动力？》，《经济体制改革》2019年第 5 期。

人的发展情况。

2. 工业机器人的分类与应用

工业机器人是应用于工业领域的多关节机械手或多自由度的机器装置，能够帮助实现自动控制，是发展高端制造业、实现产业升级的高端装备。并且，工业机器人的使用会通过提升全要素生产率促进各国经济的增长。[①] 当前全球机器人市场主要以工业机器人为主，其市场份额一直高于服务机器人。目前，世界工业发达国家逐渐建立起完善的工业机器人产业系统，具有很强的国际竞争力。

（1）工业机器人发展

21 世纪以来，随着多传感器信息融合技术和运算处理技术的进步，工业机器人发展速度加快。图 8.1 显示，世界工业机器人保有量由 2009 年的近 100 万台增加到 2019 年的 272 万台，增长速度不断加快。世界工业机器人安装量，已由 2009 年的近 6 万台上升为 2018 年的 42.2 万台，增长近 7 倍。2019 年，由于世界贸易环境复杂和中国和欧洲的汽车业和一般工业的销售额低迷等原因，世界工业机器人安装量较 2018 年有所下降。

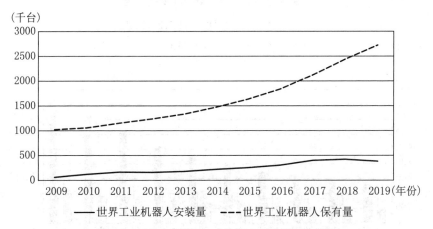

图 8.1　近十年来世界工业机器人安装量和保有量

资料来源：国际机器人联合会《世界机器人报告 2020》。

[①]　杨光、侯玉：《工业机器人的使用、技术升级与经济增长》，《中国工业经济》2020 年第 10 期。

从图 8.2 和 8.3 可发现，2010—2019 年，亚洲和澳大利亚的机器人保有量和安装量远高于欧洲和美国。特别是亚洲，是工业机器人的最大市场。工业机器人的使用是发展工业化和促进经济增长的关键。[①] 根据国际机器人联合会数据显示，2019 年中国、日本和韩国三个国家的工业机器人安装数量约占世界的 58%。日本是名副其实的"机器人王国"，在工业机器人的产值、出口额和使用等方面都居世界前列。20 世纪 80 年代末，韩国着手大力发展工业机器人技术，成为工业机器人新秀，在政府助力下，逐渐成为世界工业机器人强国之一。中国工业机器人市场增长强劲，在机器人技术研发及产业

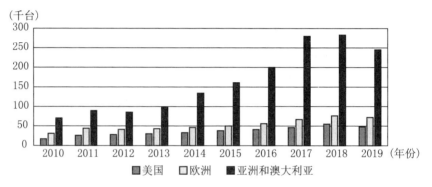

（千台）

图 8.2　世界三大地区的工业机器人安装量

资料来源：国际机器人协会《世界机器人报告 2020》。

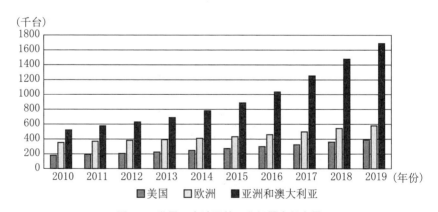

（千台）

图 8.3　世界三大地区的工业机器人保有量

资料来源：国际机器人协会《世界机器人报告 2020》。

---

① Zeira J. Machines as Engines of Growth, SSRN Electronic Journal, 2006.

市场化方面取得一定进展，但在机器人技术与信息网络技术联系方面仍旧相对滞后，与发达国家的差距仍然较大。亚洲作为全球最大潜在需求市场唯有加快追赶步伐，抢占机器人行业技术及市场制高点。

（2）工业机器人分类

工业机器人的使用是发展高端制造业的有效途径，也是促进产业升级、提高生产效率的重要方法。按照用途和结构等可以将工业机器人作如表 8.1 的划分。

表 8.1　工业机器人分类

		焊接机器人
工业机器人	按照用途划分	搬运机器人
		装配机器人
		加工处理机器人
		喷涂机器人
	按照结构划分	直角坐标机器人
		圆柱坐标机器人
		SCARA 机器人 ①
		关节型机器人
	按照负载划分	小型负载机器人
		中型负载机器人
		大型负载机器人

资料来源：沈平《机器人产业与传统制造业互动发展研究》，人民邮电出版社 2018 年版，第 72 页。

工业机器人包含驱动系统、控制系统和主体三个基本组成部分。驱动系统主要指动力装置和传动装置，驱动执行机构完成相应的动作；控制系统则依照输入的程序控制驱动系统和执行机构。主体即为机器人的执行机构，包括臂部、腕部和手部，有的机器人还有移动功能。大部分工业机器人普遍有 3 到 6 个运动自由度，而腕部一般有 1 到 3 个运动自由度。

---

① SCARA 是 Selective Compliance Assembly Robot Arm 的缩写，是一种应用于装配作业的机器人手臂。它有 3 个旋转关节，最适用于平面定位。

　　按照用途划分，工业机器人可用于焊接、搬运、装配、加工处理和喷涂等工作领域。工业机器人可以在生产过程中替代人类从事危险环境、简单重复和长时间的工作，消除对人体健康的伤害、降低劳动强度，是企业在生产决策中的重要选择。

　　按照结构（或者说按照臂部的运动形式）划分，有直角坐标、圆柱坐标、SCARA 和关节型机器人。直角坐标型机器人的臂部能够沿三个直角坐标运动；圆柱坐标型机器人的臂部可以做上升下降、回转或伸缩等动作；SCARA 机器人则有三个可转动的关节，适用于平面定位、垂直方向进行装配的作业；关节型机器人的臂部有多个转动关节，有更高的自由度，几乎任何轨迹或角度的作业都能够完成。

　　按照负载划分，有小型、中型和大型负载的机器人。机器人负载是指机器人在工作时能够承受的最大载重，小型负载机器人的负载小于 2 千克，中型负载机器人的负载为 20—100 千克，大型负载机器人的负载则大于 100 千克。不同类型的工业机器人应用于不同的工作，助力完成不同领域的任务。

　　（3）工业机器人应用

　　工业机器人广泛应用于汽车行业、电子电气行业、金属和机械加工行业、塑料及化工业、食品业和家具制造业等领域中。2019 年，92.3 万台工业机器人分布在汽车制造领域，约占全球工业机器人保有量总量的 34%。电子电气行业这几年的工业机器人应用量增长也很快，2019 年达 67.2 万台，约占全球工业机器人保有量总量的 25%。金属和机械加工业、塑料及化工业、食品业的机器人保有量也较高，分别排名第 3、4、5 位。Acemoglu 分析美国的就业市场和工业机器人使用数据发现，每千个工人每增加一台工业机器人的使用，会使得总就业率下降 0.2%。[1]

　　从世界各行业工业机器人安装量来看，2017 年，汽车行业和电子电气行业的安装量比较接近，分别为 12.3 万台和 12.2 万台，但在 2017—2019，汽车行业的机器人安装量呈先升后降的特点，而电子电气行业的逐年下降。另外，与 2018 年相比，在 2019 年五大主要行业的工业机器人安装量除塑料及

---

[1]　Acemoglu D., Restrepo P., Robots and Jobs: Evidence from US Labor Markets, Journal of Political Economy, 2019, 128（6）.

化工业保持不变外，其他行业均略有下降。

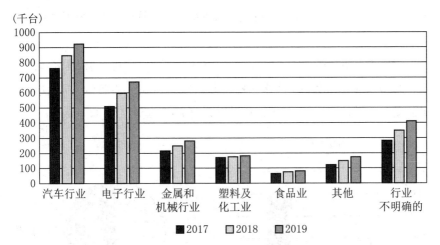

（千台）

图 8.4　世界各行业工业机器人保有量

资料来源：国际机器人协会《世界机器人报告 2020》。

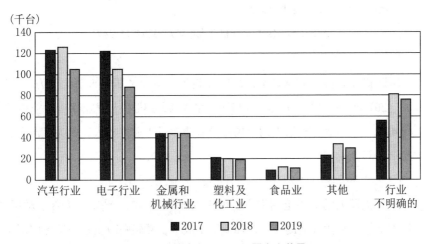

（千台）

图 8.5　世界各行业工业机器人安装量

资料来源：国际机器人协会《世界机器人报告 2020》。

3．服务机器人的分类与应用

根据国际机器人协会的定义，服务机器人是一种半自主或全自主运作的机器人，它的应用领域广泛，能完成有益于人类健康的服务工作。服务机器人分为个人家庭机器人（Personal/Domestic Robot）和专业机器人（Professional Service Robot）。服务机器人广泛应用于娱乐休闲、医疗、农业、检修、物流、救援、公共安全和国防等领域中。发达国家十分重视服务机器人的发展，美国、日本、韩国和欧盟纷纷制定服务机器人发展规划。

（1）服务机器人发展

近年来，服务机器人占机器人的比例不断提高。国际机器人协会数据显示，2019年全球服务机器人市场规模为135.0亿美元，占整体机器人市场规模的45.9%；全球工业机器人市场规模为159.0亿美元，占54.1%。

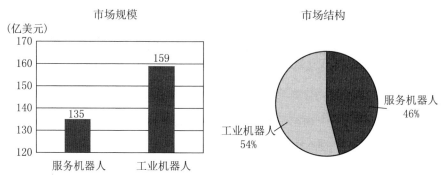

图 8.6　2019 年全球机器人市场规模和市场结构

资料来源：国际机器人协会。

国际机器人协会数据显示，2019年世界专业服务机器人营业额为85亿美元，2019年为112亿美元。2019年，医疗服务机器人营业额占专业机器人的47%。未来服务机器人的市场规模有望超过工业机器人，成为机器人的主要组成部分。

（2）服务机器人分类

服务机器人的应用范围很广，可完成维修、运输、清洁、安保、救援、陪伴等工作，替代或辅助人工，降低用工成本，减轻财政负担。按照应用领域可以将服务机器人分为个人家庭机器人与专业服务机器人。

个人家庭机器人可从事家政服务、娱乐教育、残障辅助和安全保障等领域的工作，便利个人和家庭的生活。专业服务机器人可应用于医疗、物流、消防和专业场地等场景，提高技术、提升效率、保障安全。同时，服务机器人有巨大的市场需求。例如，随着人口老龄化问题越来越严重，家用和医疗等服务机器人能满足老龄人对看护、医疗的需要，因而服务机器人能够被大量的应用。随着技术的进步，服务机器人的智能度、灵活度、拟人度不断提升，未来将渗透于我们生活的方方面面。

表 8.2　服务机器人分类

服务机器人	个人家用机器人	家庭作业机器人
		娱乐休闲机器人
		教育机器人
		残障辅助机器人
		住宅安全和监视机器人
	专业服务机器人	场地机器人
		专业清洁机器人
		医用机器人
		物流用途机器人
		检查和维护保养机器人
		建筑机器人
		水下机器人
		消防机器人
		国防、营救和安全应用机器人

资料来源：沈平《机器人产业与传统制造业互动发展研究》，人民邮电出版社 2018 年版，第 75 页。

（3）服务机器人应用

21 世纪以来，随着计算机技术、光机电一体化技术、互联网技术、传感器技术及人工智能等的迅猛发展，机器人从传统的工业制造领域迅速向医疗服务、家庭服务、教育娱乐、勘探勘测、生物工程、救灾救援、反恐防暴、智能交通、智能工厂等领域扩展。

2019 年，世界医疗服务机器人的营业额占专业机器人的 47%，其中医疗康复机器人的发展尤为突出。如美国的手术机器人"达芬奇"，视野可以放大 20 倍，打破人眼的局限；有 7 个维度操作，突破人手的局限；还可避免人手可能出现的抖动现象；具有创口小、恢复快，康复率高等优点。新冠肺炎疫情暴发以来，医疗机器人、巡逻机器人等智能机器人应用于疫情防控的前线，担任护理、清洁、消毒和派送等工作，减小了医护人员交叉感染的风险，提升了隔离防控的能力。服务机器人的应用领域越来越广，将迎来其发展的黄金时代。

8.1.2 中国机器人行业发展特点

1. 中国是全球最大的工业机器人市场

国际机器人协会主席米尔顿（Milton Guerry）指出："中国每年安装的机器人数量最多，拥有最多的可操作机器人；是世界上最大的机器人市场。这种发展速度在机器人史上是史无前例的。"中国机器人的研究和发展始于20世纪70年代，在市场需求的拉动及相关政策的助力下，我国机器人产业快速发展。2016年工业和信息化部等三部委联合印发的《机器人产业发展规划（2016—2020年）》显示，自2013年起我国工业机器人的应用市场居世界榜首；2014年，我国工业机器人销量达5.7万台，同比增长56%，占世界总销量约25%。2014年我国自主研发的国产品牌工业机器人销量增长量为1.7万台，比上年增长78%。2018年，我国工业机器人销量占全球总销量份额为38%，超过美国与欧洲的总和。从世界工业机器人安装量来看，2019年中国工业机器人安装量为14.05万台，排名世界第一；远超排名第二日本的4.99万台。中国服务机器人市场需求潜力同样巨大，国产服务机器人不断蓄力，在教育、家庭娱乐、医疗康复、科学考察等领域已经研制出一系列产品并应

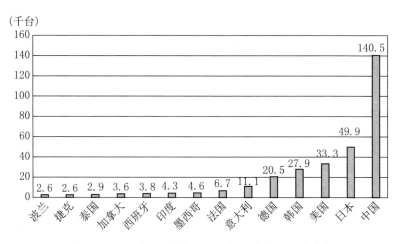

图 8.7　2019 年世界工业机器人安装量最大的 14 个市场

资料来源：国际机器人协会《世界机器人报告 2020》。

用于相应行业发展。

随着中国人口红利逐渐消失、人口老龄化逐渐加快、用工成本不断提升，"机器换人"的意愿不断提升，对机器人的需求逐渐增强。此外，我国工业企业多以粗放型发展模式为主，随着产业转型升级的驱动，工业企业朝着集约化、智能化的方向转变，自动化程度不断增强，对以工业机器人的需求也会进一步增加。

2．中国机器人密度存在巨大上升空间

自 2013 年以来，中国机器人安装量显著增长，是全球机器人密度增长速度最快的国家。国际机器人协会数据显示，2013 年中国机器人密度为每万名就业人数 25 台，到 2017 年增长为每万名就业人数 68 台，是世界最具活力的机器人市场。

由国际机器人协会统计数据显示，2019 年中国制造业机器人密度已达到每万名就业人数 187 台，排名世界第 15 位。同时，欧洲制造业机器人的平均密度是 114 台 / 万人，亚洲平均是 118 台 / 万人，世界平均密度是 113 台 / 万人。总体而言，中国的制造业自动化程度已超过世界平均水平。由图 8.8 可知，中国与韩国、新加坡等国的制造业机器人密度相比还有较大的

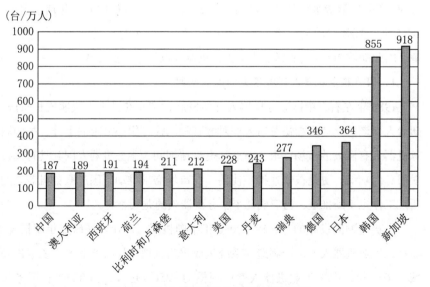

图 8.8　2019 年制造业的机器人使用密度

资料来源：国际机器人协会。

上升空间。

据此，我国政府颁布相关的扶持政策，在《机器人产业发展规划（2016—2020年）》中规划到2020年实现工业机器人密度达到每万人150台以上，在2020年以前国产的工业机器人年度销售数量达到10万台，其中六轴及上年度产量达到5万台。在未来，中国机器人密度将继续上升。

3．国产机器人有望受益于3C产业的爆发式增长

3C产业是指结合电脑（Computer）、通信（Communication）和消费性电子（Consumer Electronic）三大科技产品整合应用的资讯家电产业。随着电池、芯片和显示器等自动化生产的进步，3C产业中的电子产品的需求日益增长。特别是智能手机、平板电脑等近几年一直处于高速发展状态，这些新兴设备为3C行业的机器人发展提供了巨大的发展空间。由于传统的人工制造已经无法满足当下日益增加的对产品的精细化、轻薄化等的需求，金属加工，非标设备，玻璃打磨、抛光，自动化产品组装线，自动化搬运线等自动化设备的需求迫在眉睫，"机器换人"是3C产业的发展趋势。

经过十几年的高速增长，中国3C产业现已具备巨大的市场存量。现代人对于电气产品（手机、手提电脑、平板电脑等）的依赖性越来越强，人民对3C产品的消费水平又越来越高，加之3C产品更新换代的周期越来越短，3C产业市场体量将有巨大的扩张。又因为3C行业的发展离不开自动化设备，因此随着3C产业的爆发式增长，机器人也将进一步发展。

4．国产服务机器人还有很大的发展空间

1986年左右，中国服务机器人开始发展，到现在已进入快速成长阶段。随着人口老龄化速度加快及对人们对教育和医疗等服务需求的上升，中国服务机器人有巨大的市场需求。新冠肺炎疫情期间，服务机器人因其具有无接触服务的功能，更是被快速推广使用。在市场需求推动下国产服务机器人的研发工作也不断推进，已形成几个服务机器人的龙头企业。

由赛迪顾问发布的《2019—2020年中国机器人产业发展研究年度报告》显示，工业机器人的生产制造与系统集成仍为各地机器人产业的主要推进领域。2019年，中国工业机器人产业规模为1256.3亿元，占85.0%；服务机器人产业规模为220.9亿元，占15.0%。中国服务机器人仍处于产业发展初

期阶段。从市场规模的角度看，2019 年中国工业机器人市场规模为 382.2 亿元，占整体机器人市场规模的 64.9%；中国服务机器人市场规模为 206.5 亿元，占比为 35.1%。与此同时，国际机器人协会数据显示，2019 年全球工业机器人的市场规模占整体机器人市场规模的 54.1%，全球服务机器人市场规模占比为 45.9%。与全球占比相比，中国服务机器人还有很大的发展空间。

8.2　机器人产业链介绍与中国的定位

8.2.1　机器人产业链介绍

产业链将企业视为由许多相互分离活动的组成。这些活动按类型划分为基本活动和辅助活动，其持续创造价值的动态过程称为产业链。产业链可以分为上游价值、渠道价值和顾客价值，以此构成完整的价值系统。企业通过对产业链中各个环节协调进行价值管理，构建核心优势。由于产业链的差异形成不同的竞争优势，因此，企业与企业之间的竞争不再是某个环节的竞争，而是逐渐演变为产业链的竞争。

1985 年，迈克尔·波特（Michael E.Porter）提出价值链（Value Chain）概念。波特所指的产业链主要针对垂直一体化公司，强调单个企业的竞争优势。1998 年，波特将研究视角拓展到不同的公司之间，进一步提出价值体系（value system）的概念。根据宏碁集团创始人施振荣先生于 1992 年提出的"微笑曲线"（Smiling Curve）理论，产业链两端的附加值更高；要增加企业的附加值，产业链必须往两端转移。2001 年，格里芬在分析全球范围的国际分工与产业关联问题时，提出了全球价值链概念（Global Value Chain）。当将价值链上升为产业布局的层面看时可以分析产业链，产业链由特定产品涉及的上下游企业群构成。

机器人行业的产业链也符合"微笑曲线"的特征，如图 8.9 所示。

机器人的核心零部件处于机器人行业产业链的上游，相当于机器人的"大脑"；中游是机器人本体，是机器人的执行机构，相当于机器人的"身体"；下游是系统集成商。在机器人产业链上游的利润率最高，附加值也最高；在机器人产业链中游的附加值最低；下游的附加值较高，但低于上游的

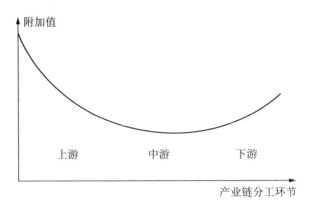

图 8.9　机器人产业链各环节附加值

附加值。下面本章分别介绍工业机器人和服务机器人的产业链构成。

1. 工业机器人产业链

工业机器人的产业链主要包括核心零部件、本体制造和系统集成三大环节，如图 8.10 所示。工业机器人产业链的上游主要包括控制器（控制系统）、伺服电机（驱动系统）和减速器（机械系统），这三类关键零部件的成本约占机器人总成本的 70%，是机器人技术难度最高的零部件，也是工业机器人最关键的组成部分。工业机器人技术基本集中在日本和欧洲，日本的减速器遥遥领先，且已形成很高的技术壁垒；德国的工业机器人原件、核心零部件具有很大的竞争优势。

工业机器人产业链的中游是机器人本体的生产，主要从上游采购各种基础原材料和核心零部件，集成机器人本体。本体的生产技术指标主要包括响应速度、负载、工作范围、重复性精度、功耗等，不同领域的工业机器人对各指标需求有不同的重要性排序。本体的生产可结合上游零部件和下游系统集成，在整个产业链中占据重要位置。

工业机器人产业链的下游是工业机器人系统集成。系统集成商根据不同的应用场景有针对性地进行系统集成和软件二次开发，为终端应用客户提供自动化生产线解决方案，使工业机器人可以运用于实际生产，存在较高行业壁垒。工业机器人的应用场景遍及工业各个细分领域，主要有汽车行业、电子电气业、塑料及化工业、食品业等。

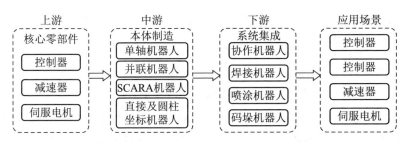

图 8.10　工业机器人产业链

资料来源：赛迪顾问。

全球范围，瑞士的 ABB、德国的库卡（KUKA）、日本的发那科（FANUC）和安川电机（Yaskawa）组成工业机器人的前四大家族，它们占据全球工业机器人约一半以上的市场份额。除此之外，国际领先企业还包括日本的那智不二越（NACHI FU JIKOSHI）、川崎（Kawasaki）、松下（Panasonic）、爱普生（DENSOEPSON），瑞士的史陶比尔（Stäubli），意大利的柯马（COMAU）等。近年来，中国、韩国也在不断发力，新松、现代重工等企业影响力不断增强。

2. 服务机器人产业链

服务机器人的产业链主要包括核心零部件、软件与操作系统、整机制造与服务应用等环节，如图 8.11 所示。服务机器人产业链的上游主要包括智能芯片、传感器以及电池模组、储存器等其他部件，是决定服务机器人的生产成本、服务性能和产品质量的主要因素。服务机器人需要在不同环境和非结构化的复杂环境下迅速作出准确反应，自主控制并完成相应的任务，对机器人的环境感知能力和、人机交互能力有更高的要求。① 满足这些要求的核心零部件的供应商是典型的技术驱动型企业，并且需要高人才和高投资。

服务机器人产业链中游的软件与操作系统是保障服务机器人运行操作的关键，当前服务机器人操作系统主要以 Robot Operating System（ROS）、Windows 和安卓为主。服务机器人的一些工作需要机器人与环境进行物理交互，包括开门、路径规划、拾取或分拣物品、操作设备等。目前，自主操作系统在高度受控的环境中发挥较好，但在开放、动态变化的不确定环境中

---

① 谭民、王硕：《机器人技术研究进展》，《自动化学报》2013 年第 7 期。

的表现却还存在一定的不足。操作性能良好是服务机器人的关键，需要机器人获取足够的、与任务相关环境模型的能力，这是未来服务机器人研究的重要课题。

整机制造处于服务机器人产业链的下游环节，组合成整机为家庭、医疗、商业等领域提供作业及服务。服务机器人不断朝拟人化、多元化、智能化发展，自主性不断提升，由市场率先落地的清洁机器人、送餐机器人向陪护机器人、教育机器人、康复机器人和消防机器人等应用领域延伸。

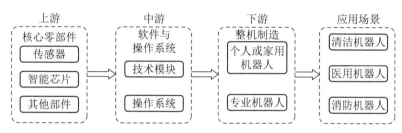

图 8.11　服务机器人产业链

资料来源：赛迪顾问。

与工业机器人属于成熟产业，出现垄断巨头不同；服务机器人发展迅速，市场正在发育，属于新兴产业，是各国争相发展的重要领域。服务机器人制造商主要集中在欧洲和北美，亚洲排名第三。美国的 iRobot 和法国的 Aldebaran Robotics 等是服务机器人企业中的佼佼者，中国、日本等亚洲国家也相继在服务机器人领域发力，潜力巨大。

8.2.2　中国机器人行业在全球产业链的定位

1. 中国工业机器人在全球产业链的定位

中国的工业机器人发展始于 20 世纪 80 年代"七五"计划，在国家的支持和助力下，经过几十年的科技攻关，我国已基本掌握工业机器人的设计技术、制造技术、规划技术，自主生产出工业机器人的核心零部件，研发并制造出焊接、喷漆、装配、码垛、搬运等机器人；在工业相应领域的生产中已有诸多应用。但总体而言，中国的工业机器人技术及应用的水平和国外比还存在较大的差距，在全球产业链的定位表现如下。

中国工业机器人企业上游价值链发展薄弱。工业机器人上游核心零部件主要是减速机、伺服电机、控制器等，这三大关键零部件占工业机器人生产总成本的比重超过 70%。在过去，我国这些零部件使用基本依靠国外技术，现在也逐渐有了自主品牌。但国内控制器、伺服电机等关键零部件发展相对滞后，技术水平较低，产品稳定性和可靠性较差，与国外产品相比存在较大差距。国产的工业机器人控制器、伺服电机等零部件还需要依赖进口。国产谐波减速器已实现技术突破，可实现进口替代；但 RV 减速器由于传动精度、扭转刚度等性能问题，仍然依赖进口，导致企业生产成本较高，竞争力较弱。

中国工业机器人企业中游价值链发展不足。2017 年，发那科、安川电机、库卡、ABB 占据全球工业机器人本体的市场份额超 50%，中国市场机器人本体市场也被这四家公司为代表的外资企业占据。国产工业机器人本体的品牌在技术方面处于弱势，但国产本体价格较为便宜。众多中小厂商在自动化改造过程中更加注重性价比的高低，因此国产本体仍有一定的市场。2018 年上半年国产机器人本体销量的市场份额为 29.5%。

中国工业机器人企业大部分集中在价值链的下游。根据 MIR DATABANK 产业链数据平台统计的 3995 家集成商样本数据显示，中国本土集成商占 95% 以上。其中，1644 家覆盖汽车行业，占 41.2%；550 家覆盖食品饮料行业，占 13.8%；514 家覆盖家电行业，占 12.9%。中国工业机器人企业主要集中在价值链下游的系统集成商、二次开发、定制性部件和售后服务，在关键零部件方面落后于国外企业；中国工业机器人企业仍主要分布在附加值不高的价值链下游的位置[1]。

各产业链环节国内外主要企业和中国带突破的技术如表 8.3 和表 8.4 所示。

中国机器人企业不断增多，遍布机器人的各个产业链，主要集中在系统集成环节。其中，有企业具有机器人的全产业链业务，如埃夫特。埃夫特作为中国智能制造百强企业，通过引进和吸收全球工业自动化领域的先进技术和经验，业务内容包括核心零部件、整机制造和系统集成领域，形成机器人生产的全产业链协同发展态势。绿的谐波和南通振康分别是中国谐波减速器和 RV 减速器竞争力排名靠前的企业，市场接受度逐渐提升。汇川技术、新

---

[1]　董桂才：《中国工业机器人在全球价值链的地位及变化趋势》，《中国科技论坛》2016 年第 3 期。

表8.3　全球工业机器人产业链主要企业

产业链	细分领域	国外公司	中国公司
核心零部件	控制系统	发那科、库卡、ABB、安川、爱普生、科控、贝加莱	固高科技、埃斯顿、埃夫特
	减速器	哈默纳科、纳博特斯克、住友	绿的谐波、南通振康
	伺服系统	安川、松下、山洋	埃斯顿、新时达、汇川技术
整机制造		发那科、安川、ABB、库卡、现代	埃夫特、新松机器人、广州数控、埃斯顿
系统集成		ABB、库卡、爱孚迪、柯马	埃夫特、新时达、广州明珞、华昌达、哈工智能、广州瑞松

资料来源：国信证券经济研究所整理。

表8.4　国产品牌待突破的核心技术

产业链环节	国产品牌待突破的核心技术
核心零部件	控制器：国产厂商已经解决有无问题，但在稳定性、响应速度、易用性方面与国际主流产品存在差距
	减速器：谐波减速器已实现技术突破，可实现进口替代，但 RV 减速器由于传动精度、扭转刚度等性能问题，仍然依赖进口
	伺服系统：机器人需要高速、高精度、高可靠的伺服电机和伺服驱动（统称为伺服系统），国产产品只能满足部分低端机器人需求
整机制造	关节机器人的整机优化设计；新一代智能机器人控制技术；核心零部件制造技术；关节机器人的离线编程和仿真技术；基于外部传感技术的运动控制；远程故障诊断和修复；人机协同作业技术
系统集成	面向汽车行业高端系统集成技术，如动力总成、车身制造、总装设备、柔性冲压、高效精冲、高端涂装线等技术

资料来源：国信证券经济研究所整理。

时达、华中数控等公司在伺服电机方面也逐渐崛起。埃夫特、新松机器人、广州数控、埃斯顿等企业则在整机制造领域实现突破性发展。但总体而言，中国机器人企业起步晚，缺乏关键的核心技术，国际竞争实力较弱。如表8.4所示，中国工业机器人还有较多待突破的技术。中国要追赶机器人产业发达国家，必须在技术研发、生产技能、系统集成、售后服务等各个环节进行合理、均衡、有前瞻性的布局。

2.中国服务机器人在全球产业链的定位

在"国家高技术研究发展计划"（简称 863 计划）的助力下，我国在服务机器人的产品和技术研发等方面已完成大量工作，并取得一定的成绩。如：中国科学院自动化研究所研制的智能轮椅，哈尔滨工业大学研制的迎宾机器人、清扫机器人等。高工产业研究院机器人研究所推出的《GGR：全球服务机器人企业 TOP30 企业名单》显示，全球服务机器人企业 TOP30 企业中有 10 家中国企业入榜。[①] 科沃斯和纳恩博分别排名第 4 和第 9。美国《机器人商业评论》（下称 RBR）在全球挑选最具影响力、最值得关注、发展最全面的 50 家机器人企业。2019 年，有两家来自中国的服务机器人企业上榜 RBR 50，分别是极智嘉（Geek+）和大疆创新（DJI）。这是极智嘉（也是其所属的中国 AI 物流机器人企业）首次入围 RBR 50 榜单。大疆创新作为全球领先的无人飞行器控制系统及无人机解决方案的研发和生产商，这是它连续第四年登上 RBR 50 榜单。

在服务机器人产业链的上游，国内企业在人工智能芯片和激光雷达传感器等新兴技术领域已取得阶段性成果。但国外企业在核心零部件等领域占据先发优势，国内服务机器人的核心零部件也是以进口为主。总体而言，美国公司引领服务机器人发展，国内服务机器产品崭露头角。

在服务机器人产业链的中游，国内自主研发的操作系统也在持续拓展、不断完善。但是现在操作系统以谷歌的安卓和微软的 Windows 为主，国产的操作系统，如：华为的麒麟芯片和操作系统、阿里巴巴的阿里云 OS 操作系统、武汉深之度的 linux（deepin）操作系统都取得新的突破和进步，但是应用领域和范围与安卓和 Windows 相比还有很大的距离。

在服务机器人产业链的下游为服务机器人的整机制造，可分为个人家用和专业服务机器人。个人家用机器人通过智能化服务提升用户体验，专业服务机器人则可以为行业降低成本、提升效率。iRobot 的军用机器人和家用清洁机器人在全球都具有较高的知名度，市场广阔。但是中国的国产品牌，如科沃斯家用清洁机器人等在近几年发展迅猛，逐渐占领更大的消费市场。

由赛迪顾问整理的数据可知，2019 年，中国服务机器人市场以家用机

---

① TOP30 企业名单中的另外 20 家分别来自：美国 8 家、日本 6 家、英国 2 家、韩国 1 家、加拿大 1 家、以色列 1 家、法国 1 家。

表 8.5　全球服务机器人产业链主要企业

产业链		国外公司	中国公司
核心零部件		发那科、库卡、ABB、安川电机	新松机器人、大疆创新
软件与操作系统		谷歌、微软、苹果	华为、阿里巴巴、科大讯飞
整机制造	个人家用服务机器人	iRobot、Aldebaran robotics、Softbank、Dyson	科沃斯、纳恩博、小米
	专业服务机器人	Intuitive Surgical、Knightscope、Cyberd-yne	新松机器人、极智嘉、优必选

资料来源：根据公开数据整理。

器人为主，占 35.6%；特种机器人占 25.4%；医疗机器人占 21.0%；公共服务机器人占 18.0%。随着老龄化加剧、劳动力成本上升和人均可支配收入的增加，服务机器人的应用领域会更广、市场需求将以更快的速度增长。国内 5G 网络建设的推进有望为服务机器人产业赋能，提高服务机器人数据采集限度和智能化程度，推动中国成为服务机器人最大市场。

8.3　机器人行业全球产业链重构之中国的应对

经济、政治和突发性事件等因素都会影响全球产业链。经济因素主要从生产的成本和生产效率等方面进行考虑，政治因素包括贸易规则和贸易协议等因素，突发性事件则主要包括自然灾害、地缘冲突和新冠肺炎疫情等冲击事件。任何因素的发生都有可能引致全球产业链的重构。新冠肺炎疫情暴发前，由于中国劳动力等成本的上升和中美贸易摩擦等原因，一些劳动密集型产业和加工贸易行业已经往国外转移。2019 年，中国出口美国的一些机电产品主要被德国、日本、墨西哥等企业替代。新冠肺炎疫情暴发以来，各国对稳定性和安全性的要求提高，全球产业链受到巨大冲击；不少国家内顾倾向增强，纷纷加快产业回流。

在全球机器人产业链重构的当下，中国经受若干挑战的同时也面临着更大的发展机遇。中国应认识本国的优势与劣势，从政府、企业和投资机构等多方面措施齐头并进，争取在机器人市场中获得更大的竞争优势。

8.3.1　中国的优势与劣势

1．优势

（1）中国具有大国优势

基于人口基数和国内生产总值的发展水平，中国具有庞大的需求市场。截至 2019 年，中国已连续 6 年蝉联工业机器人的销量冠军。巨大的市场规模和潜力和突出的产业链集群优势，使得中国在未来很可能依旧是跨国公司和国际投资的重要市场，机器人产业链大规模外移的可能性很小。中国的优势还体现在制度上和新型基础设施建设上。新冠肺炎疫情暴发以来，中国以极速的反应和极快的速度控制住了疫情。在武汉封城约两月之后，中国制造业的生产能力全面恢复。从健康码技术的应用、公共场所的卫生管理到全民的积极配合，中国传达了高稳定性、强创新性、大团结性等正面信息。此外，中国新型基础设施建设正逐渐加强，在机器人发展所需的 5G 基站建设、大数据中心、人工智能、工业互联网等方面具有较强的优势，有促进机器人研发和应用的良好环境。

在这些背景下，中国机器人产业不断发展壮大。中国工业机器人进口规模呈下降趋势，出口规模呈增长态势。图 8.12 显示，中国新增工业机器人数量在不断提高的同时，国产品牌占比的份额较稳定保持在 25%—30% 之间，在巨大需求市场的推动下，中国机器人产业规模也不断扩大。中国的大国优势将助力中国机器人产业在全球价值链重构中激流勇进。

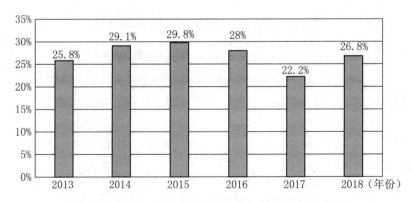

图 8.12　2013—2018 年中国新增国产品牌工业机器人占比

数据来源：国际机器人协会。

（2）政府扶持力度加大

2006年，我国在《国家中长期科学和技术发展规划纲要（2006—2020年）》把数字化、智能感知、虚拟现实等技术列为之后15年要重点发展的技术，要重点发展智能服务机器人等现代化的产业；2012年制定《服务机器人科技发展"十二五"专项规划》重点支持医疗康复、公共安全、模块化核心部件和仿生机器人平台等的发展。

我国也相继颁发《机器人产业发展规划（2016—2020年）》《新一代人工智能规划》等纲领性文件，强调要大力发展关键零部件、强化创新、积极培育龙头企业；为机器人产业发展创造了风口。结合国内企业及机构在服务机器人的研发及产品储备、市场需求，国内服务机器人市场将由个人家庭服务机器人、医疗服务机器人、物流系统服务机器人、公共安全及特殊应用机器人和军用服务机器人驱动。

政府扶持机器人产业发展行为并不是中国独有的做法，世界其他国家也有相关的举措。如，美国制定"国家机器人计划""先进制造业计划"等，促进机器人行业的发展；德国通过推出"工业4.0"概念和《德国2020高技术战略》对工业机器人提出新的要求，以提升制造业智能化水平；日本在巩固工业机器人已有竞争优势的同时，也将视野扩展到服务机器人领域，加速发展生活型和娱乐型智能机器人。

近年来，随着人工智能技术、5G通信技术、物联网、大数据等的发展，

表8.6　中国机器人产业主要政策

颁布时间	颁布主体	政策或文件名称
2012年	科技部	服务机器人科技发展"十二五"专项规划
2016年	工信部、国家发改委、财政部	机器人产业发展规划（2016—2020年）
2016年	工信部、财政部	智能制造"十三五"发展规划
2016年	工信部、国家发改委、国家认监委	关于促进机器人产业健康发展的通知
2017年	国家标准化管理委、国家发改委、科技部、工信部	国家机器人标准体系建设指南
2017年	国务院	新一代人工智能发展规划
2019年	工信部、国家发改委等十三个部门	制造业设计能力提升专项行动计划（2019—2022年）

机器人产业的发展正呈现出新的态势。同时，这也正是亚洲促进机器人产业发展的最佳时机，利用已有的机器人技术作为基础，结合新一轮的技术革命，抢占机器人产业技术发展的制高点。

2．劣势

（1）人才缺

机器人领域高技术专业人才供给不足的问题正日益凸显。机器人企业求贤若渴的同时相关专业人才供给不足，难以满足企业用人需求。近年来国内机器人产业呈爆发性发展，高校、职校及相关培训机构的课程设置相对滞后，相关专业人才的培养难以跟上需求的增长。

机器人厂商需求高技术人才，一些机器人厂商提供的相关培训存在品牌针对性过强，推广力度不足等短板，再加上配套设施和培训网点有限，难以达成系统的教学流程，短时间内快速提升人才培养能力的难度还较大。

（2）技术缺

中国机器人企业仍主要处于产业链下游的系统集成领域，上游的核心零部件等高等的精密的自动化技术和设备仍然发展不足，这一明显短板成为制约我国机器人产业链升级的一个瓶颈。日本和欧洲占据上游的核心零部件等领域的竞争性地位，现在全球工业机器人竞争格局比较稳定。中国突破这些关键技术并不容易，还需要技术人员不断地研发试验。

约瑟夫·蔡拉（Joseph Zeira）指出生产率越高的国家对新技术的接收率也越高，国家间人均产出差异本质上是由于技术差异带来的。[①]中国在机器人产业的技术水平相对落后，技术创新是提升生产率和国际竞争力的关键动力。

8.3.2　中国的应对

在全球价值链重构的当前，可以从政府、企业和投资机构三个角度提出中国机器人行业发展的应对之策。

1．政府

（1）促进产业的可持续发展

加强资源和规划统筹，协调各级部门的力量，推动机器人产业发展。加

---

① Zeira J., Workers, Machines, and Economic Growth, Quarterly Journal of Economics, 1998, 113（4）：1091—1117.

大金融服务支持力度，提高机器人企业研发的积极性；鼓励有条件的地区发展机器人产业集群，建立机器人行业成长孵化基地；加大技术人才培养力度，对机器人领域人才提供高效的专项服务。强化企业与高校、科研院所及产业联盟等组织的合作，合力攻关机器人关键零部件等核心技术，补中国发展之短板。

（2）建立技术应用评价体系，推动产业化落地

结合实物场景和虚拟仿真的测试环境，开展机器人适配性验证工作；建立技术验证平台，打造分类评价体系。对成功的发展经验和技术进行推广，建立工业、医疗、物流、清洁等细分领域的应用示范项目，引导技术加速推广应用，开拓产业化落地新模式。

（3）发挥国内大市场的优势

发展国内大市场，实行对内开放。形成国内大循环为主体，国内国际双循环相互促进的新发展格局。过去，主要利用全球化趋势通过开放发展国外市场，如今逆全球化势头较强，应高度重视建立统一开放和竞争有序的国内市场。中国具有全球最大的工业机器人需求，服务机器人的市场需求也不断提高，国内机器人行业的产出若能满足国内市场的需求，也将是一个非常大的进步。

（4）进一步加强新型基础设施建设

新型基础设施建设是在新发展理念、技术创新、信息网络的基础上，提供数字转型、智能升级、融合创新等服务的基础设施体系。在此基础上，应重视网络空间和数字化产业的市场价值，重点推进5G网络和大数据资源融合应用于人机协同技术的发展，促进中国机器人产业的发展。

2．企业

（1）加强人才培训，建设人才队伍

面向机器人应用和专业研发人才的需求，企业可以联合高职院校和科研院所等单位，建设机器人培训中心，完善人才培训体系；对培训合格的专业人才颁发资格认证，完善人才认证机制；依托各方单位和公共服务平台，为机器人领域人才队伍建设提供保障。

（2）嵌入全球价值链，促进技术进步

国内机器人企业可以通过进口和出口机器人核心零部件的方式，嵌

入跨国公司主导的全球价值链，产生"嵌入中学习效应"和"干中学效应"，对国内机器人企业在关键零部件领域的技术水平的提升产生积极促进作用。[①]

（3）推广自主研发产品的应用，提升国产品牌认可度

企业可选择自主研发的优秀产品，联合地方政府、园区管委会、研究院所、行业组织、下游应用企业，推进国产品牌的规模化示范应用。在应用推广过程中，申报国家或省级相关试点示范，分阶段组织应用效果评价，争取优质示范应用企业，树立行业榜样，提升国产品牌在各行业的认可度。

（4）支持机器人评价标准研究和验证，参与制定产品标准体系

一方面，建立健全的质量管理体系，在产品设计、生产加工、售后服务等环节制定质量管理规范，对质量管理体系的执行情况进行跟踪和监督，全面把控产品风险。另一方面，配合国家与行业标准制定团队，加快研究制订机器人通用技术、检验检测、规范应用等相关国家标准、行业标准和团体标准，强化标准间的协调性和一致性，构建和完善机器人标准体系。

3．投资机构

（1）关注服务机器人及其应用场景

我国老龄人口基数庞大，且呈现出逐年递增的发展态势，对健康、医疗、养老及康复等机器人的需求不断增加；此外，我们对专业和家庭服务机器人的需求也在不断增加。作为世界各国竞相发力的产业，服务机器人的生产技术不断提高，应用场景不断扩宽。中国的市场规模是发展服务机器人的有利条件，这是他国无法复制的优势。投资机构应抓住这一机遇，助力中国服务机器人领域的发展。

（2）关注协作机器人及应用场景

协作机器人具有易用性、灵活性和安全性的特点，并且价格较低，应用场景比传统工业机器人更为广阔，除传统工业领域，还可应用于仓储物流、外科手术以及复杂且危险的环境中。近年来，协作机器人逐渐受资本青睐，本土品牌的协作机器人加快产业化进程，希望通过产品模块化、多样化、定

---

① 董桂才、王鸣霞：《全球价值链嵌入对我国本土工业机器人技术进步的影响》，《科技进步与对策》2017 年第 4 期。

制化的设计来竞争市场的主动权,具备大量融资需求。

(3)重点支持系统集成或解决方案提供商发展

机器人系统集成环节是本土企业参与最多的环节,针对不同细分行业,具备一定资金、技术、资源等门槛,同时竞争力相较其他环节更大,行业面临洗牌,企业盈利规模与所在细分行业有较大关联,资本可考虑支持资源整合能力较强的企业,以及面向新兴领域的企业,比如医疗、家电、食品、化工等强调定制化的行业,或可为系统集成企业带来更多机遇。

在参与全球产业链重构的过程中,应密切关注市场、培养相关人才、推动核心技术创新、继续深化改革,以推动中国机器人产业链更加完善,并且往中上游产业链发展。这是中国促进机器人产业发展的关键时期,中国应抓住这一发展的机遇,争取早日成为机器人产业中的强者。

▎参考文献

[1] Acemoglu D., Restrepo P., Robots and Jobs: Evidence from US Labor Markets, *Journal of Political Economy*, 2019, 128(6).

[2] Zeira J., Workers, Machines, and Economic Growth, *Quarterly Journal of Economics*, 1998, 113(4): 1091—1117.

[3] Zeira J. Machines as Engines of Growth, *SSRN Electronic Journal*, 2006.

[4] 董桂才:《中国工业机器人在全球价值链的地位及变化趋势》,《中国科技论坛》2016年第3期。

[5] 董桂才、王鸣霞:《全球价值链嵌入对我国本土工业机器人技术进步的影响》,《科技进步与对策》2017年第4期。

[6] 刘胜、陈秀英:《"机器换人"能否成为全球价值链攀升新动力?》,《经济体制改革》2019年第5期。

[7] 沈平:《机器人产业与传统制造业互动发展研究》,人民邮电出版社2018年版。

[8] 谭民、王硕:《机器人技术研究进展》,《自动化学报》2013年第7期。

[9] 杨光、侯玉:《工业机器人的使用、技术升级与经济增长》,《中国工业经济》2020年第10期。

(本章主持及执笔:应珊珊 陈青祝)

第9章 智能制造

本章提要：

本章以智能制造的产业链调整与重构为重点，分析了我国智能制造在当下的布局及产业链上中下游的竞争和局限，并基于此提出相应建议。

首先，本章对智能制造的一些基本和最新概念进行概述，从历史角度梳理了国内外智能制造的产业政策，从智能制造标准体系建设的角度分析中国目前的局限。

其次，本章对中国智能制造的发展布局和企业发展成果进行概述，从区域角度和企业角度对中国智能制造的发展成果进行分析。

第三，本章从产业链发展与国内外竞争的角度，把智能制造划分为感知层、网络层、执行层和应用层，依次对应智能制造的上中下游，分别选取典型智能制造产品分析产业链各环节竞争状况和分析中国的薄弱环节。在中美贸易摩擦和新冠疫情等复杂背景下，从核心装备的国产替代进程、工业软件、5G技术等角度分析我国智能制造产业链调整和重构趋势。

最后，本章概述中国智能制造产业发展的制约因素，并提出相应建议。

9.1 概述

9.1.1 智能制造与传统制造

1. 智能制造的内涵

广义而言，智能制造是先进信息技术与先进制造技术的深度融合，贯穿于产品设计、制造、服务等全生命周期的各个环节及相应系统的优化集成，旨在不断提升企业的产品质量、效益、服务水平，减少资源消耗，推动制造业创新、绿色、协调、开放、共享发展[①]。

传统制造在观念上主要是以处理材料为核心，两种制造的异同具体见表 9.1[②]。

表 9.1　智能制造与传统制造的异同

分类	传统制造	智能制造	智能制造的影响
设计	· 常规产品 · 面向功能需求设计 · 新产品周期长	· 虚实结合的个性化设计，个性化产品 · 面向客户需求设计 · 数值化设计，周期短，可实时动态改变	· 设计理念与使用价值观的改变 · 设计方式的改变 · 设计手段的改变 · 产品功能的改变
加工	· 加工过程按计划进行 · 半智能化加工与人工检测 · 生产高度集中组织 · 人机分离 · 减材加工成型方式	· 加工过程柔性化，可实时调整 · 全过程智能化加工与在线实时监测 · 生产组织方式个性化 · 网络化过程实时跟踪 · 网络化人机交互与智能控制 · 减材、增材多种加工成型方式	· 劳动对象变化 · 生产方式的改变 · 生产质量监控方式的改变 · 加工方式多样化 · 新材料、新工艺不断出现
管理	· 人工管理为主 · 企业内管理	· 计算机信息管理技术 · 机器与人交互指令管理 · 延伸到上下游企业	· 管理对象变化 · 管理方式变化 · 管理手段变化 · 管理范围扩大
服务	· 产品本身	· 产品生命周期	· 服务对象范围扩大 · 服务方式变化 · 服务责任增大

---

① 周济、李培根、周艳红等:《走向新一代智能制造》, *Engineering* 2018 年第 1 期。

② 陈明、梁乃明、方志刚等:《智能制造之路:数字化工厂》, 机械工业出版社 2016 年版。

2．智能制造的特征、发展范式和技术路线

智能制造的典型特征是"状态感知—实时分析—自主决策—精准执行"（见图 9.1）[①]。

图 9.1　智能制造的典型特征

广泛认可的智能制造有三种基本发展范式：数字化制造—第一代智能制造，数字化网络化制造—"互联网＋制造"或第二代智能制造，数字化网络化智能化制造—新一代智能制造（见图 9.2）[②]。

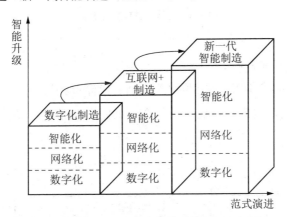

图 9.2　智能升级与范式演进

中国智能制造的技术路线是"并行推进、融合发展"。一方面，中国区域、行业、企业发展不平衡，所以"并行推进"可以更好地满足智能制造不同的发展需求；另一方面，我国制造业、制造技术、信息技术等相对成熟，

---

① 王焱：《智能制造技术在航空领域的应用与展望》，《中国航空报》2015 年 3 月 16 日，第 A06 版。

② 臧冀原、王柏村、孟柳、周源：《智能制造的三个基本范式：从数字化制造、"互联网＋"制造到新一代智能制造》，《中国工程科学》2018 年第 4 期。

拥有门类齐全、独立完整的制造业体系，在世界500多种主要工业产品中，我国有220多种产品的产量位居世界第一，当之无愧是全球制造大国。早在2012年，我国制造业增加值为2.69万亿美元（见图9.3），领先美国、德国、日本等制造强国。

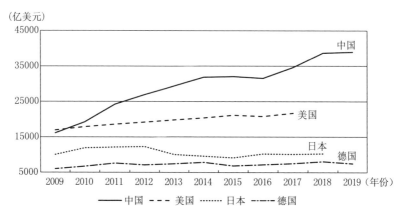

图9.3　世界各国制造业增加值

资料来源：中国国家统计局与世界银行。

3．新一代智能制造系统

智能产品、智能生产和智能服务是新一代智能制造的三大功能体系，工业互联网和智能制造云是两大支撑系统，共同集合而成新一代智能制造系统（见图9.4）。

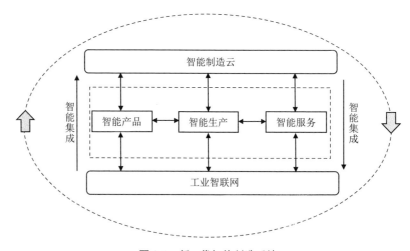

图9.4　新一代智能制造系统

新一代智能制造系统的主体是智能产品和装备，主线是智能生产，主题是以智能服务为核心的产业模式变革，基础是智能制造云和工业智联网，内外部均有"大集成"的特征。[①]

智能制造装备是智能制造的技术前提和物质基础，实施智能制造需要考虑智能制造的三个支点：产品、装备和过程。

其中智能装备是最大难点。首先生产装备一般都比较复杂，而且批量可能不大，所采用的工业软件也往往非常复杂。生产成本很高，开发周期长，企业经营的风险很大。其次，以工业软件为代表软装备也是难点之一，包括 CAD/CAE 这样的软件工具。没有软装备，就不可能有"数字化、网络化、智能化"。抽去软件，信息化的一切成果都不复存在。工业软件首先是一个工业产品，而且往往是高端工业产品。工业界对这一点的认识，还很不充分。

9.1.2 全球背景

2008 年金融危机以来，世界各国进一步认识到，制造业才是立国之本、强国之基，只有科技创新与制造业革命，才是经济增长的强劲引擎，才能最终提升国际竞争力。因此各国纷纷推出先进制造发展战略与规划，抢占战略制高点，以图取得竞争优势（各国智能制造发展战略见表 9.2 ）。

表 9.2 各国智能制造发展战略与规划

国家	主要战略	内　　　容
美国	《美国先进制造领先战略》	2018 年 10 月 5 日，美国国家科学与技术委员会发布《美国先进制造领先战略》
德国	工业 4.0	利用物联信息系统（Cyber—Physical System）将生产中的供应、制造、销售信息数据化、智慧化，最后达到快速、有效、个人化的产品供应。发布了《德国 2020 高技术战略》
英国	英国制造2050	2013 年 10 月形成报告《The future of manufacturing: a new aera of opportunity and challenge for the UK》。认为制造业并不是传统意义上"制造之后进行销售"，而是"服务加再制造 (以生产为中心的价值链)"

[①] 参见周济、李培根、周艳红等：《走向新一代智能制造》，*Engineering* 2018 年第 1 期，第 28—47 页。

（续表）

国家	主要战略	内　　　容
法国	新工业法国	2013 年 9 月法国政府提出"新工业法国"战略，旨在通过创新驱动法国工业转型升级，并制定了 34 项具体产业发展计划。2015 年 4 月，法国经济部、工业与数字事务部宣布启动"未来工业"计划，调整后的法国"再工业化"布局为"一个核心、九大工业解决方案"。提出通过数字技术改造实现工业生产的转型升级。九大"工业解决方案"，包括数据经济、智慧物联网、数字安全、智慧饮食、新型能源、可持续发展城市、生态出行、未来交通、未来医药等九大领域
日本	《日本制造业白皮书》	日本《日本制造业白皮书》，描述日本政府针对支柱产业的制造业所采取措施。这是基于 1999 年《制造业基础技术振兴基本法》的法律白皮书，每年由经济产业省、厚生劳动省、文部科学省等三个部委合作制作
韩国	《制造业创新3.0 策略》	2014 年 6 月，韩国正式推出《制造业创新 3.0 战略》；2015 年 3 月，韩国政府又公布了经过进一步补充和完善后的《制造业创新 3.0 战略实施方案》

资料来源：《中国智能制造百强发展与趋势白皮书》。

　　根据国际市场研究机构 Markets and Markets 最新发布的研究报告显示，2020 年全球智能制造市场规模将达到 2147 亿美元，预计到 2025 年，这一数据将增至 3848 亿美元，其间年复合增长率约为 12.4%。[①]

1. 美国

　　美国是制造业强国，例如美国智能制造领军企业通用电气——工业互联网的核心企业和提出者之一。

　　美国的智能制造产业政策可追溯到由美国商务部直属的美国国家标准与技术研究所（NIST）提出《聪明加工系统（SMS）研究计划》。

　　2008 年金融危机后，美国在 2009 年 12 月推出《重振美国制造业政策框架》，将制造业定义为美国核心产业。在 2019 年，美国提出《美国将主宰的未来工业》，由"再工业化"进一步到"主宰的未来工业"（美国智能制造产业政策简略可见图 9.5）。

---

① 《到 2025 年全球智能制造市场规模年复合增 12.4%》，《中国包装》2020 年第 5 期。

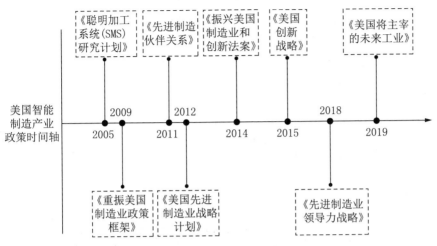

图 9.5　美国智能制造产业政策

2．德国

德国同样是制造业强国，西门子（工业 4.0 的核心企业和提出者之一）是欧洲智能制造的领军企业（德国工业发展历程如图 9.6）。在 2008 年金融危机及 2009 年欧债危机之后，德国于 2013 年 4 月正式提出德国工业 4.0 概念，并正式推出《德国工业 4.0 战略计划实施建议》。

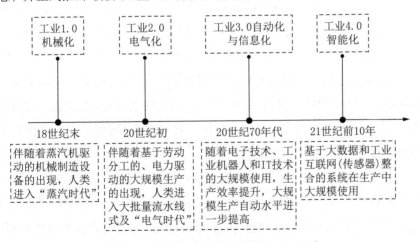

图 9.6　德国工业发展历程（工业 1.0—4.0）

2014 年，德国发布《工业 4.0 标准化路线图》，目的在于奠定德国在关键工业技术上的国际领先地位，加强德国作为技术经济强国的核心竞争力。

2019 年，德国发布《国家工业战略 2030》，目标是确保德国在全球工业领域的领先地位（德国智能制造产业政策见图 9.7）。

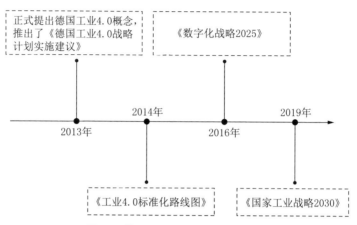

图 9.7　德国智能制造产业规划时间轴

3．中国

中国是制造大国，但还不是制造强国，根据《2019 中国制造强国发展指数报告》，中国排在第三阵列，制造业生产率不足美国的 20%。

中国早在 2006 年 2 月发布《国家中长期科学发展规划纲要 2006—2020》，强调提高企业自主创新能力，2018 年发布《国家智能制造标准体系建设指南（2018 年版）》（中国智能制造产业政策规划时间表详见表 9.3）。

从实践进程来看，中国的智能制造确实已经呈现良好的发展态势。以工业机器人为例，根据国际机器人联合会（the International Federation of Robotics，IFR）的统计数据，2017 年中国的工业机器人出货量近 14 万套，而 2006 年仅出货 5800 套，年供货量在十余年时间内增长 20 倍，占世界工业机器人出货的比例不断提升。

2018 年我国智能工厂市场行业规模接近 7000 亿元，工业软件是作为智能制造技术的核心组成部分之一，它的市场规模也已突破 1600 亿元。根据《世界智能制造中心发展趋势报告（2019）》，2018 年产值规模超 17480 亿元。

根据《2019 年中国智能制造政策分析概览》，中国智能制造产业规模预测在 2021 年可以达到 2.4 万亿元（中国智能制造产业产值详见图 9.8）。

表 9.3　中国智能制造产业政策规划时间表

时间	机构	文件	主要内容
2006.2	国务院	《国家中长期科技发展规划纲要 2006—2020》	以装备制造为突破口，以绿色制造为导向，以信息化和自动化为支撑，加强自主开发，支持企业提高自主创新能力
2006.6	国务院	《国务院关于加快振兴装备制造业的若干意见》	以科技进步为支撑，提高装备制造企业独立创新能力的发展方向
2009.5	国务院	《装备制造业调整和振兴规划》	加快装备制造企业兼并重组和产品更新换代，促进产业结构优化升级，全面提升产业竞争力
2010.10	中共中央	《中共中央关于制定国民经济和社会发展第十二个五年规划的建议》	增强产业配套能力，淘汰落后产能，发展先进装备制造业
2012.1	国务院	《工业转型升级规划（2011—2015）》	集成创新一批智能化成型和加工成套设备、冶金及石油石化成套设备、自动化物流成套设备、智能化造纸及印刷装备等流程制造装备和离散型制造装备
2012	国务院	《智能制造科技发展"十二五"专项规划》；《智能制造装备产业"十二五"发展规划》；《智能制造装备发展专项》	加快智能制造装备的创新发展和产业化，推动制造业转型升级
2013.9	工业和信息化部	《信息化和工业化深度融合专项行动计划（2013—2018 年）》	信息化与工业化深度融合
2015.7	国务院	《关于积极推进"互联网＋"行动的指导意见》	到 2025 年，网络化、智能化、服务化、协同化的"互联网＋"产业生态体系基本完善，"互联网＋"新经济形态初步形成，"互联网＋"成为经济社会创新发展的重要驱动力量
2016.5	国务院	《关于深化制造业与互联网融合发展的指导意见》	到 2025 年，制造业与互联网融合发展迈上新台阶，融合"双创"体系基本完备，融合发展新模式广泛普及，新型制造体系基本形成，制造业综合竞争实力大幅提升
2016.9	工信部、财政部	《智能制造发展规划（2016—2020 年）》	第一步，到 2020 年，智能制造发展基础和支撑能力明显增强，传统制造业重点领域基本实现数字化制造，有条件、有基础的重点产业智能转型取得明显进展； 第二步，到 2025 年，智能制造支撑体系基本建立，重点产业初步实现智能转型

（续表）

时间	机构	文件	主要内容
2017.7	国务院	《新一代人工智能发展规划》	第一步，到 2020 年人工智能总体技术和应用与世界先进水平同步。第二步，到 2025 年人工智能基础理论实现重大突破，部分技术与应用达到世界领先水平。第三步，到 2030 年人工智能理论、技术与应用总体达到世界领先水平，成为世界主要人工智能创新中心
2017.11	国务院	《关于深化"互联网＋先进制造业"发展工业互联网的指导意见》	在 2018—2020 年，初步建成低时延、高可靠、广覆盖的工业互联网网络基础设施。到 2025 年基本形成具备国际竞争力的基础设施和产业体系。2035 年，建成国际领先的工业互联网网络基础设施和平台
2017.11	工信部	《高端智能再制造行动计划（2018—2020 年）》	加快发展高端再制造、智能再制造，进一步提升机电产品再制造技术管理水平和产业发展质量，推动形成绿色发展方式，实现绿色增长
2018.9	工信部	2018 年智能制造试点示范项目	截至 2019 年，共遴选出 305 个智能制造试点示范项目，覆盖 92 个行业类别、31 个省（自治区、直辖市）
2018.10	工信部、国家标准化管理委员会	《国家智能制造标准体系建设指南（2018 年版）》	到 2018 年，累计制修订 150 项以上智能制造标准，基本覆盖基础共性标准和关键技术标准。到 2019 年，累计制修订 300 项以上智能制造标准，全面覆盖基础共性标准和关键技术标准，逐步建立起较为完善的智能制造标准体系

资料来源：《智能制造之路：数字化工厂》和《智能制造百强发展与趋势白皮书》。

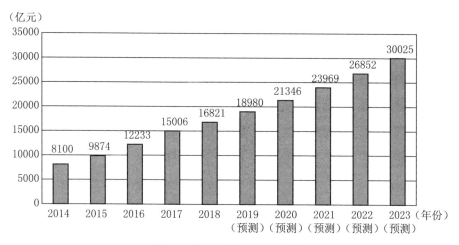

图 9.8 中国智能制造产业产值

数据来源：头豹研究院《2019 年中国智能制造政策分析概览》。

9.1.3　智能制造标准体系

1．智能标准体系概述

智能制造标准体系结构包括"A 基础共性""B 关键技术""C 行业应用"等三个部分，主要反映标准体系各部分的组成关系。关键技术标准主要包括智能装备、智能工厂、智能服务、智能使能技术和工业互联网五个部分（见图 9.9）。

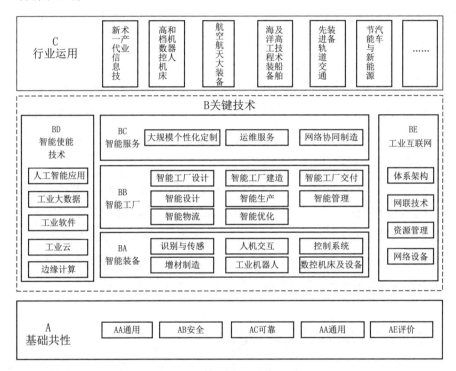

图 9.9　智能制造标准体系结构

资料来源：《国家智能制造标准体系建设指南（2018 年版）》。

2．智能制造标准体系的意义

标准是产业特别是高技术产业领域工业大国和商业巨头的必争之地，主导标准制定意味着掌握市场竞争和价值分配的话语权，因为自己制定的标准更熟悉，更有利于技术的创新。

"标准——世界的通用语言"是 2015 年世界标准化日的主题。从某种意义上讲，标准甚至是智能制造能否成功的关键。

虽然我国已经是制造大国，但是制造业国际标准大多不是由中国制定或者主导制定，中国标准的国际认可度也不高，中国在全球制造标准领域缺少话语权及影响力。在工业软件领域，世界上用于产品生命周期管理（PLM）的主流软件主要是由德国西门子公司、美国 PTC 公司和法国达索公司开发的，我国在工业软件开发方面缺少自主知识产权，明显处于劣势。

中国制造业体量世界第一，占世界制造业份额的 20%，但是，中国的工业软件现在 90% 以上依靠进口。而且，中国工业软件的市场份额仅占世界工业软件市场份额的 1.7%。

3. 中国智能制造标准体系建设

2015 年 2 月 6 日，工业和信息化部成立智能制造综合标准化工作组，开展智能制造标准体系建设及规划。2018 年 11 月 14 日，国家智能制造标准化总体组发布《国家智能制造标准体系建设指南（2018 年版）》，在官网标准查询共收录智能制造标准 213 条。

2020 年 10 月 23 日，中国电子技术标准化研究院在北京举办智能制造能力成熟度国家标准推进工作会。会议发布 GB/T39116-2020《智能制造能力成熟度模型》和 GB/T39117-2020《智能制造能力成熟度评估方法》两项国家标准。两项智能制造能力成熟度标准的发布，有助于客观评价我国制造企业智能制造发展水平，帮助企业精准提升智能制造能力。

9.2 中国智能制造发展布局

9.2.1 中国智能制造发展区域分布及特征

1. 长三角地区——制造业基础坚实，智能制造发展水平领先全国[①]

长三角地区依托雄厚的制造业基础，保持产业发展领先地位，其中工信部 2018 年智能制造试点示范项目 25 项；工信部 2019 年制造业与互联网融合发展试点示范项目 37 项。

长三角地区各省市重点产业：上海（船舶海工、航空航天、汽车等）；

---

① 《2019 中国智能制造发展白皮书》，赛迪顾问智能制造产业研究中心，2019 年 12 月。

江苏（电子信息、生物医药等）；浙江（互联网、轻工纺织、汽车及零部件等）；安徽（有色金属、建材、化工等）。

2. 京津冀地区——高校、科研院所集聚，研发实力雄厚

京津冀地区坐拥全国最集中的智力资源之一，在产业链的上游设计、研发环节优势明显，其中工信部 2018 年智能制造试点示范项目 10 项；工信部 2019 年制造业与互联网融合发展试点示范项目 31 项。

京津冀地区的智能制造发展主要依靠北京市的辐射作用（人才、科技等知识生产要素集聚），在智能制造关键技术环节形成较为明显的优势，但周边地区智能制造整体水平有待提升。

3. 粤港澳大湾区——传统制造升级，软硬件协同发展

粤港澳大湾区制造业转型升级的一个重点[①]就是传统轻工业和智能制造装备企业的融合发展。粤港澳大湾区加速智能制造装备与传统轻工业的融合，重点瞄准软硬件协同发展，深入布局"机器换人"，其中工信部 2018 年智能制造试点示范项目 5 项；工信部 2019 年制造业与互联网融合发展试点示范项目 5 项。

粤港澳大湾区代表产业：智能制造基础部件、机器人、可穿戴设备。

4. 中西部典型地区——基础能力强，智能制造水平高速提升

中西部典型地区围绕军工、卫星、冶金等特色领域的优势，集中突破关键基础零部件及重大集成智能装备，其中工信部 2018 年智能制造试点示范项目 30 项；工信部 2019 年制造业与互联网融合发展试点示范项目 31 项。2019 年前三季度，中西部典型地区工业增加值增速高于全国水平，多数省份增速同比回升。

中西部典型地区智能制造发展案例：

北斗导航：利用卫星导航等技术及互联网平台，融合传统行业，创造新的发展生态；

武汉"中国光谷"：以技术研发与产业孵化为主线，全面布局功率激光和信息激光两大领域；

---

① 王万：《区域智能制造发展战略与对策研究》，北京建筑大学 2020 年硕士学位论文。

西安 3D 打印小镇：打造 3D 打印材料、装备、技术，形成航空航天、汽车等领域的全产业链。

5. 东北地区——装备制造业基础较强，智能制造水平仍需提高

东北地区是老工业地区，依托装备制造业及科教基础，重点发展机器人、大型精密制造装备等重点产业。其中试点示范项目大部分集中在辽宁省，工信部 2018 年智能制造试点示范项目 3 项，全部来自辽宁省；工信部 2019 年制造业与互联网融合发展试点示范项目 9 项，其中辽宁省 7 项。

虽然东北地区装备制造业基础雄厚，但整体而言智能制造表现仍需提高。

9.2.2 中国智能制造企业 20 强

法国里昂商学院联合华中科技大学、武汉商学院和武汉钢铁研究所于 2019 年发布《中国智能制造百强发展与趋势白皮书》。

在中国智能制造企业 20 强中（见表 9.4），富士康、福耀玻璃、华为、海尔是中国智能制造的创新先锋企业。华为 2019 年研发投入达 1317 亿元，占销售收入的 15.3%，累计研发投入超过 6000 亿元。

在信息领域，BAT（百度、阿里巴巴、腾讯）依然具有极强竞争优势，在信息产品和硬件领域，京东方、大疆、长飞光缆、烽火通信是智能制造的领先者。

中国中车、中国船舶重工、中国商用飞机、中国船舶工业、中国宝武钢铁、中国航天科技等大型国有企业均覆盖国计民生的核心行业。吉利、长虹、比亚迪、蔚来汽车、TCL、美的格力等制造类企业则表现出非常强的市场敏感性和创新意识。

表 9.4　中国智能制造企业 20 强

企业名称	排名	股票代码
富士康科技	1	沪 A 601138，美股 FXCNY，港股 2038
海尔集团科技	2	港股 01169
华为技术有限公司	3	
福耀玻璃工业集团股份有限公司	4	沪 A 600660，港股 03606

（续表）

企业名称	排名	股票代码
阿里巴巴集团	5	美股 BA
百度公司	6	美股 BIDU
腾讯	7	港股 00700
京东方科技集团股份有限公司	8	深 A 000725
大疆创新科技有限公司	9	三板 830792
中国中车股份有限公司	10	沪 A 601766
中国船舶重工集团有限公司	10	沪 A 601989
中国商用飞机有限责任公司	10	
中国船舶工业集团	10	沪 A 600150
美的集团	10	深 A 000333
格力电器	10	深 A 000651
中国宝武钢铁集团有限公司	16	沪 A 600019
中国航天科技集团有限公司	16	深 A 000901
四川长虹电器股份有限公司	18	沪 A 600839
比亚迪股份有限公司	19	深 A 002594
吉利控股集团	20	港股 00175
长飞光纤光缆股份有限公司	20	沪 A 601869
蔚来汽车	20	美股 NIO
烽火通信科技股份有限公司	20	沪 A 600498
科大智能科技股份有限公司	20	深 A 300222
TCL 集团股份有限公司	20	深 A 000100

资料来源：《中国智能制造百强发展与趋势白皮书》。

9.3　产业链发展与国内外竞争

9.3.1　智能制造产业链概述

从产业链来看，智能制造可划分为感知层、网络层、执行层和应用层。智能制造产业上游是提供信息采集、传感感知等技术的制造行业零部件及相关产品，中游是网络层的相关网络传输和信息处理技术、管理软件等，下游是执行层与应用层，以智能机床、自动化装备为主要产品构成的智能制造工厂。

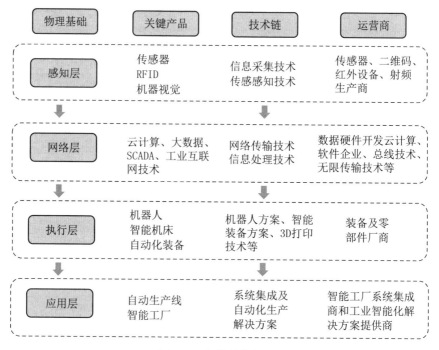

图 9.10 智能制造产业链

资料来源：中商产业研究院《2020—2025 年中国智能制造市场前景及投资机会研究报告》。

9.3.2 上游产业发展与竞争

智能制造产业链上游以传感器、射频识别技术（RFID）、机器视觉等信息采集技术和传感感知技术提供商为主。以下部分就传感器、射频识别技术、机器视觉技术市场规模及国内外竞争格局进行分析，以明确我国智能制造上游产业发展现状和薄弱环节。

1．传感器市场规模与国内外竞争

传感器是一种检测装置，能感受到被测量的信息，并能将感受到的信息，按一定规律变换成为电信号或其他所需形式的信息输出，以满足信息的传输、处理、存储、显示、记录和控制等要求。传感器作为新技术革命和现

代信息产业发展的重要技术基础，广泛应用于智能制造的各个生产环节。全球约有 40 个国家从事传感器研制、生产和应用开发，各发达国家竞相布局传感器技术产业，美国、德国和日本占了世界传感器市场的较大份额。相比之下，中国传感器产业起步较晚，发展水平较低，技术实力与世界发达国家存在较大差距。我国已有 1700 多家企业从事传感器研发和生产，其中有 50 多家企业从事微系统研制和生产，已建成安徽、陕西、黑龙江三大传感器生产基地。总体而言，我国传感器企业以小型企业为主，规模较小、研发实力弱、传感器技术水平偏低。

近年来，我国传感器市场规模不断扩大。前瞻产业研究院统计数据显示，2016 年我国传感器市场规模突破千亿元，达到 1126 亿元，2018 年市场规模为 1472 亿元，同比增长 13.2%（如图 9.11）。虽然我国传感器市场规模巨大，前景广阔，但国外传感器龙头企业仍占据我国较大市场份额。以 MEMS 传感器（微机电系统）为例，西门子、爱默生、意法半导体、霍尼韦尔等跨国公司占据我国超过 60% 的市场份额，国内从事 MEMS 传感器的企业有 70% 是中小企业，产品大多处于行业中低端水平，高端产品自给率不足，多为进口。[①]

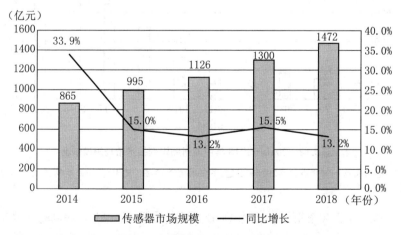

图 9.11　2014—2018 年中国传感器市场规模统计及增长情况

资料来源：前瞻产业研究院《中国传感器制造行业发展前景与投资预测分析报告》。

---

① 前瞻产业研究院：《中国传感器制造行业发展前景与投资预测分析报告》。

我国 MEMS 传感器产业链已经初步形成，但其研发设计和生产等各个环节均由不同企业完成，仅有士兰微、苏州固锝等少数企业具备垂直一体化的生产能力。基于智能传感器的产业变革契机，国内厂商不断提高自身在设计、制造和封装测试等环节的竞争力，在声学等领域已经建立全球化的竞争力并不断向其他领域扩展与延伸，为我国智能制造产业发展壮大打下良好基础。

2. 射频识别技术市场规模与国内外竞争

射频识别技术是自动识别技术的一种，通过无线射频方式进行非接触双向数据通信，利用无线射频方式对记录媒体（电子标签或射频卡）进行读写，从而达到识别目标和数据交换的目的，是智能制造领域关键的核心技术之一。前瞻产业研究院数据显示，2011—2019 年，中国射频识别技术市场规模持续上升，2019 年达到 1100 亿元，增速有所放缓，为 15.2%。

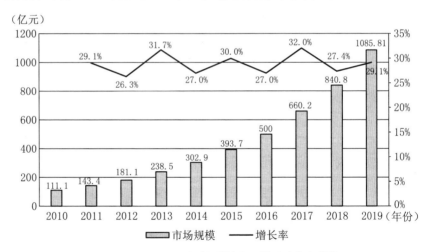

图 9.12 2010—2019 年中国射频识别技术市场规模情况

资料来源：智研咨询《2020—2026 年中国电子标签（RFID）行业市场监测及未来前景预测报告》。

按照工作频率划分，射频识别技术可分为低频、高频、超高频和微波四类，从 2018 年各类射频识别技术在我国的市场规模来看，射频识别技术高频占比最高，达 72.8%，其次是射频识别技术超高频，占 15.9%。在射频识别技术高频供应方面，国内企业在芯片设计和制造、封装技术等领域都表现出较强的优势和竞争力，产业链趋于完善，已基本赶上国际水平，成为射频识别技术市场的新兴力量。射频识别技术超高频主要应用于传感器集成、加密、定位等领域，具有低成本和远距离识别的优势，成长潜力大，在未来或将成为国内射频识别技术市场的主流。但我国超高频射频识别技术的产品和应用还处于发展初期，国内少有企业涉足射频识别技术超高频核心技术研发，是我国射频识别技术产业相对薄弱的环节。

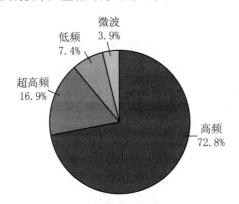

图 9.13　2018 年中国射频识别技术频段需求结构

资料来源：前瞻产业研究院。

从产业链来看，标签封装技术、读写器设计与制造、软件中间件和系统集成是射频识别技术研发制造过程中最重要的四个模块。在射频识别技术产业链的不同环节，国内外企业各占竞争优势。在电子标签及阅读器和系统继承领域，我国企业规模较大，竞争实力较强，龙头企业有远望谷、上海秀派、中兴通讯等。而在芯片设计封装和软件方面，国外厂商仍占据主导地位，重点企业有 NXP、IT、IBM、甲骨文等，国内厂商还有较大提升空间。

表 9.5　射频识别技术产业链重点企业梳理

产　品	代表厂商
芯片设计封装	NXP、TI、Alien、同方国芯、华虹电子等
电子标签及阅读器	低高频领域企业上百家，超高频领域有远望谷、上海秀派、深圳先施、坤锐电子等
软件 / 中间商	IBM、SAP、甲骨文等
系统集成	远望谷、中兴通讯、航天信息、阿法迪、北京维深、同方智能等

资料来源：前瞻产业研究院。

3．机器视觉技术市场规模与国内外竞争

机器视觉主要用计算机来模拟人的视觉功能，从客观图像中提取信息，进行处理并加以理解，最终用于实际检测、测量和控制。在复杂危险、重复性较高的工作环境中，利用机器视觉替代人工视觉可大大提高工作精确度和生产效率，智能制造与机器视觉技术密不可分。

近年来，中国机器视觉行业快速发展，成为世界机器视觉发展最活跃的地区之一。基于我国制造业总体规模不断扩大、产业智能化水平逐渐提高、政策利好的背景，国内机器视觉市场需求持续增长。统计数据显示，2018 年国内机器视觉市场规模首次超过 100 亿元，随着产品应用领域的扩张和制造业智能化水平的提升，未来机器视觉市场规模将进一步扩大，预计 2021 年将接近 180 亿元。①

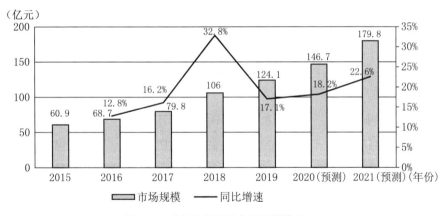

图 9.14　中国机器视觉市场规模情况

资料来源：中商产业研究院《2020—2025 年中国智能制造市场前景及投资机会研究报告》。

根据前瞻产业研究院发布的《中国机器视觉产业全景图谱》，德国占据国际机器视觉市场最大份额，达 29.76%，其次是美国和日本，德、美、日三国占据全球 68.04% 的市场份额。德国巴斯勒（Basler）、伊斯拉视像（ISRA Vision），美国康耐视（Cognex）、国家仪器（NI），日本基恩士（Keyence）、欧姆龙（Omron）等国际巨头企业引领全球机器视觉技术发展，

――――――――――

① 中商产业研究院：《2020—2025 年中国智能制造市场前景及投资机会研究报告》。

其中美国康耐视和日本基恩士占全球近 50% 的市场份额。①

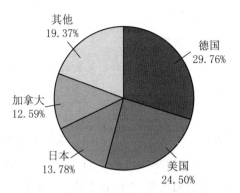

图 9.15　2018 年国际机器视觉市场分布情况

资料来源：前瞻产业研究院《中国机器视觉产业全景图谱》。

从中国机器视觉企业构成情况来看，国产机器视觉品牌 100 多个，国际机器视觉品牌是国产品牌数量的两倍，此外国内还有 300 多家机器视觉产品代理商和 100 多家专业机器视觉系统集成商。由此可见，国内机器视觉企业仍以产品代理商和系统集成商为主，这说明我国在机器视觉行业核心技术研发、产品设计等上游领域布局较少，仍然依赖发达国家的技术支持，国产品牌核心竞争力的提升任重道远。

表 9.6　中国机器视觉企业构成情况

企业类别	数　　量
国际机器视觉品牌	200 多家
国产机器视觉品牌	100 多家
机器视觉产品代理商	300 多家
专业机器视觉系统集成商	100 多家

资料来源：前瞻产业研究院《中国机器视觉产业全景图谱》。

9.3.3　中游产业发展与竞争

智能制造产业链中游以云计算、数据采集与监视控制系统（SCADA）、工业互联网技术等网络传输和信息处理技术供应商为主。以下部分就云计算

---

① 前瞻产业研究院：《中国机器视觉产业全景图谱》。

和工业互联网市场规模及国内外竞争格局进行分析，以明确我国智能制造中游产业发展现状和薄弱环节。

1. 云计算市场规模与国内外竞争

云计算作为新一代信息技术的基石，是智能制造产业发展的核心平台。云计算通过进行快捷而高效的数据处理，实现对用户业务需求的快速相应，大大提高了企业生产效率和整体竞争力，为制造业的智能化转型升级奠定坚实基础。据中国信通院统计数据显示，2019年我国云计算市场规模超过千亿元，达1335亿元，预计2023年将达3754亿元。按照服务划分，云计算可以分为IaaS（基础架构即服务）、PaaS（平台即服务）、SaaS（软件即服务）、DaaS（数据即服务）四个层次。全球云计算市场以SaaS为主，而国内市场以IaaS为主。互联网数据中心统计资料显示，阿里云占国内IaaS产品45.5%的市场份额，腾讯云和中国电信位居其后，分别占10.3%和7.6%。然而从世界范围看，2019年全球云计算市场占有率前四大厂商共占据高达60%的市场份额，其中亚马逊AWS占比32.3%，微软Azure占比16.9%，谷歌云和阿里云占比分别为5.8%和4.9%。①

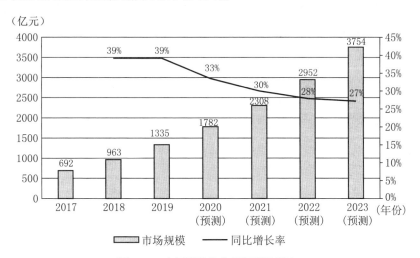

图9.16 中国云计算市场规模及增速

资料来源：中国信息通信研究院。

① 资料来源：https://www.canalys.com/。

全球云计算四大厂商中前三大厂商均为美国企业，国产企业仅有阿里云一家在国际市场上较有竞争力。中国云计算产业起步较美国晚，从中美云计算产业发展比较情况可看出，国内云计算产业的发展因掌握核心技术太少，难以形成主导性的产业链，而全面掌握产业发展核心技术的美国已基本完善布局产业上下游，形成良好的云计算产业发展生态系统。

表 9.7　中美云计算产业发展比较

	中　国	美　国
市场	消费者市场基本可与美国保持同步，相关的个人云存储服务等基本具备，但在企业服务市场，至今仍未出现具备体系的生态系统	逐渐形成软硬件平台提供商、系统集成商、服务提供商、应用开发商的产业架构，价值链上、下游各个部分均存在代表群体
竞争格局	阿里云一家独大，腾讯云、金山云、华为云奋力追赶	基础平台 IaaS 由巨头垄断、传统 IT 企业和新兴 IT 公司积极发展 PaaS 和 SaaS 层业务，亚马逊、微软、谷歌、Salesforce 深耕擅长细分领域
技术基础	在美国开源软件基础上修改使用，产品引入销售，包装后形成解决方案，真正掌握核心技术太少，积累不足，很难形成主导性的产业链	全面掌握服务器虚拟化、网络技术（SDN）、存储技术、分布式计算、OS、开发语言和平台等核心技术，强大的创新和资本转化能力
用户习惯	对 IT 的要求更简单、更直接，同时价格便宜	对 IT 要求高和认知度高、管理层重视
服务环境	开始向实质应用迈进，但停留在初级的阶段，缺乏适合企业的应用，产业界主要聚焦在 IaaS 服务，PaaS 平台服务基本缺位，SaaS 服务推进缓慢	渗透到 IT 产业的各个角落，被各个企业广泛使用。整个 IT 产业已经在重构，各种围绕云基础能力的服务很多、很灵活，包括混合云管理
发展战略	发布《云计算发展三年行动计划（2017—2019 年）》，积极发展工业云服务，培育"云制造"模式，重点领域建设行业云平台，协同推进政务云、云安全	大力推行采用云服务或自行构建云的计划，政府采购预算将倾斜于采购云计算服务，出台《联邦云计算发展战略》，纳入国家发展规划

资料来源：中国信息通信研究院、互联网数据中心。

2．工业互联网市场规模与国内外竞争

工业互联网具有低时延、高可靠、广覆盖的特点，是满足制造业智能化发展需求的关键网络基础设施。作为新一代信息技术与制造业深度融合的产物，工业互联网已成为新工业革命的关键支撑和深化"互联网＋先进制造业"的重要基石，对未来工业发展具有全方位、深层次、革命性的影响。据中商产业研究院统计，2018年我国工业互联网市场规模突破5000亿元，增速连年攀升，2020年市场规模有望接近7000亿元。

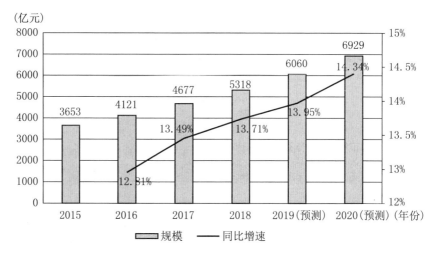

图 9.17　中国工业互联网市场规模及增速

资料来源：中商产业研究院。

表 9.8　国内外工业互联网的产业链细分领域竞争格局对比分析

工业互联网架构	国外现状	国内现状
边缘采集	美德制造企业数字化、网络化水平较高；垄断全球的工控设备和通信协议；拥有强大的数据采集、云端迁移、边缘计算能力	95%中高端可编程逻辑控制系统市场、50%以上的分散控制系统市场被跨国公司垄断；设备数字化率44.8%、联网率39%
工业 IaaS	美国主导全球 IaaS 生态演进，拥有亚马逊、微软、谷歌、IBM 等领导厂商；德国有 SAP	阿里巴巴、华为、腾讯
工业 PaaS	美、德在机械、汽车、航空、船舶等行业拥有数百年的工业知识、经验、方法的积淀（工业机理＋数据科学）；具备将核心经验知识固化封装为微服务能力以及平台资源整合能力	工业技术知识薄弱、工业机理、工艺流程、模型方法等积累不足；算法库、模型库、知识库等微服务提供能力不足
工业 SaaS	美、德等垄断传统的工业软件市场；拥有 GE、Oracle、西门子、SAP 等工业软件巨头；形成完整的开发者社区和海量开发者；正在涌现一批新型的工业 APP 企业	高端工业软件主要依赖进口；开发少量工业 APP，在数据科学研究领域有一定基础；缺乏工业 APP
工业安全	全球主要国家产业政策利好，产业结构逐步完善，竞争格局逐渐形成，企业及国家资源加速产业整合	我国安全产业政策充分利好，安全标准体系逐步形成，但是关键技术攻关及产业化应用不成熟

资料来源：国家工业信息安全发展研究中心。

在工业互联网的不同架构层面，国内外发展仍存在一定差距。在边缘采集层，美国和德国几乎垄断全球工控设备和通信协议，国内 50% 以上分散控制系统市场和 95% 中高端可编程逻辑控制系统市场被跨国公司垄断。在工业 IaaS 层，美国拥有亚马逊、微软、谷歌等世界领先厂商，占据主导地位，中国阿里、华为、腾讯等企业现阶段总体竞争实力仍较低。在工业 PaaS 层，我国对算法库、模型库、知识库等微服务的提供以及平台资源整合能力不强。在工业 SaaS 层，美、德等国垄断了传统的工业软件市场，形成完整的开发者社区，并且正涌现出一批新型的工业 APP 企业，而我国高端工业软件主要依赖进口，工业 APP 软件开发不足。在工业安全层面，安全标准体系已逐步形成，但关键技术攻关和产业应用仍不成熟。

9.3.4　下游产业发展与竞争

智能制造产业链下游以工业机器人、高档数控机床等智能化设备、智能工厂系统集成商、工业智能化解决方案提供商等为主。以下部分就工业机器人和 3D 打印技术的市场规模及国内外竞争格局进行分析，以明确我国智能制造下游产业发展现状和薄弱环节。

1．工业机器人市场规模与国内外竞争

工业机器人是机器人中的一种，主要用于工业生产自动化。相比于传统的工业设备，工业机器人具有易用性好、智能化水平高、生产效率及安全性高、易于管理且经济效益显著等优势，是智能制造工厂重要的智能化装备之一。随着制造业的转型升级，国内对工业机器人的需求不断上升。据国际机器人协会统计，2014—2019 年，我国工业机器人市场规模平均增速 16.66%，高于全球工业机器人市场规模平均增速 12.18%。2019 年国内工业机器人市场规模为 57 亿美元，从近几年发展趋势看，我国工业机器人市场规模接近于世界市场规模的 1/3。

前瞻产业研究院统计资料显示，2018 年我国工业机器人市场中，外资品牌占 76%，其中日本发那科和安川共占国内 26% 的市场规模，而国产品牌仅占 24%。我国工业机器人国产化率不高，国产品牌国际竞争实力不足，还有较大发展和提升空间。

图9.18 工业机器人市场规模及增速

资料来源：国际机器人协会。

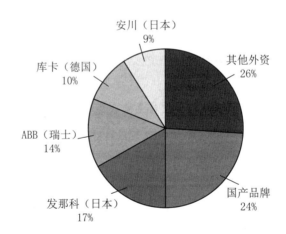

图9.19 2018年中国工业机器人市场格局

资料来源：前瞻产业研究院。

从产业链结构看，工业机器人主要由伺服电机、控制器、减速器、本体四大部件构成，而前三种核心零部件均为国外企业主导。国产伺服系统品牌仅占15%的份额，国内产业主要面向中低端市场。控制器被美国、德国、日本等制造业发达国家垄断。制造成本占30%的减速器由日本主导，Nabtesco和Harmonic两家企业占据全球70%以上的市场。在本体制造方

表 9.9　全球工业机器人产业链各环节竞争格局梳理

产业链	零部件				本体制造	系统集成	下游应用
	伺服系统	控制器	减速器	传感器			
国内外市场竞争格局	日韩、欧美主导，国内自主品牌仅占15%市场份额；国内产业仍处于起步阶段，主要面向中低端市场	国内高端产品市场被日本、德国、美国等垄断	日本Nabtesco和Harmonic占据70%以上市场份额；国内公司成立较晚，体量较小	美国、德国和日本占据世界市场较大份额；国内不少传感器、信号处理识别系统依然依赖进口	德国在生产方面有一定优势；国产机器人本体基本达到国际先进水平，有望大规模进入高端市场	德国主导，国内外技术集成方面基本处在同一水平；国内工程师成本较低，有一定优势	全球工业机器人市场规模不断攀升，我国制造业工业机器人密度略高于全球平均水平，但远低于日本、韩国
成本占比	20%	5%	30%	5%	30%	5%	5%

资料来源：根据中国机器人网（http://www.robotschina.com/）整理。

表 9.10　工业机器人核心零部件国内外厂商的技术对比

核心零部件	国外主要厂商	国内主要厂商	技术对比	市场格局
伺服电机和驱动	力士乐、安川、贝加莱、西门子、KEBA、倍福、发那科、三洋等	埃斯顿、广州数控、汇川技术、英威腾等	国内产品体积大、输出功率偏小	日本占比45%，欧美30%，韩国等10%
控制器	发那科、松下、三菱、那智、安川、贝加莱、KEBA、倍福、库卡、ABB等	固高、众为兴、新时达、广州数控、埃斯顿、新松等	差距相对较小	大部分机器人企业有自己的数控系统，国内机器人控制卡比较少
精密减速机	Nabtesco、Harmonic、住友等	南通振康、苏州绿的、山东帅克、浙江恒丰泰、秦川发展、上海机电等	国内的精度较差、寿命短、质量不稳定	全球减速机75%由Nabtesco和Harmonic制造销售

资料来源：根据中国机器人网（http://www.robotschina.com/）整理。

面，国内技术趋于成熟，已基本达到国际先进水平。

从工业机器人核心零部件国内外厂商技术对比来看，国外伺服电机和驱动供应商有力士乐、安川、贝加莱等，国内主要是埃斯顿、广州数控、汇川技术等厂商。相较之下，国内产品体积大、输出功率偏小，日本和欧美国家占据市场主导地位，亚洲地区韩国等拥有 10% 的市场份额。在控制器行业领域，国外发那科、松下、三菱等厂商具有较强竞争力，国内固高、众为兴、新时代等厂商市场竞争力不断提升，国内外技术差距相对较小。全球 75% 的精密减速机由日本两大巨头厂商 Nabtesco 和 Harmonic 制造和销售，国内厂商主要由南通震康、苏州绿的等，现阶段国产精密减速机精度较差、寿命短、质量不稳定，与国外技术差距大。

2．3D 打印市场规模与国内外竞争

3D 打印是一种以数字模型为基础，运用可粘合材料，通过逐层打印的方式构造物体的技术，又称增材制造技术，如今已被广泛应用于制造业，是智能制造的重要组成部分。与欧美国家相比，我国 3D 打印行业发展较晚。据赛迪顾问数据，近年来我国 3D 打印市场规模呈持续增长态势，2019 年市场规模达到 157.47 亿元，同比增长 31.12%，预计 2022 年市场规模将达到 349.46 亿元。

根据 3D 科学谷和铂力特招股书的相关资料，在我国 3D 打印设备存量

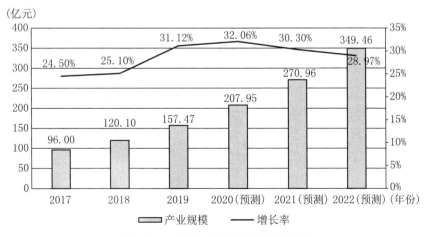

图 9.20　中国 3D 打印市场规模及增速

资料来源：赛迪顾问。

市场中，中国企业联泰科技占 16.4% 的市场份额，美国企业 STRATASYS 占 14.8% 的市场份额，德国企业 EOS 占 13% 的市场份额。在国内市场，联泰科技、华曙、铂力特等国有 3D 打印企业有一定市场占有率，但从总体来看，美、德两国 3D 打印设备仍是市场主流。据《2020 年沃勒斯报告》，2019 年全球 3D 打印市场以美国、欧洲、亚太三大地区为主，逐渐形成以欧美发达国家引领，亚太国家和地区追赶的发展趋势。从竞争态势来看，行业巨头通过自主研发、全球并购等方式不断布局和完善产业链。如 CE 公司在 2016 年通过收购瑞典 Arcam 公司和德国 Concept Laser 公司，成为金属 3D 打印领域的领头羊，并成功实现 3D 打印零部件在航空发动机制造领域的大规模应用。对比欧美国家，中国在 3D 打印产业发展上虽已取得长足进步，但仍存在足以制约智能制造高速发展的问题。一是国内高端的 3D 打印原材料供应能力不足，现阶段国内 3D 打印原材料多为低端材料，这一定程度影响 3D 打印最终零部件的质量。二是国内缺少规模大、创新能力强、具有影响力的企业，国际竞争力有待提高。三是国内尚未形成有效的"产学研用"一体化的协同推进机制，许多创新型技术仍未从高校院所转移应用到生产制造的实践当中。

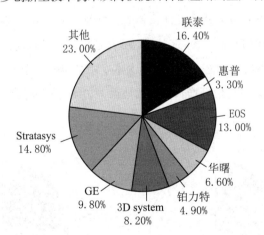

图 9.21　2018 年国内各品牌 3D 打印设备保有量

资料来源：3D 科学谷、铂力特招股书。

9.3.5　产业链调整与重构

受"逆全球化"思潮、中美贸易摩擦、新冠肺炎疫情等国际大环境影响，我国产业链安全隐患逐渐凸显。一方面，在美国发起的贸易战下，中兴、华为等国内科技巨头先后遭遇断供危机，而我国智能制造产业发展仍有赖于国外核心技术和关键装备的支持，国际经贸环境的改变无疑给智能制造的高速发展带来了挑战。另一方面，新冠肺炎疫情打乱了全球供应链秩序，国际贸易受到严重冲击，使得产业链稳定性下降。在新的国际形势下，我国智能制造产业链主要呈现出核心装备国产替代进程加快、工业软件加速追赶、5G技术引领发展的调整和重构趋势。

1. 核心装备国产替代进程加快——以芯片为例

在关键核心技术领域实现国产替代是防范和化解产业链风险、保障产业链和供应链安全的根本之策，也是中国向经济强国跨越的必经之路，其战略意义不言而喻。在我国人口红利逐渐消失、产业智能化转型升级、国家政策大力扶持的背景下，智能制造装备发展潜力巨大，加之中美贸易摩擦的强烈冲击，部分核心技术的国产替代势在必行。以在中美贸易摩擦中受冲击最为严重的集成电路产业为例，集成电路是智能制造装备的核心技术之一，是传感器、射频识别等领域的关键技术。中兴、华为芯片断供事件的刺激催生国产芯片的替代需求，国内也确实正在积极布局和完善芯片产业链，加速国产替代进程。集成电路可分为设计、制造、封测三个环节，其中我国在封测领域具有较强的国际竞争力。芯片设计是集成电路中具有较高技术壁垒的环节，美国一直稳居全球芯片设计主导地位，其次是中国台湾地区。中国大陆是全球IC设计市场份额增长最快的地区，2018年市场份额达到13%，比

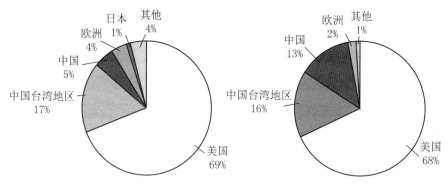

图9.22 2010年各国家/地区IC设计产值占比　2018年各国家/地区IC设计产值占比

资料来源：IC Insights、海关总署。

2010 年增长 8%。由此可见，美国始终主导全球 IC 设计产业发展，中国厂
商在近年来已取得较大进步。由于起步较晚，我国 IC 设计仍以中低端为主，
国内仅有少数厂商技术接近国际先进水平，高端芯片设计能力薄弱，市场供
给能力不足。近年来，在国家政策支持下，企业加大研发创新力度，国内部
分 IC 设计龙头企业在高端芯片设计上已初具一定国际竞争力。如华为海思
发布全球首款 5G SoC 芯片、寒武纪推出性能优越的首款边缘计算 AI 芯片，
国内芯片设计产业未来可期。

在芯片制造领域，台积电一家独大，拥有全球最领先的制程工艺。2019
年第三季度，全球前十晶圆代工企业共占据 94.1% 市场份额，台积电一家
独占 55.7%。中国大陆芯片制造企业以中芯国际和华虹半导体为代表，分列
全球第 5、第 6，共占全球 7.2% 的市场份额（如表 9.11）。受贸易摩擦影响，
集成电路上游芯片设计企业为规避风险将部分海外订单转移至国内，国内晶
圆代工企业市场份额得以快速增长。在未来较长时间内，贸易摩擦和供应链
断裂的风险仍不能完全消除，IC 制造订单回流应是未来芯片产业链调整的重
要趋势之一。我国芯片封测产业发展较早，目前技术已趋于成熟，是我国集

表 9.11　2019Q3 全球十大晶圆代工企业营收排名（单位：百万美元）

全球排名	公司	国家 / 地区	2019Q3	环比增长（%）	市场份额（%）
1	台积电	中国台湾	9396	21.3%	55.7%
2	格芯	美国	1680	10.5%	10.0%
3	三星	韩国	1291	11.9%	7.7%
4	联电	中国台湾	1217	4.9%	7.2%
5	中芯国际	中国	816	3.2%	4.8%
6	华虹半导体	中国	412	7.5%	2.4%
7	力晶	中国台湾	313	20.3%	1.9%
8	高塔半导体	以色列	312	2.0%	1.9%
9	世界先进	中国台湾	229	2.8%	1.4%
10	东部高科	韩国	146	1.7%	1.1%
—	前十大合计	—	15812	—	94.1%

资料来源：CINNO Research。

成电路领域较有国际竞争力，也是最容易实现国产替代的环节。2019 年第三季度全球十大封测企业排名中，有长电科技、通富微电、华天科技三家中国大陆企业上榜，共占据全球 28.1% 的市场份额。虽然国内领先的封测企业已部分掌握先进封装技术并实现量产，但从先进封装营收占比和高密度集成等先进封装技术来看，我国先进封装的技术储备与国际领先水平仍有一定差距。[①] 除芯片以外，智能制造领域大量核心装备仍以美、德、日等制造业发达国家为主导。基于贸易摩擦加剧、供应链变动的国际形势，加快智能制造领域核心装备国产替代步伐，有助于打造更为安全和稳定的产业链，是智能制造产业发展的趋势所在。

2．工业软件加速追赶

工业软件指广泛应用于工业领域，以提高研发设计、生产、制造、管理等流程水平和效率的应用软件，其核心作用是帮助企业提升产品质量、提高生产效率、降低生产成本。软件是智能的载体，工业软件是智能制造的核心。据赛迪顾问统计数据，2019 年我国工业软件市场规模达到 1720 亿元，近四年来增长速度有所放缓，但增长趋势仍然强劲。

图 9.23　中国工业软件市场规模及增速

资料来源：中国电子信息产业统计年鉴。

按用途分类，工业软件分为信息管理、研发设计、生产控制和嵌入式软件四大类。根据赛迪顾问《中国工业软件发展白皮书（2019）》相关资料，

---

① 东莞证券：《电子行业 2020 年上半年投资策略：景气重启，扬帆起航》。

2018 年嵌入式工业软件占据我国工业软件主要市场，占比 57.4%，其次是信息管理类 17.1%，生产控制类 17%，占比最小的为研发设计类 8.5%（见图 9.24）。国产信息管理类工业软件拥有较高市场占有率，2018 年用友国内市场占有率达 16%，位居第一，东软、浙江大华、浪潮、金蝶等国内企业也各自占有超 5% 的市场份额。但在高端信息管理工业软件领域，SAP、甲骨文两家国外企业具有较大竞争力，国内厂商在具有高市占率的优势下，应不断加强在高端工业软件领域市场的扩张，加速高端工业软件国产替代进程。在生产控制工业软件领域，国外厂商以技术领先优势占据国内大规模市场，国电南瑞、宝信软件等国内厂商虽占有一定市场份额，但其产品主要在特定的细分领域具有优势，品牌影响力较小，与国外品牌差距较大。研发设计是我国工业软件最为薄弱的环节，国内研发设计类工业软件大规模受制于美、德、法三国龙头企业。在电子设计自动化领域，外商垄断现象尤为明显，国内超 90% 的电子设计自动化市场为 Synopsys、Cadence 和 Mentor Graphics 三家巨头所垄断。近年来国内广联达、中望软件、神州软件等厂商发展较快，取得不错成绩，其中广联达研发的 BIM 项目全生命周期解决方案在建筑工程领域获得了较大市场份额，中望软件、神州软件等厂商也不断提升产品性能，逐步拓宽市场。

　　总体而言，国内工业软件产业发展主要呈现三个特点。一是信息管理类市场优势明显，生产控制类国内外差距较大，研发设计类最为薄弱；二是国

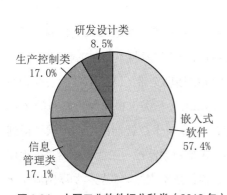

图 9.24　中国工业软件细分种类（2018 年）

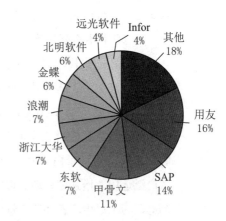

中国信息管理类工业软件市场格局（2018 年）

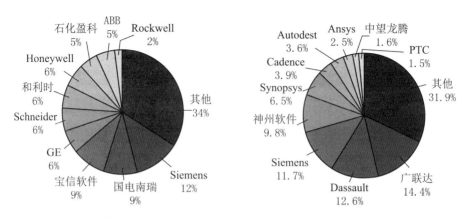

图 9.25　中国生产控制类工业软件市场格局（2018 年）　中国研发设计类工业软件市场格局（2018 年）

资料来源：赛迪顾问《中国工业软件发展白皮书（2019）》。

内自给产品多集中在中低端领域，高端产品国产化率需求迫切，国产替代空间较大；三是外国厂商主导势力强劲，国内产业发展缺乏龙头企业带动，国产品牌国际竞争力和影响力十分缺乏。中美贸易摩擦给国内众多产业发展造成严重冲击，将倒逼核心技术和产品国产化。我国高端工业软件由外资主导，"卡脖子"问题十分突出，工业软件的自主可控在中美脱钩的背景下显得尤为必要。2020 年 8 月，国务院发布《新时期促进集成电路产业和软件产业高质量发展的若干政策》，以促进我国集成电路和软件产业发展，这也将一定程度推动我国智能制造产业核心产品和技术的国产化进程，从而提高智能制造产业链稳定性与安全性。

3．5G 技术引领发展

作为新一代移动通信技术，5G 给智能制造产业发展带来新机遇。凭借高传速、高宽带、高可靠、低时延的特性，5G 技术将不断向工业领域渗透，赋能智能制造。5G 应用场景可分为增强型移动宽带（eMBB）、大规模物联网（mMTC）和低时延高可靠通信（uRLLC）三类，根据华为发布的《5G 时代十大应用场景白皮书》（如表 9.12），5G 技术在智能制造多个领域得到了广泛运用。增强型移动宽带应用场景包括视频监控、工业传感器、远程控制等，为工厂生产各环节海量数据传输提供技术支撑。大规模物联网应用场景包括状态监控、资产跟踪、云化自动导引运输车等，能够支撑更多联网单位，满足工业制造流程海量数据收集、并发控制的需求。低时延高可靠通信的应用场景包括无线云化 PLC、机器人同步等，能够满足智能制造实时性和可靠性的高性能需求。

表 9.12　5G 三大应用场景在智能制造中的应用

增强型移动宽带	大规模物联网	低延时高可靠通信
无线工业相机 工业传感器 远程控制 边缘计算分析	状态监控 资产跟踪 云化自动导引运输车 物流和库存监控	无线云化 PLC 机器人同步

资料来源：华为《5G 时代十大应用场景白皮书》。

以工业互联网为关键基础的智能工厂是 5G 技术的重要应用场景之一，利用 5G 网络高效连通研发设计、采购、仓储、生产制造、物流等各个环节，从而实现定制化、精准化、智能化生产是智能制造的根本需求。2017 年，国务院印发《关于深化"互联网 + 先进制造业"发展工业互联网的指导意见》，明确将 5G 列为工业互联网网络基础设施，并推进 5G 技术在工业制造领域的应用和部署。5G 技术的发展将引领通信、互联网等行业产生重大变革，我国 5G 技术处于世界领先水平，在世界范围有较大影响力，有助于 5G 在我国智能制造领域全方位、深层次的应用。我国实现 5G 技术的自主可控，不仅提高了智能制造产业链中游网络层的安全可靠性，更为智能制造的创新发展和产业链优化升级带来了更多可能。

9.4　产业发展制约因素及建议

9.4.1　智能制造产业发展制约因素

1．核心技术和装备受制于人

智能制造需以高性能的智能化装备和高技术含量的工业软件为基础，而我国在智能制造领域核心装备和关键技术上对外依赖严重。在工业机器人、数控机床、3D 打印技术、工业软件等领域，国内厂商中低端产品供给充裕，而高端产品供给能力不足，关键技术大多由国外厂商掌控。近年来国内涌现出一批富有创新能力的企业，在智能制造核心装备和技术取得了一定突破，但就现阶段而言，国内外技术差距仍较为明显，国内也缺乏具有国际影响力的企业，总体竞争实力不强。

2. 产业创新体系不健全

创新是产业发展的核心推动力，目前我国智能制造产业发展尚未形成较为完善的跨学科、跨领域合作的"政用产学研"一体化协同发展体系，在政策扶持、创新激励、产学研深化合作等方面有待加强。政府、企业、高等院校和科研人员单独为战，研发投入重复率高而创新绩效低下。此外，国内具有较大影响力，能够发挥实行性作用的智能制造产业协会、组织联盟、研究机构不多，支撑产业内企业彼此交流学习、合作创新的公共平台较为缺乏。上下游企业间信息不透明，缺乏协作，加大在核心技术上的突破难度。

3. 智能制造生态体系发展滞后

在智能制造产业发展生态体系方面，由于我国智能制造起步较晚，产业内部生态体系发展滞后，主要存在三大问题。一是基础研究投入不足，与美、德、日等智能制造引领国际相比，我国基础研究投入占比较低，原始创新能力薄弱，在关键领域、核心技术上难以实现突破，严重制约智能制造产业的创新发展。二是智能制造领域高素质高技能人才、创新型人才、高端复合型人才贮备不足，在智能制造领域缺乏领军人才团队和企业。三是国内智能制造系统解决方案供应商规模较小，高质量的供给不足，缺乏为企业智能化改造提供咨询、过程指导与绩效评估的服务机构。

4. 高成本投入制约企业转型升级

制造业智能化转型升级需要投入大量资金，工业机器人、高档数控机床、光刻机等硬件设备价格高昂，加之大部分核心装备和技术需从国外进口，国内制造业厂商智能化改造成本压力较大，一定程度限制我国制造业整体智能化水平提升。由于资金不足、人才缺乏、技术基础薄弱、自身利润微薄等多因素限制条件，相较于大中型企业，国内小微企业智能化之路面临更大的试错成本和不可控风险，仍然难以融入智能制造浪潮。

9.4.2 智能制造产业发展建议

1. 加强国际交流合作，促进产业创新

现阶段我国智能制造产业发展水平与美、德、日等制造业发达国家差距

较大，为促进我国智能制造发展向国际领先水平看齐，应大力加强国际间交流合作，以促进产业升级。在政府层面，通过开展国家间高层对话，产业协作等形式，在智能制造产业体系构建、智能制造标准与规范制定等方面借鉴国外先进经验与方法，丰富我国智能制造产业发展理论与实践知识，制定适合我国基本国情的智能制造产业发展政策，推动国内智能制造产业有序和高效发展。在企业层面，鼓励跨国公司、国外机构等在华设立智能制造研发机构、人才培训中心，建设智能制造示范工厂、产业园区。鼓励国内企业通过参与国际并购、参股国外先进的研发制造等方式，掌握智能制造关键技术，逐步实现自主发展。在高等院校和科研机构层面，鼓励通过国际学术会议、海外参访等途径，与国外高校、科研机构开展研究合作与交流，带动国内科研实力的提升，加快在智能制造关键技术上的突破。通过更高水平的对外开放，推动我国智能制造产业的创新发展。

2．搭建"政用产学研"产业发展体系

政府进一步发挥在智能制造产业发展上的牵头作用，通过出台相关产业政策促进产学研合作围绕应用转化和创新价值实现而有效开展，规划智能制造重点发展领域与发展规划，引领产业发展方向。智能制造的创新发展，需要从以生产者为中心的创新模式向以用户为中心的创新模式转变，以在生产上满足个性化、定制化的用户需求。"产学研"协同发展是实现科研技术突破和科研成果转化的关键，企业、高校、科研机构的高校合作将大大提升科研成果产出与转化。智能制造厂商一方面以高校和科研机构输出的研究成果作为企业技术进步和创新发展的原动力，另一方面以提供研发资金、资源等方式进一步支持研发设计。高等院校要以社会需求为导向，注重高技术人才、创新型人才、复合型人才的培养，建立智能制造人才库，为产业发展领军人才和龙头企业的显现打下坚实基础。科研机构兼顾政府产业发展政策和产业发展技术需求，规划研究方向，开展科研工作，通过与高等院校的密切合作，致力于以研究成果推动智能制造产业的整体发展。通过全面构建"政用产学研"产业发展体系，创建良好的智能制造产业发展生态，激发产业创新活力。

3．加大对小微企业智能化改造的金融支持

据国家统计局资料显示，我国小微工业企业占总工业企业数量高达

84%，且平均利润远低于大、中型工业企业。小微工业企业在智能化转型升级进程中面临资金短缺、融资困难、人才缺乏等难题，严重制约我国制造业的整体智能化发展水平。政府在鼓励企业智能化转型的同时，应加大对小微企业的扶持力度，为传统企业的智能化改造提供一定资金支持。引导银行业金融机构对发展潜力较好、产业带动效益明显的智能制造厂商的智能化改造项目优先给予贷款支持。

4．加快培育智能制造工厂

智能制造工厂是企业实现研发设计数字化、生产制造智能化、生产要素协同化、制造产品定制化的载体，创建和培育现代化智能工厂是实现智能制造的首要条件。基于国内制造工厂智能化水平普遍不高的现状，政府应首先带动重点区域、重点产业领域制造工厂的智能化改建，以形成良好的示范效应。智能制造工厂的建设。智能制造工厂构建应以互联互通为核心特征，实现制造系统间高度融合；应以网络协同为特征，实现集团一体化管控运行，以柔性制造为特征智能系统，实现大规模个性化定制；以大数据云平台为基础，实现设备远程智能化监控运维。加快培育和部署智能制造工厂是智能制造发展的首要任务之一，以重点领域和行业示范先行，以区域制造业智能化水平提升带动全国智能制造产业整体发展，是当前有效的智能制造发展规划方向。

| 参考文献

［1］周济、李培根、周艳红等：《走向新一代智能制造》，*Engineering* 2018 年第 1 期。

［2］陈明、梁乃明、方志刚等：《智能制造之路：数字化工厂》，机械工业出版社 2016 年版。

［3］王焱：《智能制造技术在航空领域的应用与展望》，《中国航空报》2015 年 3 月 16 日，第 A06 版。

［4］臧冀原、王柏村、孟柳、周源：《智能制造的三个基本范式：从数字化制造、"互联网＋"制造到新一代智能制造》，《中国工程科学》2018 年第 4 期。

［5］古依莎娜、董景辰、臧冀原、杨晓迎：《并行推进、融合发展——新一代智能制造技术路线》，《中国工程科学》2018 年第 4 期。

［6］"新一代人工智能引领下的智能制造研究"课题组、周济：《中国智能制造的发展路径》，《中国经济报告》2019 年第 2 期。

［7］周宏仁:《智能制造的三个支点》,《中国信息化》2018 年第 2 期。

［8］胡成飞、姜勇、张旋:智能制造体系构建:《面向中国制造 2025 的实施路线》,机械工业出版社 2017 年版。

［9］李廉水、石喜爱、刘军:《中国制造业 40 年:智能化进程与展望》,《中国软科学》2019 年第 1 期。

［10］中国电子信息产业发展研究院:《2018—2019 年中国智能制造发展蓝皮书》,电子工业出版社 2019 年版。

［11］方晓霞、杨丹辉、李晓华:《智能制造:中国制造业新引擎》《新华月报》2017 年第 7 期。

［12］周宏仁:《智能制造发展的三个阶段》,《中国航空报》2018 年 3 月 8 日,第 006 版。

［13］于畅、邓洲:《工业化后期国产替代的方向调整与推进策略》,《北京工业大学学报》(社会科学版) 2021 年第 1 期。

［14］"新一代人工智能引领下的智能制造研究"课题组:《中国智能制造发展战略研究》,《中国工程科学》2018 年第 4 期。

（本章主持及执笔:杨帅波　包　敏）

第 10 章 工业互联网

本章提要：

工业互联网本质上是实现制造业数字化、网络化、智能化发展的重要基础设施。其可分为网络层、平台层、安全层三大体系，其中网络是基础，平台是核心，安全是保障。三者叠加设备层、软件层、应用层，构成工业互联网产业链。

国家高度重视工业互联网的发展，并出台一系列产业政策予以支持。其中，2017 年 11 月国务院发布的《关于深化"互联网＋先进制造业"发展工业互联网的指导意见》是指导我国工业互联网创新发展的纲领性文件，发展工业互联网成为国家战略。在各方努力之下，我国工业互联网发展态势稳健，产业规模持续扩大，对经济的带动作用不断增强。此外，地域发展呈"东部强，西部弱"特点，人才发展正不断改善，但仍面临诸多困难。国际比较来看，世界工业互联网领军国家美、德均按照其自身比较优势进行产业规划与发展。美国以信息技术与企业联盟主导为特色，德国则通过核心支撑（CPS）聚焦于中小企业的数字化转型。中国工业互联网的发展路径规划亦应契合自身优势所在。

当前我国工业互联网产业发展仍存在诸多问题，如关键基础设备薄弱，数据采集能力不足；龙头企业引领能力不足，企业协作不足；人才与资金保障不足等，应于数据、技术、重点产业、人才四方面予以支持。

10.1 工业互联网概述

10.1.1 产业简介

工业互联网本质上是实现制造业数字化、网络化、智能化发展的重要基础设施。其核心目的为利用网络、数据、模型为企业与生产服务，即通过网络实现机器、原材料、产品、劳动力等生产要素的全面互联，进而实现工业数据的全面采集与实时传输，最后基于 PaaS 平台的大数据处理与智能建模分析，实现控制、运营与生产组织方式的升级，以及工业生产率的提高。

10.1.2 产业特点

工业互联网是互联网发展的新领域，是实体经济与互联网的结合之处。相对来说，工业互联网有三个明显特点。

一是连接对象方面，工业互联网致力于实现人、机、物等生产要素及上下游业务流程的智能互联；二是连接量级方面，工业互联网联接设备数量庞大，以百亿计。据 PTC 预测，2020 年物联网设备联接数达 500 亿。据 Gartner 预测，2020 年物联网设备联网量达 260 亿。[1] 三是技术要求方面，工业互联网在网络性能上要求很高，包括低时延、高可靠性、高安全性，网络问题造成的业务中断将会带来严重后果。此外，工业互联网为封闭网络，不兼容协议。四是发展模式方面。工业互联网作为基础设施，以"赋能"为主，应用端的行业标准较杂，且应用专业化要求高，以个性化的发展模式为主。

10.2 工业互联网产业链

10.2.1 三大体系与产业链概述

2017 年 11 月，国务院发布《关于深化"互联网＋先进制造业"发展工业互联网的指导意见》，此为规范和指导我国工业互联网发展的纲领性文件。

---

[1] 《工业互联网 20 问》，中国工业互联网研究院官网，https://www.chinaaii.com/index.php?m=content&c=index&a=show&catid=26&id=5。

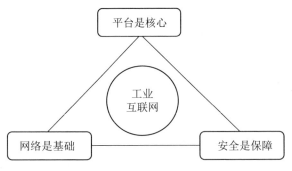

图 10.1　工业互联网三大体系

该文件确定工业互联网网络、平台、安全三大体系的划分。其中，网络是基础、平台是核心、安全是保障。

从产业链的视角，网络层之上还存在设备层，平台层之下还存在网络层。五者结合，可将工业互联网产业链分作上、中、下游及外围。其中上游包括设备层与网络层，提供硬件保障与基础支撑；中游为平台层与软件层，为工业互联网的核心中枢；下游为应用层，即工业互联网赋能各个产业，提供诸多应用场景及解决方案；外围为安全层，为工业互联网体系的运作提供安全保障。

10.2.2　上游——设备层、网络层

产业链上游为设备层与网络层，主要提供工业互联网平台所需的智能硬件及设备、网络基础设施。

1．设备层

设备层以智能硬件及设备为主。其内部主要包括生产设备、智能终端、嵌入式软件等。其中，生产设备主要为工业机器人、智能机床、智能设备等；智能终端主要为工业传感与工业控制服务，工业传感的主要载体为传感器等，用于温度、位移、流量、压力等全方位的数据采集与传送，工业控制主要载体为控制器，包括 DCS、SCADA、HMI、IPC、RFID、控制芯片等，用于数据的分析与控制等；嵌入式软件包括 PLC、DSP、FPGA 等。

其中，传感器为主要工业传感的主要载体，在我国发展方兴未艾。市场结构与规模方面，全球来看主要生产者多为国外厂商，包括 SIEMENS、

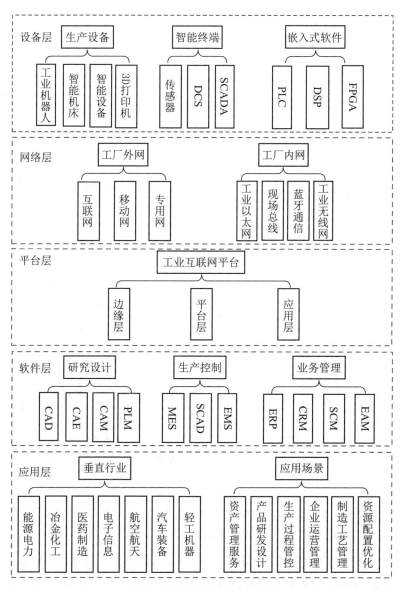

图 10.2　工业互联网产业链

资料来源：参考赛迪顾问整理。

注：CAD 为计算机辅助设计，CAE 为计算机辅助工程，CAM 为计算机辅助制造，PLM 为产品生命周期管理，四者皆为研发设计软件；MES 为制造执行系统，SCADA 为数据采集与监视控制系统，EMS 为环境管理协同，三者为生产控制系统；ERP 为企业资源计划系统，CRM 为客户关系管理系统，SCM 为软件配置管理系统，EAM 为企业资产管理系统，四者皆为业务管理系统；DCS 为集散控制系统，PLC 可编程逻辑控制器，DSP 为数字信号处理技术，FPGA 为现场可编程门阵列，四者分别为智能终端与嵌入式软件。

Honeywell、OMRON[①]等。国内来看，我国传感器发展较快。据赛迪顾问数据，2019 年，我国传感器市场规模达 2188.8 亿元，预计 2021 年将达到 2951.8 亿元，增速达 17.6%。具体到工业制造传感器领域，2019 年市场规模为 462.3 亿元，在整体传感器市场中占比相对较低，为 21.1%。内部结构来看，流量传感器市场规模最高，为 99.4 亿美元，占工业制造传感器比重达 21.5%，其次为压力传感器与图像传感器，规模分别为 68.3 亿元、67.9 亿元，占比分别为 14.8%、14.7%。相对来说，工业制造传感器市场结构较为分散，除上述种类外，距离传感器、加速度传感器、湿温度传感器等占比均超过 10%。

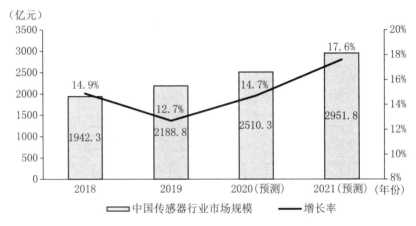

图 10.3　2018—2021 年传感器市场规模及预测

资料来源：赛迪顾问。

工业机器人为主要生产设备之一，主要生产厂商包括 ABB、FANUC、Yaskawa、NACHI 等，国内厂商有新松、上海新时达[②]等。据国际机器人协会（IFR）数据，2019 年全球工业机器人出货量为 37.3 万台，同比下降 11.61%，中国工业机器人销量为 14.05 万台，居全球第一。内部来看，工业机器人可分为搬运、焊接、装配、洁净室机器人等多种类型，搬运机器人与焊接机器人是其主要用途，2019 年搬运机器人销量为 17.3 万台，焊接机器人为 7.5 万台，其他均在 4 万台以下。

---

①② 国泰君安证券：《新基建——工业互联网产业链梳理：万物互联智能制造》。

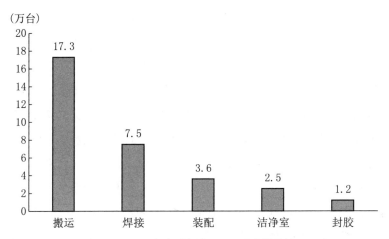

图 10.4　2019 年全球各类工业机器人销量情况

资料来源：国际机器人协会。

分散控制系统（DCS）为主要控制器之一，主要生产商包括 ABB、艾默生、横河等，国内厂商有中控、和利时等。据睿工业数据，2019 年我国分散控制系统市场规模为 87.4 亿元，同比增长 7.2%，同时，国内市场集中度较高，中控技术 2019 年占有率达到 27%，连续九年市场占有率为第一，第二名艾默生与第三名利时的市场份额分别为 16%、15%，CR4 达到 68%。内部结构来看，据中控技术数据，分散控制系统市场的三大细分行业为化工、电力

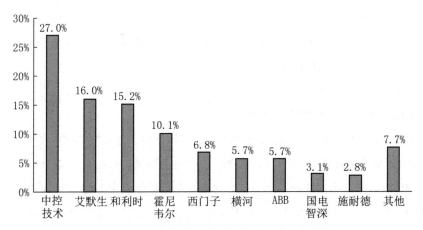

图 10.5　2019 年中国分散控制系统行业市场竞争情况

资料来源：睿工业。

及石化，2019 年，三大行业分散控制系统规模分别为 32.3 亿元、21.3 亿元、17 亿元，合计占整体行业规模的 80.7%。

2．网络层

网络层是工业互联网的基础，为实现产业链各环节及工业生产各要素的互联互通提供支撑。从功能来看，其主要包括网络互联、标识解析和信息互通三方面。其中网络互联与信息互通易于理解，标识解析指赋予每一个产品、零部件、机器设备等唯一的"身份证"。其主要分为根节点、国家顶级节点和二级节点，每层节点保存不同的信息。根节点是最顶层的信息，主要归属于管理层。国家顶级节点是标识解析的关键，是对外互联的关口与对内统筹的枢纽。二级节点则是面向行业的标识注册和解析，其可推动实现供应链系统和企业生产系统的准确对接。[①]

从产业链具体分类来看，网络层可分作外网与内网。其中外网包括互联网、移动网、专用网等；内网包括工业以太网、现场总线、蓝牙通信、工业无线网等。外网主要为实现产业链各环节的泛在互联与数据顺畅流通提供保障；内网主要为打通企业内部信息与数据的流通环节。

据工信部数据，2019 年，我国工业互联网网络产业存量规模为 651 亿元，2017 年以来的年复合增长率达 30.7%。同时，2019 年，网络产业在工业互联网核心产业中占 12.1%。此外，在标识解析方面，我国已建设完成 5 个国家顶级节点，包括北京、上海、广州、武汉、重庆，有 22 个二级节点上线运营，标识注册量超过 37 亿。标识解析方面，2020 年目标建设 5 个国家顶级节点，10 个公共标识解析服务节点，达 20 亿标识注册量。到 2025 年，目标达到 20 个公共标识解析服务节点，40 亿标识注册量。

10.2.3 中游——平台层、软件层

产业链中游主要为工业互联网平台层与软件层，主要提供数据收集、建模分析与智能管理的平台与软件支持，是工业互联网的核心。据信通院数据，2019 年我国工业互联网平台与工业软件产业存量规模为 2486 亿元，占核心产业比重为 46.4%，2017—2019 年复合增长率达 29.2%，是工业互联网增长

[①] 《工业互联网 20 问》，中国工业互联网研究院，https：//www.chinaaii.com/index.php?m=content&c=index&a=show&catid=26&id=5。

的主要驱动力。

1. 平台层

平台层是工业互联网的核心，其上连设备、下连应用，通过大数据收集、分析，推动工业知识的软件化与模块化，以及制造能力的标准化与服务化，促进制造企业信息与生产的协调一致，是整个工业生产、管理及决策的控制大脑。

从架构上看，平台层可以分为边缘、平台和应用三个方面。其中，边缘层主要针对工业大数据的采集；平台层主要解决的是数据存储与云计算，涉及的设备包括服务器、存储器等。应用层则主要是各种场景应用型方案，表现形式主要为工业 APP。三个维度当中，工业互联网平台为核心，其在云计算平台的基础上叠加物联网、大数据、人工智能等新兴技术，承载数以亿计的设备、系统、软件等，承担工业资源配置的关键角色。

总体来看，工业互联网的市场在不断扩容。据中国工业互联网协会数据，至 2020 年 6 月，具备行业、区域影响力的工业互联网平台超过 70 个，连接工业设备数量达 4000 万台套，工业 APP 突破 25 万个，工业互联网平台服务工业企业数近 40 万家。

内部来看，工业互联网平台企业可分为三类，一是海尔、宝信、航天云网等传统工业解决方案提供企业通过转型发展，在平台领域布局；二是树根互联、中联重科、富士康等大型制造企业，通过成立独立公司来专注平台运营；三是昆仑数据、黑湖科技等各类创新型企业，打造自身特色型平台。①

市场结构方面，当前工业互联网市场集中度不断提升，龙头公司竞争力不断加强。据国家工业信息安全发展研究中心数据，2018—2020 年，工业互联网服务商中的大型企业占 28%、66%、74%，相对应的中小企业则为 72%、34%、26%。大型企业的占比不断上升，至 2020 年占比已逾七成，表征市场集中度不断提升，这或由工业互联网较高的技术壁垒与较重的前期资金投入门槛决定，大企业相对具有更强的市场竞争力。

其中，互联网、云计算及行业巨头企业凭借其技术、资金与市场优势，在

① 《工业互联网 20 问》，中国工业互联网研究院，https://www.chinaaii.com/index.php?m=content&c=index&a=show&catid=26&id=5。

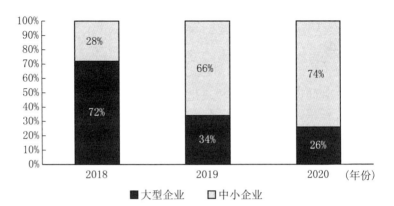

图 10.6　工业互联网服务商规模分布

资料来源：国家工业信息安全发展研究中心。

工业互联网领域深耕，表现尤为出色。据工信部发布的 2019 年十大双跨平台名单，可发现海尔、用友、浪潮、华为、阿里等互联网或行业巨头均榜上有名，如海尔通过 COSMOPlat 工业互联网平台提供大规模、定制化的工业解决方案，并于 2020 年 7 月发布全球首家"智能 +5G"互联工厂；用友网络通过精智工业互联网平台提供数据化、开放化、场景化的智能云服务；阿里于 2009 年便率先开展云平台的研究，并与制造、能源、交通等诸多领域的龙头企业合作，成为

表 10.1　2019 年十大双跨平台名单

序号	平台名称	企业名称
1	海尔 COSMPlat 工业互联网平台	青岛海尔股份有限公司
2	东方国信 Cloudiip 工业互联网平台	北京东方国信科技股份有限公司
3	用友精智工业互联网平台	用友网络科技股份有限公司
4	树根互联根云工业互联网平台	树根互联技术有限公司
5	航天云网 INDICS 工业互联网平台	航天云网科技发展有限公司
6	浪潮云 In-Cloud 工业互联网平台	浪潮云信息技术有限公司
7	华为 FusionPlant 工业互联网平台	华为技术有限公司
8	富士康 BEACON 工业互联网平台	富士康工业互联网股份有限公司
9	阿里 supET 工业互联网平台	阿里云计算有限公司
10	徐工信息汉云工业互联网平台	江苏徐工信息技术股份有限公司

资料来源：工信部。

一些工业企业云平台构建的重要推手。其通过 supET 工业互联网平台提供工业物联网、工业 APP 运营、工业数据智能应用等三个核心的工业 PaaS 服务等。

2．软件层

软件层是工业互联网下连应用端的载体。可分为研发设计软件、生产控制软件、业务管理软件、嵌入式软件。其中研发设计软件按功能可分为设计绘图（CAD）、仿真测试（CAE、CAM）、产品数据（PLM、PDM）等，旨在提升产品研发的质量与效率；生产控制软件按功能可分为现场控制（DCS、SCADA）、流程管理（MES）、能效管理（EMS）等，旨在提高制造管理水平与生产设备利用率。业务管理软件按功能可分为企业资源管理（ERP）、财务管理（FM）、人力资源管理（HRM、HCM）、资产管理（EAM）、营销管理（CRM）、供应链管理（SCM）等，旨在提升企业管理、治理、运营的水平。[1]

市场规模方面，我国工业软件呈规模小、增速快的特征。全球工业软件市场规模庞大，据 Gartner 数据，2018 年为 3893 亿美元，2012—2018 年复合增长率为 5.34%。相比之下，我国工业软件市场规模不足，尚处发展初期，但增速远高于世界。据工信部数据，2019 年我国工业软件市场规模为 1720 亿元，体量仅为全球的 6.3%，规模尚小，但 2012—2019 年复合增长率达

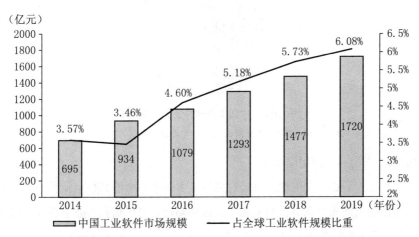

图 10.7　2014—2019 年中国工业软件市场规模及占比

资料来源：工信部。

---

[1]　国泰君安证券：《新基建——工业互联网产业链梳理：万物互联智能制造》。

20.34%，增速强劲。

市场结构来看，我国广联达、宝信软件等企业在工业软件等方面均有所布局，市场结构呈供给分散、需求集中的格局。据赛迪顾问数据，供给方面，2018 年我国工业软件企业中，规模在 50 亿元以上的数量占比仅为 6.3%，20亿—50 亿元，以及 10 亿—20 亿元的企业规模占比分别为 16.3%、23.8%，规模在 1 亿—10 亿元的企业占 53.8%。可见供给层面，头部企业优势仍不突出。需求方面，2018 年，我国工业软件的客户相对集中于大型企业。大型企业、中型企业占比分别达 52.1%、28.3%，小型企业仅占 19.6%。中小企业的需求有待于进一步挖掘。内部来看，研发设计类软件，广联达、Dassault、Siemens、神州软件、Synopsys 分别为营收前五甲，CR5 为 55%，市场集中度较高；生产控制类软件，Siemens、国电南瑞、宝信软件、GE、Schneider 为营收前五甲，CR5 为 42%，市场集中度较低；业务管理类软件，用友、SAP、甲骨文、东软、浙江大华为前五甲，CR5 为 55%，市场集中度较高。

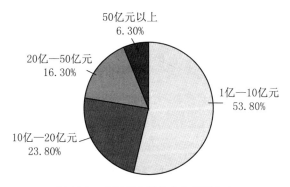

图 10.8　中国工业软件企业规模分布

资料来源：赛迪顾问《2019 年中国工业软件发展白皮书》。

10.2.4　下游——应用层

产业链下游为应用端，对接对象为工业企业，赋能其数字化转型。主要应用行业包括能源电力、冶金化工、医药制造、电子信息、航空航天、汽车装备、轻工机械等。

应用场景来看，据工业互联网产业联盟划分，工业互联网应用场景可分为设备管理服务、生产过程管控、企业运营管理、资源配置协同、产品研发设计、制造与工艺管理等。其中设备管理服务包括设备健康管理、产品后服务等，占 38%，是工业互联网落地最主要的领域；生产过程管控包括能耗与排放管理、质量控制、生产管理优化、生产控制分析，占 28%；企业运营管理包括安全管理、供应链管理、财务人力管理、客户关系管理等，占 18%；资源配置协同包括金融服务与全流程系统性，占 13%；产品研发设计主要为数字化设计与仿真验证，占 2%；制造与工艺管理主要为数字化工艺设计与制造辅助，占 1%。总体来看，当前工业互联网平台应用主要集中于设备管理服务、生产过程管控与企业运营管理三大类场景，资源配置优化与产品研发设计获得初步应用，但总体仍有待培育。

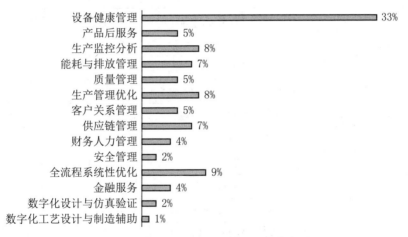

图 10.9　工业互联网平台应用分布统计

资料来源：《工业互联网平台白皮书（2019 年）》。

　　应用方式来看，工业互联网对下游的赋能主要有四种路径，一是基于工厂现场连接。通过对生产、资源、设备等的智能管控以提升生产效率。二是基于网络化协同，即通过工业互联网平台，整合分布于各地的资源、设计等，通过协同效应打造新业态，降低产品研发制造成本。三是服务化延伸。即在售后方面，通过工业互联网实现对产品运行状态的实时监控，并开展远程维护与健康管理。四是个性化定制。即通过工业互联网实现用户与企业的精准对接，通过对设计、资源与生产的灵活调度，实现定制成本的降低与规模的提升。[1]

---

[1]　《工业互联网 20 问》，中国工业互联网研究院，https://www.chinaaii.com/index.php?m=content&c=index&a=show&catid=26&id=5。

应用效果来看，我国工业互联网向各行业渗透，其中制造业融合显著。由中国工业互联网研究院测算的我国各行业工业互联网发展应用指数观测，制造业的融合程度远高于其他产业，此外批发和零售业，信息传输、软件和信息技术服务业，科学研究和技术服务业，租赁和商务服务业的工业互联网发展应用指数亦均超过30。但是，第一产业，包括农、林、牧、渔业在内，与工业互联网渗透融合情况显著落后于工业和服务业，需加快工业互联网创新融通发展，实现农业精细化、科学化、智能化管理。

表 10.2　我国各行业工业互联网发展应用指数表

序号	行业名称	指数
1	制造业	69.64
2	批发和零售业	44.59
3	信息传输、软件和信息技术服务业	44.10
4	科学研究和技术服务业	35.43
5	租赁和商务服务业	30.79
6	建筑业	28.06
7	金融业	23.73
8	交通运输、仓储和邮政业	19.36
9	电力、热力、燃气及水生产和供应业	18.80
10	住宿和餐饮业	18.42
11	房地产业	18.21
12	水利、环境和公共设施管理业	17.80
13	文化、体育和娱乐业	15.96
14	居民服务、修理和其他服务业	15.46
15	采矿业	12.60
16	农、林、牧、渔业	6.96
17	卫生和社会工作	6.11
18	教育	4.94
19	公共管理、社会保障和社会组织	0.58

资料来源：《工业互联网发展应用指数白皮书（2020 年）》。

深入制造业内部观测，机械、电力、电子、交通设备制造等细分行业的工业互联网渗透程度相对更高。在渗透方式方面，设备资产管理的应用密度显著高于其他，其次为生产过程优化、供应链管理等。

表 10.3　工业互联网解决方案行业应用密度

应用场景/行业		采矿	钢铁	石化	建材	纺织服装	家电	机械	交通设备制造	电子	电力
核心业务优化	研发设计优化										
	生产过程优化										
	工艺优化										
	质量优化										
	供应链管理										
	管理决策优化										
生产保障能力提升	设备资产管理										
	安全生产										
	节能减排										
社会化资源协作	产业协同										
	分享制造										
	按需定制										
	产融合作										

资料来源：国家工业信息安全发展研究中心。

注：颜色深浅表示工业互联网技术应用密度高低，颜色越深，密度超高。

值得注意的是，工业互联网赋能各行业的方式具有内部异质性。各行业的赋能路径与其发展现状、行业特色息息相关。例如，机械和交通设备制造行业的发展趋势为存量竞争向服务化转型，因而工业互联网对其推广的范围与应用的深度均领先于其他行业，在设备数字化的基础上，工业互联网助力企业实现远程操作、设备租赁、产业协同等。钢铁行业的特点为价格波动大、下游企业分散，且多为中小企业。因此，工业互联网赋能钢铁平台便以供应链为核心切入点，为供应链服务探究新模式。纺织服装行业的特点是创造性、定制化、潮流化，工业互联网的赋能路径主要为按需定制、个性化定制，提供创新性强的解决方案。电子行业的特点是生命周期短、产品质量高、产品种类多。因此工业互联网的赋能路径便聚焦生产制造过程优化，通过质量管控的提升打造竞争优势。

10.2.5　外围——安全层

安全层是工业互联网的保障，也是产业链的外围层，其涉及设备安全、控制安全、网络安全、应用安全和数据安全五个方面。设备安全指工业设备和组件于公用网络下带来各类潜在的攻击问题，需专门的防护手段与技术，以确保工业设备安全。控制安全指工业互联网控制层的信息系统安全，防止控制环境开放带来的各类系统漏洞的威胁。网络安全指防火墙、身份认证与识别等传统安全服务。应用安全指应用软件及工业互联网平台的安全，防止工业互联网平台及上云的应用面临的病毒、漏洞等安全挑战。数据安全指各类数据，如工厂内部的生产管理与操作数据，及工厂外部数据等的安全问题，避免数据面临的丢失、泄露、篡改等安全威胁。其可能实现路径有五个：一是构建工业互联网设备、网络和平台的安全评估认证体系；二是建立工业互联网数据安全管理体系，明确数据安全保护责任与具体要求；三是建立工业数据分级分类管理制度；四是加强工业互联网相关企业落实网络安全主体责任；五是充分发挥国家研究机构与社会力量的作用。[①]

市场规模与结构方面，根据信通院数据，2019年我国工业互联网安全产业存量规模为27.2亿元，2017—2019年复合增长率高达42.3%，但在核心产业中占比较低，约为0.5%。企业方面，工业安全领域目前有启明星辰、奇安信等领军企业。据工业互联网产业联盟数据，2019年，工业互联网产业联盟成员单位发展到1400余家。

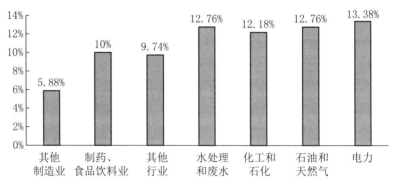

图 10.10 　2015—2020 年各行业工业信息安全投入复合增长率

资料来源：工信部《中国工业信息安全产业发展白皮书》。

[①] 《工业互联网20问》，中国工业互联网研究院，https://www.chinaaii.com/index.php?m=content&c=index&a=show&catid=26&id=5。

行业投入方面，各行业对工业信息安全的重视逐渐加大，其中，据工信部数据，电力（发电、输配电）在工业信息安全领域投入幅度最大，2015—2020 年复合增长率达 13.38%，其次为石油和天然气、化工和石化、水处理和废水等，年复合增速均超过 10%

10.3　工业互联网产业政策

10.3.1　政策梳理

1．顶层设计

国家层面，中央高度重视工业互联网的发展，不断出台政策予以支持。

2017 年 11 月 27 日，国务院发布《关于深化"互联网＋先进制造业"发展工业互联网的指导意见》，此为指导我国工业互联网创新发展的纲领性文件，标志着发展工业互联网成为国家战略。《指导意见》明确"三步走"战略，即到 2025 年，基本形成具备国际竞争力的基础设施和产业体系。覆盖各地区、各行业的工业互联网网络基础设施基本建成。工业互联网标识解析体系不断健全并规模化推广。形成 3—5 个达到国际水准的工业互联网平台；到 2035 年建成国际领先的工业互联网网络基础设施和平台，形成国际先进的技术与产业体系，工业互联网全面深度应用并在优势行业形成创新引领能力，安全保障能力全面提升，重点领域实现国际领先；到本世纪中叶，工业互联网网络基础设施全面支撑经济社会发展，工业互联网创新发展能力、技术产业体系以及融合应用等全面达到国际先进水平，综合实力进入世界前列。

2018 年 5 月，工信部发布《工业互联网发展行动计划（2018—2020 年）》，《行动计划》以供给侧结构性改革为主线，从网络、平台、安全等方面突破核心技术，促进行业应用，形成有力支撑先进制造业发展的工业互联网体系，细化了工业互联网起步阶段的发展目标和重点任务。

2020 年 5 月，李克强总理在《2020 年国务院政府工作报告》中指出，"推动制造业升级和新兴产业发展。支持制造业高质量发展。发展工业互联网，推进智能制造，培育新兴产业集群"。同时提出重点支持"两新一重"

（新型基础设施建设，新型城镇化建设，交通、水利等重大工程建设）建设。工业互联网作为"新基建"的一环，发展再迎契机。

2020 年 7 月工信部印发的《工业互联网专项工作组 2020 年工作计划》，对 2020 年的工作目标作出了定量规定，包括提升基础设施能力、构建标识解析体系、建设工业互联网平台、突破核心技术标准、培育新模式新业态、促进产业生态融通发展、增强安全保障水平、推进开放合作、加强统筹推进、推动政策落地十个方向。

表 10.4　工业互联网顶层设计政策

日　期	政策名称
2017 年 11 月	国务院发布《关于深化"互联网＋先进制造业"发展工业互联网的指导意见》
2018 年 5 月	工信部发布《工业互联网发展行动计划（2018—2020 年）》
2020 年 7 月	工信部印发《工业互联网专项工作组 2020 年工作计划》

资料来源：工信部。

2．产业链各层政策

网络是工业互联网的基础，中央出台一系列政策予以扶持。2019 年 1 月，工信部出台《工业互联网网络建设与推广指南》，强调到 2020 年形成相对完善的工业互联网网络顶层设计，初步建成工业互联网基础设施和技术产业体系。

平台是工业互联网的核心，也是政策发力的焦点。2018 年 5 月，《工业互联网 APP 培育工程实施方案（2018—2020 年）》发布，提出到 2020 年底，工业 APP 规模达 30 万，创新应用企业关键业务环节工业技术软件化率达到 50%；2018 年 7 月工信部发布《工业互联网平台建设及推广指南》，提出到 2020 年，培育 10 家左右的跨行业跨领域工业互联网平台和一批向特定企业、特定区域的企业级工业互联网平台；2019 年 11 月《"5G+工业互联网"512 工程推进方案》提出，到 2022 年，突破一批面向工业互联网特定需求的 5G 关键技术；打造 5 个产业公共服务平台；内网建设 10 个重点行业；形成至少 20 大典型工业应用场景。

安全层是工业互联网的保障，中央亦专门出台政策予以规范与指引。

2019 年 8 月，工信部等 10 部委发布《加强工业互联网安全工业的指导意见》，提出到 2020 年形成相对完善的工业互联网网络顶层设计，初步建成工业互联网基础设施和技术产业体系。

表 10.5　工信部关于工业互联网产业链各环节政策

产业链	日期	政策名称
网络层	2019 年 1 月	《工业互联网网络建设与推广指南》
平台层	2018 年 5 月	《工业互联网 APP 培育工程实施方案（2018—2020 年）》
	2018 年 7 月	《工业互联网平台建设及推广指南》
	2019 年 11 月	《"5G+工业互联网"512 工程推进方案》
安全层	2019 年 8 月	《加强工业互联网安全工业的指导意见》

资料来源：工信部。

3．区性政策

地区性产业政策来看，东部省份出台工业互联网平台相关政策较为密集。上海于 2018 年 7 月发布《工业互联网产业创新工程实施方案》，方案指出，到 2020 年，通过实施上海工业互联网"533"创新工程，即构建"网络、平台、安全、生态、合作"五大体系，落实"功能体系建设、集成创新应用、产业生态培育"三大行动，实现"全面促进企业降本提质增效、推动传统产业转型升级、助力国家在工业互联网发展中的主导力和话语权"三大目标，全力争创国家级工业互联网创新示范城市，并带动长三角世界级先进制造业集群发展。2020 年 6 月新发布《推动工业互联网创新升级实施"工赋上海"三年行动计划（2020—2022 年）》。提出目标为，到 2022 年，实现工业互联网对实体经济引领带动效能显著，工业互联网核心产业规模达到 1500 亿元等。具体任务包括：推动工业互联网平台与 5G、人工智能、区块链等深度融合，打造 10 个"5G+工业互联网"先导应用；建立长三角工业互联网平台应用创新体验中心；聚焦航天航空、高端装备、生物医药等区域重点产业，面向全球开放工业场景，培育工业互联网标杆平台和龙头企业等。

表 10.6　工业互联网地区性政策

分类	日期	政策名称
北京	2018 年 11 月	《北京工业互联网发展行动计划（2018—2020 年）》
江苏	2018 年 7 月	《关于组织实施江苏省工业互联网创新发展"365"工程的通知》
	2017 年 12 月	《加快推进"企业上云"三年行动计划》
浙江	2020 年 5 月	《关于加快推进工业互联网标识解析体系建设的实施意见》
	2018 年 8 月	《关于加快发展工业互联网促进制造业高质量发展的实施意见》
上海	2020 年 6 月	《推动工业互联网创新升级实施"工赋上海"三年行动计划（2020—2022 年）》
	2018 年 7 月	《工业互联网产业创新工程实施方案》
	2017 年 1 月	《上海市工业互联网创新发展应用三年行动计划（2017—2019 年）》
广东	2020 年 4 月	《中小企业数字化赋能专项行动方案》
	2018 年 3 月	《广东省深化"互联网＋先进制造业"发展工业互联网的实施方案》

资料来源：《工业互联网发展应用指数白皮书（2020 年）》。

10.3.2　政策目标与进度

根据 2017 年 11 月 27 日，国务院发布的《关于深化"互联网＋先进制造业"发展工业互联网的指导意见》与 2020 年 7 月 10 日工信部印发的《工业互联网专项工作组 2020 年工作计划》，可简单对 2020 年及 2025 年政策目标完成情况进行对比，并由此映射未来潜在发展空间。

标识解析方面，2020 年目标建设 5 个国家顶级节点，10 个公共标识解析服务节点，达到 20 亿标识注册量。到 2025 年，目标达到 20 个公共标识解析服务节点，40 亿标识注册量。而根据工业互联网产业联盟、工信部等给出的数据（下同），已建设完成 5 个国家顶级节点，包括北京、上海、广州、武汉、重庆，有 22 个二级节点上线运营，标识注册量超过 37 亿。因此，在标识解析领域，当前我国已超额完成目标。

平台建设方面，2020 年目标达 10 家双跨平台，到 2025 年形成 3—5 个由国际竞争力的平台。2020 年实现 30 万家企业上云，2025 年达到 100 万家。而当前双跨平台已超过 10 家，未来发展方向是技术附加值的提升，努力实现产业的升级与价值链的跃迁。

创新应用方面，2020 年目标变成 150 个试点示范项目，当前 2018 年、2019 年两批项目合计 153 个，离 2020 年目标年度相对较大。产融生态方面，2020 年计划建成 5 个产业示范基地，2025 年达到 10 个。国家级示范基地仅有 4 个，发展空间较大。

工业互联网近年规模不断扩张，特别是在平台建设领域。随着具有国际竞争力的平台企业的发展，中小企业有望被进一步赋能，企业上云数量将进一步上升。政策发力与市场化调节并举之下，工业互联网具有广阔空间。

表 10.7　工业互联网政策目标与进度对比

领　域	细分目标	2020 年目标	2025 年目标
标识解析	国家顶级节点	5 个	/
	公共标识解析服务节点	10 个	20 个
	标识注册量	20 亿	30 亿
平台建设	双跨平台	10 家	3—5 个国际竞争力的平台
	企业上云梳理	30 万家	100 万家
创新应用	试点示范项目	150 个	/
产融生态	产业示范基地	5 个	10 个

资料来源：工信部、工业互联网产业联盟。

10.4　工业互联网发展现状

10.4.1　产业规模

我国工业互联网发展规模持续壮大。总体增加值方面，据工业互联网研究院口径，2019 年我国工业互联网产业增加值规模达 3.41 万亿元，名义增速达 22.14%，同比增长 2.97 个百分点，占 GDP 的 3.44%，对国民经济增长的贡献为 8.7%，较 2018 年的 3.04%、5.03% 均有所上行。

据中国信通院口径，2019 年我国工业互联网产业增加值为 2.13 万亿（2018 年不变价），同比实际增长分别为 47.3%。占 GDP 比重为 2.2%，对经济增长的贡献为 9.9%，较 2018 年的 1.5%、6.7% 均有所上行。

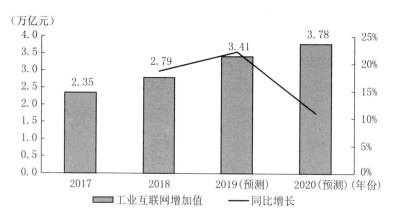

图 10.11　工业互联网增加值（中国工业互联网研究院口径）

资料来源：《中国工业互联网产业经济发展白皮书（2020年）》。

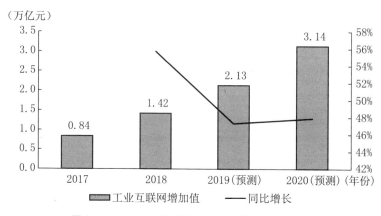

图 10.12　工业互联网增加值（中国信通院口径）

资料来源：《工业互联网产业经济发展报告（2020年）》。

　　由此看，由于模型和数据的不同，两机构测算结果绝对值略有差异，但方向基本一致。交叉验证来看，我国工业互联网的规模在高速扩大，发展方兴未艾。

　　从内部结构来看，据工业互联网研究院口径，2019年工业互联网直接产业增加值为9200亿元，工业互联网渗透产业增加值为2.49万亿元，同比增长分别达19%、23%。据中国信通院口径，2019年工业互联网核心产业增加值为5361亿元，工业互联网融合带动的经济规模为1.6万亿元，同比增长22.2%、63%。交叉验证来看，工业互联网渗透产业的增速均高于直接产业，表征其带动上下游产业的能力愈发增强。

工业互联网研究院预测，2020 年工业互联网工业互联网产业增加值达 3.78 万亿元，同比增长 10.99%，占 GDP 的比重为 3.63%，对国民经济增长的贡献达 11.81%，成为国民经济增长的重要支撑。工业互联网直接产业增加值为 9700 亿元，渗透产业增加值为 2.81 万亿元，同比分别增长 5%、12.9%，继续加速向上下游渗透。信通院预测，工业互联网产业经济总体规模约为 3.1 万亿元，同比实际增长约为 47.9%，工业互联网核心产业约为 6520 亿元，工业互联网融合带动的经济影响约为 2.49 万亿元。

10.4.2　地域发展

我国各地区工业互联网发展差距显著，具体表现为东强西弱。广东、北京、江苏等地工业互联网发展应用水平于全国领先地位，后发地区呈迅速追赶态势。据中国工业互联网邪乎发布的工业互联网发展应用指数，广东、北京、江苏、浙江、山东、四川、上海、福建八个省份的工业互联网发展应用指数均超过 50，综合实力强劲。这些省份多为经济大省，具备发展工业互联网的经济实力和产业基础。前十个省份中，东部占据七席，中西部仅占三席，分别为四川、河南、陕西。

从地域产业政策维度来看，东部省份出台工业互联网平台相关政策较为密集。2018 年 3 月，广东省政府推出了《深化"互联网＋先进制造业"发展工业互联网的实施方案》等政策，推动工业互联网发展，促进制造业进一步降本提质增效。重庆、江苏、上海、浙江等地亦相继推出促进工业互联网发展的配套政策，加快建设工业互联网，促进制造业数字化、网络化、智能化转型。以上海为例，2018 年 7 月发布《工业互联网产业创新工程实施方案》、2020 年 6 月新发布《推动工业互联网创新升级实施"工赋上海"三年行动计划（2020—2022 年）》。

从地域产业集聚角度来看，东部地区聚集大量优质工业互联网平台企业。由中国工业互联网研究院筛选的我国 34 家主要互联网平台企业的注册省份观测，8 家坐落于北京，5 家坐落于广东，4 家坐落于江苏，三省聚集了头部工业互联网平台企业的半壁江山，区域集聚效应显著。上海、山东、浙江注册的企业数量亦较为可观，均为 2 家。其中上海企业为上海积梦智能科技有限

表 10.8　中国各地区工业互联网发展应用指数

序号	平台名称	发展应用水平	序号	平台名称	发展应用水平
1	广东	74.16	17	宁夏	39.15
2	北京	67.88	18	广西	36.23
3	江苏	67.08	19	甘肃	35.96
4	浙江	63.33	20	黑龙江	35.21
5	山东	60.76	21	辽宁	34.50
6	四川	58.50	22	江西	34.49
7	上海	55.49	23	贵州	34.31
8	福建	53.22	24	湖北	34.28
9	河南	45.77	25	天津	34.20
10	陕西	44.04	26	山西	34.02
11	河北	43.57	27	云南	33.09
12	湖南	43.56	28	西藏	28.19
13	吉林	43.37	29	海南	27.65
14	内蒙古	41.96	30	青海	25.12
15	安徽	40.33	31	新疆	21.58
16	重庆	39.37			

资料来源:《工业互联网发展应用指数白皮书（2020 年）》。

公司、上海飞机制造有限公司。

　　总的来说，工业互联网目前的地域发展呈现不平衡的态势，具体表现为东强西弱，沿海强、内陆弱。这和产业政策、区域经济发展水平等息息相关。吉林、内蒙古等东北老工业基地的代表，在工业互联网领域综合实力良好，分别排名全国第 13、14，有助于依托工业互联网支撑东北工业转型升级。

10.4.3　人才发展

　　工业互联网是新一代信息技术和制造业融合的产物，其发展需要复合型、多维度、多层次人才。

　　作为新兴业态，工业互联网的相关职业正在不断涌现。据中国工业互联网协会统计，2019 年、2020 年国家发布的 29 个新职业中，与工业互联网相关的职业达到 13 个，如大数据工程技术人员、云计算工程技术人员，占新增职业的 44.8%。工业互联网在 2017、2018、2019 年带动总就业人数达 2172.19 万、2367.41 万、2679.61 万。预计 2020 年将达到 2810.90 万。工业互联网的岗位包括工业网络工程师、标识解析研发工程师、边缘计算工程师、平台开发工程师等，基本覆盖了网络、平台、安全三大体系建设与行业应用的需求。

但是，工业互联网人才培养体系尚未形成，人才培养仍面临诸多困难。例如，在人才供给方面，虽然部分高校积极探索工业互联网人才培养，但由于缺乏课程、教材、师资及专门的实训环境，教学过程面临很大困难。据中国工业互联网协会测算，专科教育、本科教育、研究生教育工业互联网相关专业类别与工业互联网相关的职业小类的匹配率依次仅有 33.3%、39.4%、34.1%。此外，工业互联网人才培养产教融合不足，产业和教育深度合作的人才培养方式亦尚未形成。

不过，国家对工业互联网人才培养已出台一系列相关政策予以支持。2019 年 6 月 20 日，工业互联网专项工作组发布 2019 年工作计划，明确提出要壮大人才队伍，加强人才队伍建设。2020 年 3 月，工业和信息化部发布《关于推动工业互联网加快发展的通知》，鼓励各地引导社会资本设立工业互联网产业基金，打造工业互联网人才实训基地。2020 年 6 月，工业和信息化部和人力资源社会保障部印发《工业通信业职业技能提升行动计划实施方案》，提出面向新一代信息通信技术、工业互联网等制造强国、网络强国建设重点领域，打造一批技能培训标杆企业，集聚一批面向工业通信业的优秀培训服务机构和网络培训平台，培育建设一批基础条件好、竞争力强的先进制造业实训基地，遴选推广一批产业发展急需、行业特色鲜明的培训项目、课程和教材，形成一批可复制可推广的新技能培训经验做法，2 年内开展各类职业技能培训 50 万人次以上，为制造强国、网络强国建设提供坚强技能人才保障。相信随着政策的推进、教育的完善、激励机制的健全，工业互联网人才的供给会日益增加，共同促进产业的数字化转型、智能化发展。①

---

① 　中国工业互联网研究院:《工业互联网人才白皮书（2020 年版）》。

10.5 工业互联网国际经验

10.5.1 国外发展概况

全球工业互联网正处在产业格局未定的关键期和规模化扩张的窗口期，发达国家围绕核心标准、技术、平台等加速布局。当前美、德两国保持领跑，日本、韩国、法国、印度、巴西等国纷纷加快追赶步伐。不过总体来看，全球工业互联网发展仍处于格局未定和面临重大突破的战略窗口期，各国处于加速创新突破和应用推广阶段，国际技术和产业竞争格局尚未成型，为我国加速追赶和超越提供了宝贵的历史契机。

分国别来看，美德作为制造业大国值得讨论。美国与德国凭借制造业技术优势，均在加快制造数字化转型，但两国根据其比较优势的差异，发展路线亦有所不同。美国偏向于工业互联网的路线，其利用国内 IT 技术和解决方案的优势，依托微软、IBM 等 IT 企业，打造通用化或者行业型的解决方案。德国则偏向"工业 4.0"模式，凭借其强大的制造工艺、技术、自动化和数字化优势，发展重点是智能制造，即"智能工厂""智能车间"或者"智能产线"。

10.5.2 美国经验

美国工业互联网的基本发展机制是：政府部门支持与引领，企业联盟主导与推广以及基础技术支撑和推动。重视平台建设是美国工业互联网发展的特色。[①]

首先是政府部门支持与引领，即国家顶层设计层面的产业政策指引。第一，美国政府前瞻性地布局工业互联网相关技术产业，相继提出《先进制造业国家战略计划》（2012）、《美国制造业创新网络计划战略规划》（2016）和《国家先进制造业领导战略》（2018），并提供专项资金予以支持，保证工业互联网相关的技术优势。例如，《先进制造业国家战略计划》中加大对先进材料、生产技术平台、先进制造流程、数据和设计基础设施四个方向研发的投

---

① 杜传忠、金文翰：《美国工业互联网发展经验及其对中国的借鉴》，《太平洋学报》2020 年第 7 期。

资力度。第二，美国政府也致力于为工业互联网创新提供良好的政策环境与政策保障。一方面，美国政府高度重视知识产权的保护，包括专利、商标、商业秘密等，将其放在与技术同等重要的位置，极大激励创新；另一方面，美国政府积极推动减税政策，如《重振美国制造业框架》中提出对研发与员工培训费用予以部分税收减免，极大降低初创企业的成本，鼓励其加大技术资本与人力资本投入。第三，美国政策也非常注重工业互联网相关人才培养。如《先进制造业国家战略计划》提出要将先进制造的职业技术教育拓展至中等和高等教育，为技术密集型特色的工业互联网提供人才保障。[1]

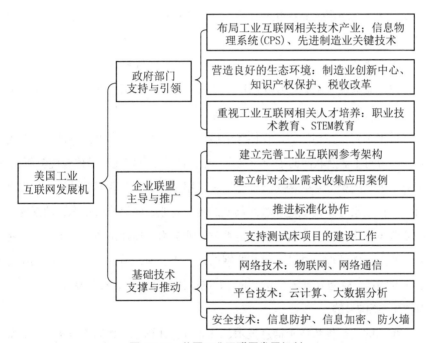

图 10.13 美国工业互联网发展机制

资料来源：杜传忠、金文翰《美国工业互联网发展经验及其对中国的借鉴》，《太平洋学报》2020 年第 7 期。

其次，美国工业互联网的发展由企业联盟主导与推广，通用电气起到决定性作用，这也是其最具特色的一点。2011 年，通用电气在硅谷建立全球软

---

[1] 杜传忠、金文翰：《美国工业互联网发展经验及其对中国的借鉴》，《太平洋学报》2020 年第 7 期。

件研发中心，启动工业互联网的开发。2012 年 11 月，通用电气发布《工业互联网——冲破思维与机器的边界》，工业互联网概念诞生。2013 年，通用电气宣布将在之后 3 年投入 15 亿美元开发工业互联网并发布《工业互联网工作报告》。2014 年 3 月，通用电气联合四家 IT 巨头（IBM、思科、英特尔、AT&T）共同发起成立工业互联网联盟（IIC），推动全国乃至世界制造业互联。通过企业的力量，美国工业互联网在技术、创新、市场化等方面始终走在世界前列。[①]

最后，作为科技强国，基础技术支撑与推动美国工业互联网的发展。工业互联网在网络层依靠物联网技术、网络通信技术等，在平台层依靠云计算技术、大数据处理与分析技术等，在安全层依靠信息防护技术，信息加密技术，防火墙技术等。技术正是美国比较优势所在，无论从科研院校的研发实力，还是亚马逊、微软等互联网巨头的技术储备，美国均处于领先地位，其为工业互联网的发展提供了强大的基础支撑。

对于中国，在相似的比较优势情境下，美国经验具有可借鉴性，尤其是企业联盟对工业互联网的主导与推广。中国的互联网产业亦是比较优势所在，拥有华为、阿里等互联网、云计算巨头，用友等工业互联网领域巨头，以及海尔、富士康等开拓工业互联网领域的传统企业，但呈分散状态，缺乏统一的联盟与合作关系。应一方面充分释放企业活力，通过市场化的手段，发挥企业的主观能动性，推动工业互联网的进一步发展，另一方面通过鼓励企业合作与沟通，优势互补，建立工业互联网的协作联盟，共同发展。

10.5.3 德国经验

美国的比较优势在于信息技术，其通过云计算、大数据等技术"自上而下"地重塑制造业。而德国的比较优势在于制造业，尤其在中小企业。故其工业互联网发展以"自下而上"为特色，即以信息物理系统（CPS）为工业 4.0 的核心，通过将生产要素，如设备、原材料、劳动力等进行数字转化，再将功能横向集成，形成功能平台。德国工业互联网的发展亦存在政府的顶层设计与企业的协作。因此，与美国不同的是，由于缺乏通用电气等巨头企业，

---

① 杜传忠、金文翰：《美国工业互联网发展经验及其对中国的借鉴》，《太平洋学报》2020 年第 7 期。

以及在信息技术方面缺乏明显比较优势，德国的顶层设计与企业协作重心均落在中小企业的数字化转型，以此发挥其制造业优势。

政府顶层设计方面，2013 年以来，德国相继发布《新高科技战略（3.0）》《数字议程（2014—2017）》《数字化战略 2025》《德国工业战略 2030》等，将信息物理系统（CPS）作为工业 4.0 的核心技术，并在标准制定、技术研发、验证测试平台建设等方面作出了一系列战略部署。而以 CPS 为核心，便是德国战略设计最具特色的一点，其体现了对中小企业的支持。CPS 侧重于在不同层次构建数据自动流动的闭环赋能体系，可以深入制造业末端，帮助中小企业进行基础改造。《工业 4.0 参考架构模型报告》提出组件化的一种思路，即将工业 4.0 的所有因素分拆成多个组件与模块，如生产系统、单机、工作站、机器组件等，将不同的组件看作一个系统来管理，并将其用网络相互连接，以此帮助中小制造业转型升级。此外，德国联邦教育与研究部累计拨付上亿欧元经费支持工业 4.0 技术研发项目，德国经济与能源部出资 5600 万欧元建立 10 个中小企业数字化能力中心，从经济方面帮助中小企业数字化转型。[①]

企业协作方面，德国工业巨头西门子、SAP 亦加快数字化工业布局。其中西门子将工业互联网平台作为数字化转型的关键环节，2017 年数字化业务收入超过 140 亿欧元，并联合库卡、费斯托、艾森曼集团 18 家合作伙伴共同创建 "Mind Sphere World"，打造 Mind Sphere 平台的生态系统。此外，领先巨头还借助资本优势收购新兴技术公司，弥补软件开发、数据分析、安全等弱势领域。比如，西门子花费 6 亿美元并购低代码应用开发平台 Mendix，其工业 APP 开发及部署时间有望缩短 10 倍。[②]

对于中国，德国的主要可借鉴之处在于对中小企业的支持。中国工业互联网企业的市场集中度较高，且制造业企业的数字化转化率较低。中小企业是经济发展之 "水"，应加大对其支持，帮助其数字化转型，推动工业互联网的发展，进而促进工业经济释放更多活力。

---

①② 　贾超、苏伟:《美德两国制造业数字化转型路径分析》,《信息技术与标准化》2019 年第 6 期。

10.6　产业链企业案例分析

10.6.1　设备层企业案例

中控技术是工业智能制造解决方案提供商，以及国内分数控制系统行业领军者。公司于 1999 年成立，聚焦于流程工业企业的自动化控制系统，并通过自主知识产权的分数控制系统等系统打破了国外的技术垄断。在国内分数控制系统市场，中控技术于 2011—2019 年，连续 9 年蝉联市场占有率第 1 名。

回顾该公司的成长道路，2006 年，公司研制 JX-300X 系统，并推出适用于中型项目的 ECS-100 系统，其产品渗入化工、火电、冶金等行业的下游，拓宽国内流程工业市场，积极推动分数控制系统的国产替代。2007—2015 年，公司立足中小项目，并向高端项目及中大型项目进军。2007 年起，公司推出大规模集散控制系统 ECS-700 进军重大工程项目，同时推出了 JX-300XP、ECS-700 等产品获取了中石化、中海油等大型国企客户，进而在化工、炼化等领域全面进军中高端市场，实现对国外品牌的赶超。2016 年至今，公司推进工业互联网的研究，推动信息化与工业化融合，推出 TCS-900、ESP-iSYS 等产品，支持用户智能化转型，并成功参与神华宁煤、东北制药等国家级智能制造示范项目。[①]

公司以控制系统起价，通过掌握嵌入式系统设计、先进控制与优化等核心技术，自主研发出分散控制系统、SIS（厂级监控信息系统）等核心产品，实现品牌建立与市场积累。凭借技术优势。分散控制系统为其核心业务，2019 年占智能制造业务板块的 66%。不过，公司也在工业互联网时代寻求突破，积极布局工业 4.0 技术，先后推出了 APC、RTO 等系统，2019 年两个系统国内市场占有率均排名第一。

公司在工业互联网时代积极转型，为未来发展创造广阔的市场空间。工控的成功离不开其对核心技术的掌握，同时该种前期技术积累＋后期转型升

---

① 中泰证券：《DCS 龙头支撑智能制造，工业软件打开新空间》。

级的路径亦值得借鉴。

10.6.2　平台层企业案例

1．工业富联

富士康工业互联网股份有限公司（即工业富联）成立于 2015 年，是全球领先的智能制造与工业互联网解决方案服务商及提供商，其通过提供以工业互联网平台为核心的综合解决方案，引导传统制造产业实现数字化、网络化、智能化转型。

工业富联的主要业务包括通信网络及移动设备、高精密机构件、科技服务等，以 5G、人工智能、大数据为核心技术，通过智能制造与工业互联网双轮驱动。工业互联网方面，公司于 2015 年开始研发工业互联网平台 BEACON，利用设备层采集的相关数据，通过云网的存储传送及硬件集成虚拟化，将生产数据、视频等结构化与非结构化数据进行分类及分析，进而传输到工业应用平台，实现基于云计算的工业生产平台化、网络化，将生产的各个环节予以串联。2016 年 1 月，公司将其应用自身的生产流程中。通过导入 BEACON 平台，工业富联实现对生产设备的实时监控，从而将生产的送料过程予以优化，显著缩短产线上料时间。同时，通过智能参数修正反馈，实现设备智能保养、良率预测等功能，使得设备维护更为精准及时，并显著提高产品良品率。例如，通过 BEACON 平台对吸嘴状态数据进行分析，进而对生产进行优化，保养频率由 2.5 万次提高至 8 万次，吸料率由 99.7% 提高到 99.96%。[①]

经过全产业链布局及自身优势，工业富联已经成为机械制造及交通设备制造领域的领先解决方案提供商。

2．用友精智

用友网络科技股份有限公司是业界领先的企业云服务提供商，起初以软件为核心竞争力，提供包括 ERP（企业资源计划）软件，人力资源、客户关系、小型企业、行政单位等管理软件，汽车、烟草等行业的管理软件等服务。在工业互联网兴起之际，公司积极转型，进入互联网化发展阶段，投入云计

---

① 　国泰君安证券：《工业互联网：助力制造大国走向制造强国》。

算与互联网平台的发展。

依靠自身在工业软件领域的优势，公司于 2017 年推出用友精智工业互联网平台，并于 2019 年跻身工信部十大平台之一。该平台由基础技术支撑平台、工业物联网云平台、应用开发平台、运维平台等构成，包括设备模型、规则引擎、可视化监控、知识库等模块，以大数据、云计算、物联网、人工智能等新兴技术为核心。其可以适配工业领域多种通信协议、数控系统及 PLC 控制器，在各类设备实时采集数据，同时完成数据的清洗、标准化转换以及存储的工作，方便后续 ERP、MES 等工业软件及业务系统的调用。用友精智平台主要为工业企业提供设计云、制造、服务、分析、营销、采购、财务、人力等方面的云服务，以及第三方 SaaS 服务，以开放的生态体系，帮助工业企业实现经营、管理的智能化。借由该平台，企业将能够实现不同类型设备的快速联接，以及数据采集、处理、分析、展示的实时化，从而动态掌控生产进度，实现生产指令与决策向设备的快速传导，提升产业链生产协同效率。此外，还可以实现产品及设备的云端监测、远程维护及服务。[①]

据用友精智官方数据，目前平台用户数达 6376931 人，活跃用户数 1981826 人，开发者 35837 人，活跃开发者 708 人，工业企业总数 467044 家，其中大型企业 6164 家，中小企业 460880 家，工业设备总数 869614 台，已然帮助诸多工业企业实现数字化转型，促进生产方式乃至商业模式的变革。

10.6.3 安全层企业案例

启明星辰信息技术集团股份有限公司成立于 1996 年，是国内极具实力的网络安全产品、安全服务与解决方案提供商，且拥有完全自主产权。公司拥有完整的专业安全产品线，已经成功实现对网络安全、主机安全、运维安全、应用安全、数据安全等的全覆盖。

自成立起，启明星辰经历了不同阶段的发展，当前保持"3I"模式——独立（Independence）、互联（Interconnect）、智能（Intelligence），并建立"第三方独立安全运营"新模式。在工业互联网浪潮中，公司寻求转型，立足于云计算、大数据、物联网、工业互联网、关键信息基础设施保护、移动互联

---

① 平安证券：《工业互联网搭上"新基建"快车，发展将提速》。

网新技术发展，精准打造安全分析队伍。多年以来，公司于网络安全领域深耕，在安全网关领域部署包括防火墙、下一代防火墙（NGFW）、统一威胁管理（UTM）、VPN 网关、网闸等网络边界的防护产品；在安全检测领域部署包括入侵检测防御系统（IDS/IPS）、网络审计、内网安全管理等网络深层防护产品。在数据安全与平台方面提供安全运营中心（SOC）、4A 管理、漏洞扫描等工具类产品，以及安全数据交换、电子签名印章、数据泄漏防护等数据安全产品。此外，在安全服务、硬件等领域公司亦有部署。其中安全服务方面部署有风险评估、安全管理与监控应急、安全运维等，在硬件方面为用户提供系统集成项目需要的第三方硬件。

因为在安全领域完备的部署，启明星辰一直保持多个领域的市场占有率第一，包括入侵检测防御系统（IDS/IPS，25.3%）、统一威胁管理（UTM，25.6%）、安全管理平台（SOC，连续两年入围 Gartner，22.2%）、运维安全审计（19.7%）、网闸（32.1%）等。①

10.7　总结与启示

10.7.1　工业互联网目前问题

我国工业互联网虽发展态势稳健，但产业基础并不牢固，核心技术与产业链掌握能力与发达国家仍有相当差距。此外，工业互联网的发展仍只是"星星之火"，距离规模化应用仍有较大差距。具体问题表现为以下四点。

第一，关键基础设备薄弱，数据采集能力不足。数据是工业互联网的"血液"，但国内工业互联网平台对底层工业数据的采集能力不足。设备端与网络端缺乏采集能力。据工信部与赛迪智库数据，现阶段中国工业设备潜在连接量可达数千万，但实际连接数量却不足百万，约有 80% 以上的设备未联网。工业设备连接数量的缺失意味着底层数据采集量的不足，而数据的数量与质量很大程度决定人工智能算法的精度，故制约平台的分析与决策能力。中国现存工业现场总协议和工业以太网协议数量众多，对不同工业设备的互

---

① 亿欧智库：《2020 工业互联网产业研究报告服务商案例集》。

联互通造成极大阻碍。

第二，核心技术掌握不足。传感器是工业互联网数据采集与分析的基础，其灵敏度、稳定性、可靠性、功耗、成本、智能化指标高低等均对工业互联网发展空间产生极大影响。国内传感器可以满足中低端市场的要求，对于大部分压力、温度、位置等的测量与传输，国内传感器都可实现国产替代。但是，部分特殊应用、高可靠性要求的高端传感器，如高精度智能压力传感器、变送器等产品被国外垄断，[①] 此限制了我国工业互联网向上发展的空间。

第三，龙头企业引领能力不足，企业协作不足。借鉴美、德经验，龙头企业及企业联盟非常重要，在市场化的激励下，企业的创新能力及企业间的协作能力推动工业互联网的普及与发展。但是，我国缺乏类似通用电气、西门子等具备综合解决方案和全领域覆盖能力的龙头企业，企业长远布局的能力不足，前瞻性、系统性与创新性与技术性均亟须提升。国内企业亦缺乏规模化的合作，共同推动工业互联网的发展。

第四，人才与资金保障能力不足。我国工业互联网资金投入力度不够，龙头企业的研发投入与国外领先企业差距较大。此外，工业互联网发展涉及工业、互联网技术、通信、大数据、人工智能、云计算等多领域的多向整合，专业型、复合型人才以及大量新型技术工人缺口很大。

10.7.2　工业互联网未来发展方向

第一，数据方面，首先，从基础层扩充数据规模，具体包括加快企业上云，推动设备与企业接入工业互联网平台，打通企业内、企业与平台之间数据的流通渠道。其次，提高数据兼容度，具体包括统一通信协议标准，提高工业互联网知产化程度，提高设备之间数据传输的效率。最后，需要法律法规层面的数据安全保障。数据确权、数据交易、数据保障等方面的法律法规亟须出台，使得产业数字化"有法可依"，将风险进一步压缩。

第二，重点产业方面，可先在部分垂直行业打造一些示范试点平台，以提高市场对工业互联网的接受度，后续随着企业应用的提升，推动工业互联网成为通用基础设施。从行业数字化水平以及工业互联网发展基础来看，机

---

① 头豹研究院：《2019 年中国工业互联网行业市场研究》。

械制造、电子、石化、家电等领域，应用潜力最大。其中机械制造、电子等主要应用领域在生产过程优化、设备资产管理；石化主要应用在设备资产管理与管理决策优化；家电方面，据中国工业互联网协会测算，该行业的工业APP 指数最高，表征着较高的渗透率。

第三，技术方面，加大研发投入，加强技术的自主可控。一方面，从国家层面着力打造工业互联网国家级创新体系，聚集产学研各界实力，加强软硬件核心技术攻关，加快推动关键设备端、网络端关键设备的研发与产业化；另一方面，在企业层面，利用工业互联网数据、模型集聚的特点，打造一批企业联盟、开源社区及创新平台，推动企业之间的创新交流与合作发展，并加快长期被卡脖子的各类工业软件的国产替代。积极探索 5G、边缘计算、深度学习、AR/VR、区块链等新兴前沿技术在工业互联网的创新应用，加快培育新业态、新模式。其中，5G 高带宽、低时延、支持海量接入等方面的优势，具备与工业互联网融合的潜力。按照工业互联网产业联盟发布的报告显示，未来在八大类新型场景上，5G 和工业互联网合作的可能性比较高，分别为 5G+ 超高清视频、5G+AR、5G+VR、5G+ 无人机、5G+ 云端机器人、5G+远程控制、5G+ 机器视觉以及 5G+ 云化自动引导运输车（AGV）。

第四，人才方面，加快开设工业互联网专业，完善复合型人才培养体系。基础人才培养方面，加快组织工业互联网学科建设，完善相关导论及教材的编写，完善对应就业岗位规范；高端人才培养方面，积极出台支持政策以吸纳人才，建设与完善全球工业互联网高端创新人才库。

▎参考文献

　　［1］中国信息通信研究院：《工业互联网产业经济发展报告（2020 年）》。
　　［2］中国信息通信研究院：《2020 年上半年工业互联网安全态势综述》。
　　［3］中国工业互联网研究院：《工业互联网发展应用指数白皮书（2020 年）》。
　　［4］中国工业互联网研究院：《中国工业互联网产业经济发展白皮书（2020 年）》。
　　［5］中国工业互联网研究院：《工业互联网人才白皮书（2020 年版）》。
　　［6］中国工业互联网研究院：《工业互联网 20 问》，https://www.china-aii.com/index.php?m=content&c=index&a=show&catid=26&id=5。
　　［7］工业互联网产业联盟：《工业互联网平台白皮书（2019）》。
　　［8］工业互联网产业联盟：《工业 4.0× 工业互联网：实践与启示》。

［9］国家工业信息安全发展研究中心：《工业互联网解决方案创新应用报告2020》。

［10］赛迪顾问：《工业互联网平台新模式新业态白皮书》。

［11］赛迪顾问：《2020年中国工业互联网平台发展形势展望》。

［12］赛迪顾问：《2019年中国工业软件发展白皮书》。

［13］赛迪研究院：《工业互联网平台赋能重点行业数字化转型方法论白皮书》。

［14］亿欧智库：《2020工业互联网产业研究报告服务商案例集》。

［15］中商产业研究院：《工业互联网行业市场前景及投资研究报告》。

［16］头豹研究院：《2019年中国工业互联网行业市场研究》。

［17］国泰君安证券：《工业互联网：助力制造大国走向制造强国》。

［18］国泰君安证券：《新基建——工业互联网产业链梳理：万物互联智能制造》。

［19］华安证券：《智造升级，科技赋能主旋律——工业互联网深度研究》。

［20］国盛证券：《工业互联网，5G的下一个上甘岭》。

［21］天风证券：《工业互联网联合报告：打造精准数据体系，赋能中国制造》。

［22］平安证券：《工业互联网搭上"新基建"快车，发展将提速》。

［23］中泰证券：《DCS龙头支撑智能制造，工业软件打开新空间》。

［24］杜传忠、金文翰：《美国工业互联网发展经验及其对中国的借鉴》，《太平洋学报》2020年第7期。

［25］贾超、苏伟：《美德两国制造业数字化转型路径分析》，《信息技术与标准化》2019年第6期。

［26］章文君：《美国、德国等国家如何布局工业互联网》，《中国中小企业》2019年第5期。

（本章主持及执笔：杨泽荟）

第 11 章　生物医药

本章提要：

作为国家确定的重要战略新兴产业之一，生物医药在引领创新型国家建设中具有不容忽视的作用。自 20 世纪末以来，以美国为代表的发达国家掀起生物医药的新技术浪潮，由于生物医药具有传统化学药物不具备的特性，以及在治疗重大疾病上的良好效果，生物医药得以快速崛起。我国的生物医药萌发于 20 世纪末，并在 21 世纪初被列入国家发展规划。在政府和企业、科研院所的共同努力下，中国的生物医药有显著发展。许多相关医药企业已经走入国际市场，成为全球生物医药产业链上的重要一环。然而随着中美贸易摩擦的爆发和新冠疫情的出现，世界生物医药产业发生重大变化。一方面，疫情期间的管制措施使得医药电商化、智能化趋势加深，疫苗研发全球竞速；另一方面，部分国家采取的药物出口管制措施使各国政府快速意识到过度参与全球分工给本国产业安全带来的巨大冲击，并由此加快产业回流速度。从国内来看，疫情的全面有效控制使得中国在防疫物资、原料药出口等众多领域快速增长，这为生物医药产业发展带来新的契机。但值得注意的是，随着疫情后逆全球化思潮的兴起，以美国为首的发达国家加强对我国生物医药投资、出口的管控措施，因此在防范风险的前提下实现本国产业高质量发展将是未来一段时间的重要主题。

11.1 产业链现状与疫情后调整趋势

11.1.1 生物医药产业链概述

随着人类在生命科学领域研究的深入，制药技术已经从天然药物、化学药物发展到生物医药阶段。生物医药是以现代生命科学理论为基础，运用先进生物技术手段，通过从生物体中提取其组织、细胞、体液，以获得用于疾病预防、治疗和诊断的药物总称。常见的生物医药主要包括细胞因子、酶、抗体、疫苗、血液制品、激素等几大类。从广义上来看，生物医药产业是指包括原材料加工、医药生产、流通和使用等环节在内的相关经济部门的总称；而在狭义层面，生物医药产业指将基因工程、发酵工程、细胞工程和酶工程在内的先进生物技术应用于医药生产加工的产业。相比于传统药物，生物医药对于严重威胁人类健康的重大疾病如癌症、糖尿病等具有突出的治疗效果。生物医药产业的发展不仅有利于提高人均预期寿命、促进国民健康水平提升，更能够拉动经济增长，实现可持续发展，是名副其实的"朝阳产业"。生物医药诞生于 20 世纪 80 年代，其标志是 1982 年世界上第一个基因重组生物制品莫罗莫那单抗（Muromonab CD3）获得美国食品药品监督管理局（Food and Drug Administration）批准。随后，生物医药技术开始进行产业化阶段，一大批使用生物技术研发的新药被推向市场。进入 21 世纪后，生物医药产业实现了大规模的发展，通过开发高效新药和改良传统生物技术，药物治疗的效果不断提高。众多威胁人类生命安全的重大疾病（艾滋病、SARS、肿瘤）得到有效控制和缓解。由于生物医药是一项新兴产业，其真正发展不过是不远的事情，各国起步时间相差并不大。我国生物医药产业的发展肇始于 20 世纪 90 年代，但从国家层面真正实行政策支持则是源于国务院在 2006 年颁发的《国家中长期科学和技术发展规划纲要》，其中明确将生物医药列为前沿技术 [1] 、将人类健康与疾病的生物学基础列为面向国家重大战略需求的基础研究，重大新药创制列为重大专项。

---

[1] 前沿生物技术具体包括：靶标发现技术、动植物品种与药物分子设计技术、基因操作和蛋白质工程技术、基于干细胞的人体组织工程技术、新一代工业生物技术。

生物医药产业具有高度分工特征，产业链上游主要从事生物医药的原料药的生产和加工；中游从事生物医药（药品和器械）的研究开发以及制造；下游则通过零售批发和医疗服务实现生物医药的流通和应用（见图 11.1）。

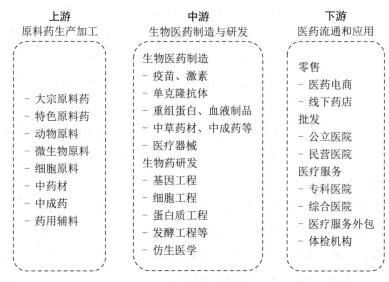

图 11.1　生物医药产业链

资料来源：中商产业研究院、锐观网。

　　具体而言，生物医药产业链上游主要包含原料药和药用辅料两部分。原料药（API, Active Pharmaceutical Ingredient）指的是在用于药品制造中的其中一种物质或物质的混合物，是药品制剂中的一种有效成分，患者通常无法直接服用，主要由化学合成、植物提取或者生物技术所制备。原料药是生物医药产业的基础，其供给直接关系到生物医药产业中游的制造和下游的销售。从原料药的供应商来看（中商情报网[①]），全球原料供应商中美国占据 36%，其次是中国（10%）和印度（13%）。数据统计显示，2019 年我国共有 12462 家企业经营原料药出口业务，经营企业数已经连续六年保持增长，且几乎全部是民营企业，增长势头强劲。2019 年，我国原料药出口到世界上 189 个国家和地区，出口量[②]达到 1011.85 万吨，同比增长 8.83%，出口均价同比上

[①]　《疫情下生物医药产业迎来重大发展机遇》，http://finance.eastmoney.com/a/202006161523737661.html。

[②]　中国食品药品网，http://www.cnpharm.com/c/2020-03-15/715579.shtml。

涨 3%，表现为量价齐升的良好态势。生物医药生产的另一重要材料是药用辅料。药用辅料是指在制剂处方设计时，为使制剂更加稳定、安全有效所加入的除主药之外的一切材料总称。[①] 药用辅料除了赋形、充当载体、提高稳定性外，还具有增溶、助溶、缓控释等重要功能，直接关系到药品安全和有效性。一般而言，药用辅料可分为四类：用于注射剂的辅料（抗氧化剂、助溶剂和等渗调节剂等）、用于口服固体类制剂的辅料（润滑剂、填充剂、黏合剂和稀释剂等）、用于口服液体制剂的辅料（分散剂、稳定剂和助悬剂等）、用于外用药的辅料（抗黏着剂、矫味剂、抛射剂等）。我国使用频率较高的药用辅料主要有氢氧化钠、氯化钠和一水柠檬酸[②]。从发展状况来看，我国药用辅料产业起步比较晚，药用辅料仅占医药制剂产值的 3%—5%，远低于同期全球比例（10%—20%）。

生物医药产业链中游主要从事研发和制造工作。相对于化学药物，生物医药的研究和开发具有高技术、高风险与高投入、长周期特点。德勤发布的一份报告显示，2019 年全球前十二大企业研发投入回报率仅为 1.8%，而制药企业[③] 平均每个新药研发成本高达数十亿美元。以头部企业阿斯利康为例，其在 1997—2011 年间仅有 5 项新药获得美国食品药品监督管理局批准，但总研发成本高达 590 亿美元。在高额的研发投入下，为了分担风险越来越多的制药企业开始将药物研发和生产外包给专业机构。这些专业机构分为两类：一类是研发外包组织（Contract Research Organization，CRO），主要向制药企业提供新药的临床和临床前研究、新药研制试验、申报注册工作；另一类是加工外包组织（Contract Manufacture Organization，CMO），主要向药企提供药品工艺开发、配方设计、临床试验、原料药、中间体、制剂生产包装等服务。根据 Frost & Sullivan 的统计，全球研发外包组织市场 2012—2016 年复合增长率达 15%，预计 2021 年全球市场规模有望达到 200 亿美元。全球药物研

---

① 李华：《中药药用辅料的临床前安全性评价策略》，中国毒理学会中药与天然药物毒理专业委员会：《中国毒理学会中药与天然药物毒理专业委员会第二次（2017 年）学术交流大会论文集》，2017 年。。

② 《疫情下生物医药产业迎来重大发展机遇 》，http：//finance.eastmoney.com/a/202006161523 737661.html。

③ 朗依制药，http：//www.laneva.com.cn/news/234177.html。

发外包服务市场高度分散，2016 年前 6 大企业市场份额仅占 27%，国内企业药明康德国际市场份额为 1.8%，位居全球第6。

表 11.1　全球制药头部企业研发费用（1997—2011 年）

公司名称	新药批准数量	总研发投入（亿美元）	新药平均研发投入（亿美元）
阿斯利康	5	590	118
葛兰素史克	10	817	82
赛诺菲	8	633	79
罗　氏	11	858	78
辉　瑞	14	1082	77
强　生	15	883	59
礼　来	11	503	46
默　克	16	674	42
百时美施贵宝	11	457	42
诺　华	21	836	40
安　进	9	332	37
雅　培	8	360	45

资料来源：雪球，https://xueqiu.com/8315885552/23816052。

生物医药产业链下游覆盖医药流通和应用环节。通过医药流通环节，上游和中游生产的药品和器械进入最终消费阶段。医药流通市场的发展直接关系到上游和中游企业的产品价值能否实现。从批发环节来看，欧美市场高度集中，美国前三大药品批发商拥有 90% 的市场份额；而国内市场集中度则较低。零售环节上，美国以连锁药店为主，英国以零售药店、公立医院和配药医生为主；中国则整合电商、药店和医疗服务机构等多种方式。国家统计局数据显示，2018 年底我国医院数量为 33009 家，医院仍是药企的主要销售渠道。随着人民健康意识的提高，医疗服务需求快速增长，医药销售和流通将迎来巨大机遇。

11.1.2　疫情后产业链调整趋势

新冠疫情的暴发，对生物医药产业造成了直接冲击。疫情防控中对相关防疫药品、医疗器械的需求为产业发展带来重要契机，也暴露出产业发展的软肋和问题。疫情之后，生物医药产业链出现新的调整趋势。

1. 中西医结合、中西医并重成为大势所趋

此次新型冠状病毒与 SARS 病毒同源性高达 85%，基于中药在非典防治中发挥的作用，在疫情之初，中医药就被用于患者的治疗当中，在方舱医院、集中隔离点患者的治疗过程中发挥了重要作用。国家卫健委发布的《新型冠状病毒肺炎诊疗方案》(第 8 版) 单独将藿香正气胶囊、金花清感颗粒、连花清瘟胶囊等诸多重要列入，这为中药的发展带来政策利好。

2. 医疗器械和快速诊断设备需求将增加

此次疫情当中，普遍暴露了各地发热门诊、ICU 病房和隔离病区建设不足的问题。疫情暴发后国家紧急建设了雷神山医院和火神山医院，多省建立隔离病区。随着疫情的逐渐稳定，各地将加大 ICU 病房的建设力度，加速升级医疗卫生系统和基础设施建设。这将带来对医疗器械尤其是监护仪、呼吸机、制氧机、血氧仪的需求；另外，发热门诊的快速诊断设备（例如支持人工智能的发烧检测设备）需求将大幅提高。另外，新冠病毒的检测催生对体外诊断产品的需求，通过从患者鼻子和口腔中获取拭子样本，可以快速检测病毒。疫情期间，包括 Thermo Fisher Scientific，Abbott Laboratories 和 Roche Diagnostics 等医疗领域的几大巨头获得美国食品和药物管理局（FDA）的紧急使用授权（EUA）进行诊断测试，Global Data 的数据统计[1]也表明全球近 100 种针对新冠肺炎的医疗技术开发中有超过一半是即时医疗设备。

表 11.2　2019 年 12 月—2020 年 1 月部分医药平台用户数据

医药平台	用户数量变化	访问量变化
平安好医生	用户增长 900%	新用户访问增长 800%
丁香园	活跃用户增长 215%	在线访问增长 135%
春雨医生	活跃用户增长 30%	在线访问增长 100%

资料来源：各医药平台官网信息整理。

3. 人工智能、数字技术将加快嵌入医疗体系

疫情期间远程医疗快速发展，如华为与中国电信搭建武汉火神山医院"远程会诊平台"，武汉协和医院 5G 远程与北京专家进行会诊。医疗健康大

---

[1]　https://www.nsmedicaldevices.com/analysis/covid-19-medical-device-markets-impact/#.

数据在防控疫情中所发挥的作用得到官方肯定[①]。如达摩院与阿里云针对新冠肺炎临床诊断开发了一款可以在 20 秒内准确诊断疑似患者 CT 影像的技术，这将大幅提升诊断效率。[②] 另外此次疫情中健康码的出现极大地提高公共卫生管理效率，随着疫情逐渐得到控制未来健康码可能会发展成为全国电子健康码，用于记录患者病历信息、方便网上诊断，减少重复检测和登记工作。综合来看，疫情后人工智能、5G 和大数据等现代技术手段将加速与医疗诊断结合，数字技术将深入包括基因序列数据库、人工智能影像诊断、药物筛选与研发过程。

4．医药电商行业将迎来发展契机

疫情防控期间居民纷纷通过线上医药平台购买药品和防疫物资，京东健康的数据显示，仅在疫情暴发后的一个月内（2020 年 1 月 20 日—2020 年 2 月 20 日）京东大药房线上非处方药成交额就实现 4 倍增长，流感发热相关药品更是增幅达到 8 倍。医药类应用下载量和新增用户数大幅增长，如"1 药网"APP 日安装量同比增长 229%。2020 年 3 月 2 日，国家医保局和卫健委联合印发的《关于推进新冠肺炎疫情防控期间开展"互联网＋"医保服务的指导意见》更是为线上医疗带来政策利好，这将为医药电商行业带来巨大的增长空间。

5．分层医疗体系进一步完善

疫情之中，一级和二级医院[③]在隔离、识别患者中发挥重要作用，但也反映医疗资源的不均衡。2019 年国际顶尖杂志《柳叶刀》刊登的一篇有关中国医改的文章曾作过统计，发现 2017 年中国有 58% 的医疗资源集中在三级医院，而初级医院的资源投入仅占 18%。从疫情前的数据来看，二三级医院的接诊比例每年都在增加，这极大地增加医院负荷。以北京为例，北京市卫健委发布的数据显示 2019 年外地来京患者超过三分之一，达到 9000 万人次。为此，疫情之后政府可能加快分层医疗体系的建设，减轻三级医院压力，并

---

① 2020 年 2 月 3 日召开的中央政治局常委会议强调"推动相关数据和病例资料的开放共享，加快病毒溯源、传播力、传播机理等研究"。

② 浙江新闻，https://zj.zjol.com.cn/news.html?id=1389444。

③ 按照《医院分级管理标准》，我国医院分为三级，每级划分甲乙丙三等。一级医院直接为社区提供服务，属于基层医院；二级医院为多个社区提供服务，属于地区性医院；三级医院跨省市和地区提供医疗服务，属于全国性医院。

积极发展社区医院，更加注重公共卫生资源的优化。未来，社区医疗的建设将成为公共卫生事业发展重点。人工智能和大数据的应用也能够帮助医院重新分配稀缺资源并提高诊断准确性，打破医院之间的孤岛，推动分层医疗。

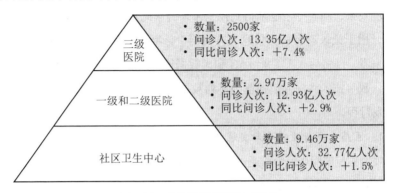

图11.2　中国分层医疗体系现状

资料来源：德勤中国，问诊人次统计时间为2018年1月—9月。

6. 商业健康保险将快速发展

新冠病毒的流行使得居民切身感受到商业保险的重要性，随着私人医疗服务和远程医疗的发展，未来购买商业医疗保险的人将不断增加。2003年SARS暴发期间（许多未投保的居民不得不自付费用支付医疗费用），商业健康保险经历了短期繁荣。虽然疫情之后保险费用将逐渐恢复正常价格，但人们对保险需求可能会长期存在。私人保险将成为基本医疗保险的重要补充。"健康保险、健康管理和医疗"将是未来发展的重要方向。

7. 医药制造自动化、药物研发与创新加速

疫情防控导致的劳动力短缺使得各制药企业无法及时开工生产，极大影响防疫物资的供给，许多国家不得不紧急动用相关法律要求非医药企业生产口罩在内的产品。多数制造商意识到医药制造自动化的重要性。疫情暴发之后，各国均快速启动病毒研究和疫苗开发工作，疫苗研发对于疫情防控的意义不言而喻。如何构建高效的疫苗研发流程，并对已知病原体进行充分研究，以便在突发传染病时快速响应，将是生物医药产业发展的重要关注点。如美国H1N1爆发之后由于流感病毒疫苗制备已有完善流程，仅5个月就有多个H1N1疫苗被批准上市。

8．制药业自给能力将成为各国发展的重点

作为重要供应国，印度有 80%—85% 的原料药来自中国。根据印度工业联合会的数据，印度在 2019 财年从中国进口原料药约为 2490 亿元①，其中某些重要抗生素和退烧药原料几乎全部依赖中国。由于新冠状疫情的影响，2020 年 3 月 3 日印度外贸总署发布通知，对扑热息痛、甲硝唑、阿昔洛韦等 13 个 API 以及其制剂，共计 26 个产品进行出口限制，以保障国内供应。2020 年 3 月 25 日，印度又宣布禁止抗疟疾药物羟氯喹及相关配方的出口，这引发全球各制药企业对供应链的担忧。此外，欧盟委员会于 2020 年 3 月发布外国直接投资准则②，对影响国民健康的外国投资进行风险评估，以此确保供应安全。2020 年 3 月 6 日，美国总统特朗普签署《新冠病毒准备和反应补充拨款法》，提出将追加 6100 万美元用于新冠病毒相关的医疗产品制造、供应链监控活动。这些事例都说明各国已经意识到制药业甚至于医疗行业自给能力建设的重要意义。

9．公共医院改革将从注重治疗到重预防

此次新冠疫情的暴发其影响程度远超 2003 年的非典。到 2020 年 12 月 12 日全球累计确诊超过 100 万例的国家达到 15 个，其中美国达到惊人的 1629 万例。在巨量的确诊人数下，各国医疗体系不堪重负。如何有效地将新冠传染截留在预防阶段，极大减轻医疗压力成为各国关心的重要问题。其重要目标在于推动卫生体系由治疗向预防转变，由以"病人"为主向以"人"为主转变③。疫情之后，公共医疗体系从注重治疗到注重预防将是重要的发展方向。

10．疾控中心将在医疗体系中发挥更大作用

2016 年 10 月 25 日中共中央、国务院印发的《健康中国 2030 规划纲要》

---

① https：//www.sohu.com/a/374931016_556622.

② Guidance to the Member States concerning foreign direct investment and free movement of capital from third countries, and the protection of Europe's strategic assets, ahead of the application of Regulation（EU）（FDI Screening Regulation）. https：//trade.ec.europa.eu/doclib/docs/2020/march/tradoc_158676.pdf.

③《疫情刺激大搞医疗新基建，大量资金都砸到哪儿了？》，http：//www.inewsweek.cn/viewpoint/2020-11-23/10994.shtml.

提出"要更加注重疾病预防";中央全面深化改革委员会第十二次会议中明确提出"重点关注完善重大疫情防控体制机制，健全国家突发公共卫生应急管理体系"。但从财政拨款数据来看，2019 年国家向疾控中心拨款 4.5 亿元，相比 2014 年下降 14.9%；而同期公立医院财政拨款为 50 亿元，同比增长38.8%；美国疾控中心年预算则超过 120 亿美元，未来疾控中心的作用需要进一步加强。

11.1.3 区域全面经济伙伴关系签署的影响分析

2020 年 11 月 15 日，东盟十国、中国、日本、韩国、澳大利亚、新西兰正式签署区域全面经济伙伴关系协定（RCEP）。此次协议签署后，各国之间将逐年降低关税，这意味着在逆全球化趋势加速的大背景下，未来区域内的贸易合作将是重点发展方向。RCEP 的签署不仅意味着进出口关税的降低，而且可能对我国的产业造成可能的正面和负面影响。本部分将以上海作为研究对象，综合各国承诺关税信息和进出口数据，对其影响进行分析。

从进口数据来看，除医用浸膏之外，上海大部分的生物医药产品进口来自非 RCEP 成员，美国、德国、瑞士是重要的药品和医疗器械进口来源地。上海市在生物制品、混合药物的进口上依赖度极高，96.83% 的生物制品市场份额被美国和英国占据。相较而言，RCEP 成员国份额则在 5% 以下，市场份额较低。与欧美国家相比，RCEP 成员国生物医药的发展仍然处于较低水平。

结合中国对 RCEP 成员国部分生物医药产品承诺的关税，可以看出我国

表 11.3　上海市生物医药产业进口来源地分布情况（2019 年）

产品名称	HS4	RCEP 成员国	占比	非 RCEP 成员国	占比
医用浸膏	1302	印度尼西亚（20.80%）、越南（6.66%）	27.46%	墨西哥（11.87%）、丹麦（11.74%）、美国（8.62%）、意大利（7.20%）、西班牙（5.02%）	44.45%
生物制品、提取物	3001	无	/	美国（73.85%）、英国（22.98%）	96.83%
血制品、疫苗、毒素等	3002	无	/	德国（39.77%）、美国（27.80%）、瑞士（11.46%）、爱尔兰（5.18%）	84.21%
两种或两种以上成分混合而成的治病或防病药品	3003	无	/	意大利（95.83%）	95.83%

（续表）

产品名称	HS4	RCEP 成员国	占比	非 RCEP 成员国	占比
由混合或非混合产品构成的治病或防病用药品	3004	澳大利亚（13.37%）	13.37%	德国（31.88%）、意大利（10.33%）、法国（8.58%）、加拿大（5.55%）、瑞士（5.33%）、荷兰（5.27%）	66.94%
软填料、纱布、绷带及类似物品	3005	日本（6.68%）	6.68%	美国（40.41%）、德国（15.53%）、芬兰（11.41%）、英国（9.28%）、法国（5.32%）	81.95%
其他药品	3006	无	/	美国（31.78%）、爱尔兰（19.29%）、德国（9.88%）、多米尼加（6.18%）、瑞士（6.00%）	73.13%
医疗仪器及器具	9018	日本（14.20%）	14.20%	美国（28.76%）、德国（16.80%）、墨西哥（14.79%）	60.35%
矫形器具	9021	无	/	美国（34.02%）、爱尔兰（19.77%）、墨西哥（11.56%）、瑞士（9.37%）、德国（6.58%）	81.3%
X 射线或 α 射线、β 射线、γ 射线的应用设备	9022	日本（10.10%）	10.10%	德国（35.70%）、美国（21.93%）、法国（5.22%）	62.85%
医用家具	9402	无	/	德国（37.73%）、美国（17.39%）、英国（8.55%）、芬兰（5.93%）	69.6%

资料来源：根据对外贸易数据库整理得到。

注：本表未列出进口来源国为中国，仅列出占比在 5% 左右及以上的进口来源地。

对多个生物医药制剂、医疗器械采取减税政策。预计未来随着税率的降低，此类产品的进口将在一定程度上扩大。考虑到上海市主要进口来源仍然是非RCEP 成员国，减税政策将促使上海更多地从日本、澳大利亚等国进口相关产品，并在长期内逐步实现对欧美国家的进口替代。

从出口数据来看，上海在医用浸膏、生物制品、混合成分药品上对RCEP 成员国有较大比例的出口，但在附加值较高的医疗器械出口上更加偏向于非 RCEP 国家。美国、英国、德国、印度是上海重要的出口去向地。在这种情况下，如果目前 RCEP 内上海主要出口国的进口来源国是非 RCEP 国家，那么随着关税的减低，上海可能增加对 RCEP 成员国的出口；如果来源国是 RCEP 成员国，那么关税政策将进一步加剧成员国之间的竞争，上海在RCEP 成员国内的出口份额不排除有进一步缩减的可能。

表 11.4 中国对 RCEP 成员国部分生物医药产品承诺关税

HS8	承诺对象	基准税率	第 1 年	第 2 年	第 3 年
甘草（13021200）	印度尼西亚、越南	6.0%	0.0%	0.0%	0.0%
印楝素（13021920）	印度尼西亚、越南	3.0%	0.0%	0.0%	0.0%
氨苄青霉素制剂（30041011）	澳大利亚	6.0%	0.0%	0.0%	0.0%
羟氨苄青霉素制剂（30041012）	澳大利亚	6.0%	0.0%	0.0%	0.0%
头孢噻肟制剂（30042011）	澳大利亚	6.0%	0.0%	0.0%	0.0%
头孢他啶制剂（30042012）	澳大利亚	6.0%	0.0%	0.0%	0.0%
头孢西丁制剂（30042013）	澳大利亚	6.0%	0.0%	0.0%	0.0%
头孢替唑制剂（30042014）	澳大利亚	6.0%	0.0%	0.0%	0.0%
头孢克洛制剂（30042015）	澳大利亚	6.0%	0.0%	0.0%	0.0%
头孢呋辛制剂（30042016）	澳大利亚	6.0%	0.0%	0.0%	0.0%
头孢三嗪（头孢曲松）制剂（30042017）	澳大利亚	6.0%	0.0%	0.0%	0.0%
头孢哌酮制剂（30042018）	澳大利亚	6.0%	0.0%	0.0%	0.0%
重组人胰岛素（20043110）	澳大利亚	5.0%	0.0%	0.0%	0.0%
含有皮质甾类激素及其衍生物或结构类似物（30043200）	澳大利亚	5.0%	0.0%	0.0%	0.0%
奎宁或其盐（30044010）	澳大利亚	5.0%	0.0%	0.0%	0.0%
维生素（30045000）	澳大利亚	6.0%	0.0%	0.0%	0.0%
中药酒（30049051）	澳大利亚	3.0%	0.0%	0.0%	0.0%
片仔癀（30049052）	澳大利亚	3.0%	0.0%	0.0%	0.0%
白药（30049053）	澳大利亚	3.0%	0.0%	0.0%	0.0%
清凉油（30049054）	澳大利亚	3.0%	0.0%	0.0%	0.0%
安宫牛黄丸（30049055）	澳大利亚	3.0%	0.0%	0.0%	0.0%
青蒿素及其衍生物（30049060）	澳大利亚	4.0%	0.0%	0.0%	0.0%
药棉、纱布、绷带（30059010）	日本	5.0%	0.0%	0.0%	0.0%
心电图记录仪（90181100）	日本	5.0%	0.0%	0.0%	0.0%
B 型超声波诊断仪（90181210）	日本	7.0%	6.4%	5.7%	5.1%
彩色超声波诊断仪（90181291）	日本	5.0%	4.5%	4.1%	3.6%
核磁共振成套装置（90181310）	日本	4.0%	3.6%	3.3%	2.9%
闪烁摄影装置（90181400）	日本	5.0%	4.7%	4.4%	4.1%
病员监护仪（90181930）	日本	4.0%	0.0%	0.0%	0.0%

（续表）

HS8	承诺对象	基准税率	第1年	第2年	第3年
听力计（90181941）	日本	4.0%	0.0%	0.0%	0.0%
紫外线及红外线装置（90182000）	日本	4.0%	0.0%	0.0%	0.0%
注射器（90183100）	日本	8.0%	7.3%	6.5%	5.8%
装有牙科设备的牙科用椅（90184910）	日本	4.0%	3.6%	3.3%	2.9%
血压测量仪器及器具（90189020）	日本	4.0%	0.0%	0.0%	0.0%
肾脏透析设备（90189040）	日本	4.0%	0.0%	0.0%	0.0%
输血设备（90189060）	日本	4.0%	3.6%	3.3%	2.9%
麻醉设备（90189070）	日本	4.0%	0.0%	0.0%	0.0%
X 射线断层检查仪（90221200）	日本	4.0%	3.6%	3.3%	2.9%
X 射线影像增强器（90229010）	日本	6.0%	0.0%	0.0%	0.0%
牙科用 X 射线设备（90221300）	日本	4.0%	0.0%	0.0%	0.0%

资料来源：中国自由贸易区服务网，仅列出基准税率非 0 产品。

表 11.5　上海市生物医药产业出口去向地分布情况（2019 年）

产品名称	HS4	RCEP 成员国	占比	非 RCEP 国家（地区）	占比
医用浸膏	1302	日本（55.41%）	55.41%	美国（8.33%）、俄罗斯（4.98%）	13.31%
生物制品、提取物	3001	日本（40.58%）	40.58%	中国香港（38.10%）、美国（15.96%）	54.06%
血制品、疫苗、毒素等	3002	无	/	美国（15.21%）、乌克兰（12.13%）、波兰（12.00%）、哥伦比亚（9.93%）、法国（7.29%）、比利时（5.31%）、德国（4.60%）	66.47%
两种或两种以上成分混合而成的治病或防病药品	3003	新西兰（20.40%）、韩国（14.75%）、泰国（8.07%）	43.22%	印度（13.66%）、巴基斯坦（8.72%）、巴西（8.48%）、阿根廷（6.43%）	37.29%
由混合或非混合产品构成的治病或防病用药品	3004	无	/	英国（20.42%）、瑞士（18.89%）、美国（15.21%）	54.52%
软填料、纱布、绷带及类似物品	3005	日本（13.93%）、澳大利亚（5.33%）	19.26%	美国（28.04%）、英国（22.82%）	50.86%
其他药品	3006	澳大利亚（5.51%）	5.51%	美国（61.00%）、印度（11.90%）、巴西（6.14%）、加拿大（5.55%）	84.59%

（续表）

产品名称	HS4	RCEP 成员国	占比	非 RCEP 国家（地区）	占比
医疗仪器及器具	9018	日本（7.39%）	7.39%	美国（40.49%）、荷兰（7.31%）、德国（4.52%）	52.32%
矫形器具	9021	泰国（5.56%）	5.56%	美国（25.76%）、德国（6.99%）、荷兰（5.65%）、英国（4.73%）	43.13%
X 射线或 α 射线、β 射线、γ 射线的应用设备	9022	日本（5.72%）	5.72%	德国（29.24%）、美国（25.22%）、印度（5.53%）	59.99%
医用家具	9402	无	/	美国（49.47%）、德国（9.42%）	58.89%

资料来源：根据对外贸易数据库整理得到。

注：本表未列出口去向国为中国内地，仅列出占比在 4.5% 及以上的出口去向地。

表 11.6　上海市生物医药产业主要出口国进口来源情况

产品名称	进口国	占上海出口比	RECP 出口地	占比	非 RECP 出口国	占比
医用浸膏（1302）	日本	55.41%	上海（28.77%）	28.77%	美国（13.53%）、丹麦（10.83%）	24.36%
生物制品、提取物（3001）	日本	40.58%	上海（17.56%）	17.56%	美国（31.84%）、意大利（22.10%）、德国（4.91%）、哥斯达黎加（4.15%）	63.00%
两种或两种以上成分混合而成的治病或防病药品（3003）	新西兰	20.40%	上海（29.79%）	29.79%	法国（53.64%）、澳大利亚（11.38%）、美国（9.01%）	74.03%
	韩国	14.75%	日本（2.94%）、澳大利亚（2.74%）、上海（2.61%）	8.29%	挪威（14.82%）、德国（13.36%）、西班牙（7.46%）、印度（5.66%）、荷兰（5.23%）、加拿大（4.89%）、意大利（4.86%）、斯洛文尼亚（3.97%）、美国（2.67%）、英国（2.61%）、瑞士（1.58%）	67.11%
	泰国	8.07%	上海（3.28%）	3.28%	印度（37.55%）、美国（8.03%）、以色列（4.40%）、波兰（2.95%）、西班牙（2.64%）	55.57%

（续表）

产品名称	进口国	占上海出口比	RECP 出口地	占比	非 RECP 出口国	占比
软填料、纱布、绷带及类似物品（3005）	日本	13.93%	上海（13.97%）	13.97%	美国（12.84%）、匈牙利（12.02%）	24.86%
	澳大利亚	5.33%	上海（7.72%）	7.72%	美国（14.64%）、英国（14.60%）、芬兰（10.12%）、匈牙利（4.53%）、德国（4.05%）	47.94%
其他药品（3006）	澳大利亚	5.51%	上海（16.60%）、日本（6.16%）	22.76%	美国（25.33%）、德国（20.46%）、英国（4.65%）	50.44%
医疗仪器及器具（9018）	日本	7.39%	泰国（3.57%）、马来西亚（3.28%）、越南（2.47%）、新加坡（1.72%）、韩国（1.70%）、菲律宾（1.32%）、上海（1.00%）	15.06%	美国（36.45%）、墨西哥（8.32%）、德国（7.02%）、爱尔兰（5.99%）、哥斯达黎加（4.37%）、以色列（1.95%）、加拿大（1.64%）、荷兰（1.38%）、瑞士（1.38%）、英国（1.06%）、多美尼加（1.06%）、法国（0.87%）、意大利（0.83%）	72.32%
矫形器具（9021）	泰国	5.56%	韩国（4.23%）、新加坡（3.09%）、上海（2.19%）	9.51%	美国（28.07%）、爱尔兰（13.68%）、瑞士（9.72%）、德国（7.69%）、荷兰（5.24%）、墨西哥（5.03%）、法国（2.49%）、哥斯达黎加（2.38%）、丹麦（2.01%）、印度（1.59%）	77.9%
X 射线或 α 射线、β 射线、γ 射线的应用设备（9022）	日本	5.72%	韩国（2.53%）、上海（1.86%）、菲律宾（1.38%）	5.77%	美国（34.56%）、德国（20.03%）、荷兰（5.70%）、法国（2.98%）、墨西哥（2.11%）、芬兰（1.50%）	66.88%

资料来源：根据对外贸易数据库，UNtrade 数据库整理得到。

注：仅列出进口来源中比重大于及最多落后上海两位的经济体。其中占上海出口比是指该产品某国进口额占上海出口的比重，某国自上海进口比重根据上海对该国的出口额以及该国的进口额计算得到。

从表 11.6 可以看出，在医用浸膏、生物制品、混合成分药物、绷带纱布、矫形器具、射线设备的出口市场上，与上海竞争的 RCEP 成员国较少，大部分竞争国家是外部非 RCEP 国家。但与之形成鲜明对比的是，医疗仪器及器具的出口市场上，上海不仅在 RCEP 内存在较多的竞争对手，市场份额仅为 1%；而且面临来自非 RCEP 国家的强烈竞争压力。

表 11.7　RCEP 成员国部分生物医药产品承诺关税情况

产品类别	进口国	承诺对象	基准税率	第 1 年	第 2 年	第 3 年
医用浸膏（1302）	日　本	对所有国家承诺零关税				
生物制品、提取物（3001）	日　本					
兽药（30031001）	新西兰	中国	基准税率为 0 且承诺零关税			
阿莫西林（30031010）	泰　国	中国	10%	9.5%	9%	8.5%
氨苄西林（30031020）	泰　国	中国	10%	9.5%	9%	8.5%
胰岛素（30033100）	泰　国	中国	10%	9.5%	9%	8.5%
两种或两种以上成分混合而成的治病或防病药品（3003）	韩　国	日本	基准税率为 0，且承诺零关税			
		澳大利亚				
		中国				
石膏（30051001）	日　本	中国	承诺零关税			
粘合剂敷料（30051000）	澳大利亚	中国	5%	0%		
填充棉绒（30059010）			5%	0%		
氯乙烯聚合物（30061011）	澳大利亚	中国、日本	5%	5%		
苯乙烯聚合物、氯乙烯、聚氨酯（30061014）	澳大利亚	中国、日本	5%	5%		
牙科填充物（30064000）	澳大利亚	中国、日本	5%	0%		
凝胶制剂（30067000）	澳大利亚	中国、日本	5%	0%		
医疗仪器及器具（9018）	日　本	东盟、韩国、中国	承诺零关税			
矫形器具（9021）	泰　国	承诺零关税				
X 射线或 α 射线、β 射线、γ 射线的应用设备（9022）	日　本					

资料来源：根据中国自由贸易区服务网整理得到。

注：仅列出基准税率非 0 产品。

根据对上海生物医药产品出口国的关税承诺统计，各国均实施了较为一致的减税政策。其中，上海对泰国阿莫西林、氨苄西林、胰岛素的出口关税每年将下降 0.5 个百分点；对澳大利亚出口的黏合剂敷料、填充棉绒关税直接下降为 0。考虑到目前 RCEP 成员国内不存在与上海竞争的国家，未来随着税率的降低，上海对泰国、澳大利亚两国的混合成分药品、医疗包扎材料的出口有望增加，且不排除替代美国、印度市场份额的可能性。相比之下，由于澳大利亚、韩国、日本、泰对主要进口来源国采取了统一的关税政策，对韩混合成分药品、对澳大利亚其他药品、对日医疗仪器及器具、射线设备、对泰国矫形器具的出口份额不会发生太大变化，竞争格局基本保持稳定。

11.2　国内外竞争状况

生物医药产业属于战略新兴产业，在国际上美国、欧洲、日本处于领先地位，掌握多项核心专利和技术，国际头部生物医药企业也多数位于上述三大地区。而在国内，经过长期发展目前形成了长三角、珠三角和京津冀三大集群，这些地区在引领生物医药产业发展的过程中发挥着重要作用。

11.2.1　原料药竞争格局

在上游原料药领域，中国和印度在原料药产业链中具有举足轻重的地位。全球前七大原料药供应来源国合计占比超过 76%，其中美国占 36%、其次为印度（12%）、中国（9%）、意大利（7%）、日本（6%）、德国（4%）、西班牙（3%）。从产业链上看，我国位于原料药产业链的最上游，我国出口的原料药分别占到印度和美国进口的 70% 和 14%。整体而言，我国在原料药环节具有较强潜力，但仍然大而不强，特别是相关领域专业认证有待加强。此次疫情当中，除日本和中国外原料药的主要生产国受疫情影响均较为严重，美国和印度确诊人数位居世界前两位。由于印度原料药自用比例达到 50%，其出口受到较大影响。印度 70% 的原料药为特色原料药（如青霉素、氯吡格雷、阿托伐他汀），如果印度原料药生产受到影响，将会对全球特色原料药供应造成巨大冲击。从产品构成上看，印度与我国均在抗感染和心脑血管原料药出口上占比较大，可替代性较强。在疫情得到控制的情况下，我国在原料药领域有望实现增长。

表 11.8　全球原料药产业链布局

	全球占比	专利药占比	通用名药占比
北美洲	37%	74%	26%
欧　洲	31%	75%	25%
亚　洲	21%	36%	64%

资料来源：公开资料、东方证券研究所。

中药材领域，根据药材来源可分为植物药、动物药、矿物药三种。植物药主要取自植物的根、茎和花，是中药的最主要来源；动物药取自动物器官、代谢产物；矿物药取自矿石，是重要的制剂构成。我国的中药材种植具有地域集中特点，主要分布在湖南、贵州、甘肃、陕西、辽宁等地。

表 11.9　中药材主要分类

药材来源	药用部位	举　　例
植物药	根茎	荆芥根、龙葵根
	茎木	狗脊、生姜
	皮	白杨树皮、椿皮
	叶	桉叶、金橘叶
	花	鸡冠花、苍耳花
	全草	败酱草、垂盆草
	果实种子	龙葵子、覆盆子
动物药	动物全体	全蝎、海龙
	部分动物体	熊胆、鹿鞭
	生理产物	蝉蜕、蜂蜜
	病理产物	牛黄、珍珠
矿物药	无机矿物	自然铜、硼砂
	有机矿物	琥珀、地沥青

资料来源：头豹研究院。

11.2.2　基础研究竞争格局

从研发投入来看，美国和欧洲、日本研发投入位居前三，其中美国生物医药研发投入历年均超过 1200 亿美元，欧盟为 800 亿美元，日本为 250 亿—300 亿美元。2012 年中国在生物医药上的研发投入为 84 亿美元，相比 2007 年的 20 亿美元已经有较大提升，年均增长率为 32.8%（韩国 11.4%、新加坡 10%、澳大利亚 6.9%），但总量与欧美、日本差距明显。

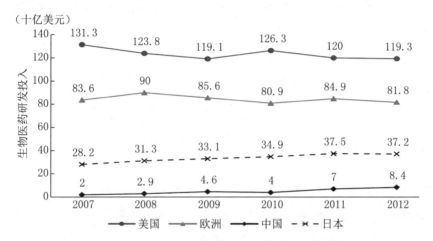

图 11.3　2007—2012 年部分国家和经济体生物医药研发投入

资料来源：CHAKMA J, SUN G H, STEINBERG J D, et al. Asia's Ascent—Global Trends in Biomedical R&D Expenditures [J]. *New England Journal of Medicine*, 2014, 370（1）: 3—6。

从基础研究来看，生物医药的主要产出形式为学术论文和专利。根据 *Journal of Clinical Investigation* 杂志 2017 年刊登的文章统计，国际顶尖医学期刊 [①] 和综合类科学期刊上各国发表的文章，美国长期保持第一，但占比由 2003 年的 44.1% 下降到 2015 年的 36.9%；英国、德国、法国、日本长期保持在前五，但所占比例均有所下降。相反，中国由 2003 年位列 10 名之外，逐步上升到第 4 位（2015 年），占比达到 1.4%。可以看出，虽然国内近年来在学术期刊发表上有较大进步，但与仍欧美国家存在巨大差距。另据中国科学院文献情报中心发布的数据显示，美国（30.75%）、中国（15.66%）、日本（7.55%）、英国（5.17%）、德国（5.11%）、意大利（3.39%）、法国（3.27%）、

---

① 这些期刊包括：*JAMA*, *Lancet*, *New England Journal of Medicine*, *Cell*, *Nature*, *Science*。

加拿大（2.39%）、荷兰（2.06%）、韩国（1.93%）在生物医药领域发文数量位居前十。按研究机构划分，全球生物医药领域发文前十的机构中，美国占据前八位，其次是日本大阪大学和中国军事医学科学院。具体到研究领域，中国与美国在抗体药物领域发文差距最大，其次是融合蛋白药物。

表 11.10　中美生物医药不同领域学术论文发表和专利数量对比

领　域	中国发文量	美国发文量	中国专利数	美国专利数	发文差距	专利差距
生物制药	58547	114997	18339	52810	1.96	2.88
抗体药物	14666	43745	6416	32794	2.98	5.11
基因与细胞治疗	24199	36901	4857[2]	14573	1.52	3.00
融合蛋白药物	1680	3793	1431	5294	2.26	3.70
疫　苗	8702	14680	24513	45458	1.69	1.85

资料来源：中科院文献情报中心。

表 11.11　2003—2015 年生物医药领域顶尖医学和综合科学期刊各国学者发表占比

排名	2003 年	2005 年	2010 年	2013 年	2015 年
1	美国 44.1%	美国 41.9%	美国 40.6%	美国 38.2%	美国 36.9%
2	英国 8.9%	英国 5.8%	英国 4.4%	英国 4.7%	英国 3.9%
3	德国 3.9%	德国 3.1%	日本 2.7%	德国 3.2%	德国 2.1%
4	日本 3.1%	日本 2.8%	德国 2.6%	日本 1.9%	中国 1.4%
5	法国 2.4%	法国 1.7%	法国 1.3%	中国 1.4%	法国、日本 1.2%
6	加拿大 1.9%	加拿大 1.3%	加拿大 1.2%	法国 1.3%	瑞士 1.2%
7	荷兰 1.8%	荷兰、意大利 1.2%	荷兰 1.1%	加拿大 1.1%	加拿大 1.1%
8	瑞士 1.0%	瑞士 0.8%	澳大利亚、中国 0.9%	瑞士 0.9%	荷兰 0.9%
9	澳大利亚、意大利 0.9%	澳大利亚 0.8%	瑞士 0.5%	澳大利亚 0.9%	澳大利亚 0.5%
10	瑞典 0.8%	中国、瑞典 0.4%	西班牙 0.5%	荷兰 0.7%	韩国、瑞典 0.4%

资料来源：https://insight.jci.org/articles/view/95206。

---

① 原文中未给出具体数值，只是提到美国是中国的 3 倍左右。

从专利申请来看，排名基本与学术论文发表数量一致，美国拥有生物医药领域 38.5% 的专利，其次是中国（13.37%）、日本（6.82%）、德国（4.42%）、韩国（3.94%）、英国（3.39%）、法国（3.30%）、瑞士（2.36%）、加拿大（1.91%）、俄罗斯（1.42%）。综合学术论文和专利来看，美国在生物医药领域实力强劲。申请人的分布方面，生物医药领域全球前十大申请人中，美国机构占据 4 家（加州大学、默沙东、美国卫生和公众服务部、辉瑞）、瑞士两家（罗氏、诺华）、英国葛兰素史克、法国国家健康与医学研究院、中国科学院、德国拜尔也均上榜。另外，从不同领域的比较看，中国与美国在抗体药物领域专利差距最大，达到 2.98 倍。

从国内来看，企业是主要的专利申请和拥有者。数据统计显示，1993—2016 年我国生物医药领域专利申请前 10 的机构中，8 家为企业，仅有中国科学院广州生物医药与健康研究院、复旦大学两家非企业申请者。从区域分布来看，各省之间差异较大。江苏（2048 件）、上海（1264 件）、北京（1106 件）、广东（1044 件）和山东（873 件）申请专利数位列全国前五，合计占 63.68%，其中江苏专利数占全国约五分之一。相较而言，中西部省份湖北、四川和湖南专利数不足 500 件。

11.2.3　医药制造竞争格局

在中游生物医药制造领域，主要产品可分为疫苗、激素、单克隆抗体、重组蛋白、血液制品、中草药材、中成药、医疗器械等。疫苗方面，根据 Evaluate Pharma 的统计数据全球市场规模达到 305 亿美元（2018 年），北美（2016 年占 62.9%）和欧洲（2016 年占 18.8%）占据主导地位。从疫苗品种上看，2019 年全球销售总额前 10 的疫苗品种中，美国 4 席、法国 2 席、英国 4 席，呈现寡头垄断格局。而从国内市场来看，医药魔方的统计显示，全国 225 个疫苗批件掌握在 58 家企业当中（中国生物集团 70 个、赛诺菲 11 个、GSK10 个、科兴生物 9 个、沃森生物 8 个、默沙东 8 个、智飞生物 7 个、泰康生物 7 个），市场格局相对分散。虽然中国生物集团下属各研究所总批件数达到 70 个，但基本由各研究所掌握（武汉所 18 个、兰州所 17 个、北京所 13 个、长春所 8 个、上海所 8 个、成都所 6 个）。

表 11.12　2019 年全球销售额前 10 位的疫苗

疫　苗	厂　家	销售收入（百万美元）	所属国家
13 价肺炎球菌多糖结合疫苗	辉瑞	5847	美国
四价九价 HPV 疫苗	默沙东	3737	美国
带状疱疹疫苗	GSK	2298	英国
麻腮风—水痘四联苗	默沙东	2275	美国
五联苗	赛诺菲	2265	法国
流感疫苗	赛诺菲	2080	法国
乙型肝炎疫苗	GSK	1110	英国
百白破疫苗	GSK	931	英国
23 价肺炎多糖疫苗	默沙东	926	美国
B 型脑炎疫苗	GSK	862	英国

资料来源：彭博社、GSK 年报、赛诺菲年报、默沙东年报、民生证券研究院。

表 11.13　胰岛素国际头部企业产品线

	二代胰岛素	三代胰岛素						四代胰岛素
		长效		速效				
	重组人胰岛素	甘精胰岛素	地特胰岛素	门冬胰岛素	赖脯胰岛素	谷赖胰岛素		德谷胰岛素
诺和诺德	是	—	是	是	—	—		是
赛诺菲	是	是	—	—	—	是		—
礼　来	是	是	—	是	—	—		—

资料来源：东方财富证券研究所。

　　重组蛋白方面，主要包括胰岛素药物、生长激素、重组细胞因子。

　　胰岛素市场由礼来、诺和诺德、赛诺菲三家企业垄断，市场占比合计超过 80%。从近几年数据来看，三大胰岛素企业市场份额较为稳定，诺和诺德市场份额保持在 40%—45%，礼来保持在 20% 左右，赛诺菲保持在 35% 左右。而在国内，三大国际巨头占有 85.9% 的份额。2017 年诺和诺德占据 47.30% 的市场份额，赛诺菲占据 25.46% 的市场份额，礼来占据 13.14% 的市场份额，而国内企业甘李药业占据 8.17% 的市场份额，通化东宝占据 2.52%

的市场份额。[①] 从产品线覆盖来看，目前国内市场诺和诺德产品线最全，赛诺菲和甘李药业涵盖三代胰岛素，通化东宝深耕二代胰岛素，联邦制药涵盖二三代胰岛素。

表 11.14　胰岛素国际国内企业产品线对比

		二代胰岛素	三代胰岛素					四代胰岛素
			长效		速效			
		精蛋白锌胰岛素	甘精胰岛素	地特胰岛素	门冬胰岛素	赖脯胰岛素	谷赖胰岛素	德谷胰岛素
国际企业	诺和诺德	是	—	是	是	—	—	是
	赛诺菲	—	是	—	—	—	是	—
	礼　来	是	—	—	—	是	—	—
国内企业	甘李药业	—	是	—	—	是	—	—
	通化东宝	是	—	—	—	—	—	—
	联邦制药	是	是	—	—	—	—	—

资料来源：东方财富证券研究所。

生长激素方面，主要包括 4 种亚型：22kD 生长激素、20kD 生长激素、17kD 生长激素、5kD 生长激素。从国际市场来看，诺和诺德、辉瑞、礼来、罗氏和默克占据全球 80% 的份额，且呈现出诺和诺德份额逐步扩大、辉瑞逐渐萎缩的趋势。而在国内，国产药企市占率达到 90%。跨国药企默克已于 2018 年申请注销生长激素药品批文，金赛药业占据垄断地位，2019 年生长激素市场占有率达 79%，其次是安科生物 12%、联合赛尔 7%。金赛药业是国内唯一能够同时生产生长激素粉针、水针和长效水针的公司。促卵泡激素方面，目前全球市场由默克集团下属美国默克（约 30%）和默克雪兰诺（约 70%）两家公司占据，而国内市场则由默克雪兰诺、美国默克、丽珠集团和金赛药业占据，外资具有主导地位，国产占 30%。

重组细胞因子类药物方面，产品包括干扰素、白介素和集落刺激因子等。其中干扰素（Interferon，INF）是细胞经病毒感染刺激后释放出来的一种细胞因子，具有广谱的抗病毒活性，同时还具有抗肿瘤和免疫调节的作用，是

---

① 东方财富证券研究所。

机体防御系统的重要组成部分。全球干扰素市场药物规模维持在 80 亿美元左右，拜耳、百健艾迪、默克、罗氏合计占据 90% 的份额。根据 PDB 数据统计，国内干扰素厂商高达 20 家，进口厂商罗氏（2017 年市场份额为 26.08%）和先灵葆雅（2017 年市场份额为 8.66%）；同期国内厂商份华新生物（15.61%）、三元基因（12.43%）、科兴生物（10.38%）、兆科药业（7.43%）、凯因科技（5.07%），国产合计比重达到约 65%。重组人粒细胞集落刺激因子（rhG-CSF）方面，美国安进的 rhG-CSF 占据主导地位，几乎垄断长效剂型市场。而在国内，短效 rhG-CSF 市场竞争激烈，上市的销售公司达到 20 家，前 5 大企业合计占比达到 75%。其中齐鲁制药短效制剂市占率为 40% 以上，协和发酵、特宝生物、九源基因份额约为 6%—10%。目前长效 rhG-CSF 仅有齐鲁制药和石药集团生产，齐鲁制药的长效剂型晚于石药集团上市，但 2017 年的销售额却反超石药集团。促红细胞生成素（Erythropoietin，EPO）也属于集落刺激因子。目前全球市场主要由安进、强生、协和麒麟（日本）、罗氏占据，2017 年安进占 58% 市场份额，强生占 19%，罗氏占 14%，协和麒麟占 9%。而在国内 rhEPO 国产率为 90%，进口厂商协和麒麟和罗氏 2017 年仅占 7.74%，国产率有望进一步提升。国内企业中，三生制药 2017 年市场占有

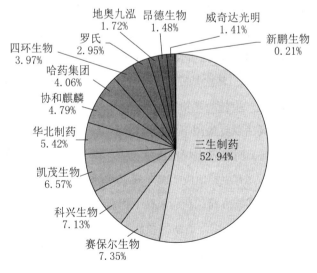

图 11.4　国内 rhEPO 市场竞争格局

资料来源：PDB、东方财富证券研究所。

率为 53%，赛保尔生物、科兴生物、凯茂生物、华北制药份额均在 5%—8%
之间。白细胞介素（Interleukin）是一种由白细胞产生的分泌型蛋白质或信
号分子，重组白介素药物属于白介素的一种。国内上市的重组白介素有白介
素 -2 和白介素 -11，其中白介素 -2 生产销售公司较多，有十几家（2017 年），
四环生物占据 46.91% 的市场份额，双鹭药业占 29.80% 的市场份额，泉港药
业 19.41%，沈阳三生 2.45%。而在白介素 -11 产品上，齐鲁制药市场份额达
到 67.78%，垄断特征明显。九源基因、昂德生物份额也在 10% 左右。

　　血液制品方面，国务院于 2001 年明确印发文件，明确从 2001 年起不再
批准血液制品新企业进入，行业内仅有 30 余家企业具有国家药监局批文，在

表 11.15　国内主要血液制品企业

企　业	参股、控股公司	上市情况
泰邦生物	山东泰邦、西安回天、贵州泰邦	美国上市
天坛生物	上海、兰州、武汉生物制品研究所、成都蓉生、贵州中泰等	A 股上市
华兰生物	华兰重庆、华兰生物	A 股上市
上海莱士	同路生物、上海莱士、郑州莱士、浙江海康	A 股上市
博雅生物	博雅生物、丹霞生物	A 股上市
双林生物	广东双林	A 股上市
卫光生物	卫光生物	A 股上市
博晖创新	广东卫伦、河北大安	A 股上市
中国医药	上海新兴	A 股上市
Green Cross Hold	绿十字中国	韩国上市
BEHRING	中原瑞德	澳大利亚上市
四川远大蜀阳	无	未上市
辽阳嘉德	无	未上市
山西康宝	无	未上市
南岳生物	无	未上市
新疆德源	无	未上市
派斯菲克	无	未上市

资料来源：头豹研究院。

产企业28家。其中22家为上市公司或受上市公司控股，呈现寡头竞争局面。从主要血液制品的销量来看，根据中国药品生物制品检定所公布的2018年前三季度签发占比数据，可以看出白蛋白进口比例为57.7%，国内企业情况为山东泰邦（5.7%）、华兰生物（5.6%）、成都蓉生（4.4%）、远大蜀阳（4.2%）、上海莱士（2.4%），国内企业占比不高。另外，静丙市场成都蓉生市占率为14.8%、山东泰邦11.4%、华兰生物11.2%、远大蜀阳9.1%、上海莱士7.5%、贵州泰邦6.1%。

从技术水平上看，全球血制品行业起步于20世纪初，而中国血液制品起步晚，与国际头部企业相比在技术水平、产品结构和采浆量三个方面有较大差异。国内生产的产品类别在13种以下，而国际头部企业能够生产20多种。在生产工艺上，国内企业使用的是低温乙醇法，与国际企业所采用的层析法存在较大差距，分离纯度和产品类别有限。

中成药和中药饮片领域，全国分别约有规模以上企业1600家、1000家。其中有40余家上市，如同仁堂、康美药业、云南白药、东阿阿胶等。中药饮片方面，国内市场集中度低，龙头企业市场份额仅占2%左右，其余企业占比均不足1%，行业内约有50%的企业为民营企业。[1]

表11.16　国内部分中药企业

企业	成立年份	核心产品
云南白药	1993	白药系列
天士力	1994	复方丹参滴丸
东阿阿胶	1994	阿胶系列
同仁堂	1997	六味地黄丸、牛黄清心丸
康美药业	1997	西洋参胶囊、西洋参粉、丹参粉、三七粉
三九药业	1999	999感冒灵、皮炎平、正天丸、胃泰

资料来源：头豹研究院。

医疗器械方面，与全球医疗器械巨头相比，中国医疗器械企业无论是收入还是市值规模都偏小。从技术水平差异来看，我国医疗器械大部分领域处于劣

---

[1]　民生证券：《中药材及饮片行业受益行业政策，迎来发展机遇》。

势，部分细分领域如 MRI（磁共振成像）、CT 设备和起搏器等国产化水平仅为 10%。生化诊断仪器国内迈瑞医疗、科华生物等企业技术已经基本与国际头部企业持平，实现进口替代。而在内窥镜市场上随着 CMOS 技术逐渐取代 CCD 技术，国内开立医疗通过自主研发已经在这一产品上掌握核心技术，涵盖镜体精密机械设计装配、微小成像光学系统设计装配、FGPA 图像处理，超声内镜技术。另外，国内在化学发光产品上仍然与国际头部企业存在较大差距，准确度、稳定性和试剂质量检测速度有待提升。再加上化学发光检测多技术路线并存，厂家难以通过量值溯源验证产品质量，短期内替代可能性较低。

表 11.17　生化分析仪 ZY-1200（科华）与 ARCHITECT c800（雅培）性能对比

项　目	ZY-1200	ARCHITECT c800
检测速度	800 次 / 小时，加电解质模块后达到 1200 次 / 小时	1200 次 / 小时
光学检测系统	全息平常凹面光栅光电二极管阵列瞬态检测系统、后分光技术、16 个固定波长	激光蚀刻全息光栅技术、后分光技术、16 个固定波长、可单波长或双波长检测
主要特点	国内领先的微量移液和流路控制技术、检测更精确	采用人工智能化机器人轨道样本传输系统、在线样本处理系统、优化吸样清洗程序，显著提高仪器性能与工作效率
仪器组合	不支持	支持，与雅培公司化学发光免疫分析仪组合使用

资料来源：根据来自兴业证券经济与金融研究院的公开资料整理。

表 11.18　医疗器械国产化情况

类别	细分领域	市场规模（亿元）	国产比例	国内主要企业
体外诊断	生化诊断	100	70%	迈瑞医疗、九强生物、迈克生物、科华生物
	化学发光	200—250	15%	新产业、迈瑞医疗、安图生物、迈克生物
	血液分析仪	41	35%	迈瑞医疗、迪瑞医疗
影像设备	磁共振成像	486	10%—20%	万东医疗、东软集团、奥泰
	CT	234	10%—20%	上海联影、万东医疗、东软集团
	超声	100	20%	迈瑞医疗、开立医疗
	内窥镜	200	15%	开立医疗、迈瑞医疗

（续表）

类别	细分领域	市场规模（亿元）	国产比例	国内主要企业
高值耗材	心脏支架	100	80%	乐普医疗、微创医疗、蓝帆医疗
	起搏器	30	10%	乐普医疗、先健科技
	骨科创伤	51	70%	大博医疗、威高股份、
	骨科脊柱	47	50%	大博医疗、威高股份、春立医疗
	骨科关节	40	30%	春立医疗、爱康医疗
	血液灌流器	10	90%	健帆生物
监护设备	监护仪	20	70%	迈瑞医疗、理邦仪器
	麻醉机	10	30%	迈瑞医疗、宜安医疗
眼科	角膜塑形机	64	20%—30%	欧普康视

资料来源：兴业证券经济与金融研究院。

而从竞争状况来看，2017 年全球最大的医疗器械企业美敦力收入达到 300 亿美元，中国最大的医疗器械企业迈瑞医疗收入仅为 17 亿美元，仅为美敦力的 1/18。2017 年全球排名前 10 的医疗器械企业占全球总销售额的 40%。中国医疗器械产业分散，2016 年生产企业数量达到 15343 家，排名前 10 的

表 11.19　国内外医疗器械头部企业

国际市场头部企业	收入（亿美元）	全球市占率	国内市场头部企业	性质
美敦力	300	7.4%	飞利浦	外资
强生	266	6.6%	罗氏诊断	外资
雅培	160	4.0%	美敦力	外资
西门子	155	3.8%	迈瑞医疗	内资
飞利浦	136	3.4%	西门子	外资
史赛克	124	3.1%	新华医疗	内资
罗氏	123	3.0%	通用	外资
碧迪	110	2.7%	威高	内资
通用	102	2.5%	雅培	外资
波士顿科学	90	2.2%	碧迪	外资

资料来源：Evaluate MedTech eNet & Ciweek。

企业中有 7 家跨国企业，国产医疗器械进口替代还有巨大的空间。

具体来看，心血管支架方面 2004 年之前基本由强生、美敦力、波士顿科学占据，市占率达到 95%；随着国内企业不断进入，截至 2017 年国产品牌乐普、微创和吉威市占率分别达到 24%、23%、20%，跨国公司雅培仅占有 13% 的市场份额。监护仪方面，国际头部企业主要有飞利浦（38%）、通用（26%）和迈瑞医疗（10%），寡头垄断特征明显。而国内市场迈瑞医疗市占率高达 64.80%，其次为飞利浦（17.70%）和通用（3.80%）、理邦仪器（3.70%）、宝莱特（3.50%）。生物诊断（IVD）仪器方面，全球体外诊断市场中罗氏、丹纳赫、西门子、雅培市场份额合计达到 50%，而在国内迈瑞医疗、科华生物、九强生物市场份额位居前列，国产率达到 70% 左右，彩超方面，全球市场中通用、飞利浦、东芝、日立、西门子位居前列，中国企业迈瑞医疗、开立跻身全球前十。而在国内市场通用和飞利浦市占率合计超过一半，迈瑞医疗市占率约为 10%，西门子、日立份额为 5% 左右。CT 设备方面，根据中国医学装备协会发布的数据，通用市场份额为 34%，西门子 28%，飞利浦 14%，外企市占率达到 86%。国内企业东软医疗、上海联影、安科发展迅速，未来有望实现突破。磁共振成像（MRI）方面，通用市占率达到 20%，其次是西门子（18%）、上海联影（8%）、飞利浦（8%）、贝斯达（8%），其中上海联影在 1.5T 超导核磁共振市占率已经超过部分进口企业。内窥镜方面，全球市场集中度较高，一部分企业由于掌握基于 CCD 的内窥镜技术占据垄断地位，奥林巴斯（69%）、宾得医疗（15%）、富士（12%）等跨国企业在国内市场占比超过 90%。化学发光方面，目前国内市场呈现寡头垄断格局，外资企业罗氏（34%）、雅培（19%）、贝克曼（13%）、西门子（12%），占据约 70% 的市场份额；国内企业新产业、安图生物、迈克生物、迈瑞医疗合计占比约 10%。骨科植入物方面，全球市场集中度较高，前十大厂商合计占比达到 92.8%，而这主要源于头部企业的并购。而在国内细分市场包括创伤、脊柱、关节。创伤植入类产品技术壁垒相较其他两类技术壁垒最低，国产化率较高，大博医疗、威高骨科、天津天正合计占比超过三分之一；脊柱类产品市场上国产比例约为 44%，大博医疗、威高骨科和天津天正份额超过一半，集中度相对较高；最后在关节类产品上，由于技术壁垒高且使用年限长，消费者普遍偏好进口产品。整体而言国产替代进程较慢。

11.3 管制与壁垒

生物医药作为各国重要的战略新兴产业，被视为是国家核心竞争力的重要组成部分。各国对生物医药领域的出口和技术管制也层出不穷，比如在此次疫情暴发后，由于担心本国药品供应受到影响，印度就宣布 20 余种原料药的出口禁令。另外，美国商务部工业与安全局公布的《商业管制清单》已经将纳米生物学、合成生物学、基因组和基因工程、神经科学列入。此外，美国对生物医药供应链的问题高度重视。疫情暴发后，共和党议员就提出《强化美国供应链和国家安全法案》，要求国防部向国会提交一份有关国防部对各国进口药物依赖程度的分析报告，并对此做出相应措施安排，其中将中国列为首要检查对象。 2020 年 3 月 27 日，美国总统签署《新冠病毒援助、救济和经济安全法案》，对包括中国在内的国家对美出口药品比例作出限制。2020 年 6 月 17 日，共和党十几名议员又联合提出《鼓励政府和美国民众购买美国货》的议案，其中认为鼓励美政府和国民购买美国产品，有助于增强美国医药制造产业竞争力，让美人民受益。2020 年 6 月 30 日，美议员提交《美国医药供应链审查法案》，要求美国联邦贸易委员会和财政部、美外国投资委员会提交一份有关美过度依赖外国医药产品进口及其影响的报告，并评估外国参与基因测序工作带来的负面影响。

此外，美国对国内企业在美生物医药投资也严格管制。2018 年美国总统特朗普签署的《外国投资风险评估现代法》中明确要求对包括"半导体、飞机、集成电路和生物研发等行业"外商投资进行严格安全审查。在此法施行后，美国多次对中国企业在美生物医药投资进行打压。一份报告[①]曾专门作过统计，发现尽管这份法律适用于所有外国投资者，但对华交易审查高居第一，达到 74 个；其次是加拿大（49 个）。如以"收录美国患者信息可能影响美国国家安全"为由，剥离中国数字医疗保健公司碳云智能对在线患者门户网站的 1 亿美元投资。另外，在获得美国防部 500 万美元资助后，美国初创

---

① Jackson, J. K. (2019). The Committee on Foreign Investment in the United States (CFIUS) (RL33388)(United States, Congressional Research Service).

公司 Twist Bioscience（经营 DNA 合成业务）在华子公司扩产受到审查。随后美国会对年度国防法案进行修正，要求国防部研究基金受赠者禁止与外国公司或实体建立伙伴关系。

11.4　对策与建议

结合疫情后生物医药产业发展的新趋势、全球竞争格局等的分析，提出以下对策建议：

第一，强化产业链的安全性、稳定性。此次疫情之中，物流和生产的停滞给各国医药产业造成很大冲击。在全球性的公共卫生危机下，保障本国防疫相关物资的供给渠道安全、可控，显得极为重要。此外，疫情之后一些国家加强了对外国生物医药投资、出口的限制，这提高了我国企业对外投资的风险。一方面，要加快研究国外生物医药领域的法律法规，积极参与医药领域技术标准制定，勾住重要经济体，增加脱钩成本；另一方面要加强医药研发投入，提升全球产业链、价值链地位，力争在全球生物医药创新格局中占据重要位置。

第二，加强公卫体系与市场机制有机结合。疫情之后，国内将兴起一波医疗基建热潮，传染病预防收治场所以及医疗设备短时间内会得到快速补充。但由于类似"非典"、新冠肺炎的大型公共卫生危机仍不多见，新冠疫情得到有效控制后这些备份措施将在很长时间内闲置，这不仅会造成极大的资源浪费，也可能带来防护设备相关生产企业的产能过剩。为此，要尽快探索一条适合我国国情的医疗备份体系，建立长效机制，引导相关企业合理发展。

第三，补短板、强基础，加强海外专利申请。经过几十年的发展我国企业在生物医药重要细分环节都取得了关键性进展，但从相关专利申请和基础研究数据统计来看，中国与美国在抗体药物、融合蛋白药物领域有较大差距。我国在化学发光、磁共振成像、CT 设备、内窥镜、起搏器、胰岛素等关键设备和药品上自给率仍然较低，亟待加强。同时，从生物医药领域的专利申请来看，虽然我国在生物医药领域专利申请量位居全球第二，但多以国内专利为主，在海外重要市场如欧美地区申请量极少，为此需要积极引导企业进行海外专利布局。

第四，利用我国在人工智能、数字经济领域优势，积极布局未来医疗产业。疫情之中，我国率先在武汉、北京、上海等地建立网络会诊平台，并将人工智能、图像识别、大数据等技术应用到快速诊断、人员流动管理等诸多防疫举措中，极大地提高了工作效率。同时，疫情之中虽然人员流动受到严格限制，但与之相伴随的是医药电商和网上问诊平台的兴起。我国在人工智能、数字经济、5G、电子商务领域优势明显，未来可依托平台优势，加快相关领域布局。

▎参考文献

［1］石光、刘芳瑜：《我国生物医药产业发展的现状与对策》，《中国卫生政策研究》2016年第3期。

［2］汪洋：《生物医药产业创新能力评价及提升对策研究》，《南京中医药大学》2012年。

［3］曾婧婧、王巧：《中央政府支持生物医药产业发展的政策文本分析（2006—2015）》，《生产力研究》2016年第7期。

［4］何秉踊：《我国药用辅料行业期待更高质量发展》，《中国医药报》2019年5月27日。

［5］彭立增：《疫情后生物医药产业将迎来哪些新机遇》，《联合日报》2020年2月26日。

［6］AYATI N, SAIYARSARAI P, NIKFAR S, "Short and long term impacts of COVID-19 on the pharmaceutical sector", *DARU Journal of Pharmaceutical Sciences*, 2020.

［7］CHAKMA J, SUN G H, STEINBERG J D, et al., "Asia's Ascent—Global Trends in Biomedical R&D Expenditures", *New England Journal of Medicine*, Vol.370, No.1, 2014.

［8］CONTE M L, LIU J, SCHNELL S, et al., "Globalization and changing trends of biomedical research output", *JCI Insight*, Vol.2, No.12, 2017.

［9］谢华玲、陈芳、LIU C, et al.：《全球生物制药领域研发态势分析》，《中国生物工程杂志》2019年第5期。

［10］李东巧、陈芳、LIU C, et al.：《全球抗体药物研发态势分析》，《中国生物工程杂志》2019年第5期。

［11］迟培娟、陈芳、LIU C, et al.：《基因治疗及细胞治疗发展态势分析》，《中国生物工程杂志》2019年第5期。

［12］李东巧、陈芳、LIU C, et al.：《全球融合蛋白药物研发态势分析》，《中国生物工程杂志》2019年第5期。

［13］谢华玲、陈芳、LIU C, et al.：《全球疫苗研发态势分析》，《中国生物工程杂志》2019年第5期。

［14］范斯聪：《新冠疫情加剧美国对中国医药产业限制》，《世界知识》2020年第16期。

（本章主持及执笔：王　超）

第 12 章　集成电路

本章提要：

集成电路是信息技术产业的基石，是支撑一个国家经济社会发展和保障国家安全的战略性、基础性和先导性产业。全球集成电路产销近年来一直呈现高速增长态势，集成电路产业链现在形成了集设计、制造和封测为一体的纵向一体化，以及集成电路的设计、制造和封测分别由不同企业完成的纵向分工并存模式。随着竞争加剧，集成电路的生产和技术日益高级化和复杂化，规模经济更为显著，必需的研发支出和资本投资数量巨大，因此，集成电路的生产和研发也日益固化到少数地区和少数企业手中，呈现出强者恒强的局面。

近年来，我国集成电路产业保持着旺盛的增长势头，产销数量和收入均呈现两位数以上的增长速度，但我国在全球集成电路市场中所占的市场份额还较少，大量集成电路仍然需要从国外大量进口，且呈现不断增加的趋势。我国在集成电路全球市场中的竞争力还不强。从我国在集成电路产业链不同环节的竞争力来看，虽然我国曾经一度有两家企业进入集成电路设计企业全球前十，但我国集成电路设计仍然严重依赖国外的电子设计自动化工具软件和知识产权核公司；在集成电路制造环节，我国先进制程落后国外先进制造工艺两代以上，且关键材料和关键设备严重依赖进口；在集成电路封测领域，我国已经取得和国外巨头相抗衡的实力，且优势进一步在巩固。我国缺少规模化生产的集成设备制造模式集成电路企业。总的来说，我国集成电路在国际市场竞争力不强，在某些产业链环节还严重受制于人，但是也展现出一定的竞争实力，拥有相对完善的产业链。

为提高我国集成电路产业链竞争力，除了落实国家既定的相关政策之外，还需要统筹好国家扶持和市场竞争的两个机制，发挥不同机制的良性作用；积极并善于利用国际国内两个市场，利用国内市场站稳脚跟，在国际市场竞争中发展，提高竞争力，制定合理的企业产品高级化的发展策略；完善集成电路产业链和产学研转化链，通过两条链条的协同来推动产业链发展；积极夯实集成电路产业发展的人才基础，打造技术研发和经营管理两支高端人才队伍；依托国内庞大的消费市场和海量的消费场景，聚焦集成电路研发，从技术和商业模式创新角度实现弯道超车；保证集成电路产业发展的安全性，建立并完善集成电路产业链风险预警系统。

12.1 集成电路产业链概述

集成电路（IC），是把一定数量的常用电子元件，如电阻、电容、晶体管等，以及这些元件之间的连线，通过半导体工艺集成在一起的具有特定功能的电路。随着科技发展，硅集成电路逐渐成了主流，就是把实现某种特定功能的电路所需的各种元件都集中放在一块硅片上。集成电路具有体积小、重量轻、引出线和焊接点少、寿命长、可靠性高和性能良好等优点，同时在大规模生产的情况下成本更为低廉。因此，集成电路用途广泛，可以广泛应用在各种电子设备上，并广泛应用于不同的行业。集成电路是信息技术产业的基石，是一个国家制造业的重要基础和核心支撑，是支撑一个国家经济社会发展和保障国家安全的战略性、基础性和先导性产业，是引领新一轮科技革命和产业变革的关键力量，事关一个国家的信息安全、经济安全和国家安全。集成电路产业在促进经济发展和社会进度、提高人民生活水平、保障国家安全等方面发挥着广泛而重要的作用，是当前国际竞争的焦点，也是衡量一个国家综合国力的重要产业之一。

12.1.1　集成电路产业链发展简介

集成电路产业链指的是集成电路生产过程中上下游企业之间的纵向分工和合作关系。集成电路最早主要用于航天和军事，自从 1980 年 IBM 研制出第一代商用化个人电脑开始，集成电路在民用电子领域发展开始逐渐加速。凭借大规模的需求拉动和高水平技术发展的推动，集成电路产业链不断分工演化，从最早期的纵向一体化的集成设备制造（IDM，Integrated Design and Manufacture）模式，开始诞生纵向分离的集成电路无工厂设计（Fabless）模式和代工厂（Foundry）模式，逐渐形成一体化制造和设计、制造以及封测三业协同共存的两种主要的产业组织形态。先进集成电路产业链发展已经非常成熟，产业链各环节分工明确，形成一个清晰又复杂的系统，支持着整个产业稳步前进。

从集成电路产业链演变的历史来看，集成电路生产的第一次变革是电脑元件的标准化。1960—1970 年，系统厂商最初包办了集成电路的所有设计和制造过程。但随着电脑功能越来越多，越来越复杂，单纯由系统厂商所负责的集成电路的设计过程耗时不断增加，出错的可能性也不断增多，这样一些系统厂商还没来得及推出新产品，当时的设计理念便已落伍。因此，许多厂商为了缩短市场需求响应周期，开始把所使用的集成电路进行标准化。1970年左右，微处理器、存储器和其他小型集成电路元件开始逐渐标准化，出现系统制造企业和专业的集成电路制造企业之分。

集成电路产业链第二次变革是 ASIC（Application Specific Integrated Circuit，特殊应用集成电路）技术的诞生。虽然集成电路开始采用标准化的生产方式，但在整个电脑系统中的占比仍然较少，系统还存在不少独立的集成电路元件。这些独立的集成电路元件导致了整个系统设计和运行效率较为低下，为了解决这些问题，系统工程师开始探索在不必了解晶体管线路设计的情况下，直接利用逻辑门元件资料库设计集成电路的可行性。这种设计观念改变导致集成电路无工厂设计模式公司的出现，即专门的集成电路设计公司，它们专注于集成电路设计，而专业的晶圆代工厂则填补了集成电路企业所需的产能。

集成电路产业链第三次变革是知识产权模块（intellectual property）的兴

起。由于半导体制程持续缩短，单一晶片的集成度越来越高，这样，那些仅仅采用 ASIC 技术的企业很难及时应对需求变化并推出适销产品。通过将具有某种特定功能的电路固定化，把部分功能预先设计并加以验证，以知识产权核模块的形式运用于设计，就会减轻集成电路的设计任务。知识产权核性能高、功耗低、技术密集度高、知识产权集中、商业价值昂贵，是集成电路设计产业的最关键产业投入要素和企业综合竞争力的直接体现。知识产权核公司主要进行重要功能模块的设计和生产验证，并通过核授权许可来获利。随着 SOC（System on Chip，芯片级系统）的兴起，"购买知识产权核 + 自研 SoC"已成为集成电路设计的主流模式，全球各企业对知识产权核的数量、质量和服务的需求不断增加。

12.1.2 集成电路产业链各环节解析

在集成电路产业链不断发展完善过程中，集成电路公司的经营模式日益多元化，分工日益专业化，规模日益扩大化，这导致整个行业也发生结构性变化，形成复杂的集成电路产业生态，既存在纵向分割的细分的设计、生产、封装测试等企业，也包括集设计、生产和封测为一体的高度纵向一体化的集成设备制造模式企业。从流程而言，现代集成电路产业链主要包括设计、制造和封测三大部分，每一部分又包括诸多细分领域，同时还拥有自己的上游设备、材料或辅助软件供应商。完整的集成电路制造流程需要上下游之间高度协同和配套，一般先由集成电路设计公司根据市场或客户需求设计出集成电路版图，然后委托集成电路制造厂生产晶圆，再由封装厂完成集成电路的封装，并进行各种测试保证性能，最终交付使用。集成电路产业链具体如图 12.1 所示。

集成电路设计位于产业链的上游，是对用户需求的直接反应。在集成电路设计环节，要进行规格定制并设计电路；完成完整设计之后，运用电子设计自动化（EDA）工具，形成电路图。设计主要包括前端设计、后端设计和反向设计。集成电路设计是集成电路制造的前提，设计质量直接决定集成电路的性能。集成电路设计技术含量高，产品附加值高。当前，集成电路设计严重依赖先进的集成电路设计工具——电子设计自动化（EDA）和知识产权（IP）核。

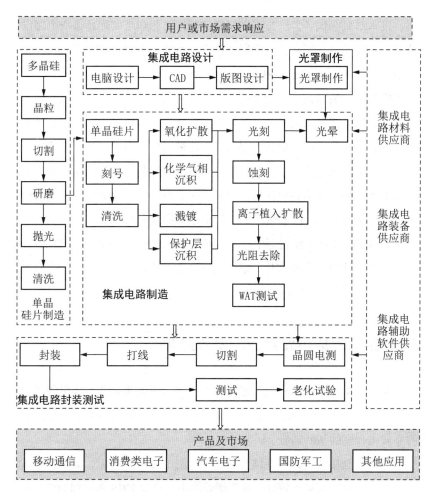

图 12.1　集成电路制备流程及产业链一览

集成电路制造位于产业链中游，在整个集成电路产业链中占据重要地位，代表着当今技术细微制造的最高水平，是集成电路的核心技术之一。其上游关联集成电路设计、集成电路制造的专业设备和专用材料生产，下端关联集成电路封装测试。集成电路制造首先要进行晶圆制造，采用单晶做成晶圆，后者是集成电路制作的基础。多晶硅经过切割、研磨、抛光和清洗等一系列程序后，制作出单晶硅片，再经过刻号、清洗、氧化扩散、化学气相沉积、溅镀、光刻、蚀刻、离子植入扩散、光阻去除和晶片允收（WAT）测试等一系列工艺之后，会在一整片晶圆上完成很多集成电路，再将方形的集成电路切割，进入封装测试环节。集成电路制造制作工艺和难度远超集成电路设计环节，属于技术密集型和资本密集型产业，研发支出和资本支出巨大，研发技术团队庞大，学习效应和规模经济显著。

集成电路封装测试位于产业链下游，是集成电路芯片与整机或系统的交互界面。集成电路必须封装并经过切割、打线、测试和老化试验等一系列工艺，并最后检测正常运作确认无误后，才能进入应用市场。集成电路测试则贯穿于集成电路制造和封装的全过程。集成电路封装测试属于劳动密集型产业，技术壁垒和附加值相对较低。但随着集成电路复杂度的提高，封装测试环节也会日益复杂，对技术和资本的需求也会不断提升。

由此可见，集成电路自诞生以来，不断适应市场变化和技术发展的需求，产业的组织形式也在不断变化，形成既有高度一体化的生产企业，也有高度分工的企业之间高度协同的产业组织模式。

12.2 全球集成电路产业的发展趋势

近年来，集成电路产业发展迅速，龙头地区或龙头企业不断巩固其领先地位，产业链分工不断细化，纵向一体化和纵向分工企业并存，产业链各环节存在较大程度的垄断趋势。

第一，全球集成电路产业增长迅速。从图 12.2 可以看出，就销售收入而言，全球集成电路市场规模处于稳步增长之中，除了 2019 年的周期性因素之外。而根据世界半导体贸易统计组织（WSTS）预计，2020 年全球集成电路市场规模将达到 4331 亿美元，与 2019 年相比增长 5.1%；2021 年，全球半导体市场规模将同比增长 8.4%，达 4694 亿美元，创历史新高。

从集成电路产能来看，根据图 12.3 所示，进入 21 世纪以来，除了在 2001 年和 2009 年，全球晶圆产能下降之外，在其余年份，全球晶圆产能一直处于扩张之中。近五年集成电路产能增长率约为 5.1%，而在 2019—2024 年，集成电路行业产能的年增长率预计将会有显著提高。据 IC Insights 估计，2020 年相比上一年将会增加 1790 万个晶圆（200 mm 当量）的新产能，而在 2021 年将会再增加 2080 万个晶圆。新增产能很大一部分将由两家韩国公

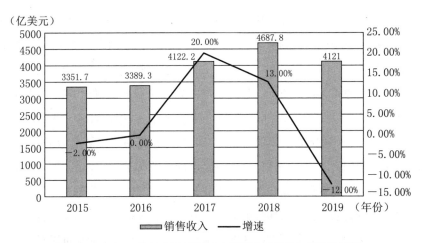

图 12.2　2015—2019 年全球集成电路行业销售收入及增速趋势

资料来源：世界半导体贸易统计组织（WSTS）。

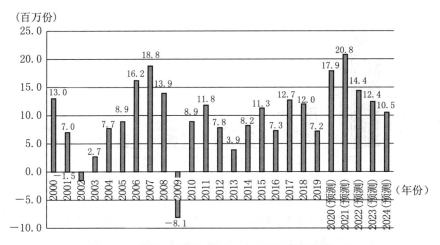

图 12.3　历年全球晶圆（200mm 当量）产能增量一览

资料来源：IC Insights，https：//www.icinsights.com/services/mcclean-report/。

司（如三星、SK Hynix 等）和中国本土公司（如 YMTC/XMC、华虹恩惠等）
提供。

第二，集成电路的全球市场份额分布不均衡，美国拥有支配性地位。根据 IC Insight 在 2020 年发布的《麦克林报告》(The McClean Report，见图 12.4)，美国在集成设备制造、集成电路无工厂模式以及汇总的集成电路市场上都处于绝对的支配地位，其中，IDM 模式下的生产份额为 51%，而无晶圆厂集成电路占全球的市场份额 65%，合并之后的市场份额占 55%。其中集成设备制造下，韩国以 29% 的产能排第二位，主要来自韩国三星电子公司；而合并之后的总市场份额方面，韩国也是以 21% 位居第 2，但和第 1 的美国差距至少在一倍以上。在无晶圆厂集成电路市场上，我国台湾地区以 17% 的市场份额排第 2，我国大陆紧随其后，以 15% 的市场份额排第 3。尽管我国台湾地区和我国大陆在无晶圆厂集成电路市场份额表现相对不俗，但在集成设备制造下的市场份额却非常少，分别为 2% 和 1%。值得一提的是，这仅仅是汇总数量的排名，没有按照性能对集成电路作进一步区分。因此，就市场份额而言，美国仍然具有当之无愧的支配地位，这也是美国动辄可以对我国集成电路产业进行制裁的市场基础。这一模式近两年变化并不太大，2018 年的数据也是如此。

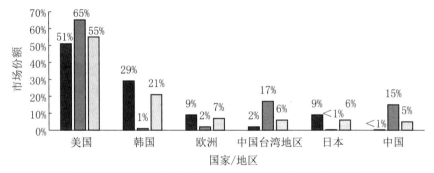

图 12.4　根据公司总部划分的全球主要地区集成电路市场份额（2019 年）

资料来源：IC Insights，https：//www.icinsights.com/services/mcclean-report/。

第三，随着技术深化和产业分工的演进，市场出现了纵向一体化和纵向分工并存的产业链模式，与此同时，市场份额逐渐集中到少数寡头手中，集成电路市场的竞争日益白热化。集成电路市场研究公司 IC Insights 的《麦克林报告》指出，当今集成电路产能的前五企业集中度为 58%，而前十企业集中度就变成 85%，前十五企业集中度高达 95%。[①] 这意味着，一家企业如果

---

① IC insight，https：//www.icinsights.com/services/mcclean-report/report-contents/#2.

进入行业的前五，相对来说面临的市场会比较大；如果没有进入行业前十，那么只能和其他大量的企业竞争 15% 的市场份额。因此，集成电路企业为了获得头部位置进行的竞争是非常激烈的。就集成设备制造模式下的集成电路企业而言，头部企业分别是英特尔、三星、SK 海力士和美光等美韩企业；无晶圆工厂下的集成电路设计企业，排名靠前的是高通、AMD 等，我国的华为海思一度曾经进入前十，但在美国贸易制裁下，最新数据显示，我国已经没有企业位于前十；晶圆代工厂下的产能，则主要集中在台积电、联发科、格罗方德等企业，我国大陆的中芯国际和华宏进入前十。由此可见，在激烈竞争下，不同赛道的市场份额日益集中到少数企业手中，出现强者恒强的局面。

第四，集成电路发展的关键材料、关键设备和软件日益集中到少数企业手中，垄断趋势较为明显，产业链的关键环节日益固化，进入壁垒进一步提升。从集成电路的关键材料供给来看，日本、美国、德国、韩国和我国台湾地区集聚了全球重要芯片相关材料企业，其中高纯大硅片、光刻胶、超高纯化学试剂、特种气体等关键材料主要由上述国家和地区提供。从集成电路制造所需的关键装备供给来看，美国、日本和荷兰是全球三大装备制造强国。荷兰 ASML 公司在光刻机竞争中脱颖而出，其 EVA 光刻机在全球处于垄断地位，并和下游的晶圆生产企业英特尔、三星以及台积电建立了资本上的投资入股关系，局外企业采购难度大；而日本和美国在刻蚀、沉积、注入机、检测等装备方面优势明显。就集成电路设计软件看，主要的电子设计自动化（EDA）工具由三大巨头新思科技（Synopsys）、明导国际（Mentor）和铿腾电子（Cadence）所垄断。随着集成电路性能的提升，在沿着既有技术路径的创新中，现有企业凭借先发优势，不断巩固自己在产业链中的优势地位，不断增强其产品的不可替代性，导致后发企业或潜在进入者面临巨大的进入壁垒。

综上所述，随着集成电路技术的不断发展，应用范围不断推广，集成电路产业链出现纵向一体化和纵向分割共存的产业链模式，而且两种模式下都有非常成功的公司。集成电路技术深化的另一个后果是产业相对日益集中，体现在地区方面，就是美国市场份额一家独大；体现在公司层面，就是一些诸如高通、英特尔、AMD、三星等大公司不断维持其产能或技术方面的领先地位；体现在供应商方面，就是一些关键设备、关键原材料和软件也日益被少数企业所垄断。集成电路产业已经成为一个高度竞争和高度垄断并存、高度纵向一体化和深度纵向分工协同并存的产业。

12.3 中国在集成电路全球产业链中的竞争力

12.3.1 中国集成电路行业整体发展态势

我国是集成电路生产和消费大国，在国家政策和市场需求双重驱动下，我国集成电路产业整体呈现高速发展态势。近年来集成电路生产和消费一直保持近两位数的增长。据图 12.5，我国集成电路产量在 2012—2019 年间，除 2015 年之外，一直保持两位数的增长率，2018 年国内集成电路产量增至 1739.5 亿块，同比增长 11%；2019 年更是达到了 2018.2 亿块，同比增长 16.02%。

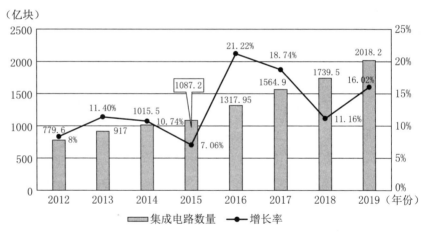

图 12.5 2012—2019 年来我国集成电路生产数量及增长率一览

资料来源：国家统计局、工信部、中国半导体行业协会。

从销售收入来看，根据图 12.6，我国集成电路行业销售额在 2012—2019 年间，一直保持两位数增长率，其中在 2016—2018 年的三年间甚至保持 20% 以上的增长率，在 2019 年，销售收入达 7562.3 亿元，比上年增长 15.77%。据中国半导体行业协会统计，中国集成电路产业继续保持两位数增长，2020 年 1—9 月中国集成电路产业销售额为 5905.8 亿元，同比增长 16.9%。综上所述,可以看出,我国集成电路行业无论是产量,还是销售额,都处于快速增长之中,我国对集成电路的需求不断增加,集成电路在国民经济行业中的地位也不断攀升。

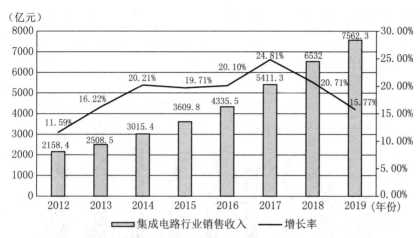

图 12.6　2012—2019 年来我国集成电路行业销售收入一览

资料来源:国家统计局、工信部、中国半导体行业协会。

尽管从自身对比,我国产量增长迅速,但我国还远远不是集成电路制造强国。从全球市场占有率来看,据图 12.4 所示,在 2019 年全球不同地区的市场份额排名中,美国以高达 55% 的市场份额排名第 1,超过排名第 2 的韩国一倍还多,而我国只有不到 5% 的市场份额,这和我国全球排名第 2 的经济体,全球制造业大国的地位非常不相称。这种排名趋势在近几年变化并不大。

从对外依存情况来看,我国集成电路产业对外依存度较高。就进出口额而言,虽然近年来我国集成电路行业进出口数额均有所攀升,但进出口缺口却呈现扩大的趋势,2018 年和 2019 年集成电路的进口额分别为 3120.6 亿美元和 3055.5 亿美元,贸易逆差都在 2000 亿美元以上,集成电路行业已经成了我国进口额最高的行业。就进出口数量而言,根据图 12.7 可以看出,集成电路的进出口缺口已经达到了 2000 亿块,2019 年,更是达到了 2264 亿块。根据中国海关最新统计数据,2020 年 1—9 月,中国进口集成电路 3871.8 亿块,同比增长 23%;进口金额 2522.1 亿美元,同比增长 14.8%。出口集成电路 1868.3 亿块，同比增长 18.7%；出口金额 824.7 亿美元，同比增长 12.1%。就 2020 年而言，我国平均每块进口的集成电路单价为 0.65 美元，平均每块出口的集成电路单价 0.44 美元，可见从进出口单价而言，我国进口的集成电路附加价值高，出口的集成电路附加价值低。综上所述，我国集成电路进出口缺口仍然在持续扩大中，且我国进口的集成电路附加价值更高，也更为高端，我国集成电路产业仍然缺少国际竞争力。

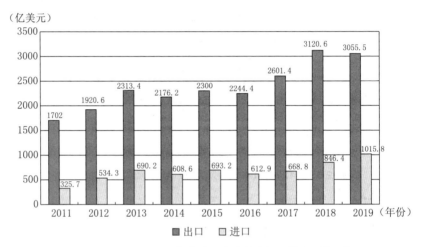

图 12.7 2011—2019 年来我国集成电路行业进出口额一览

资料来源：国家统计局、中国海关、中国半导体行业协会。

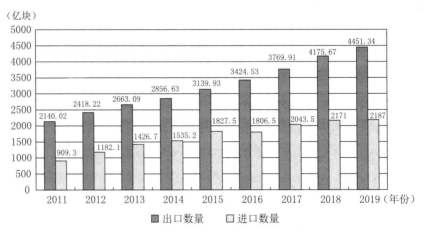

图 12.8 2011—2019 年来我国集成电路行业进出口数量一览

资料来源：国家统计局、中国海关、中国半导体行业协会。

12.3.2　中国在集成电路产业链各环节的竞争情况

集成电路行业有两种主要的产业组织形式：集成设备制造的纵向一体化模式和集成电路无工厂设计的代工模式。在集成设备制造模式中，集成电路设计、制造、封装和测试等多个产业链环节集中在一家企业，这往往需要投入巨大的运营成本和管理成本，全球只有少数企业有能力采取这种模式，例如美国英特尔和美光，韩国三星和 SK 海力士等。我国大陆的华润微是唯一一家集成设备制造模式的集成电路企业。就纵向分工的模式来看，经过多年的努力，我国集成电路产业链布局日趋完善，可以涵盖从集成电路设计、制造和封装测试等各个环节，拥有了相对完整的集成电路产业链，各个环节几乎都已经发展成为独立成熟的子产业。从 2011 年开始，我国集成电路产业逐渐从门槛较低且附加值低的封装测试环节，转向更为核心更具附加值的设计环节。根据中国半导体行业协会的数据，2019 年，我国集成电路设计业销售收入为 3063.5 亿元（占 40.5%）、制造业销售收入为 2149.1 亿元（占 28.4%）、封测业销售收入为 2349.7 亿元（占 31.1%）。集成电路三大行业较上年都有较快的增长，特别是设计业销售收入增长较快，和往年相比，三大行业的结构更加趋于优化。

尽管我国已经拥有了相对完善的集成电路产业链，在各个环节也已经有一些企业，但从集成电路全产业链的不同环节来看，我国集成电路的竞争力也有所不同。具体来说：

第一，在源头技术和基础架构上，我国很难打破既有的产业生态结构。在沿袭既有技术路径深化发展的行业中，由于强力的技术锁定效应、路径依赖效应和网络规模效应，主流的支配型技术会形成非常行之有效的进入壁垒。集成电路产业的源头技术架构决定产业的通用技术标准，既有的技术标准和依赖于相关标准的软件、硬件以及操作系统形成稳定的集成电路产业生态系统。集成电路产业源头技术掌握在英特尔、AMD 和 ARM 手中，其中英特尔和 ADM 在个人电脑应用集成电路领域居于统治地位，ARM 则几乎垄断移动端集成电路的底层技术。任何进入集成电路行业的企业，都很难绕过这些技术。譬如，就 ARM 软件而言，华为虽然获得了 ARM8 的永久架构授权，并基于该架构研发了 Taishan 核，完全有能力独立开发高性能处理器。

但在美国的禁令之下，华为已经不能获得相关软件的升级更新服务，这样后续的产品开发面临巨大的压力。

第二，在集成电路设计上，我国移动端集成电路设计自主技术能力已经逐步形成，但开发平台和知识产权核等仍受制于人。国际上知名的集成电路设计企业有高通、博通、英特尔和AMD等，除英特尔拥有自主制造之外，其他的主营业务都是集成电路设计。在设计环节，得益于我国移动端生产和需求的旺盛局面，集成电路设计行业投资踊跃，竞争力不断提高，一批集成电路设计企业成长迅速。我国集成电路设计主要集中于移动通信领域，华为海思、紫光展锐、大唐电信等企业已具备相当实力。在2017年全球十大集成电路设计企业排名中，海思和紫光分列第7和第10。2020年，海思新推出的麒麟集成电路采用5 nm的全球领先工艺制程，进一步提升了在集成设计领域的实力。在存储器和可编程的FPGA领域，我国已经具备相当实力的龙头企业，正在缩小与世界先进水平的差距。人工智能集成电路是中国最容易实现弯道超车的领域，已经有大量产业资本投入研发，也已经取得一些具有自主知识产权的世界领先技术。但在美国发动的贸易制裁以及一系列的限制措施下，根据最新数据，海思和紫光公司已经不在世界前十大集成电路设计公司之列，这表明美国的贸易制裁正在深刻影响我国集成电路设计公司的竞争力，同时表明，我国要发展集成电路行业任重道远，必须拥有自己的拳头产品，不能一味受制于人。[1]

大规模集成电路设计离不开软件开发平台，即电子设计自动化（EDA）工具软件。集成电路设计中的逻辑和物理验证主要依靠电子设计自动化来完成，电子设计自动化是集成电路设计自动化的基础。电子设计自动化能够缩短研发周期，降低设计成本，是集成电路设计中最重要、最必须的软件工具。没有电子设计自动化软件就无法进行集成电路设计和研发。全球EDA软件基本由美国的三大巨头，铿腾电子（Cadence）、新思科技（Synopsys）和明导公司（Mentor Graphics）垄断。这三大巨头主要是通过出售版权许可回收获得收益。国内集成电路企业总体上还是很难离开三大巨头公司，因此，我国

---

[1] IC Insights，https：//www.icinsights.com/services/strategic-reviews/.

集成电路设计企业仍然处于受制于电子设计自动化软件的境地，一旦国外中断提供电子设计自动化技术，我国集成电路产业将面临巨大挑战。但在某些局部领域，诸如华大九天等国产软件企业已经达到世界领先水平，但仅仅能够提供 1/3 左右的电子设计自动化工具。

第三，集成电路制造环节，全球台积电一家独大，我国大陆集成电路制造工艺落后国际领先水平二代，关键生产设备和原材料严重依赖于国际采购。在集成电路制造环节，台积电包揽全球晶圆代工一半以上的业务，在集成电路制造业首屈一指的支配地位。我国大陆晶圆代工厂有中芯国际、华虹宏力等，但规模和技术远不及台湾地区。和境外集成电路先进技术相比，中国大陆企业还有较大的差距。台积电、Intel 和三星已经分别量产 10 nm、7 nm 和 5 nm 集成电路，而大陆最先进的量产工艺是中芯国际的 14 nm 生产工艺，差距至少在两代。中芯国际如能突破设备限制，将有望把和世界先进制程的差距缩小到两代以内。除制造技术上的差距之外，我国晶圆代工企业的产品良率也与世界领先制造企业存在很大的差异。

集成电路生产设备是集成电路大规模制造的基础，设备制造在集成电路产业中处于举足轻重的地位。集成电路加工工艺繁杂，需要各种不同的设备。等离子刻蚀设备、离子注入机、薄膜沉积设备、热处理成膜设备、涂胶机、晶圆测试设备等，不同环节的关键设备由美国应用材料公司和日本东京电子等企业垄断。其中，核心设备高端光刻机是集成电路装备中最关键的设备，被誉为半导体产业皇冠上的明珠。荷兰的 ASML、日本的尼康、佳能等三家公司基本占领光刻机的中高端市场，而最高端的 EVA 光刻机则被一家荷兰企业 ASML 垄断。国内设备企业比较落后，生产的设备也大多以中低端为主，与国外企业差距较大。

没有集成电路材料的完全自主化，就无法实现集成电路设计和制造的国产化。在前端材料中，最主要的是高纯硅。我国集成电路级高纯硅几乎完全依赖进口，德国、美国和日本在该领域处于技术领先地位。我国的高纯硅企业大多是从生产太阳能硅转型到生产高纯硅的；2018 年江苏鑫华公司量产高纯硅并出口韩国，标志着我国高纯硅开始自给。要获得集成电路的基本材料硅晶圆片，还需要对集成电路级高纯硅进行一系列加工。目前，硅晶圆片生产主要被日本信越、日本胜高、德国 Siltronic 等巨头垄断，前五大供应商拥有全球超过 90% 的市场份额。我国新兴硅片生产企业上海新昇、浙江金瑞泓等，通过引进国际先进技术，也形成一定产能，提高了集成电路的自给率。我国虽然已经突破垄断实现自主生产，但是由于企业规模小、市场份额和技术水平偏低，仍然和国外材料厂商有一定的差距。

第四，我国的集成电路封装测试产业已具备较强的国际竞争力。集成电路封装测试环节是我国企业技术突破最高，发展最为迅速，水平和国际差距最小的环节。由于我国企业进入较早，在前期技术积累和产业政策推动下，封装测试环节已经是我国集成电路产业的优势环节，部分封装测试企业在高端封装技术上已达到国际先进水平，并已占据较高的市场份额，不断向高端发展。当前国内封测产业呈现外商独资、中外合资和内资三足鼎立的局面，长电科技、华天科技、通富微电等内资企业已进入全球封装测试企业前 10 名，并通过海外收购或兼并重组等方式不断参与到国际竞争中。从技术和市场地位来看，中国大陆集成电路封测产业已经成为与美资和台资企业相抗衡的重要一极，形成一批具有国际竞争力的企业，中国大陆也成了集成电路封测企业最重要的聚集地。与此同时，得益于国家科技重大专项"极大规模集成电路制造装备及成套工艺"的支持，封装测试设备国产化也获得快速推进。北方华创、长川科技等企业已经对国内封测企业形成强力支撑。在集成电路后道封装设备方面，上海微电子公司的 500 系列步进投影光刻机已经占到国内 80% 以上的市场份额。

表 12.1 给出集成电路产业链不同环节国内外龙头企业的对比情况，其中第二列给出的是各个环节的龙头企业，第三列给出的是相应的国内企业。可以看出，首先，我国在集成电路产业链各环节几乎都有企业，表明我国已经拥有了初步的较为完整的集成电路产业链；其次，国外公司，特别是美国公司，仍然在产业链中居于统治地位，其在集成电路的设计及其相关平台软件，以及集成电路的集成设备制造模式等方面拥有支配权。具体来说，在集成电路设计及相关的软件工具领域，中国虽然已经形成一些点上的突破，但全面追赶尚待时日。在集成电路制造方面，形成台积电一家独大的局面，其市场占有率超过 50%，中国大陆整体制造水平还落后二至三代。在制造所需专业设备上，我

国高端集成电路制造处于被"卡脖子"状态，全球高端制造设备极紫外光光刻机（EVA）被荷兰 ASML 垄断，而其他制造企业，包括台积电、英特尔和三星都通过和 ASML 投资而确立了良好的合作关系；在制造材料方面，中国大陆解决了从无到有的问题，但国产化率还非常低。封测环节正在加速向中国大陆转移，尤其是封测及相关设备制造，是中国大陆最接近世界先进水平的领域。从整体来看，中国大陆集成电路的自主产业链正在完善形成之中，一些局部环节

表 12.1　集成电路产业链各环节国内外主要供应商一览

产业链环节	外国公司	国内公司
设计技术授权	PC 端：英特尔（美国）、AMD（美国） 移动端：ARM（英国）	RISC-V 开源指令集（多国企业联盟）①
EDA 软件	铿腾电子（美国）、新思科技（美国）、明导公司（德国）	华大九天
芯片设计	PC 端 CPU：英特尔（美国） PC 端 GPU：英伟达（美国） PC 端综合：AMD（美国） 移动端：高通（美国）、博通（新加坡）、苹果（美国） FPGA：赛思灵（美国）、Altera（美国） 存储器：三星（韩国）、SK 海力士（韩国） 人工智能：谷歌（美国）	PC 端 CPU：龙芯、申威 PC 端 GPU：景嘉微、兆芯 移动端：华为海思、紫光展锐 FPGA：紫光同创 存储器：长江存储 人工智能：寒武纪、阿里巴巴平头哥、华为海思、百度
芯片制造	格罗方德（美国）、三星（韩国）	台积电（中国台湾）、中芯国际、华虹宏力、联华电子（中国台湾）
封装测试	安靠（美国）、三星（韩国）	长电科技、华天科技、通富微电、晶方科技、日月光（中国台湾）、
高纯硅	Wacker（德国）、Hemlock（美日）	江苏鑫华
硅晶圆	信越（日本）、SUMCO（日本）、Siltronic（德国）、SK Siltronic（韩国）	上海新昇、浙江金瑞泓、有研新材、环球晶圆（中国台湾）
晶圆设备	PVA TePla AG（德国）、Kayex（美国）、Ferrotec（日本）	晶盛机电、京运通
制造封测设备	应用材料公司（美国）、ASML（荷兰）、东京电子（日本）、泛林半导体（美国）	中电科电子装备、中微半导体、北方华创、长川科技

① RISC-V 开源指令集是主要科技公司联合开发的用来抗衡 ARM 的一种芯片指令集架构。全球已有 100 多家公司和机构加入 RISC-V 开源联盟，其中包括高通、联发科、谷歌、特斯拉等。我国的华为、中科院计算技术研究所也已加入。

的生产和技术已经达到世界领先，但在一些关键技术、关键软件、关键材料及设备方面仍然严重受制于人，存在明显的短板。

12.4 推动中国集成电路产业链高质量发展的对策建议

综上所述，集成电路产业涉及技术授权、集成电路设计、集成电路制造和封装测及其相关支撑的软件、材料和设备供应等方面。美国在产业链重要节点占据了主导权，即使处于国际分工的需要，某些集成电路高端技术已经转移、扩散到日韩和中国台湾等地区，美国仍然在集成电路产业具有绝对的话语权和控制力。虽然得益于我国庞大的制造能力和强大的消费能力，得益于国家一系列扶持政策、科技重大专项和国家集成电路产业投资基金的支持，中国集成电路产业产销连续保持旺盛的增长势头，在产业链生产和技术研发上面取得一些重大成就，涌现出一批集成电路企业，集成电路产业也正在向中国大陆转移。然而，集成电路产业高技术密集性和高资本密集性的特征，以及对技术的路径依赖和网络效应，决定了中国在该领域的生产和技术追赶必然是一个长期的艰苦的过程。

12.4.1 近年来我国推动集成电路产业发展的相关政策

近年来，为了推动集成电路产业发展，我国不断出台各种扶持政策。根据表 12.2 可以看到，2011—2020 年，据不完全统计，我国出台的推动集成电路产业发展的政策就有 13 项之多，平均每年超过一项政策，几乎每年都要出台推动集成电路发展的相关政策。就政策内容而言，对集成电路产业在国民经济发展中的地位评价越来越高，相关用语也越来越强，扶持政策从点到面所涵盖的范围越来越广，支持力度越来越大，配套措施越来越完善。这表明我国对集成电路产业的重视到了前所未有的程度。

2020 年推出的《新时期促进集成电路产业和软件产业高质量发展若干政策》(以下简称《若干政策》)，更是涵盖集成电路运营中的财税、投融资、研发、进出口、人才、知识产权等 8 个方面，总计出台 40 条支持政策。《若干政策》对集成电路产业的地位有了前所未有的表述，首次将集成电路产业摆在了软件产业之前，表示在国家层面集成电路产业的地位进一步提升；还首

表 12.2　近年来我国推动集成电路产业发展政策一览

时　间	政　　策	主　要　内　容
2011.2	《进一步鼓励软件产业和集成电路产业发展的若干政策》	进一步落实和完善相关营业税优惠政策，加快具有自主知识产权技术的产业化和推广应用
2012.2	《集成电路产业"十二五"发展规划》	大力发展集成电路设计业，壮大集成电路制造业规模，提升集成电路封测能力，完善集成电路产业链
2014.6	《国家集成电路产业发展推进纲要》	加快集成电路发展，四个任务，八个保障措施
2015.3	《关于进一步鼓励集成电路产业发展企业所得税政策的通知》	集成电路封装、测试企业以及集成电路关键专用材料生产企业、集成电路专用设备生产企业，根据不同条件可以享受有关企业所得税减免政策，从税收政策上支持集成电路行业发展
2015.6	国家重大科技专项	"核心电子器件、高端通用芯片及基础软件产品"和"极大规模集成电路制造装备及成套工艺"列为国家重点科技专项
2015.7	《国务院关于积极推进"互联网+"行动的指导意见》	推动技术进步，提升创新力和生产力，跨界融合，四个环节稳步发展
2016.8	《装备制造业标准化和质量提升规划》	加快完善集成电路标准体系，推进高密度封装、三维微组装、处理器、高端存储器、网络安全、信息通信网络等领域技术标准制修订，开展集成电路设计平台、知识产权核等方面的标准研究
2016.12	《"十三五"国家信息化规划》	大力推进集成电路创新突破。加大面向新型计算、5G、智能制造、工业互联网、物联网的芯片设计研发部署，推动 32/28 nm、16/14 nm 工艺生产线建设，加快 10/7 nm 工艺技术研发
2018.3	《关于集成电路生产企业有关企业所得税政策问题的通知》	只要经营期在 10 年以上，且符合三个条件，企业可以在前两年免征企业所得税，第三至第五年按照 25% 的法定税率减半征收企业所得税，并享受至期满为止
2018.8	《关于提高机电、文化等产品出口退税率的通知》	明确自 2018 年 9 月 15 日起将多元件集成电路出口退税率提高至 16%
2020.7	《新时期促进集成电路产业和软件产业高质量发展的若干政策》	涵盖财税、投融资、研发、进出口、人才、知识产权等 8 个方面，总计出台 40 条支持政策
2020.11	《中共中央关于制定国民经济和社会发展第十四个五年规划和二〇三五年远景目标的建议》	制定科技强国行动纲要，健全社会主义市场经济条件下新型举国体制，打好关键核心技术攻坚战，提高创新链整体效能。瞄准集成电路等前沿领域，实施一批具有前瞻性、战略性的国家重大科技项目

次明确提出"加快推进集成电路一级学科设置，支持产教融合发展"，为一个产业设置教育上的一级学科，可以提升教学科研能力，夯实产业发展所需的人力资本。

《若干政策》出台大量的税收优惠政策。在集成电路的生产领域，对28 nm以下制程的生产企业和项目优惠力度最大，符合条件的，在长达10年的期限内都免征企业所得税。在设计领域，一般集成电路设计企业执行"两免三减半"的税收政策，重点集成电路设计企业执行"五年免税＋后续年份10%税率"。在其他领域，则执行"两免三减半"的税收政策。实实在在的分级税收优惠政策，将有利于先进制造工艺和高技术企业做大做强。

《若干政策》还强调了研发领域的举国体制，即在包括"高端芯片、集成电路装备和工艺技术、集成电路关键材料、集成电路设计工具、基础软件、工业软件、应用软件的关键核心技术研发，不断探索构建关键核心技术攻关新型举国体制"，这将有利于提升我国集成电路产业在"卡脖子"领域的创新提升能力，集中力量干大事，从全产业链环节提升技术水平，从而实现全产业链的整体竞争力的提高。

12.4.2 推动我国集成电路产业链高质量发展的对策建议

在国家持续不断的政策扶持下，现在集成电路产业拥有良好的国内发展政策环境。接下来，一方面要将国家强有力的政策措施踏踏实实不打折扣地落到实处，另一方面，也要充分发挥企业自主性和市场力量，进一步推动我国集成电路产业高质量发展。

第一，构建完善国家扶持的"举国体制"和企业自发的"市场竞争"机制。历史表明，集成电路产业的发展，既离不开政府的积极参与和引导，也离不开企业自发自觉地参与市场竞争，在市场竞争中发展壮大。美国集成电路产业发展离不开国防基金，而韩国集成电路的发展中政府更是重度参与。同样，美国高度发达的集成电路企业和韩国的集成电路企业则是在充分参与市场竞争中发展起来的。国家的"举国体制"作用主要体现在一是要发挥国家的引导作用，加强产业规划，使企业发展和国家需要联系在一起；二是发挥国家的扶持作用，发挥集中力量办大事的优势，争取在集成电路的关键核心技术上突破国外企业的技术垄断，倒逼国外企业加强对国内企业的授权或开放；三是发挥政府的保障作用，在集成电路市场失灵纠正，公共产品提供方面，发挥政府作用，譬如维护集成电路知识产权、提供各种信息平台等。就企业而言，企业应该量力而行，将企业自身发展和国家需求、国际发展趋势结合起来，争取现在低端市场实现规模经济，利用低端市场盈利，采取合适的技术路线，进军高端市场。

第二，充分利用国内的大市场，综合利用国内国外两个市场，以内循环为主，结合外部循环，推动集成电路产业分类有序发展。一方面，必须看到集成电路是国之重器，必须保证集成电路的自给率和自主率。凝聚国家科研力量，背靠国内需求大市场，加强高端集成电路、高端集成电路装备和生产工艺、关键材料、关键设计工具的技术研发，努力形成一批拥有自主知识产权的关键核心技术和关键核心产品，做到不被"断链子"和"卡脖子"，做到手中有粮，心中不慌。另一方面，也必须看到，集成电路产业生产工艺复杂、协调配合高度国际化，进入壁垒非常高，没有任何一个国家可以独自发展。因此，企业不断要背靠国内大市场，同时也要面向国外市场，积极参与国际市场竞争，在全球产业链合作中提升自己的竞争力，不断做精做细产业链条，充分利用各种形式的并购重组，融入全球产业链，在国际市场中提升自己的竞争力和影响力。企业研发不但要举全国之力，也要借鉴吸收国际先进研究经验，鼓励科研院所和企业进行国际合作研究，积极推进国际知名集成电路企业与我国集成电路企业的技术研发合作，成立国际研发中心。加强技术交流，引进和吸收国外先进的设计和制造技术，提高我国集成电路企业的技术水平。引进先进技术进行联合创新，结合市场需求开发产品和技术，建设一批具有国际影响力的集成电路龙头企业。

第三，打造具有韧性的集成电路产业链，构造畅通的产学研科研成果转化链条。集成电路产业链涉及"材料设备—设计—制造—封测"等环节，我国在集成电路产业链不同环节上受到的制约程度不同。保证集成电路产业链的韧性，就是要保证在集成电路国外供应商不能保证供应的时候，我国能有很大的可以自主供应的弹性。考虑到我国集成电路产业链的发展现状，国家政策要向关键核心技术研发和设备制造进一步倾斜，打通产业链上的关键环节的断点和堵点。在近期突破集成电路产业高端集成电路、装备和工艺技术、关键材料、设计工具等"卡脖子"难题；在中长期攻关未来国际竞争中最为关键的战略必争核心技术，在尽可能短的时间内占领国际制高点。集成电路产业也是一个高度产学研集中的行业，利用集成电路一级学科的契机，进一步加快集成电路学科发展，进一步提高集成电路人才培养力度，进一步畅通产学研各环节，鼓励企业和研究机构合作，畅通科研成果转化为产品的机制体制。完善需求驱动的产学研创新链，以企业为主体，围绕企业的产品需求，实现基础研究、技术创新、工程应用与产业化的灵活便捷衔接。通过两个完善的链条推动中国集成电路产业进一步发展。

第四，高度重视集成电路人才建设，夯实产业发展的人才根基，既要拥有强创新能力和高技术水平的研发团队，也要拥有善于市场运作经营的管理团队。首先，内建方面，以集成电路为国家教育一级学科为契机，加大集成电路产业工程科技人才培养力度，将产业发展的人才基础夯实夯厚。国家教育加大对集成电路学科的倾斜力度，课程设置、教学计划和教学方式紧密结合集成电路产学研发展需求，加大复合型实用型人才培养力度；构建具有中国特色的集成电路工程教育，强化工程实践，推进产教协同。其次，外引方面，结合企业实际需求，聚焦国家急需或落后领域，积极吸引全球集成电路产业高端人才。一方面，可以依托国家各部委一流人才团队项目，以重大需求为导向，在科研技术方面的重点项目招募人才；另一方面，对企业急需的高端人才在薪酬安排和生活方面可以出台配套措施，解决企业招募国外高端人才中所遇到的瓶颈问题。

第五，健全体制机制，集聚优势资源，鼓励企业创新发展。首先，鼓励企业组建各种联合型的新型研发机构，不但可以聚焦于技术研发，也可以聚焦于商业模式创新；不但可以独自设立，也可以联合设立、平台运作，各种形式都可以尝试。研发机构的运作模式可以灵活多样，合作模式可以因地制宜，既可以从事基础研究，也可以从事技术研发、成果转化、人才培养和企业孵化等。研发机构的科研投入与收益分配分享机制也可以多种多样，既可以通过土地、设备、资金等投资，也可以通过 VC、PE 等社会资本投入。只要有利于集成电路行业创新发展，政府可以提供完善的政策配套措施。其次，利用我国市场需求样式广泛和规模大的特点，引导企业进行商业模式创新。

我国拥有全球最大的集成电路消费市场和多样化的电子终端应用场景，这为我国集成电路企业提供了广阔的商业模式创新和发展空间。充分利用传统的计算机、消费电子和网络通信等产业的集成电路应用市场，积极推广和发展集成电路在物联网、工业机器人、人工智能和 5G 等新兴市场的应用。政府要打通商业模式创新中存在的壁垒，方便企业获得和利用创新资源，协助企业整合产业链资源，优化产业链布局，并鼓励前期商业模式创新较好的企业由产品制造型和市场导向型商业模式往技术驱动型商业模式转化，提升企业在价值链和技术链上的附加值和附加技术含量，增强企业的技术创新能力，提升企业的国际竞争力。最后，鼓励军民融合发展，发挥军队科研创新力量，推广军工集成电路科技创新的民间应用。一方面构建军民融合型的集成电路国家科技创新系统，发挥军队和企业、科研院所等研究的优势，推动集成电路关键技术创新；另一方面，在保证国家安全的前提下，积极推广军队科研成果和生产技术的民用化，通过军用转民用，推动我国集成电路加快发展。

第六，坚持底线思维，提高集成电路产业发展的安全性，建立并完善集成电路产业链风险预警系统。首先，在集成电路产业发展中，要坚持底线思维，在一些关键集成电路应用领域和关键的技术领域，降低外购技术的依赖程度，保证自有技术的可获得性和经济性。一方面，要善于利用经济手段和贸易手段维护国家在集成电路领域中的产业安全，另一方面要在国际合作中，积极努力获取国外先进技术，提高自身竞争能力。其次，建立集成电路产业链风险预警系统。定期对我国集成电路产业链的供应状况、生产状况和技术水平从国家安全层面、行业发展方面和企业运行方面进行评估，设置不同的预警指标，通过现代信息技术完善信息共享，发布供企业和研究机构参考使用。

| 参考文献

　[1] 蔡文伟：《集成电路设计产业发展现状及对策分析》，《科技经济导刊》2019 年第 30 期。

　[2] 曹永胜：《中国的"芯"路历程——中国集成电路发展历程回顾》，《新材料产业》2019 年第 11 期。

　[3] 查勇勇：《我国集成电路产业国际竞争力现状及提升策略》，《产业创新研究》2019 年第 4 期。

［4］陈志润、李安琪:《全产业链视角下我国集成电路产业发展的路径》,《中国林业经济》2020年第4期。

［5］杜庆昊:《促进集成电路产业高质量发展的新内涵新举措》,《中国经济时报》2020年8月17日。

［6］方大卫:《中国集成电路产业的发展趋势》,《电子世界》2019年第5期。

［7］高乔子:《中国集成电路产业发展现状及破局策略研究》,《管理观察》2019年第23期。

［8］高青松、刘惠玲:《全球供应链深度互嵌下芯片产业关键节点的产业链安全研究》,《经济论坛》2020年第3期。

［9］高玥:《高技术产业扶持政策阶段性特征及效果研究——以中国芯片产业为例》,《经济体制改革》2020年第1期。

［10］郭晓蓓:《整合上下游打造集成电路产业生态圈》,《经济参考报》2020年10月15日。

［11］华经:《我国集成电路行业发展将呈现三个趋势》,《电子报》2019年10月6日。

［12］黄权烨、方友熙:《我国集成电路产业高质量升级的研究》,《经营与管理》2020年第4期。

［13］集成电路产业链创新发展论坛:《构建技术创新链,提升产业竞争力》,《电子技术与软件工程》2019年第1期。

［14］黎舒圆:《中国集成电路产业竞争力研究》,湖北省社会科学院2020年硕士学位论文。

［15］李传志:《我国集成电路产业链:国际竞争力、制约因素和发展路径》,《山西财经大学学报》2020年第4期。

［16］李鹏飞:《改革开放40年集成电路产业发展历程和未来的机遇及挑战》,《发展研究》2019年第1期。

［17］李鹏飞:《全球集成电路产业发展格局演变的钻石模型》,《财经智库》2019年第4期。

［18］李鹏飞:《我国集成电路产业发展的问题及对策建议》,《发展研究》2017年第12期。

［19］刘建丽、李先军:《当前促进中国集成电路产业技术突围的路径分析》,《财经智库》2019年第4期。

［20］刘晓萌、贺琪、王岳、杨然、罗彦平:《我国集成电路产业运行特点及问题研究》,《国防科技工业》2019年第8期。

［21］闵钢:《中国集成电路产业的基本情况分析》,《集成电路应用》2018年第11期。

［22］钱锋、黄辛、卜叶:《集成电路高质量发展需疏"堵点"补"断点"》,《中国科学报》2020年8月20日。

［23］冉光宸、常芸:《国际贸易摩擦中我国芯片制造业的发展途径探讨》,《知识经济》2020年第3期。

［24］赛迪智库:《2019年中国集成电路产业发展形势展望》,《中国计算机报》2019年3月4日。

［25］赛迪智库电子信息制造业形势分析课题组:《2019年中国电子信息制造业发展形

势展望》,《中国计算机报》2019 年 4 月 1 日。

［26］赛迪智库集成电路研究所:《2018 年全球集成电路产品贸易研究报告》,《中国计算机报》2019 年 5 月 13 日。

［27］盛朝迅:《推进我国产业链现代化的思路与方略》,《改革》2019 年第 10 期。

［28］孙宇、刘竞升、罗军、王小强、罗宏伟:《中国集成电路产业发展现状及广东发展建议》,《中国集成电路》2019 年第 12 期。

［29］王桓:《我国集成电路产业发展如何迎难而上》,《中国信息化》2019 年第 9 期。

［30］王龙兴:《2018 年我国集成电路产业发展的展望》,《集成电路应用》2018 年第 2 期。

［31］王龙兴:《2019 年中国集成电路产业的状况分析》,《集成电路应用》2020 年第 1 期。

［32］王龙兴:《2019 年中国集成电路设计业的状况分析》,《集成电路应用》2020 年第 2 期。

［33］王龙兴:《2019 年中国集成电路芯片制造业的状况》,《集成电路应用》2020 年第 3 期。

［34］王一鸣:《集成电路芯片产业分工模式的新演进与模块化研发》,《科学管理研究》2019 年第 3 期。

［35］文炳洲、陈琛:《中兴事件、核心技术与中国集成电路产业——兼论全球化背景下的国家产业安全》,《技术与创新管理》2019 年第 2 期。

［36］晏张平:《我国集成电路产业运行特点及问题研究》,《通信电源技术》2020 年第 2 期。

［37］张百尚、商惠敏:《国内外芯片产业技术现状与趋势分析》,《科技管理研究》2019 年第 17 期。

［38］张倩:《集成电路产业的发展现状与趋势研究》,《集成电路应用》2019 年第 9 期。

［39］张倩:《集成电路产业现状分析》,《科技中国》2018 年第 2 期。

［40］张玺、陈祺、王会方:《关于我国芯片产业发展的思考》,《中国发展观察》2020 年第 Z7 期。

［41］张晓兰、黄伟熔:《加速破解我国集成电路产业发展难题》,《发展研究》2020 年第 1 期。

［42］世界半导体贸易统计协会,WSTS,http://www.wsts.org。

［43］IC Insights,http://www.icinsights.com.

［44］国家统计局,http://www.stats.gov.cn。

［45］中国海关,http://www.customs.gov.cn。

［46］中国半导体行业协会,http://www.csia.net.cn。

（本章主持及执笔:刘 勇 梁晓莹）

第 13 章　航空航天

本章提要：

航空航天是战略性新兴产业重点领域之一，具有产业带动强、技术含量高、辐射影响大、示范效应好等特点，是彰显国家生产制造能力和科学技术水平的重要标志，关乎国民经济发展和国防事业建设。得益于近百年来世界各国的探索和推动，航空航天技术得到飞速发展，航空航天产业蓬勃兴起。近年来，我国加强航空航天产业顶层设计，产业体系不断完善，国产大飞机、载人航天、大推力运载火箭、北斗导航等创新产品取得关键突破，在上海、北京、天津、陕西、辽宁、四川等省市集聚了一批龙头企业和领军团队，具有国内外影响力的产业集群正在加速形成。虽然我国航空航天产业取得长足进步，但总体而言，航空制造企业市场竞争力不强，关键技术、关键材料、关键设备等"三关键"瓶颈问题制约严重，航空发动机、机载系统和设备等大量依赖进口。航天产业在空间科学研究和空间应用上还存在短板，尤其是商业航天、卫星服务等前沿领域还存在提升空间。

中美贸易摩擦不断升级，航空航天成为双方关注的焦点，本章从进出口角度分析中美两国航空航天领域的双边贸易，大型飞机特别是民用大飞机占据较大进口比重。下一步亟须强化企业创新主体地位，提高自主创新能力，实施产业基础再造工程，加大"三关键"攻关力度，推动产业链供应链多元化，逐一补齐产业链供应链短板。

13.1　航空航天发展回顾与特征

自古以来，日月星辰就与人类的生产生活相伴，嫦娥奔月和敦煌飞天无不寄托着人类对天空的向往，早在两千多年前，我国古代先人就造出了风筝，随后无数先贤先哲在飞行梦想中不断迈进。自 1903 年莱特兄弟发明"世界上第一架飞机"以来，众多伟大的发明和技术突破都助推航空航天的发展，航空航天也成为科学家和工程师实现自己梦想的前沿领域之一，该领域取得的重大成就标志着人类文明的发展高度，对国民经济和科技发展有着巨大带动作用，是国家经济实力、生产能力和技术水平的集中体现，更是国家安全稳定和国际地位形象的战略保障。

13.1.1　航空航天内涵和联系

航空和航天两者不尽相同，但又不可分割，区分方式有很多种，可以用在地球大气层来进行区分。航空指飞行器在地球大气层中的航行活动，空气介质、克服航空器自身重力的升力是不可或缺的，大部分航空器还要有产生相对于空气运动所需的推力。航天是指航天器在地球大气层外的航行活动，又称空间飞行或宇宙航行，航天器必须达到一定的速度克服或摆脱地球的引力，如想飞出太阳系，还要摆脱太阳引力，以类似于自然天体的运动规律飞行。航天器的发射和回收阶段都要经过大气层，而在大气层就让航空航天之间有了相当大的联系。力学、热力学、材料学等学科共同构成航空航天的学科基础，电子、自动控制、计算机、动力推进和制造工艺对航空航天的进步发挥了重要作用，生命科学、真空低温等技术的应用又进一步促进了载人航天事业的发展。

13.1.2　航空航天发展阶段

飞机是 20 世纪人类在科学技术方面最伟大的贡献之一，从第一架飞机诞生之日到今天，人类航空发展史可以大致根据时间段划分为四个阶段。

第一阶段：初始阶段（1903—1938 年）。

这一阶段以莱特兄弟的航空试验为开端，满足了人类对天空的向往，设计出了可以依靠自主升空飞行的航空器。20 世纪 20—30 年代初，科学技术的巨大进步也给航空领域带来了机遇，飞机设计方法得以研究建立，在空气动力学、飞行力学和结构强度研究等领域积累了实验数据和材料。这个阶段，航空器在外形设计上迎来很多尝试和改变，从大机翼面积的多翼机发展到张臂式单翼机，从木布结构发展到全金属结构，从敞开式座舱发展到密闭式座舱，从固定式起落架发展到收放式起落架。

第二阶段：完善阶段（1939—1945年）。

这一阶段以二战爆发作为标志，战争的残酷给人类社会带来巨大伤亡和惨痛经历，但战争也推动了空军的进一步发展，迫切需要数量众多、种类齐全和性能优越的作战飞机。对更高速飞机的追求就不得不首先考虑提高发动机功率，提高飞机的效能和高空性能，同时也要精心设计和反复推敲亚音速气动布局，在发动机功率、翼型布局、气动设计方面得到长足发展。这个阶段，飞机仍采用活塞式发动机作为推动装置，受音障（阻力在声速附近突然上升的现象）限制，飞行速度最多达到时速750千米左右，已经接近这类发动机的极限速度，活塞式发动机也走到自己速度的极限。

第三阶段：突破阶段（1946—1957年）。

这一阶段主要是航空技术发生根本性变革，在上个阶段中，活塞式发动机速度已经达到极限，而更高速的飞机迫在眉睫，在第二次世界大战的推动下，燃气轮机技术开始大规模用在军用飞机上，各国开始大批量研发制造涡轮喷气发动机。二战结束后，美苏两个超级大国利用从德国缴获的大量航空技术资料和设备，在德国技术人员的帮助下，对喷气式飞机开展深入研究。这个阶段，航空科学技术的根本性变革主要体现在解决了喷气动力飞机的音障、气动弹性和疲劳断裂等三大难题。

第四阶段：高超声速阶段（1958年至今）。

这一阶段以人类社会开始进入超音速时代（飞机的航速大于等于2倍音速，即2马赫）作为主要标志，新兴技术不断涌现并得以广泛运用。因为喷气式发动机发展十分迅猛，特别是对高涵道比、高压缩比和高涡轮前温度的不断突破，发动机推力和推重比都取得大幅度提高，油耗和经济性考虑也得到改善。军机方面，出现欧美的第五代战机和俄罗斯的第五代战机，总体来看，气动性能相近，在机动性、灵敏性和隐身方面有突出表现。民机方面，欧洲联合研制的协和号超声速客机得到巨大关注，这款飞机飞行速度高达2.2

马赫，但由于飞行事故、运营成本、噪音等因素，协和号飞机于 2003 年完成最后一次商业飞行，退出了历史舞台。

航天发展史基本与航空发展史同步，根据航天技术发展大致可以分为四个阶段，部分阶段会出现重合。

第一阶段：运载火箭技术发展阶段（19 世纪末到 20 世纪二三十年代）。

这一阶段以诞生了众多勇于探索的航天科学家。俄国的齐奥尔科夫斯基提出了理论，并证明多级火箭可以克服地球引力，进而升入太空。火箭运动数学方程式也由他提出，他充分论证液体火箭发动机是最佳航天动力装置。美国科学家戈达德提出了火箭飞行原理，并推导出每秒 7.9 公里的第一宇宙速度，这也是脱离地球引力所需的最小速度，他另一个贡献是研制液体火箭发动机，并于 1926 年首次试验。德国科学奥伯特研究了关于火箭飞行的数学理论，在火箭的构造和飞行的新概念贡献很多。

第二阶段：卫星技术发展阶段（20 世纪二三十年代到 20 世纪中叶）。

这一阶段多集中在二战后，苏联和美国分别在仿制 V-2 火箭的基础上，成功获得现代火箭系统的研制经验，进而延伸到人造地球卫星发射上。大型远程弹道导弹和人造地球卫星相辅相成，一系列航天技术问题随之迎刃而解。1957 年，苏联成功发射世界上第一颗人造地球卫星，人类航天的新纪元随即开启。1958 年 2 月，美国也成功发射了"探险者 1 号"人造地球卫星。紧接着，法、日、中、英等各国也成功发射了本国研制的卫星。

第三阶段：深空探测技术发展阶段（20 世纪中叶到 20 世纪七八十年代）。

这一阶段是在卫星发射成功之后，人类开始了更广泛的太空探测。苏联和美国发射了许多月球探测器，并以绕月飞行、硬着陆、软着陆等方式对月球进行科学考察。1969 年，美国宇航员阿姆斯特朗首次登上月球，随后又启动多次登月活动。对太阳系内行星的探测开始于 20 世纪 60 年代初期，苏联和美国分别对金星、火星、水星、木星、土星以及行星际空间和彗星进行探测。

第四阶段：载人航天技术发展阶段（20 世纪七八十年代至今）。

这一阶段主要标志是苏联于 1971 年 4 月发射的第一个载人航天站——"礼炮号"，两年后美国发射了近地轨道的"天空实验室"。接下来，无数震撼历史的航天时刻来临，可重复使用的航天飞机于 1981 年试飞成功，1984 年又成功地施放了两颗卫星，并回收了两颗失效的通信卫星，自此奠定了航天飞机的地位，成为了人类可以往返太空的工具。1983 年，国际空间站的设想正式提出，后续十几年的反复探索和合作，其间也发生了苏联解体等重大事件，终于在 1993 年完成设计并启动实施。近期国际空间站伙伴国达成协议，目前在运行的国际空间站使用寿命将延长至 2024 年。

13.2 国内航空航天发展环境分析

在近代，无数中国人也为世界和中国的航空航天事业作出了自己的贡献。1887 年中国第一个氢气气球到 1949 年的这个阶段里面，中国科学家致力于推动空气动力、火箭技术、燃烧理论等方面发展，取得显著成效。中国航空航天事业的蓬勃发展是从新中国成立之后开始的。到了 20 世纪 60 年代，中国航空事业已能为空军、海军提供军事技术装备，满足民航事业的部分需要。1956 年，我国面向未来 12 年发展，制定科学发展远景规划，其中明确提出把火箭和喷气技术列为重点发展项目。同年建立国内第一家导弹、火箭研究机构，两年后将人造地球卫星列入国家科学规划。经过几十年的发展，我国航空航天产业取得举行瞩目的成效，奠定了中国航空航天大国地位。

13.2.1 产业基础分析

1. 产业体系趋于完善

我国在民用飞机产业化、商业卫星发射、航空发动机自主发展、航空材料和基础元器件、天地一体化、载人航天、深空探测等领域取得多项成果，基本覆盖航空航天领域所有产品，通过促进产品发展和产品运营服务的方式，逐步提升航空航天产品附加值。国内较为完整的工业基础体系，为我国航空航天加速发展夯实基础。

2. 关键技术创新突破

大飞机、火箭、卫星等产品技术含量高，我国逐步推进飞机整机、发动机、零部件等环节的技术攻关，并取得一系列突破。整机方面侧重于飞机整机设计及系统集成、机载设备与系统等领域，发动机侧重于单晶叶片、整体叶盘、矢量尾喷管等关键技术攻关。此外，3D 打印、云计算、大数据、VR/

AR 等新兴技术已在航空航天的零部件、结构件制造等领域逐步开展应用，且效果显著。

3．企业实力稳步提升

随着民营企业逐步进入航空航天领域，无论是机载设备、飞机内饰等加工制造，还是整机生产环节，均涌现了一大批优秀民营企业，民营经济活力得以显现。同时原有的航空航天类大型央企深化改革、进一步焕发创新活力，原有的单一体制内生产或依赖进口的方式被打破，在越来越多的细分领域，带来了更为多样化的选择。

4．场景应用逐步开放

国内关于工业、农业、林业、渔业和建筑业的作业飞行需求进一步扩大，以及医疗卫生、抢险救灾、气象探测等领域的航空装备需求正逐步续释放，而这些需求的持续释放将带动如教练机、直升机、公务机和专业级无人机等航空装备市场规模的进一步扩大。同时，北斗导航在交通管理、物流运输、智慧农业、林业资源普查、渔船导航、自然灾害预警等方面开展规模化应用。

13.2.2 政策环境分析

1．顶层设计重视航空航天装备产业发展

中共中央、国务院于 2016 年 5 月发布《国家创新驱动发展战略纲要》，明确提出将大飞机、航空发动机、卫星等作为发展重点，实施航空发动机及燃气轮机重大项目。我国围绕整体装备制造业的能力提升等全行业发展，制定发布了如《"十三五"国家战略性新兴产业发展规划》等多项发展规划和行动计划，从国家战略层面引领航空航天发展，加强产业发展重点领域的布局。

2．专项政策举措助力产业体系建立

国家部委聚焦航空航天产业的细分领域发展，出台如《民用航空工业中长期发展规划（2013—2020）》《国家卫星导航产业中长期发展规划》《关于促进通用航空业发展的指导意见》等多项产业规划或指导意见，从中长期目标指标、基础设施、技术攻关、创新应用等多角度、多层面系统的促进整体航空航天产业体系的完善。同时聚焦产品与核心技术研发等出台专项政策，包括基础零部件、加工工艺，航空发动机、整机与市场推广等各个方面，积极引导领域内各项技术发展。

3.各省市结合地区特色强化政策协同

陕西、辽宁、贵州、四川等省以及上海、北京、天津等直辖市都在本地区"十三五"规划中明确将航空航天装备作为发展重点，如大型客机和民用航空发动机研制中心的上海聚焦航空制造产业链建设出台三年行动计划，提出加快建设集设计、研发、制造、认证、维修、运营、服务在内的航空制造的完整产业链体系，力争到2020年实现航空制造业总产值500亿元。空客总装生产基地所在地的天津也出台促进航空航天产业发展相关行动方案，提出到2020年，该市月产空客A330能力将达到2架，A320、A330项目实施，使该市成为全国三大干支线飞机生产基地之一和全球第四个同时生产单通道与双通道飞机的城市。

表 13.1　国内航空航天产业部分政策

颁布时间	颁布主体	文件名称	相关内容
2016年5月	中共中央、国务院	《国家创新驱动发展战略纲要》	重点发展大飞机、航空发动机、卫星，尽快启动航空发动机及燃气轮机重大项目，大力提升空间进入、利用的技术能力，完善空间基础设施，推进卫星遥感、卫星通信、导航和位置服务等技术开发应用，完善卫星应用创新链和产业链。
2016年5月	国务院办公厅	《关于促进通用航空业发展的指导意见》	提升通用航空器开发制造水平和提高关键技术和部件的自主研发生产能力
2016年8月	工信部、国家发改委、科技部、财政部	《工业强基工程实施指南（2016—2020年）》	提升航空传感器、智能蒙皮、紧固件、轴承、航空发动机件旋转叶轮式热力发动机热部件等零部件的基础能力
2016年12月	国务院	《"十三五"国家战略性新兴产业发展规划》	全面构建覆盖航空发动机、飞机征集、产业配套和安全运营的航空产业体系
2017年10月	工信部	《高端智能再制造行动计划（2018—2020年）》	航空发动机关键件再制造技术创新与产业化应用
2018年1月和2019年12月	工信部	《首台（套）重大技术装备推广应用指导目录（2017年版）》和《首台（套）重大技术装备推广应用指导目录（2019年版）》	提高重大技术装备创新水平，加快推进首台（套）推广应用
2019年12月	财政部、工信部、海关总署、税务总局、能源局	《关于调整重大技术装备进口税收政策有关目录的通知》	符合规定条件的国内企业为生产的民用飞机及发动机、机载设备而确有必要进口的部分商品，免征关税和进口环节增值税。

资料来源：相关部门网站公开信息、赛迪顾问等。

4. 重点企业发展迅猛

中航工业、航天科技、航天科工等央企在全球航空航天领域占有重要地位，均位列《财富》世界 500 强排行榜和防务新闻网 2020 年度全球军工百强榜。中国商飞、中国航发承担国家重大专项，科研力量雄厚、发展势头迅猛，此外也有天津航空机电、无锡透平叶片、浙江西子航空、西安航发等各地代表性企业。随着军民融合工作的不断深化推进，大量民营商业火箭公司在一些产业基础好的省市出现，如北京蓝箭航天、重庆零壹空间、北京星河动力等。大疆作为无人飞行器控制系统及无人机解决方案的研发和生产厂商，在产业链中上游均处于领头地位。

13.2.3 国际竞争分析

航空航天领域内的全球竞争与合作一直是主流，中国航空航天产业链需要进一步提升发展就必须登上世界舞台。尤其是航空领域，高度垄断已经成为市场的一个显著标志。

美国是当今世界航空航天产业最为发达的国家，生产制造和研发设计体系完整，技术全面领先世界。既有行业龙头企业，如传统巨头波音公司、洛克希德·马丁公司、联合技术公司，也拥有 SpaceX 等新兴企业，基本上覆盖航空航天全产业链和所有产品。其中波音公司是全球最大的航空航天公司之一，分布在全球 150 多个国家和地区，提供的产品和服务也包括航空航天的方方面面，如民用和军用飞机、卫星、发射系统、先进信息和通信系统，以及基于性能的物流和培训等。

欧洲航空产品在全球来看，都是市场竞争力十分强，特别是大型客机、军机、直升机、发动机等，在国际市场的地位举足轻重；空中客车公司等航空巨头公司也是多国合作企业的典范。空客公司设立的初衷就是为了研发制造民用飞机，由英国、法国和德国政府联合开展研制工作，飞机问世后就广受欢迎。和波音类似，空客的业务范围也十分广泛，囊括民用和军用飞机、商用火箭、直升机、卫星等领域。

俄罗斯是世界上极少数能够研制生产各类航空航天产品的国家之一，相比较其军品较好的国际市场竞争力，民品相对不佳，发展较为迟缓且创新不足，正在探索新的崛起。宇宙飞船、载人航天等领域在全球具有领先地位，俄罗斯的联盟号宇宙飞船在美国航天飞机退役后成为了唯一的往返国际空间站的载人航天工具。

此外，也有些国家在部分技术和产品领域具有一定特色和优势，加拿大的喷气公务机和支线客机的生产能力处在全球前列，巴西的支线客机占到全球一半，日本是世界主要民用客机和发动机生产商的重要合作伙伴，乌克兰在大型运输机、航空发动机的设计和生产能力十分突出。

13.2.4 发展问题总结

我国航空航天产业虽然已经取得了令人骄傲的成绩，但相比较美国、欧洲等世界先进水平而言，仍存在较大差距。主要表现在：产业规模不大，规模效应尚未充分体现。航空产品种类偏少，产业自主发展能力不强，技术水平不高。市场竞争力不强，市场机制有待完善。航空发动机、机载系统和设备、原材料和元器件等瓶颈问题制约严重。适航能力明显不足。

经过几代航天人的接续奋斗，我国航天事业创造了以"两弹一星"、载人航天、月球探测为代表的辉煌成就，在很多技术和产品领域位列国际一流，但是在空间科学研究和空间应用上还存在短板，尤其是商业航天、卫星等前沿领域缺乏商业航天的顶层设计、多地区"一拥而上"各自发展。

13.3 国内航空航天发展现状

13.3.1 2019 年航空产业发展概况

根据赛迪智库和前瞻产业研究院相关数据，2019 年中国航空装备产业规模达 934.10 亿元，保持 13.5% 的快速增长。细分领域来看，航空器整机环节占比最高，达 56.1%，产业规模 524.02 亿元。其次是航空零部件，占 28.70%，产业规模为 268.09 亿元。

表 13.2　2019 年国内航空装备细分产业规模与结构

细分领域	规模（亿元）	占比
航空器整机	524.02	56.10%
航空零部件	268.09	28.70%
航空发动机	103.69	11.10%
机载设备与系统	38.30	4.10%

资料来源：赛迪顾问、前瞻产业研究院。

2019 年国内 C919、ARJ21-700 等商用飞机研制顺利推进，多型号通用飞机日益成熟，转包生产增速放缓。天津 A320 系列飞机总装线产值占我国航空器领域的 40%，预计未来占比仍将小幅提升。2019 年中国航空装备航空器整机环节产业规模达 524.02 亿元，增速 5.7%。其中固定翼飞机占绝对比重，达 92.50%。

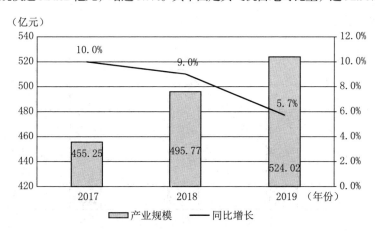

图 13.1　2017—2019 年航空器整机产业规模与增长情况

资料来源：赛迪顾问、前瞻产业研究院。

近三年发动机产业保持 20% 以上增速，2019 年，CJ-1000AX 项目进展顺利，关键领域材料取得阶段性突破，关键零部件环节各类国际合作项目增速放缓。2019 年中国航空装备航空发动机环节产业规模达 103.69 亿元，增速 20.4%。

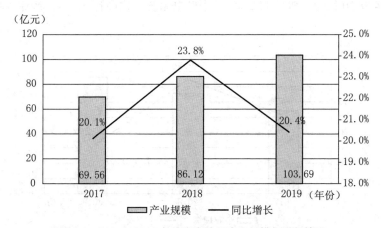

图 13.2　2017—2019 年航空发动机产业规模与增长情况

资料来源：赛迪顾问、前瞻产业研究院。

其中，关键零部件环节占比最高达到 87.8%，产业规模达到 91.04 亿元。

2019 年，A320 系列飞机及 C919 等机型供应需求稳定增长，我国航空零部件产业维持较好发展态势。2019 年中国航空装备航空零部件环节产业规模达 268.09 亿元，增速 16.3%。其中，结构件占比最高达 82.4%，产业规模达 220.91 亿元。

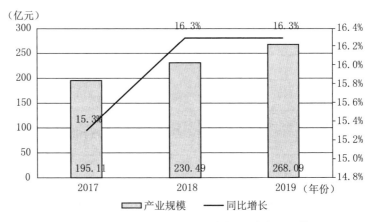

图 13.3　2017—2019 年航空零部件产业规模与增长情况

资料来源：赛迪顾问、前瞻产业研究院。

随着 C919 等国内商用飞机的逐渐成熟，我国机载设备与系统各领域的产业配套能力进一步提升。2019 年中国航空装备机载设备与系统环节产业规模达 38.30 亿元，增长 17.2%。其中航电系统占比高达 72.3%，产业规模达

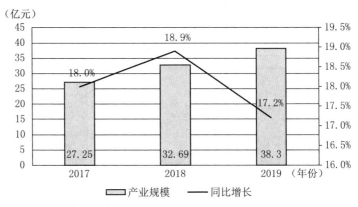

图 13.4　2017—2019 年航空机载设备与系统产业规模与增长情况

资料来源：赛迪顾问、前瞻产业研究院。

27.69 亿元。

（1）典型产业链：大飞机

大飞机价值链条是由从研发设计到售后服务的一系列环节组成，价值分布呈"微笑曲线"状。位于前端的研发设计、发动机制造、关键零部件制造属于资金和技术密集型，具有较高的附加值；位于后端的营销、售后服务属于管理和信息密集型，附加值也较高；中间的一般零部件制造、整机组装环节属于劳动密集型，附加值相对较低。大型客机的产业链长度长、复杂度高，将制造环节进行价值拆分之后可以发现，机体制造、发动机、机载设备分别占 30%—35%、20%—25%、25%—30%，其余系统如内饰等占 10%—15%。

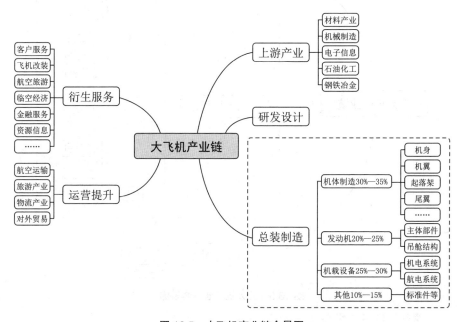

图 13.5　大飞机产业链全景图

资料来源：中航证券金融研究所《打造并拓展中国大飞机产业链》。

（2）典型产业链：无人机

国内无人机产业链可以分为上游设计测试、中游整机制造和下游运营服务环节。上游设计测试包括总体设计和集成测试两个方面。由于该环节技术壁垒较高，设计测试环节需要根据企业或政府用户不同的应用场景需求改变，部分设计测试环节需要专业的企业来完成。中游整机制造包括飞行系统、地面系统、任务载荷三个方面，是无人机制造的关键部分，飞行系统包含动力系统、导航系统、飞控系统、通信系统和机体制造等，地面系统负责飞机的任务规划，如航规规划、飞行模式等，同时还具有图像显示、处理等功能，任务载荷是指无人机搭载的各类设备，如相机以及可见光、热成像、多光讯、离光谱设备等。下游运营服务主要包括数据采集、飞行培训等。

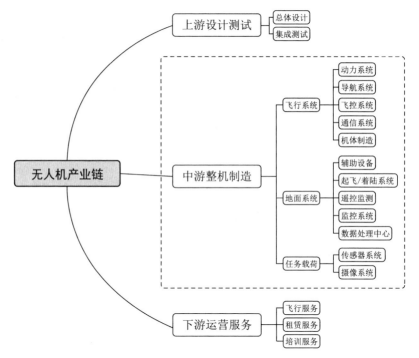

图 13.6　无人机产业链全景图

资料来源：赛迪顾问。

13.3.2　2019 年航天产业发展概况

2019 年中国航天发射次数屡创纪录，达到 34 次，继 2018 年之后再次独占世界第一。这标志着我国进入空间能力和水平大幅提升，为我国加快推进航天强国建设奠定了坚实基础。2019 年，我国长征系列运载火箭成功实现第 300 次发射，全年发射次数达到 26 次。

　　由民营航天企业北京星际荣耀科技有限责任公司研制的双曲线一号运载火箭成功发射入轨，标志着中国民营运载火箭实现了零的突破。快舟一号甲运载火箭六个小时内两次成功发射，创下中国航天新纪录。我国首次成功实施运载火箭海上发射技术试验，在黄海海域用长征十一号海射运载火箭将技术试验卫星捕风一号 A、B 星及五颗商业卫星送入预定轨道，这是我国首次在海上实施运载火箭发射技术试验。我国首台 80 吨液氧甲烷发动机——"天鹊"（TQ-12）试车成功，"天鹊"发动机由蓝箭航天空间科技股份有限公司自主研发，是世界上继美国 SpaceX 的猛禽发动机、蓝色起源的 BE-4 发动机之后第三型大推力液氧甲烷发动机，也是我国推力最大的双低温液体火箭发动机。

　　嫦娥四号探测器实现人类探测器首次月球背面软着陆和巡视勘察，月背软着陆近一年来取得了发现月幔源物质初步证据等在内的多项重大成果，玉兔二号月球车更是成为人类在月面工作时间最长的月球车。我国第一个真正意义上的太空实验室——天宫二号空间实验室，受控离轨并再入大气层，这标志着中国载人航天工程空间实验室阶段全部任务圆满完成。

　　北斗三号中圆地球轨道（MEO）卫星全部发射完毕，标志着北斗三号全球系统核心星座部署完成，为实现全球组网奠定坚实基础。我国成功发射高分辨率对地观测系统重大专项高分七号卫星，实现我国民用 1∶1 万比例尺卫星立体测图，提高我国高分辨率立体测绘图像数据自给率。

　　典型产业链有卫星互联网。

　　卫星互联网产业链主要包含了卫星制造、卫星发射、地面设备、卫星运营及服务四大环节。其中卫星制造环节主要包括卫星平台、卫星载荷。卫星平台包含结构系统、供电系统、推进系统、遥感测控系统、姿轨控制系统、热控系统以及数据管理系统等；卫星载荷环节包括天线分系统、转发器分系统以及其他金属/非金属材料和电子元器件等。卫星发射环节包括火箭制造以及发射服务。卫星运营及服务主要包含卫星移动通信服务、宽带广播服务以及卫星固定服务等。

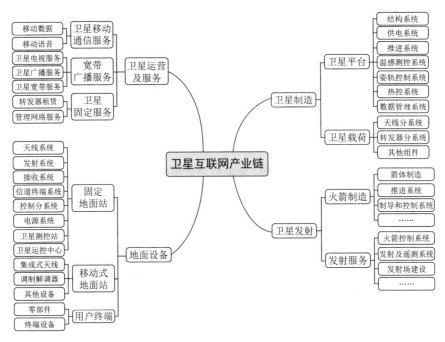

图 13.7　卫星互联网产业链全景图

资料来源：赛迪顾问。

13.4　从产业链视角分析航空航天短板

13.4.1　从进出口贸易角度分析

根据中国海关 2017—2019 年进口贸易金额数据，2017—2019 年中国进口主要航空航天商品贸易金额如表 13.3，空载重量大于 15000 千克飞机等航空器的进口额占绝对比重，2017—2019 年进口金额分别为 223 亿美元、380亿美元、154 亿美元。而大于 15000 千克这一空载重量范围包括美国波音公司对中国出口的主要机型——波音 737 系列和 737 MAX7。根据波音公司发布的 2020 年《中国民用航空市场展望》，预计未来 20 年中国航空公司将需要6450 架新单通道飞机。单通道飞机，比如 737 家族，仍然是运力增长的主要驱动力。此外航空器用点燃往复式或旋转式活塞内燃机、空载重量小于等于2000 千克飞机等航空器、航空器用点火布线组及其他布线组等产品也有一定的进口量。

表 13.3　2017—2019 年中国进口主要航空航天商品贸易金额

年份	商品名称	进口额（百万美元）
2017	航空器用点燃往复式或旋转式活塞内燃机	15.79
2018	航空器用点燃往复式或旋转式活塞内燃机	15.56
2019	航空器用点燃往复式或旋转式活塞内燃机	16.50
2017	航空器发动机零件	7.91
2018	航空器发动机零件	10.80
2019	航空器发动机零件	8.55
2017	车辆、航空器、船用点火布线组及其他布线组	384.42
2018	车辆、航空器、船用点火布线组及其他布线组	546.76
2019	车辆、航空器、船用点火布线组及其他布线组	425.98
2017	气球及飞艇；滑翔机及其他无动力航空器	0.70
2018	气球及飞艇；滑翔机及其他无动力航空器	0.22
2019	气球及飞艇；滑翔机及其他无动力航空器	0.32
2017	飞机等航空器，空载重量≤2000 kg	70.79
2018	飞机等航空器，空载重量≤2000 kg	94.39
2019	飞机等航空器，空载重量≤2000 kg	83.92
2017	飞机等航空器，2000 kg＜空载重量≤15000 kg	123.33
2018	飞机等航空器，2000 kg＜空载重量≤15000 kg	172.08
2019	飞机等航空器，2000 kg＜空载重量≤15000 kg	191.93
2017	飞机等航空器，空载重量＞15000 kg	22265.39
2018	飞机等航空器，空载重量＞15000 kg	38037.79
2019	飞机等航空器，空载重量＞15000 kg	15424.17
2017	航空器、航天器及其运载工具的未列名零件	24.06
2018	航空器、航天器及其运载工具的未列名零件	7.62
2019	航空器、航天器及其运载工具的未列名零件	4.86
2017	航空器发射装置和甲板停机装置等装置及零件	0.21
2018	航空器发射装置和甲板停机装置等装置及零件	0.68
2019	航空器发射装置和甲板停机装置等装置及零件	0.78

资料来源：中国海关。

在中美贸易关系中，航空航天产品一直是十分重要的组成部分。中国"十三五"规划以来航空航天贸易逆差逐年增加。美国将关键技术上的领导力与国家安全绑定后，对关键技术的出口管制提到了空前的高度，2019年中美贸易数据全面下滑，在进口领域，中国从美国进口航空航天产品68.5亿美元；在出口领域，中国出口美国航空航天产品10.6亿美元。

表13.4　2013—2019年中美航空航天贸易金额

年份	进口（亿美元）	出口（亿美元）	贸易逆差（亿美元）
2013	135.8	7.4	128.4
2014	155.2	8.6	146.6
2015	176.2	8.9	167.3
2016	132.4	11.3	121.1
2017	148.6	12.6	136.0
2018	167.9	11.8	156.1
2019	68.3	10.6	57.7

资料来源：中国海关、WIND。

从航空航天领域双边贸易来看，中国从美国进口额一直大于中国对美国出口额，而且主要在民机领域。其中：中国对美国出口：民用飞机零部件、民用航空发动机零部件。美国对中国出口：民用航空飞行器、民用航空发动机、民用航空电子设备、高端民用航空材料等。不仅是波音公司，生产机载系统的霍尼韦尔、LEAP发动机的GE公司等美国航空航天制造企业都在中国占有巨大的市场地位。中国在民用大飞机领域与美国制造商差距仍较大，短期内依然无法形成竞争力。

从表13.5中国从美国进口飞机贸易金额可以看出，除因2019年中美贸易摩擦深化，2017年和2018年中国从美国空载重量大于15000千克飞机等航空器的金额占到该项目当年全部进口额的一半以上，大型飞机特别是民用大飞机成为中美双边贸易中的重中之重。

表 13.5　2017—2019 年中国从美国进口飞机贸易金额

年份	商品名称	中国从美国进口该项目的贸易金额（百万美元）	中国从国外进口该项目的全部贸易金额（百万美元）	从美国进口该项目贸易金额占从国外进口该项目全部贸易金额比例
2017	飞机等航空器，空载重量≤2000 kg	18.38	70.79	25.97%
2018	飞机等航空器，空载重量≤2000 kg	47.26	94.39	50.06%
2019	飞机等航空器，空载重量≤2000 kg	40.41	83.92	48.15%
2017	飞机等航空器，2000 kg<空载重量≤15000 kg	96.98	123.33	78.64%
2018	飞机等航空器，2000 kg<空载重量≤15000 kg	116.11	172.08	67.47%
2019	飞机等航空器，2000 kg<空载重量≤15000 kg	74.53	191.93	38.83%
2017	飞机等航空器，空载重量>15000 kg	13127.50	22265.39	58.96%
2018	飞机等航空器，空载重量>15000 kg	20887.67	38037.79	54.91%
2019	飞机等航空器，空载重量>15000 kg	6000.33	15424.17	38.90%

资料来源：中国海关。

13.4.2　航空产业链短板

面向 2020 年和 2035 年，我国飞机发展重点主要在：一是单通道干线飞机和双通道干线飞机，二是先进涡扇支线飞机、涡桨支线飞机、先进 70 座级涡桨支线飞机，三是公务机、多用途飞机、特种飞机等通用飞机，四是重型直升机、先进中型多用途直升机、先进轻型双发直升机，五是勘察、监视、作业、物流等用途无人机，同时也包括部分现有产品改进改型。航空发动机发展重点主要在：一是民用大涵道比涡扇发动机，二是中小型涡扇/涡喷发动机，三是民用涡轴发动机，四是民用涡桨发动机，五是航空活塞发动机。

需要进一步加快突破的关键技术：绿色环保飞行器综合设计与验证技术，飞行器复合材料典型主体结构设计、制造与验证技术，大型轻量化整体及高强金属结构制造技术，高舒适直升机动力学设计与验证技术，无人机安全运营支撑技术，健康监测、智能维护系统与客户产品支援综合集成应用技术，先进总体设计及验证技术，高效高稳定裕度压缩系统技术，高性能、低排放燃烧室技术，高负荷、高效率、长寿命涡轮技术，先进航空发动机设计/试验/综合维护保障技术，航电系统总体设计技术，综合模块化航电系统（IMA）技术，综合飞行控制系统技术，多电体系下机电系统技术，民机非推进能量体系技术等。

需要进一步加快突破的关键材料：轻质高强高韧结构材料，除冰/抗雷击导电结构功能一体化复合材料等。

需要进一步加快突破的关键装备和零部件：碳纤维自动丝束铺放设备、大型壁板自动化钻铆设备、先进大涵道比风扇系统、先进高级压比高压压气机、先进低污染燃烧室、单晶/陶瓷基复合材料高压涡轮叶片、先进健康管理系统、先进高性能长寿命传动系统、先进全权限数字电子控制系统、显示组件、惯性器件、大功率电力器件、航空专用传感器、智能蒙皮微机电系统等。

13.4.3 航天产业链短板

需要进一步加快突破的关键技术：发展新一代无毒、无污染、大推力火箭动力技术，加大液体火箭发动机前沿技术研究，启动重型运载火箭发动机工程研究，突破重复使用火箭动力、天地往返组合动力、先进空间动力等先进技术攻关。

需要进一步加快突破的关键材料：发展大尺寸高性能铝合金、轻质高性能镁合金/铝锂合金、高温高强钛合金、新型低成本超高强度钢等关键材料及构件，满足装备发展需求。发展高性能特种密封材料、阻尼减震材料和功能涂层材料，形成高性能系列化产品体系。突破高性能碳纤维、高性能陶瓷纤维和有机纤维及其复合材料的高性能、大规模、高质量工程化制备关键技术，提升工程应用化水平及技术成熟度。发展陶瓷前驱体、先进树脂基体及其复合材料，形成标准化、通用化、系列化、低成本化材料体系。发展高性能特种粉体材料、新型高密度含能材料制备技术与工程应用。

需要进一步加快突破的关键装备和零部件：航天关键制造装备和智能

制造成套装备、航天高性能集成电路与混合集成器件、航天微波器件、高端 MEMS 器件等。

13.5　我国航空航天发展的对策建议

13.5.1　对政府层面的建议

一是进一步深化体制机制创新，增强自主创新能力。组织实施大飞机、"两机"、数控机床等重大专项，围绕机载设备、航电、商业航天、北斗导航等前沿领域，在产业基础较好的省市前沿布局一批科研院所和学科，建设一批高水平创新中心、共性技术研发平台，打通从基础研究、应用研究到产品开发的创新链条，引导企业加大自主创新研发投入，突破关键核心技术。

二是提升产业基础高级化、产业链现代化水平，持续推进核心基础零部件、关键基础材料、先进基础工艺、产业技术基础等航空航天领域瓶颈的攻关，以"揭榜挂帅"等方式，发挥国内龙头企业的创新引领作用，按照企业主体、政府服务各方协作的思路，支持大型央企和民企联合上下游开展协同创新，构建具有核心竞争力的本土生态系统和供应链体系。鼓励企业深耕产业链重点环节和产业基础领域，加强质量品牌建设，培育一批隐形冠军，提高中国制造的知名度和美誉度。

三是深化航空航天产业与新技术、新模式深度融合，着力优化产业结构。大力推进人工智能、大数据、5G、工业互联网等新一代信息技术与航空航天产业创新突破和融合应用，推动产业数字化、网络化、智能化、绿色化转型升级，打造一批世界级先进制造业集群。鼓励航空航天产业模式创新，加大卫星互联网等新型基础设施建设。

四是着力打造营商环境。深化"放管服"改革，推进创新链、产业链、资金链、政策链、人才链、服务链融合发展，营造良好营商环境。大力弘扬"两弹一星"精神、载人航天精神、航空报国精神、探月精神。强化政府、军工企业、国有企业、国家重大工程项目对新产品的采购支持，探索航空航天产业基金等方式，加大首台套装备和首批次材料的保险补偿力度，根据新产品进度适时调整享受进口优惠政策的产品目录，推动形成有利于新技术新产品应用推广的政策环境。

五是进一步推动产业开放发展。用好自贸区制度创新等试点示范，全面实行准入前国民待遇加负面清单管理制度。以"一带一路"为重点，深化与国际龙头企业交流与合作，着力吸引落地一批带动性强、创新力好的航空航天产业项目，不断提高产业开放发展的层次和水平。按照"鼓励创新、包容审慎"的原则，破除行业壁垒和地域保护性限制，进一步拓宽航空航天创新产品应用范围，加大规模化应用推广。

13.5.2 对企业层面的建议

一是坚持自主创新，扎实推进企业创新，综合用好现有的开放性产业和科研平台，借助政府、市场化等公共服务平台，充分利用工业互联网，创新新制造理念。推动智能制造，用智能机器人代替工人生产的生产线，加快建设高度智能化的生产线控制系统和融合虚拟生产与现实生产的物联网系统，提升企业内智能化生产水平。深耕产业链和创新链重点环节，加大技术创新投入，培育符合市场应用需求的创新产品。

二是借助市场手段，创新商业模式。生产制造端企业更加需要借助3D打印、虚拟设计等新兴技术，加快当前产品更新迭代，紧跟和引领产业前沿发展。为了实现可持续及可预见增长，飞机及发动机主体制造商正在将业务拓展到维护和服务，如向航空公司提供的捆绑包可能包括租赁飞机、快速维护、定期舱室更换以及相关数据馈送。

三是防止一哄而上重复投资，大中小企业融通发展。既要面对企业逐步自主创新能力的长期性和持续性，也要考虑到企业盲目重复投资，尤其是在产业园区、小型机场、大型制造厂等投入大、见效慢的领域，可由龙头企业为引领，依托第三方或者现有的平台和基础，深化大中小企业产业链合作，引导错位发展。

▎参考文献

［1］王吉星等：《航空航天装备》，山东科学技术出版社2018年版。

［2］赛迪顾问股份有限公司：《2019航空装备产业创新与投资趋势》。

［3］吕沙、徐文瑞：《西部地区创新链和产业链深度融合研究——以成都市航空航天产业为例》，《现代经济信息》2019年第7期。

［4］同淑荣、刘德腾、王克勤：《陕西航空航天装备制造产业集群研究》,《生产力研究》2013 年第 12 期。

［5］王晓婷、邹昭晞：《京津冀协同创新共同体下高端装备制造业发展研究——以航空航天器制造业为例》,《学习与探索》2017 年第 8 期。

［6］李鹏、马鸿鑫、王秀娟：《产业链视角下我国通航企业融资困境与对策》,《西南金融》2019 年第 6 期。

［7］都丹、丰旭、沙鑫等：《国内外商业航天发展态势解析及前景展望》(下),《中国航天》2019 年第 12 期。

［8］前瞻产业研究院：《2020 年航空装备产业市场现状及发展前景分析》,载前瞻经济学人 https://www.qianzhan.com/analyst/detail/220/200430-b06db231.html。

［9］空间瞭望智库：《2019 年全球十大航天新闻、中国十大航天新闻》,《国际太空》2020 年第 1 期。

（本章主持及执笔：余典范　杨　政）

第 14 章　汽车

本章提要：

汽车产业是国民经济中的支柱性产业，在过去六十多年的发展历程中主要经历了计划经济体制下的自力更生时期、改革开放后市场经济体制下的技术引进时期、加入世界贸易组织后的市场化发展时期和新型国际经济环境下的自主创新时期四个阶段。总体而言，中国汽车产业发展态势良好，技术水平不断提高，市场模式从高速增长转变为中低速增长，目前已连续多年成为世界上汽车产销量最大的国家。然而，由于中国经济发展速度放缓、汽车产业整体规模趋于饱和、技术创新与发展后劲不足，再加上国际整体环境不景气，中国汽车产业近年来面临很大的下行压力。目前全球经济衰退、中美贸易摩擦加剧、新一轮科技革命与产业变革等因素叠加，推动全球供应链、产业链向多元化、分散化和本地化方向发展，这给中国汽车产业转型升级造成极大的阻碍。本章旨在通过总结中国汽车产业发展现状以及产业链构成，分析全球价值链重构对中国汽车产业发展的影响，指出我国汽车产业发展存在的问题，为我国汽车产业在全球产业链变革的背景下实现产业链升级提出建议。

本章内容主要分为四个部分：第一、二节分别总结全球汽车产业和中国汽车产业的发展历程与发展现状，并简单概述我国新能源汽车产业的发展状况；第三节分别对我国传统汽车产业和新能源汽车产业的产业链构成以及产业链各环节的行业竞争态势进行详细的解构分析；再次，第四节总结全球汽车产业链重构的趋势，并具体分析全球汽车产业链重构对中国汽车产业发展的影响，另外本章还着重分析新冠疫情给全球产业链造成的冲击对中国汽车产业发展有怎样的影响；最后，以前面讨论的内容为基础，总结我国汽车产业发展存在的问题，并提出在新型国际环境背景下中国汽车产业的未来发展方向。

14.1　全球汽车产业发展现状

14.1.1　全球汽车产业发展历程

全球汽车产业的发展最早可以追溯到 18 至 19 世纪，1769 年法国人 N. J. 居纽发明了世界上第一辆蒸汽汽车，德国人卡尔·本茨于 1885 年制造出世界上第一辆汽油三轮车，并于 1886 年 1 月 29 日向德国专利局申请汽车专利，自此全球汽车产业开始发展，当时全球汽车产业重心集中在德国。

纵观全球汽车产业发展历史，共经历了以下四次产业革新。

1. 第一次产业革新：以大规模标准化和流水线生产为标志的现代汽车工业形成

1908 年，美国福特汽车公司正式投产实用简单且价格低廉的 T 型车，成功让汽车成为广大群众的需求，并于 1913 年建立世界上第一条汽车装配生产流水线。随后，福特公司通过流水线的生产模式与工业大生产的组织模式，提高产品的生产效率，降低生产成本，实现生产的规模化与标准化，这种新的生产方式创造了汽车产业的第一次革新，奠定了现代汽车工业的形成，使美国成为世界上第一个以汽车产业为支柱产业的国家。

在这一时期，全球汽车产业转变为以美国为重心，出现了以福特公司为代表的流水线生产模式，以及以通用汽车公司为代表的集中管理和销售的生产模式。

2. 第二次产业革新：以高技术含量为发展趋势的欧洲汽车产业复苏

1930 年以后，为保护本国工业发展，欧洲各国对美国汽车进口提高关税壁垒，尤其是汽车零部件进口，间接促进欧洲汽车工业的重新发展。在这一时期，以德国为主的欧洲国家通过提高汽车制造技术，开发轻便普及的多类型新产品与美国汽车进行竞争，既保持美国式大规模生产的特点，又体现出欧洲式多品种、高技术的汽车产业发展趋势，逐渐将全球汽车产业重心从美国转移至欧洲。

3.第三次产业革新：以精益生产方式为特征的日本汽车产业腾飞

20世纪50年代，日本汽车产业形成完整的工业体系，20世纪60年代日本汽车产量实现突飞猛进的增长，20世纪70年代两次石油危机使日本汽车产业向着高效率、低成本、低能耗的方向发展。在这一时期，日本汽车产业出现以丰田汽车公司为代表的精益生产方式，利用精益求精的态度和科学的方法管理汽车产业的每一个产业链环节，从而有效控制生产质量与成本。1980年，日本汽车产量高达1104万辆，超越美国成为世界第一大汽车生产国，成功将全球汽车产业重心从欧美转移至日本。

4.第四次产业革新：以电子化、智能化、新能源为发展趋势的汽车全球化生产

20世纪90年代以后，经济全球化进程加快，强势汽车企业利用自身技术和资本优势，一方面相互兼并重组，改变传统的资源配置方式、产业竞争模式和产业组织结构；另一方面向发展中国家输出资本与技术，实现汽车产业链的全球性配置。在这一时期，生产全球化使中国、印度等新兴发展中国家的汽车工业崛起，全球汽车产业的生产与销售重心从发达国家向发展中国家转移，逐渐形成"6+3+X"的全球汽车产业新格局。此外，在工业4.0浪潮与日益紧迫的环境保护需求下，全球各大汽车企业积极开展技术创新，加速实现传统汽车制造技术与互联网技术、人工智能与物联网技术等有效融合，推动全球汽车产业向电子化、智能化、定制化方向发展，新能源汽车成为当今各国汽车产业的发展重点。

14.1.2 全球汽车产业发展现状

长期以来，全球汽车产业总体保持稳定增长态势，产销率始终保持在96%以上，呈现出较为稳定的市场供需状态。根据世界汽车工业协会（OICA）数据显示（图14.1、图14.2），2010年至2017年世界汽车产销量一直保持持续增长态势，总销量从7497万辆增加至9566万辆，总产量从7758万

辆增加至 9675 万辆。然而，全球汽车产销量的年增长率均呈下降趋势，2019
年后受经济总体下行压力影响甚至出现负增长，2019 年世界汽车销量为 9042
万辆，同比下降 5.5%；世界汽车总产量为 9179 万辆，同比下降 5.2%。[①]

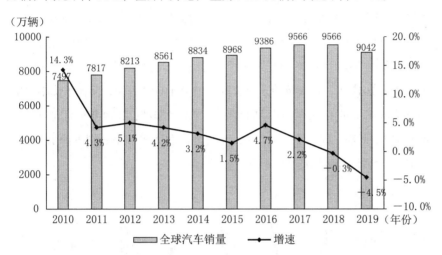

图 14.1　2010—2019 年全球汽车销量及增速

资料来源：世界汽车工业协会（OICA）。

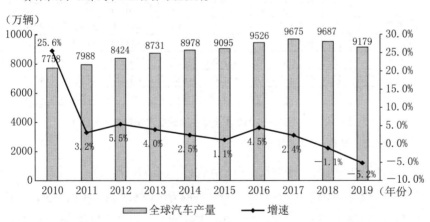

图 14.2　2010—2019 年全球汽车产量及增速

资料来源：世界汽车工业协会（OICA）。

从市场分布来看，全球汽车市场主要分为四大区域：以德国、英国为主
的欧洲地区；以美国、加拿大为主的北美地区；以日本、韩国、中国为主的

---

① 智研咨询：《2020—2026 年中国汽车制造行业市场运作模式及投资前景展望报告》。

亚太地区；以及非洲、中南美等其他区域。根据全球主要地区汽车销量显示（见图 14.3），世界主要汽车市场的发展速度存在明显差异性，传统汽车大国美国、欧洲、日本等汽车市场由于发展成熟且趋于饱和而增速稳定且缓慢，中国、印度等新兴发展中国家的汽车市场则发展迅速，逐渐成为推动全球汽车市场增长的重要力量。2017 年后全球汽车总销量下降，很大程度上是因为中国和印度等亚洲国家经济增速放缓，居民汽车消费意愿下降。如图 14.3 所示，截至 2019 年，亚太及中东地区汽车销量 4400.3 万辆，同比下降 7.19%，是全球汽车销量下降最为明显的地区，其次是非洲，2019 年非洲地区汽车销量 117.7 万辆，同比下降 4.72%，北美地区和南美洲则分别下降 1.38% 和 2.41%，仅欧洲地区销量有所上升。

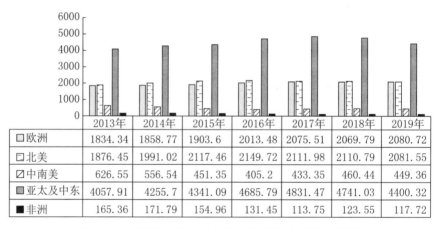

	2013年	2014年	2015年	2016年	2017年	2018年	2019年
□欧洲	1834.34	1858.77	1903.6	2013.48	2075.51	2069.79	2080.72
□北美	1876.45	1991.02	2117.46	2149.72	2111.98	2110.79	2081.55
▨中南美	626.55	556.54	451.35	405.2	433.35	460.44	449.36
▧亚太及中东	4057.91	4255.7	4341.09	4685.79	4831.47	4741.03	4400.32
■非洲	165.36	171.79	154.96	131.45	113.75	123.55	117.72

图 14.3 2013—2019 年全球主要地区汽车销量（万辆）

资料来源：世界汽车工业协会（OICA）。

从产业结构来看，全球汽车产业存在以下三点特征：第一，全球汽车产业集中度较高。2019 年全球汽车产量最高的五个国家分别为中国、美国、日本、德国和印度，这五个国家的汽车产量占世界汽车总产量的 60.4%，其中中国和美国分别占世界汽车总产量的 28.02% 和 11.85%（见表 14.1）；第二，随着经济全球化的进一步发展，汽车全球化生产的特征愈加突出，全球汽车产业的生产重心已经从欧美地区的发达国家转移至亚太地区的发展中国家。自 2009 年开始中国一直是全球汽车产销量最高的国家，印度则于 2018 年成功超过德国成为世界第四大汽车生产国；第三，世界市场上，汽车主要分为乘用车、轻型商用车和中重型载货卡车三种细分车型，其中乘用车占全球汽车产量的比重最大，然后依次为轻型商用车和中重型卡车。2019 年全球汽车产量下降，各个细分车型产量均全面下跌，乘用车产量同比下降 6.4%，降幅相比 2018 年扩大 4.86 个百分点，轻型商用车与中重型卡车产量同比分别下降 1.99% 与 1.43%，增速均由正转为负。

表 14.1　2019 年全球前十名汽车生产国汽车产量、增速及占比

国　　家	汽车总产量（万辆）	增长率（%）	占全球汽车产量的比重（%）
中　国	2572	−7.5	28.02
美　国	1088	−3.7	11.85
日　本	968	−0.5	10.54
德　国	466	−9.0	5.08
印　度	452	−12.2	4.92
墨西哥	399	−2.8	4.35
韩　国	395	−1.9	4.30
巴　西	294	2.2	3.20
西班牙	282	0.1	3.07
法　国	220	−2.9	2.40

资料来源：世界汽车工业协会（OICA）。

14.2　我国汽车产业发展历程及现状

14.2.1　我国汽车产业的发展历程

1．传统汽车发展历程

1953 年 7 月 15 日中国第一汽车制造厂于长春成功建立，1956 年 7 月 14 日国产第一辆解放牌汽车驶下总装配生产线，开始了中国汽车产业的发展历程。中国汽车产业从最初"只有卡车没有轿车""只有公车没有私车""只有计划没有市场"，成长为产品种类齐全、生产效率较高、技术含量日益增长的汽车工业体系，经历以下四个发展阶段：

（1）第一阶段（1953—1978 年）：计划经济体制下的自力更生时期

这一时期，国家先是借鉴苏联汽车工业体系，较为全面地掌握了汽车企

业的设计、生产与管理流程，成功跨越现代汽车生产的门槛，随后自主建设了以生产越野汽车为主的第二汽车制造厂，标志着中国汽车产业发展至一个新的台阶。在这一阶段，我国重点建设一汽、二汽两个中型载货车厂和一批汽车产业零部件厂，同时建成北汽、南汽、川汽、上汽等一批地方汽车制造厂，奠定我国汽车产业的工业基础。但是，由于计划经济体制的局限性以及世界政治格局的不稳定，这一时期我国汽车产业发展过分强调自力更生，抑制了国外先进技术引进，中国汽车产业逐渐被隔离在世界汽车工业体系之外，与世界汽车生产之间的差距不断扩大。

（2）第二阶段（1978—2001年）：改革开放后市场经济体制下的技术引进时期

1978年我国开始实行改革开放，汽车产业抓住机遇加强技术引进，试图通过有控制的技术引进实现以市场换技术的发展战略。在这一阶段，我国汽车工业的技术引进规模不断扩大，对外开放程度不断加深，国内各大国有汽车企业纷纷与国际领先汽车企业合资办厂（如一汽大众、上海大众等），引进国外资本和先进生产技术，推动中国汽车产业全面发展，这一阶段是我国汽车产业发展的重大转折点。

（3）第三阶段（2001—2008年）：加入世界贸易组织后的市场化发展时期

自从2001年底中国加入世界贸易组织，我国关税总水平大幅度下降，政府对汽车产业的市场限制开始解除，大量民间资本和外资涌入汽车工业，使得中国汽车产业规模迅速扩大、市场竞争加剧，增强了汽车产业的发展活力，推动中国汽车产业实现更好的市场化发展。在这一阶段，我国汽车产销量迅速增长，从2001年的237万辆增加至2008年的938万辆，年均增长21.7%。[①]另外，经济全球化与全球价值链的日益发展，使中国汽车产业加速融入国际汽车工业体系，促进中国汽车企业生产制造水平与技术水平的不断提高。

（4）第四阶段（2008年至今）：新型国际经济环境下的自主创新时期

2008年金融危机对整个世界经济产生严重冲击，为应对危机带来的负面影响，确保经济平稳较快增长，我国2009年相继出台一系列政策，其中包括《汽车产业调整振兴规划》等重要的汽车产业政策，一方面不仅推动中国汽车

---

① 数据来源于中国汽车工业协会。

市场回暖增长，成为全球汽车产销量第一的国家，另一方面促进中国自主品牌的创新发展，合资企业也开始加大在中国市场的自主研发投入。后金融危机时代，国际经贸格局发生重大变革，贸易保护主义日趋盛行，世界经济环境的不稳定因素促使我国各汽车企业加大自主创新力度，提高自身国际竞争力，推动我国汽车产业高质量发展。在这一阶段，新能源汽车是我国汽车产业的战略发展方向。

2．新能源汽车发展历程

在能源危机和环境恶化程度日益严峻的背景下，为减轻石油短缺压力、减少温室气体排放，研发和推广新能源汽车成为我国汽车产业发展的重要战略方向。与此同时，全球新能源汽车产业仍处于逐步探索阶段，这也成为了我国汽车产业实现技术赶超的重要机遇。纵观我国新能源汽车的发展历程，大致可以分为以下三个发展阶段：

（1）第一阶段（20 世纪 90 年代初—2008 年）：研究开发阶段

从 20 世纪 90 年代初开始，我国就启动电动汽车的研究和开发工作；"十五"期间，科技部提出我国发展新能源汽车的实施方案；2001 年国家"863 计划"电动汽车重大专项启动，从国家战略的高度出发，选择电动汽车技术作为国内汽车科技创新的主攻方向；2006 年，在国家节能减排的宏观政策指导下，科技部又启动"863 计划"新能源汽车重大项目。在这一阶段，我国通过新能源汽车重大研发项目，建立起电动汽车"三纵三横"[①] 的开发格局。

（2）第二阶段（2009—2017 年）：政策拉动阶段

在这一时期，我国新能源汽车主要依靠国家政策支持和财政补贴发展，是基础建设和培育发展阶段。2009 年我国出台《汽车产业调整和振兴规划（2009—2011 年）》，启动国家节能和新能源汽车示范工程，对指定范围内的新能源汽车给予购置补贴；同年，财政部发布《关于开展节能和新能源汽车示范推广试点工作的通知》，明确对试点城市公共服务领域购置新能源汽车给予补助；2013—2017 年，新能源汽车补贴范围试点进一步扩张，产业政策逐步在全国范围内推广。在这一阶段，我国中央和地方政府为推动新能源汽车

---

① 燃料电池汽车、混合动力汽车、纯电动车三种整车技术为"三纵"，多能源动力总成系统、驱动电机、动力蓄电池三种关键技术为"三横"。

发展，分别出台各自的推广政策，主要包括提供购车财政补贴、免费提供牌照、不受限行政策约束和免征车辆购置税四种方式，成功促进我国新能源汽车产业实现国际领先的产业基础和市场规模。

（3）第三阶段（2018 年至今）：市场导向阶段

在这一时期，我国新能源汽车产业发展主要表现为以下三点趋势：一是扩大对外开放。从 2018 年开始，我国新能源汽车投资领域率先对外全面开放，取消对外资企业来华投资的股比限制，取消同一外资企业在华同类产品合资企业不得超过两家的限制，同时大幅度降低了进口关税，为外资企业进入中国新能源市场创造了便利条件，自此中国新能源汽车进入了国际竞争时代；二是由政策主导转向市场主导。自 2018 年，国家对新能源汽车的补贴开始加速"退坡"，补贴标准也按照技术含量分档设置，给企业获取补贴设置严格的门槛要求。2019 年财政部发布《关于进一步完善新能源汽车推广应用财政补贴政策的通知》，旨在加大补贴退坡力度。按照国家规划，2020 年新能源补贴政策将被完全取消，新能源汽车产业将由市场主导未来发展方向；三是技术进步与结构调整。面对日渐激烈的市场竞争，我国新能源汽车企业加大自主创新力度，不断提高自身技术水平，降低生产成本，从而在新的市场环境下获取竞争优势。另外，由于各地方政府实施新能源汽车产业支持政策而形成的重复建设、布局不合理等结构性问题，在市场竞争的推动下也在逐步调整。

14.2.2 我国汽车产业的发展现状

汽车产业是我国国民经济中的支柱性产业，在其发展历程中经历了非常高速的增长阶段，于 2009 年超越美国成为全球汽车产销规模最大的国家，并连续十年保持世界第一的水平。然而，随着整体经济发展速度放缓、产业整体规模逐渐扩大，我国汽车产业从 2010 年开始一直处于增速回落状态，2018 年我国汽车产销出现自 1991 年以来首次下滑，2019 年则仍然保持下降态势。总体而言，中国汽车产业发展态势良好，技术水平不断提高，发展模式从高速增长转变为中低速增长，然而近期受国际整体经济环境影响，我国汽车产业市场表现不佳。

本节将从产业规模、市场结构、技术水平、产业布局四个方面对我国汽车产业发展现状进行分析。

1．市场规模分析

据国家统计局数据，在产量方面，2011—2016 年我国汽车产量呈持续增长态势，2016—2019 年呈逐年下降态势，2019 年我国汽车产量为 2572.1 万辆，同比下降 7.5%。2020 年 1—10 月，中国汽车产量达 1951.9 万辆，同比下降 4.6%（见图 14.4）。在销量方面，2011—2017 年我国汽车销量总体呈逐年增长态势，2017—2019 年呈逐年下降态势，2019 年我国汽车销量为 2576.9 万辆，同比下降 8.23%，下降幅度略高于汽车产量。截至 2020 年 10 月中国汽车销量达 1969.9 万辆，同比下降 4.7%（见图 14.5）。由此可见，我国汽车产业规模的未来发展仍然面临较大的下行压力，不过 2020 年以来表现出较强的自主恢复能力。

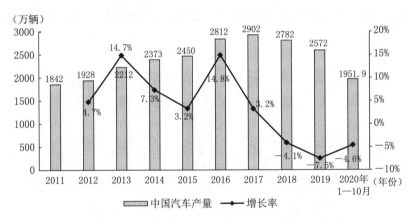

图 14.4　2011—2020 年 10 月中国汽车产量统计及增长情况

资料来源：国家统计局。

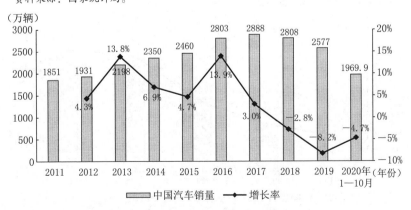

图 14.5　2011—2020 年 10 月中国汽车销量统计及增长情况

资料来源：国家统计局。

　　然而，在汽车产业整体下降的背景下，我国新能源汽车占汽车产业整体规模的比重却仍然保持稳定上升趋势。根据中国汽车工业协会（简称"中汽协"）数据显示，2011年我国新能源汽车产量仅8000辆左右，占当年全国汽车产量比重不到1‰，随着国家政策引导和支持以及社会各界的共同努力，我国新能源汽车产业发展迅猛，到2019年我国新能源汽车产量达到124.2万辆，占全国汽车总产量的4.87%（见图14.6）。销量方面，2015—2019年我国新能源汽车销量整体呈波动增长态势，2019年全国新能源汽车销量达到120.6万辆，占全国汽车总销量的4.68%（见图14.7）。2020年1—10月中国新能源汽车产销量分别完成91.4万辆和90.1万辆，同比分别下降9.2%和7.1%，与前9个月相比累计销量降幅明显收窄。由此可见，新能源汽车已经

图14.6　2015—2019年中国新能源汽车产量及占汽车总产量比重变化情况

资料来源：中国汽车工业协会。

图14.7　2015—2019年中国新能源汽车销量及占汽车总销量比重变化情况

资料来源：中国汽车工业协会、前瞻产业研究院。

成为我国汽车产业的重要组成部分，新能源汽车产业的快速发展在很大程度上将推动我国汽车产业进一步发展。

2．市场结构分析

从汽车产品结构来看，我国汽车市场按车型主要分为乘用车与商用车两大类（见图 14.8），乘用车包括基本型轿车、运动型多用途乘用车（SUV）、多功能乘用车（MVP）、交叉乘用车四种车型，商用车则包括客车和货车，其中乘用车市场在我国汽车市场中的占比最大。根据中汽协数据显示（见图 14.9、图 14.10），2010—2016 年我国乘用车占汽车产销量的比重呈上升趋势，2016 年分别达 86.8% 和 87.0%；而 2017 年以来，乘用车产销情况持续

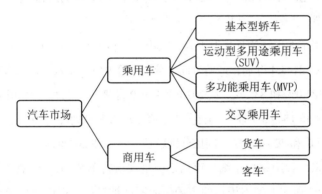

图 14.8　汽车产品市场结构

资料来源：中国汽车工业协会。

图 14.9　2010—2020 年 10 月中国乘用车产量及所占比重

资料来源：中国汽车工业协会。

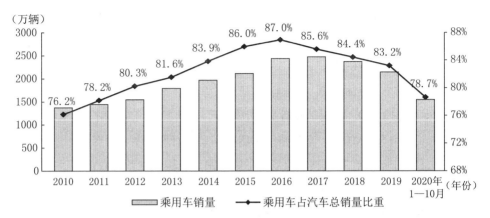

图 14.10　2010—2020 年 10 月中国乘用车销量及所占比重

资料来源：中国汽车工业协会、海通证券研究所。

走弱，商用车的市场增长情况则好于乘用车。2019 年，乘用车产销分别完成
2136 万辆和 2144.4 万辆，产销量同比分别下降 9.2% 和 9.6%，占汽车产销比
重分别达 83.0% 和 83.2%。从 2020 年 1—10 月来看，乘用车产销分别完成
1531.6 万辆和 1549.5 万辆，同比分别下降 10.1% 和 9.9%；商用车产销分别完
成 420.3 万辆和 420.4 万辆，同比分别增长 22.5% 和 20.9%。

近年来，我国乘用车细分市场逐渐呈现出轿车和 SUV 车型平分天下的
局面，MPV 和交叉型乘用车的市场份额逐渐被挤压。据中汽协统计数据显
示（见图 14.11），2019 年我国乘用车市场中，轿车销量 1030.8 万辆，同比

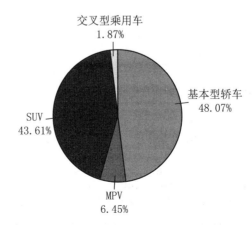

图 14.11　2019 年中国乘用车市场按车型结构比重

资料来源：中国汽车工业协会、前瞻产业研究院。

下降 10.7%，占乘用车总销量的 48.07%；SUV 销量为 935.3 万辆，同比下降 6.3%，占乘用车总销量的 43.61%；MPV 和交叉型乘用车销量下降幅度均超过 10%，市场份额则进一步缩小。

　　从市场集中度来看，多年来我国汽车产业的市场集中度不断上升，前十家汽车生产企业的销量占汽车总销量的比重保持在将近 90% 的水平上。根据中国汽车工业协会数据显示（见图 14.12），2010—2019 年我国前十家汽车生产企业销量占汽车总销量的比重呈现上升趋势，从 2010 年的 86% 上升到 2019 年的 90.4%，2020 年 1—10 月，汽车销量排名前十的企业集团销量合计为 1763.5 万辆，占汽车销售总量的 89.52%。据中汽协数据显示（见表 14.2），2019 年中国汽车销量排名前十的企业集团销量合计 2329.4 万辆，同比下降 6.7%，但是其占汽车总销量的比重与上年同期相比高出 1.5 个百分点，体现出我国汽车重点企业集团市场集中度上升的趋势。具体观察前十家企业集团销量，上汽集团 2019 年总计销售 623.8 万辆，远超排名第 2 的东风公司，占前十家企业集团总销量的 26.78%；东风公司与一汽集团 2019 年销量均超过 300 万辆，超过排名第 4 的北汽集团一百多万辆。由此可见，我国汽车产业重点企业集团之间的差距较大，另外总计只有 5 家企业集团年销量超过 200 万辆，体现出我国汽车企业集团规模普遍偏小，行业集中度偏低。

图 14.12　2010—2020 年 10 月中国前十家生产企业销量及所占比重

表 14.2　2019 年前十大汽车企业集团销量排名

排名	企业集团名称	销量（万辆）
1	上汽集团	623.8
2	东风公司	360.9
3	中国一汽	346.4
4	北汽集团	226.0
5	广汽集团	206.2
6	中国长安	176.0
7	吉利控股	136.2
8	长城汽车	106.0
9	奇瑞汽车	74.5
10	华晨汽车	73.4
合计（万辆）		2329.4
所占比重（%）		90.4

资料来源：根据中国汽车工业协会、各企业集团官网数据整理。

目前，新能源汽车是我国重要的战略新兴产业之一，其市场结构也是中国汽车产业市场结构的重要组成部分。根据中汽协数据显示：在销量结构方面，我国新能源汽车市场同样也是乘用车市场占比最大，其中纯电动乘用车销量最高，2019 年我国纯电动乘用车销量占我国新能源汽车总销量的 69.3%，此外，插电式混合动力乘用车和纯电动商用车分别占 18.8% 和 11.4%（见图 14.13）；在生产结构方面，我国新能源汽车生产一直以纯电动汽车生产为主，2019 年我国纯电动汽车总计生产 102 万辆，同比增长 3.4%，插电式混合动力汽车和燃料电池汽车分别完成 22.0 万辆和 2833 辆的生产，与纯电动汽车生产规模相差甚远；在销售车型方面，2019 年北汽新能源 EU 系列销量最多，总计销售 11.1 万辆，远超过排名第 2 的比亚迪元 EV 系列，另外在车型销量排名前十的车型中比亚迪旗下车系较多，占前十总销量的 28.75%（见图 14.14）。

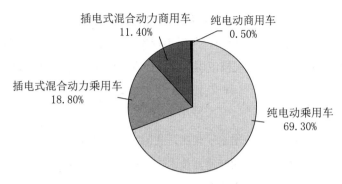

图 14.13　2019 年中国新能源汽车产品销量结构

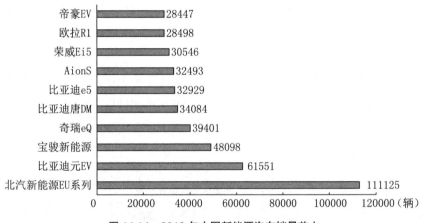

图 14.14　2019 年中国新能源汽车销量前十

资料来源：中国汽车工业协会。

3．技术现状分析

通过几十年的技术积累和改革开放以来的技术引进与自主创新，我国在传统汽车和新能源汽车领域的技术水平都取得了显著提高。在传统汽车领域，我国在关键技术层面取得多项突破，如整车集成开发能力显著提高，成功构建正向开发体系；发动机、变速器、电子电气等关键零部件技术实现明显进步；部分车型在节能、排放、安全、舒适等方面达到或接近国际先进水平，提高我国汽车产业的自主创新能力和核心竞争力。另外，我国汽车产业在基础共性技术层面也取得重大进展，如成功建立汽车道路采集系统、完成燃油经济性、汽车电子、关键零部件等数十项技术规范和标准，目前我国汽车产业的技术标准法规体系正在进一步完善。在新能源汽车领域，我国通过

"三纵三横"电动汽车研发也格局成功建立起自主知识产权的电动汽车动力系统技术平台和整车集成技术，开发出插电式混合动力汽车（PHEV）和纯电动汽车（BEV）系列化规模应用产品，整体水平逐渐接近国际水平。另外，在智能网联汽车领域，我国也获得重大研发成果，百度无人驾驶汽车已成功上路。

然而，与国外汽车技术水平相比，我国汽车产业由于起步晚、基础弱的原因，在发动机技术、自动变速器技术、汽车电子电器零部件及技术等关键领域与各大传统汽车强国之间存在较大差距，虽然我国抓住了新能源汽车发展的重要机遇，但是在新能源技术、汽车锂电池、驱动电池以及动力控制系统等方面我国仍然受国外发达国家限制。

4．产业布局现状

我国汽车产业布局状况最初是全国各地有上千家企业分散式发展，后来经历了从点到块、从块到面的成长与发展过程，形成以长三角、珠三角、东北地区、京津冀地区、华中地区、西南地区六大汽车生产基地为核心的产业区域分布格局（见表 14.3）。[①]

表 14.3　六大汽车生产基地及主要品牌分布

主要分布区域	主要基地	主要汽车品牌
长三角地区	上海浦东	上海大众、上海通用、上汽荣威、福特中国
	浙　江	吉利汽车
	南　京	长安福特、南京依维柯、东风悦达起亚、南京菲亚特、上汽仪征、春兰汽车
珠三角地区	广　州	广州五十铃、五羊本田、广汽本田、东风日产、广汽丰田
	深　圳	比亚迪
东北地区	吉林长春	一汽轿车、一汽大众、一汽奥迪、一汽马自达
	黑龙江哈尔滨	哈飞汽车集团、哈尔滨轻型车厂
	辽宁沈阳	华晨宝马、金杯汽车

[①] 秦悦：《优化我国汽车产业链布局的财税政策研究》，中国财政科学研究院 2018 年硕士学位论文。

（续表）

主要分布区域	主要基地	主要汽车品牌
京津冀地区	北 京	北汽集团、北京现代、北京奔驰、东风标致、长安马自达、菲亚特中国
	天 津	天津一汽、一汽丰田
	保 定	中兴汽车、长城汽车
华中地区	武 汉	东风标致—雪铁龙、长安福特
西南地区	重 庆	长安汽车、长安福特、长安铃木、庆铃汽车
	成 都	沃尔沃、四川丰田

资料来源：马超《我国汽车制造业区域分布研究》，吉林大学 2005 年博士学位论文。

14.2.3 汽车产业重要产业政策

为促进我国汽车产业快速健康发展，我国政府先后颁布了《汽车产业发展政策》(国家发展和改革委员会令第 8 号)、《汽车产业调整和振兴规划》等一系列汽车产业政策，并伴随实施税收政策、"双积分政策"、新能源汽车发展规划，不仅仅致力于汽车生产，对于优化市场环境、推动技术进步和刺激汽车消费也产生了积极影响，体现出我国大力支持新能源汽车产业发展、推动中国汽车产业优化升级的政策趋势。

1.《汽车产业发展政策》

2004 年 5 月 21 日，我国政府颁布《汽车产业发展政策》，这是我国加入世界贸易组织之后，政府为适应不断完善社会主义市场经济体制的要求以及国内外汽车产业发展新形势而制定的政策措施。该政策提出健全产业法制化管理体系、促进与其他关联产业协调发展、激励企业提高研发和技术创新能力、推动产业结构调整和重组四大政策目标，在技术政策、结构调整、产品开发、投资管理、准入管理等十个方面制定具体的政策措施，提倡通过经济手段扶持汽车产业，通过行政手段保护汽车产业发展。

2.《汽车产业调整和振兴规划》

2009 年，为了缓解国际金融危机对我国经济发展的负面影响，我国陆续出台汽车产业、电子信息产业和钢铁业等十大产业的调整和振兴规划。在这一背景下,《汽车产业调整和振兴规划》出台,对于稳定我国汽车消费市场环境,加快汽车产业结构调整,增强汽车自主品牌开发能力,推动汽车产业升级有着重要意义。

在政策内容方面,该政策首次将优化汽车消费市场环境放在首要位置,并针对汽车的购买、使用和报废等环节出台各类政策鼓励措施,具体包括:对 1.6 升及以下排量乘用车减征车辆购置税;开展"汽车下乡",鼓励农民购买微型客车或轻型载货车等,并给予一次性财政补贴;提高报废更新补贴标准,加快老旧汽车报废更新;取消各类限制汽车购置的不合理规定;制定汽车消费信贷管理条例等。

除刺激国内汽车消费市场的内容,该政策还延续以往汽车产业政策中关于调整产业结构、推动自主创新和促进产业升级等方面的政策内容:在产业结构调整方面,支持大型汽车企业在全国范围内开展兼并重组活动,提高产业集中度;在自主品牌方面,鼓励汽车企业间形成汽车产业战略联盟,通过自主开发、企业间联合开发、国内外并购等方式推动自主品牌发展;在产业升级方面,提出新能源汽车产业发展战略,重点扶持战略性新兴产业的发展。

3.《乘用车企业平均燃料消耗量与新能源汽车积分并行管理办法》

2017 年 9 月,为解决我国能源供应紧张的问题,工信部、财政部等五大部门联合发布《乘用车企业平均燃料消耗量与新能源汽车积分并行管理办法》(简称《双积分政策》),并于 2018 年 4 月 1 日实施。该政策的实质是通过建立积分交易机制,形成促进节能与新能源汽车协调发展的市场化机制,从生产端激励我国汽车节能与新能源汽车的发展,以实现《汽车产业中长期发展规划》文件中提出的相关目标,即到 2020 年新能源汽车产销量达 200 万辆,到 2025 年新能源汽车占汽车总产销量的 20% 以上;到 2020 年乘用车新车平均燃料消耗量达到 5 升 / 百公里,到 2025 年乘用车新车平均燃料消耗量达到 4 升 / 百公里。

自该政策正式实施以来,我国新能源汽车产销量飞速上升,相比于 2017年,2019 年度产销量分别增长 56.42% 和 55.21%;乘用车新车平均油耗量呈现出逐年降低的趋势,2017 年、2018 年和 2019 年分别为 6.24 升 / 百公里、

5.95 升/百公里和 5.73 升/百公里，年平均降幅达 4.18%。[①] 由此可见，《双积分政策》的实施对我国汽车产业，尤其是新能源汽车的健康发展起到了重要作用。

4.《新能源汽车产业发展规划（2021—2035 年）》

2020 年 11 月国务院发布了《新能源汽车产业发展规划（2021—2035 年）》（以下简称《规划》），这是继《节能与新能源汽车产业发展规划（2012—2020 年）》（简称《2012 年规划》）后我国关于新能源汽车产业的又一纲领性文件。与《2012 年规划》相比，《规划》不再关注传统燃油汽车的节能问题，而是更多地将重点聚焦在新能源汽车产业的发展上，为推动我国新能源汽车产业高质量、可持续发展明确了未来发展规划和目标。

《规划》在坚持"以深化供给侧结构性改革为主线，以电动化、网联化、智能化为发展方向，以融合创新为重点"[②]的总体思路上，提出"到 2025 年纯电动乘用车新车平均电耗降至 12.0 千瓦时/百公里，新能源汽车新车销量达到汽车此车销售总量的 20% 左右"和"到 2035 年纯电动汽车成为销售车辆主流，燃料电池汽车实现商业化应用"两大发展愿景。为实现上述目标，《规划》从提高技术创新能力、构建新型产业生态、推动产业融合发展、完善基础设施体系、深化开放合作五个方面规划了具体的战略任务内容，并配套制定了五个专栏任务和五项保障措施。

新一轮科技革命和产业变革推动全球汽车产业进入百年未有的大变革时代，新能源汽车发展面临着全新的挑战和难得的发展机遇。《规划》是指导我国未来汽车产业发展最重要的政策文件，明确了发展新能源汽车产业是我国重要的国家战略规划，总结了国内外新能源汽车产业发展的新局势（即"三新"："新动能"——新能源汽车为世界的产业发展注入新动能、"新阶段"——我国新能源汽车产业发展进入新阶段、"新特征"——开放融合成为新能源汽车产业发展的新特征），在贯彻市场主导、创新驱动、协调推进、开放发展四项基本原则的基础上指明了中国新能源汽车产业的未来发展方向，将为我国汽车产业发展抢占战略先机、巩固良好发展势头、建设汽车强国提

---

① 张国振、钱立运：《我国乘用车双积分政策研究》，《时代汽车》2020 年第 9 期。
② 《新能源汽车产业发展规划（2021—2035 年）》。

供强有力的政策指导。

14.3 汽车行业产业链

14.3.1 传统汽车产业链

汽车行业的产业链包括上游的原材料，中游的零部件、整车制造和销售渠道以及下游的终端消费者和汽车美容、维修等后汽车市场服务。

具体来说，上游主要包括钢铁、铝合金和玻璃等零部件和整车制造的原材料。中游依次为零部件、整车制造以及销售渠道。零部件包括发动机、车身、底盘、电子电器设备和轮胎等；汽车的整车制造商向各零部件厂商定制所需零部件，并负责整车的设计、组装；汽车的销售渠道比较丰富，包括直销、4S 店、电商平台等。下游为终端消费者及后汽车市场服务。

可以看出，汽车产业链具有长且结构复杂的特点，可以延伸出众多的细分行业。另外，产业链的各个环节并不是完全割裂的，部分车企既生产零部件，也进行整车制造，同时还可能在销售渠道和消费者之间，为消费者提供汽车金融服务。

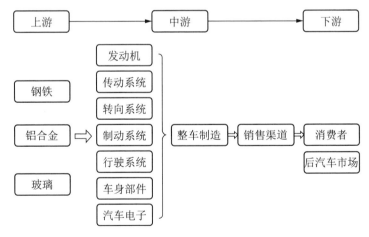

图 14.15 传统汽车产业链

1．上游：原材料

汽车行业产业链上游为原材料，主要包括钢铁、铝合金、塑料、橡胶、铜等。

（1）钢铁

在汽车的原材料构成中，钢铁占 59.4% 左右，是最重要的原材料。国内汽车用钢基本能够做到自给自足，自主品牌轿车、货车等用钢基本立足于国内原料供给。

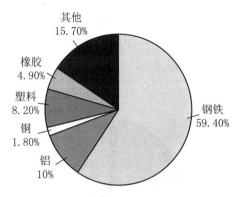

图 14.16　汽车原材料占比（按重量）

资料来源：Energy Systems。

近些年来，汽车行业的高速发展，拉动了汽车用钢量增加，国内主要的大型钢铁企业开始大力拓展汽车用钢产业，越来越多的钢铁企业进入汽车用钢领域，市场竞争日渐激烈。当前汽车用钢的竞争势态可以用"一超多强"来概括："一超"指宝钢，其在汽车用钢市场处于绝对的领先地位；传统第二阵营包括鞍钢、马钢、本钢、首钢等，这些企业已经拥有一定的规模优势，也正在努力地扩大市场份额；在外资的帮助下，华菱等后起之秀也正在逐步形成自身的差异化优势。部分企业除了供应国内汽车用钢外，还将市场拓展到海外，与海外知名的汽车企业合作，为这些企业的供应钢材。

（2）铝合金

铝也是制造汽车的重要原材料，铝合金可以广泛应用与汽车的发动机系统、传动系统、底盘系统、车身系统、热交换系统等，在汽车轻量化过程中起着重要的作用。

全球主要的汽车用铝合金领先企业主要有 NEMAK，RYOBI，ATRETY，GEORG FISHER，行业集中度较高。国内的优势企业包括拓普集团和旭升股份。其中，拓普集团是全球少数掌握高强度钢和轻合金核心工艺的制造商，而旭升股份主要从事精密铝合金汽车零部件和工业铝合金零部件的研发、生产和销售，深度配套特斯拉。目前，国内高端精密铸锻件仍然由外资垄断，仍需推进国产替代。

（3）玻璃

全球的玻璃市场呈现寡头垄断的格局，全球五大龙头企业旭硝子、板硝子、福耀玻璃、圣戈班和信义玻璃总市场份额近80%。而国内市场中，福耀玻璃一家独大，市场份额达61.2%。

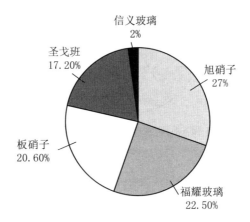

图 14.17　全球汽车玻璃市场格局

资料来源：财通证券研究所《财通证券–福耀玻璃 -600660- 精益制造，福耀天下 -200714》。

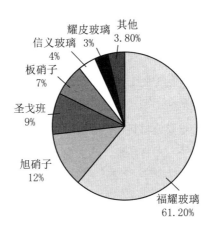

图 14.18　国内汽车玻璃市场格局

资料来源：财通证券研究所《财通证券–福耀玻璃 -600660- 精益制造，福耀天下 -200714》。

2. 中游：零部件和整车制造商

（1）零部件

零部件生产是汽车产业链中十分重要的环节，是汽车产业发展的支撑和基础。一辆零部件的种类和构成非常复杂，整个汽车的零部件大约有 3 万多个，按照汽车的各个系统将零部件进行分类，包括：发动机零部件、传动系统零部件、转向系统零部件、制动系统零部件、行驶系统零部件、汽车电子零部件以及车身附件，各个零部件系统又包含多种零部件，例如发动机零部件中包括发动机总成、滤清器、气缸、油箱等等；传动系统零部件包括变速器、离合器、减速器总成等。

表 14.4　传统汽车零部件分类

分　　类	零部件种类
发动机零部件	发动机总成、滤清器、气缸及部件、油箱、曲轴、燃油喷射装置、其他发动系统
传动系统零部件	变速器、离合器、减速器总成、万向节、差速器总成、传动轴、其他传动系统
转向系统零部件	转向机总成、转向盘、助力器、助力泵、转向节、转向拉杆、其他转向系统
制动系统零部件	制动器总成、液压制动泵、刹车片、刹车盘、空气压缩机、其他制动系统
行驶系统零部件	车轮、车胎、前桥、后桥、减震系统、悬挂系统、其他行驶系统
车身附件	座椅及附件、汽车轴承、保险杠、排气管、玻璃、雨刮器、其他车身及附件
汽车电子零部件	车灯、空调器、传感器、其他电子电器零部件系统

资料来源：国信证券经济研究所《国信证券–汽车汽配行业 2020 年投资策略：行业弱复苏，精选优质赛道 -191205》。

传统汽车零部件的优势主要还是集中在发达国家，由于其起步较早，经过多年的发展，零部件行业已经具备规模大、技术实力雄厚等特点。中国作为全球最大的汽车市场，汽车零部件的发展与发达国家仍有着比较大的差距。国内汽车零部件市场中，大部分的市场份额被外商以及港澳台投资的企业占据。尤其是一些技术含量较高的关键零部件，如发动机、汽车电子等，外商投资的市场占有率高达 90%。在美国公布的全球汽车零部件百强企业中，中国也只有少数企业，如延锋汽饰、中信戴卡、德昌电机、五菱工业等上榜。可以看出，我国的汽车零部件企业在全球的竞争地位有待提高，行业还有较大的发展空间。

但不可否认的是，我国的零部件国产替代话进程正在逐步推进。在国内汽车产业发展进程中，我国汽车零部件的国产化替代也从一开始的外观件到功能件，再逐渐转移到安全件。在一些曾由国际行业巨头控制的零部件上，国内的企业也开始依靠技术进步，推进国产替代，逐步提升市场份额。汽车的内外饰等外观件国产化替代已经有了显著的成果，但技术含量较高的如车机、空调系统等功能件，以及底盘控制、发动机控制、汽车座椅等安全件的国产替代还任重道远。

另外，国内的零部件供应商主要配套自主和美系的汽车品牌，但是自2019年开始，日系德系汽车品牌较为强势，自主和美系相对弱势，使得国内零部件企业收入总体下降。

（2）整车制造商

汽车整车按用途可分为乘用车和商用车，乘用车的销量规模、占比更大。根据车型，乘用车可以细分为：普通轿车、MPV、SUV以及交叉型乘用车，商用车可细分为货车以及客车。

汽车整车行业的市场集中度较高，2019年中国前十家乘用车销量占59.8%，前十家商用车销量占74.3%。同时，前十家企业乘用和商用车总市场份额还在提升，说明汽车市场的集中度正逐步提高，市场竞争愈发激烈。

另外，国内独立制造整车的能力不足，仍需要依靠外资来获取技术支持。可以看出前十家乘用车企业大多是合资公司，仅吉利控股、长安汽车和长安汽车是国内本土企业；前十家商用车企业多为本土厂商，但是本土厂商也多通过并购或与外资车企合作的方式来获取技术支持。

表14.5 2019年中国乘用车销量前十车企

排名	企业名称	销量（万辆）	市场占比
1	一汽大众	204.6	9.5%
2	上汽大众	200.2	9.3%
3	上汽通用	160.0	7.5%
4	吉利控股	136.2	6.4%
5	东风汽车（本部）	127.7	6.0%
6	上海通用五菱	124.2	5.8%
7	长城汽车	91.1	4.2%

（续表）

排名	企业名称	销量（万辆）	市场占比
8	长安汽车	81.5	3.8%
9	东风本田	80.0	3.7%
10	广汽本田	77.1	3.6%
前十大车企总销量		1282.6	59.8%

表 14.6　2019 年中国商用车销量前十车企

排名	车企	销量（万辆）	占比
1	东风公司	57.1	13.2%
2	北汽福田	52.7	12.2%
3	上海通用五菱	41.8	9.7%
4	中国一汽	35.1	8.1%
5	中国重汽	29.6	6.8%
6	江淮股份	25.3	5.9%
7	江铃股份	23.7	5.5%
8	长安汽车	22.3	5.2%
9	陕汽集团	18.7	4.3%
10	长城汽车	14.9	3.4%
前十大车企销量总计		321.3	74.3%

资料来源：中国汽车工业协会。

3．下游：终端消费者和后汽车市场服务

汽车的下游包括消费者以及美容、维修等后汽车市场服务。

后市场广义上来讲是指：汽车销售之后直到报废过程中围绕汽车使用所产生的一切消费者所需的服务。其中包括了八大行业：汽车维修及配件，汽车保养，汽车金融与保险，二手车及汽车租赁，汽车用品、美容与改装，汽车回收以及后市场联盟平台整合（汽车电商）。狭义的汽车后市场则包括与车辆日常维护最相关的服务，例如汽车维修及配件，汽车美容改装、保养等。汽车的维修和保养是后汽车市场服务中最核心的部分，维修保养服务一直占据汽车后市场最大收入占比，服务提供者包括但不限于 4S 店，维修厂和维修连锁店等。

　　与国外相比，我国维修保养市场还未成熟，仍具有很大的发展空间。成熟市场中，汽车产业链 80% 利润来自后市场；而我国整车制造与整车销售已占据 50% 利润，维修保养行业利润占比远低于成熟市场。这主要是因为，售后市场曾长期被 4S 店垄断，导致车主维保选择渠道单一，制约市场的充分竞争。但近年来，在政府政策支持下，随着其他维修保养渠道的发展，产业链利润分配有望向维修保养领域倾斜。

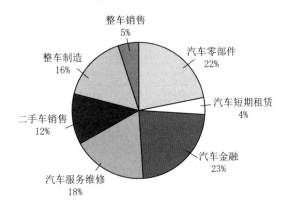

图 14.19　2019 年国外汽车产业链各环节利润占比

资料来源：艾瑞咨询。

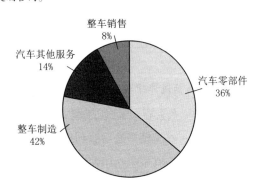

图 14.20　2019 年国内汽车产业链各环节利润占比

资料来源：艾瑞咨询。

14.3.2　新能源汽车产业链

　　新能源汽车产业链由上游原材料、中游零部件、下游整车制造及配套服务三大部分组成。

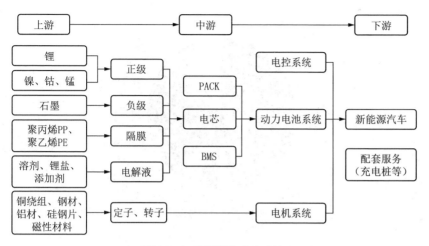

图 14.21　新能源汽车产业链

1. 上游：原材料

新能源汽车上游主要包括动力锂电池、电机等所需的资源和材料。其中，电机主要由硅钢片和永磁材料构成，对应原材料分别为稀土与铁矿石。而锂电池产业链则相对复杂，主要由正极、负极、隔膜以及电解液组成。正极以锂镍钴等原材料为主，负极主要由石墨材料构成，包括天然石墨和人造石墨，隔膜的以聚烯烃材料为主：聚丙烯 PP 以及聚乙烯 PE，电解液主要成分为六氟磷酸锂。

（1）正极

正极材料种类较多，包括磷酸铁锂、钴酸锂、锰酸锂以及三元锂（主要指镍钴锰酸锂 NCM，也包括小部分的镍钴铝酸锂 NCA），对应的原材料主要为锂矿、钴矿、镍矿以及锰矿等。

就锂、钴等资源来说，我国拥有大量的锂、钴矿山，国内产能可以满足新能源汽车的发展需要和金属储备，并已形成完整的产业链。锂产业链以天齐锂业、赣锋锂业为龙头，而钴金属企业则以华友钴业、寒锐钴业等为代表。国内正极材料的企业主要包括厦门钨业、天津巴莫、德方纳米等，其 2019 年的市场份额分别为 10%、6%、6%，行业集中度并不高。但由于近年来行业传统龙头企业优势延续，行业集中度显著提升；而匹配海外动力电池产业链的企业逐渐建立起自身差异化优势，市场份额得到提升，未来很有可能率先突围，在市场上获取领先地位。

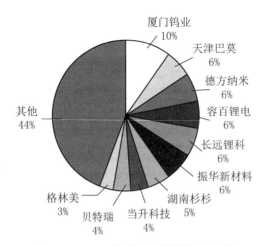

图 14.22　2019 年国内正极材料竞争格局

资料来源：高工产业研究院（GGII）。

（2）负极

我国已经是全球最大的负极材料供应国，出货量超过全球的 50%，负极材料企业发展迅速。国内企业竞争总体呈现"三大四小"的格局：其中贝特瑞、宁波杉杉和江西紫宸竞争最为激烈，三家企业的 2019 年市场份额合计达57%，行业的集中度较高。另外，东莞凯金受益于宁德时代电池出货量增长，市场份额得到了显著的提升。翔丰华、中科星城、江西正拓虽然市场份额较小，但也在积极发展中。

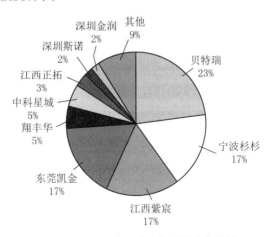

图 14.23　2019 年国内负极材料竞争格局

资料来源：高工产业研究院（GGII）。

（3）隔膜

隔膜材料以聚烯烃材料：聚丙烯 PP 以及聚乙烯 PE 为主，分为湿法隔膜和干法隔膜。其中，上海恩捷为国内湿法隔膜的主要供应商，星源材质为干法隔膜的主要供应商。总体来看，国内隔膜行业集中度较高且还在大幅提升当中，上海恩捷、星源材质分别在各自的领域占有绝对的优势。但是近年来，由于干法隔膜的市场份额在缩减，星源的市场表现总体不及恩捷材质。

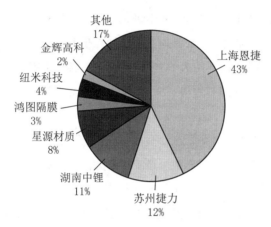

图 14.24　2019 年国内湿法隔膜市场份额

资料来源：高工锂电。

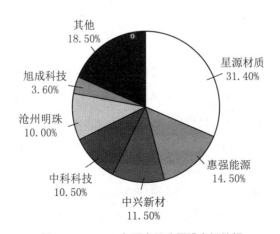

图 14.25　2019 年国内干法隔膜市场份额

资料来源：高工锂电。

（4）电解液

电解液企业中天赐材料和新宙邦的市场份额最高，且2020年行业的份额继续向几家头部企业集中。

总体来看，我国锂电池材料行业发展良好，正极、负极、隔膜和电解液都基本实现国产化，2017年国产化率均已经超过90%，目前这个比例更高。同时，国产四大材料龙头企业已经成功进入海外市场：正极材料中，杉杉股份、当升科技等进入到海外动力电池供应链；负极材料中，杉杉以及璞泰来的人造石墨进入了LG化学和三星SDI的供应链；隔膜环节，恩捷股份已经全面配套海外动力电池企业，星源材质已经连续多年作为LG化学的供应商，出口隔膜，苏州捷力也开始为LG化学供应消费类高端隔膜；电解液中，新宙邦、国泰荣华、天赐材料等成为LG化学、三星SDI、松下三家动力电池巨头的供应商。

2. 中游：零部件

新能源汽车中游包括"三电"系统（电机、电池和电控），以及整车其他部件。其中，新能源汽车区别于传统汽车最核心的技术就是"三电系统"，和传统汽车相比，新能源汽车使用电动机代替了柴油、汽油发动机，电池组替代了燃油，为电动机提供动力。另外电控系统也是其中一个重要部件，它由电池管理和控制系统组成，功能主要有管理和控制电池组的能量输出，调节电动机的转速等。

（1）动力电池

动力电池是新能源汽车最核心的零部件之一，在新能源汽车的成本中，动力电池的成本高达40%左右。就目前来看，国际上动力电池仍以锂电池为主。

锂电池在全球竞争态势展现出"中日韩三国鼎立"的特征，电池产能集中在中国、日本、韩国：2019年，全球动力电池装机量达112.6 GWh，其中中国动力电池装机量62.6 GWh，日本和韩国动力电池装机量50.4 GWh。从电池装机量和市场份额来看，当前以宁德时代、松下、LG化学、比亚迪竞争最为激烈。宁德时代连续三年（2017—2019）蝉联动力电池装机量和全球市场份额第一，日本松下紧跟其后。2020年特斯拉上海工厂投产，LG化学成为其动力电池的主力供应商，市场份额得到明显提升，前三个季度的市场份额达 25%，一跃成为装机量第一的企业。

表 14.7　全球动力电池企业装机量（GWh）及市场份额

企业	国家	2017		2018		2019		2020 前三季度	
LG 化学	韩国	5.0	9%	7.5	8%	12.3	11%	19.9	25%
宁德时代	中国	10.8	18%	23.4	23%	32.5	28%	19.1	24%
松下	日本	10.0	17%	21.3	21%	28.1	24%	15.8	20%
比亚迪	中国	6.4	11%	11.8	12%	11.1	10%	4.5	6%
SDI	韩国	2.3	4%	3.5	4%	4.2	4%	5.0	6%
AESC	中国	1.8	3%	3.7	4%	3.9	3%	2.5	3%
PEVE	日本	1.8	3%	1.9	2%	2.2	2%	1.5	2%
力神	中国			3	3%	1.9	2%		
SK	韩国			0.8	1%	1.9	2%	3.5	4%
国轩	中国			3.2	3%	3.2	3%	1.4	2%
中航锂电	中国							1.7	2%

资料来源：SNE Reaserch。

我国动力电池虽不如日韩起步早，但近年来发展迅猛，同时受到欧洲新能源汽车放量的推动作用，我国动力电池竞争优势逐步扩大，在 2020 年全球前十动力电池企业中，我国的企业就占有 6 家。国内的动力电池市场以宁德时代一家独大，2019 年市场份额达到 54%，比亚迪、LG 化学也保持着稳定的市场份额，宁德时代、LG 化学受欧洲放量影响，出货量将进一步增长。我国在锂电池产业链上已全部实现进口替代，开始大量对外出口。

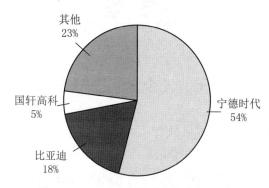

图 14.26　2019 年国内动力电池市场份额

资料来源：高工产业研究院（GGII）。

（2）电机电控

电机电控的行业竞争者可以分成整车厂自供和第三方外供两大类。采取自供的整车厂有比亚迪、北汽新能源和宇通客车，国外如特斯拉和大众也采用自供的模式。第三方外供可以分成三类：第一类为主营新能源车电驱动的公司，如精进电动、上海电驱动、深圳大地和；第二类其他技术同源而切入新能源汽车电驱动的公司，例如做控制技术的汇川技术、麦格米特等，和做其他领域电机起家的卧龙电驱、大洋电机、方正电机等；第三类为切入电动化的传统汽车零部件厂商，如国内的华域汽车，海外的采埃孚、麦格纳、大陆、博格华纳等。

由于电机这一行业的起步较晚，尚处于发展的初期，还未形成真正的头部企业，行业集中度不高。国内比亚迪的市场份额最高，且还在不断上升，这主要是因为比亚迪电机大多是自产自销，其电机主要供应本企业的新能源汽车使用，并不是市场自由竞争的结果。而除比亚迪之外的其他企业市场份额差别则较小，企业较为分散。

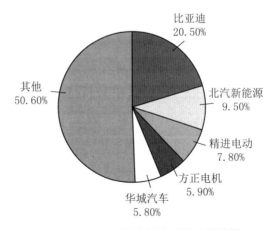

图 14.27　2019 年国内电机企业市场份额

资料来源：第一电动、NE 时代。

电控行业的竞争情况和电机类似，比亚迪、北汽新能源由于其自产自销的内循环模式，占据较高的市场份额。

受到新能源汽车发展的驱动，国内电机电控国产替代化进程正在加快。大洋电机配套 EU260，取代西门子；华域电机替代联合汽车电子，配套上汽荣威 E50。国内的电机电控基本上已经实现进口替代，国产电机电控市场自主配套率在 2018 年达 95%。但需要注意的是，2019 年开始，博世、日产等海外零部件供应商开始进入中国市场，国内供应商的市场份额受到挤压，发展面临挑战。

3．下游：整车制造及配套服务

新能源汽车产业链下游包括整车制造以及充电桩等配套服务。

（1）整车制造

新能源汽车包括：EV，BEV，HEV，PHEV，FCV 等多种类型。BEV 全称"Battery Electric vehicle"，指电池动力汽车，代表车企为特斯拉，市场上常见的宝马 i3、比亚迪秦 EV、北汽 EV 系列等也都是纯电动车型。这也是国产自主品牌重点发力、国家政策重点扶持的领域。PHEV 全称"Plug-in Hybrid Electric vehicle"，即插电式混合动力汽车。顾名思义，PHEV 车型可以对电池进行外插充电，并且可以以纯电动模式、纯燃油机模式、电机加燃油机混合等模式行驶，代表车型有比亚迪唐插电混动版、新款华晨宝马 530Le 等都是 PHEV 车型。

新能源汽车企业主要包括两类：一是老牌的传统汽车企业，近年来开始研发和制造新能源汽车，如宝马、大众等；二是新兴的新能源汽车企业，如特斯拉等。在全球新能源汽车企业中，特斯拉、比亚迪和北汽市场份额位于

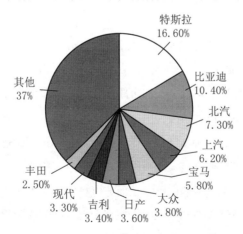

图 14.28　2019 年全球新能源汽车市场份额

资料来源：Insideevs。

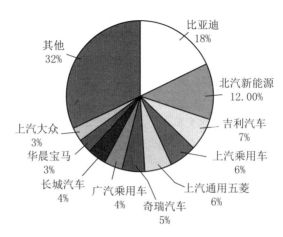

图 14.29　2019 年国内新能源乘用车销量前十企业

资料来源：前瞻研究院。

前三，特斯拉是龙头企业，占据了最高的市场份额。国内新能源汽车领军企业主要有比亚迪和北汽新能源，比亚迪在 PHEV 市场中首屈一指，而在 2019 年，其 BEV 的市场份额也超过北汽，位居第 1。目前我国新能源汽车市场还是以自主品牌为主，从销量前十的车企来看，2019 年自主品牌为主占据前八，合资品牌仅有上汽大众和华晨宝马凭借插混车型进入，排名第 9 和第 10。2020 年上半年，特斯拉销量跃居第一，合资品牌和造车新势力有明显的赶超趋势，自主品牌前十仅剩 5 家。

（2）充电桩

充电桩是新能源汽车的重要配套设施，"充电桩 + 新能源车"可以类比"传统燃油车 + 加油站"。

我国的充电桩发展可以分为四个阶段：第一阶段由国家主导，靠补助和政策建设初期生态；第二阶段，国家颁布《电动汽车充电基础设施发展规划（2015—2020 年）》，明确新能源汽车的指发展目标，同时逐渐市场化，引入大量社会资本进入行业开启大规模投资建设；第三阶段，行业营利性逐步改善，竞争淘汰部分企业后趋向整合；而充电桩的发展已进入第四阶段，2020 年初充电桩正式被纳入新基建，国家未来大力发展新能源汽车及配套基础设施，充电桩行业开启第二轮成长。我国的充电桩基本为国产供应。

充电桩的产业链也比较复杂，其上游包括充电机、线缆接口、变压器等设备的生产商，中游为充电桩的运营商，下游则为用户。其中，设备生产商和运营商是充电桩产业链最主要的环节，国内的充电桩生产商主要有德力西、动力源等充电板块的制造企业，以及金发科技和万华化学等其他部件的制造企业；中游的运营商包括特来电、星星充电、国家电网等，解决方案商则包括施耐德和电享。

充电桩建设与新能源车是协同发展的，随着 2020 年后我国新能源车行业进入高速发展阶段，充电桩需求也会随着新能源汽车保有量增加而进入密集建设期。

表 14.8　充电桩产业链细分领域代表企业

产业链环节	细分领域	代表企业
生产商	壳体等部件	金发科技、万华科学、国恩科技、银禧科技、普利特
	充电模块	德力西、动力源、国电南瑞、许继电气
运营商	充电运营商	特来电、星星充电、国家电网、云快充、中国普天
	结局方案商	施耐德、电享

资料来源：Wind，光大证券《电力设备新能源行业：新基建行业专题系列二，充电桩，总有基建正年轻 -200513》。

14.4　全球价值链重构对汽车产业的影响

14.4.1　全球汽车产业链发展与重构趋势

1. 全球化产业布局初步形成，产业链重心向发展中国家转移。

汽车的发展始于美国，长期以来，全球汽车产业的发展格局一直呈现"日欧美三足鼎立"的格局，但是近年来，汽车产业链的格局正在发生着重大的变化。中国、印度等发展中国家和新兴市场国家正在利用自身的要素成本优势、逐渐成熟的制造能力以及巨大的国内市场需求等，大力发展汽车工业，也吸引了全球的零部件和整车制造开始向这些国家转移。

从汽车销量来看，中国 2006 年超越日本成为世界第二，2009 年超越美国成为世界第一；印度呈现出快速增长的态势，短短十五年从世界排名第 12 上升至世界第 4。

表 14.9 世界汽车主要国家 2005—2019 年销量排名变化情况

年份	中国	美国	日本	德国	印度	巴西	法国	英国	意大利	加拿大
2005	3	1	2	4	12	10	6	5	7	11
2006	2	1	3	4	11	10	7	5	6	12
2007	2	1	3	4	10	9	8	6	7	12
2008	2	1	3	4	10	6	7	8	9	11
2009	1	2	3	4	8	5	6	9	7	11
2010	1	2	3	5	6	4	7	7	9	12
2011	1	2	3	5	6	4	8	8	10	12
2012	1	2	3	6	5	4	9	9	11	10
2013	1	2	3	5	6	4	8	7	12	10
2014	1	2	3	5	6	4	9	7	12	10
2015	1	2	3	4	5	7	8	6	11	9
2016	1	2	3	4	5	8	7	6	9	10
2017	1	2	3	5	4	9	7	6	8	10
2018	1	2	3	5	4	8	7	6	9	10
2019	1	2	3	4	5	6	7	8	9	10

资料来源：世界汽车组织、世界汽车工业协会。

从产量上来看，亚太地区已经成为全球最主要的汽车生产地，且每年产量还在不断上升。同时，非洲的汽车产量虽然不高，但近年来也处于上升趋势。从产量和销量两个角度都可以看出，全球汽车产业重心正从发达国家向新兴市场国家转移，发展中国家在汽车产业链中占据着越来越重要的位置。

随着全球经济一体化及汽车产业的融合日益加强，汽车产业中的各个环节：包括投资、生产、销售等都逐渐实现全球化配置。与此同时，互联网的发展、新能源的推动、新兴汽车市场的形成，许多世界级的汽车生产商纷纷打破地域牢笼，通过构建自有通用部件、生产平台、采购平台、模块化供应链等方式方法，实现了全球资源的优化与配置，从国家地域一体化经营逐步向全球一体化经营转变，缩短了研发、生产、供应的周期。但要明确的是如今汽车产业链的控制权仍在发达国家手中，全球汽车巨头的技术联盟已成趋势。

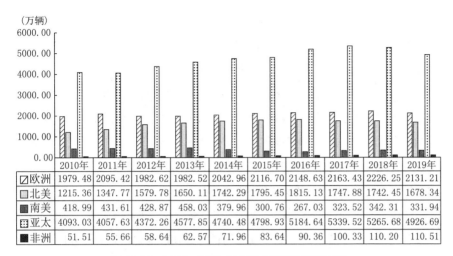

图 14.30　2010—2019 年全球主要地区汽车产量

资料来源：世界汽车组织、世界汽车工业协会。

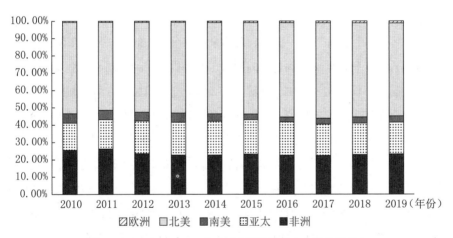

图 14.31　2010—2019 年全球主要地区汽车产量比重分布

资料来源：世界汽车组织、世界汽车工业协会。

2. 新冠疫情背景下汽车产业链的重构

产业链的全球化让中国等发展中国家收益颇丰，大大提升国内的汽车产业发展，然而近年来，全球产业链开始进入剧烈动荡和变化的时期，其中一个显著特点便是全球产业链开始出现区域化和内链化，各国制造业布局的首要考虑因素转变为产业链的稳健性和安全性。而新冠疫情则进一步加剧了逆全球化的风险：疫情降低了全球汽车产业供应链的稳定性，造成了进出口的双向承压。疫情初期，众多中国汽车零部件生产厂商停产，造成了依赖中国零部件的跨国车企面临断供；而随着疫情中心向海外转移，欧美多个重要零部件生产商被迫停工，国内部分企业也开始面临断供的风险。这使得各国开始弥补本国产业链短板，重视生产制造本土化和区域化，减少对他国的依赖。比如欧美国家可能会引回一部分缺少的低端制造环节；而中国等发展中国家也会大力发展自身缺少的高端制造，加强技术优势。这给汽车产业链的全球化布局造成巨大的冲击，未来产业链可能会发生区域性集聚。

14.4.2 全球汽车产业链重构对我国的影响

全球汽车产业链重构对我国传统汽车与新能源汽车都产生了巨大的冲击。

首先是传统汽车产业，由于此赛道已然是发展成熟，知名海外巨头由于累计经验已在产业内占有一定的份额，在面对着产业链的重构与新能源汽车的冲击，我国传统汽车行业面临的冲击可以说是围绕着巨头企业决策变更而产生的。

对零部件厂商而言，一方面，总体来说汽车巨头的全球化扩张使得本土的零部件商、整车厂商受到较大的冲击，发展机会受到抑制，有沦为贴牌厂商，亦有迫不得已从一级供应商转为二级供应商。但另一方面，也存在着拥有独立自主知识产权的厂商，由于其自身较高的议价能力，可以达成与跨国巨头结盟为全球提供专业化产品，亦能够为国内提供具有竞争力的零配件。

对于我国的整车厂商，大体来讲影响偏于消极，改革开放初期靠引进外资提升技术水平的想法在资本趋利的本性下显然实施不到位，技术溢出效应未达理想目标。但以"红旗""上海"这些本土自主品牌的发展路径视角来看，加入世界贸易组织后价值链重构使得我国的自主品牌达成在市场上的精准定位，并实现份额迅速发展。

如今看来，传统整车盈利环节依旧单一，且业绩周期波动大。而与此同时，2020 年以来，特斯拉、蔚来、理想等新兴势力的市场表现受到高度认可，其中特斯拉在 2020 年 6 月已赶超丰田成为全球市值最高的整车厂。在国家清洁发电的号召下，新能源汽车已成为当下的大势所趋，以特斯拉为代表的外资企业发展势头正猛，同时国内蔚来、理想等品牌也在国家的扶持下希望实现弯道超车。

　　以特斯拉汽车为例，其旗下新能源汽车的国产化率提升，且预测会有更多本土零部件公司进入其配套体系。通过分拆新能源车的成本构成和每个部分包括电池、电机系统、底盘系统、车身件、内外饰、汽车电子等国产化率的分析测算，可得出 2020 年初特斯拉 Model3 的整体国产化率幅度在 30.5% 上下，到 2020 年年底特斯拉期望 Model3 实现完全国产化。由此可见，新能源汽车的发展，在全球产业链重塑的背景下给予本国企业一定的利好消息。

　　但同时值得关注的是，由于新能源补贴持续退坡以及新增产能的不断投放，致使产业链各环节面临降价压力，尤其是中游环节，面临来自下游整车厂削减成本的压价，及上游资源类企业抬价的两难局面。近年来投资的不断涌入所形成的新增产能，将在未来一段时期加速洗牌。结合智能化趋势，未来汽车行业的盈利环节将沿着价值链进行从传统硬件向他处传导。

　　智能化在整车厂传统销售环节的重要性持续降低的背景下，为整车厂打通其他产业链环节提供了可能，有助于开创新的业态与市场，垂直整合汽车全产业，打造汽车产业新业态。或许在未来，我们能够看到整车厂更多参与到全产业链协同与分配行动当中，开创更多商业模式，从而开启更大盈利空间。而梳理未来的发展空间领域，可以分为如下几点：第一，车辆保险领域，智能化通过大数据定制产品、打通与银行间数据服务，整车厂通过自营或与商业银行合作有望扩大业务体量；第二，汽车金融领域，智能化通过大数据优化经营环节，整车厂逐渐向出行金融服务商转变，创造一体化出行服务盈利模式；第三，售后市场领域，智能化有望助力整车厂开创远程维修、预见维修、个性化服务等新业态，增强客户黏性，创造服务收入；第四，二手车领域，整车厂切入品牌认证，通过智能化打造生态闭环，以期实现认证收费、直销差价、二手租车手续费等盈利方式。

　　此外软件服务价值链也不容忽视，"软件定义汽车"新时代即将来临，意味着软件在未来业态当中的盈利的重要性或显著提升，从车载软件付费内容和模式创新方向，为汽车产业链创造全新价值，而这些新的变化，是机遇亦是挑战，价值链整合意味着汽车行业与其他行业的交互作用更加频繁、紧密，期待中国新能源汽车行业在全球价值产业链中发挥更大的作用，占据更高的地位。

14.5 总结与展望

14.5.1 中国汽车产业发展存在的问题

现阶段，中国已经成长为世界汽车产销规模第一的国家，汽车产业发展从高速增长阶段进入中低速稳定增长阶段。当前全球经济衰退、中美贸易摩擦加剧、新一轮科技革命与产业变革等因素叠加推动全球产业链与供应链进入重构期，从产业链角度分析我国汽车产业发展可以发现，我国汽车产业发展在当前国内外背景下仍然存在一些问题，只有正视这些问题并加以改进，才能在确保供应链安全的基础上构建竞争优势，实现中国汽车产业的可持续、高质量发展。

1. 产能过剩，产业集中度偏低

长期以来，汽车产业对中国经济发展的贡献显著，汽车产业的快速发展能够促进整个区域的经济发展，因此，我国各地方政府为追求出色的地区经济效益选择大规模发展汽车工业，由此带来大量的盲目投资和重复建设，使我国汽车行业出现严重的产能过剩。近年来，新能源汽车产业成为我国重点扶持的战略性产业，由于政府政策的推动，大量资本不断涌向新能源汽车生产研发领域，一方面以蔚来汽车为代表的新兴企业以资本进入方式参与新能源汽车发展，另一方面传统汽车生产企业也纷纷提出跨越式的产销增长计划，进军新能源汽车市场，如北汽新能源计划。越来越多的资本进入新能源汽车市场，虽然很大程度上推动该产业的繁荣发展，但同时也使得我国新能源汽车市场产能过剩的现象越来越明显。

另外，中国汽车产业总体上产销规模很大，汽车整车厂稳定在 200 家左右，但是单一企业集团规模较小，存在市场集中度相对偏低的问题，这在很大程度上是各地方政府干预汽车产业发展使得产业竞争程度降低导致的。根据贝恩的产业结构的衡量标准，汽车产业应该是极高寡占型，其中 CR4 应大于 75%[①]，但我国汽车产业 CR4 仅在 60% 左右。国际上公认的汽车经济规模

---

① 盖骁敏、薛晓玲：《我国汽车行业市场集中度影响因素的实证分析》，《东岳论丛》2015 年。

是 200 万辆，而 2019 年我国汽车产业只有 8 家企业年销量超过百万辆，仅五家企业超过两百万辆。因此，我国汽车产业呈现出企业数目多、规模小、生产分散化的特征，行业集中度与发达国家相比偏低。

2．汽车零部件整体技术水平落后，核心技术受制于人。

汽车是由零部件组装而成的，零部件产业是汽车产业的基础，零部件的质量直接决定了汽车的质量，因此零部件企业的整体水平很大程度上影响着汽车产业的国际竞争力水平。相较于整车制造环节，中国汽车零部件产业的发展更为落后，多数本土零部件的业务单一、规模有限，自主研发能力较差，质量管控水平不足，长期以来大多生产低技术含量的零部件，对于发动机、变速器、电驱动等核心零部件涉及很少，这些核心技术仍掌控在外资手中。随着进一步开放国内汽车市场，我国加深了与世界强国的合作，主要是放宽汽车零部件的合资政策，这给国内汽车零部件公司带来巨大机遇的同时也带来更大的压力。

我国汽车产业零部件发展落后主要表现在以下三个方面：第一，从企业实力来看，缺乏世界级零部件企业。虽然经过多年发展，中国确实出现一批具有一定规模和实力的本土汽车零部件企业，如中国最大的汽车零部件企业潍柴集团、北京海纳川汽车部件股份有限公司和中信戴卡股份有限公司等，但是总体而言，我国优秀的汽车零部件企业很少，而且整体实力与国外零部件企业相比仍然差距甚远，在 2020 年全球汽车零部件百强榜中日本、德国、美国上榜企业数较多，且企业排名靠前，中国共有 11 家汽车零部件企业入榜，国内最大的潍柴集团仅排第 8（见图 14.32）。第二，从核心技术来看，中国汽车产业核心技术仍受制于人。根据世界汽车研究会数据统计，外资、合资零部件供应商在液力变矩器、发动机启动装置、自动变速器等高技术含量领域具有绝对的话语权，市场占有率始终保持在较高水平，一些核心零部件甚至已经完全被外资和合资企业垄断。[①] 第三，从整车与零部件产业匹配关系来看，中国本土零部件企业的发展严重落后于整车企业的发展步伐。在发达国家和地区，汽车零部件产值是远超整车的，而根据国家统计局数据显

---

① 刘宗巍、赵世佳、赵福全：《中国汽车零部件产业现状分析及未来发展战略》，《科技管理研究》2016 年第 20 期。

示（见图 14.33），我国零部件与整车产值之比长期以来一直低于 1，随着近年汽车零部件产业的快速发展，该比值才超过 1。

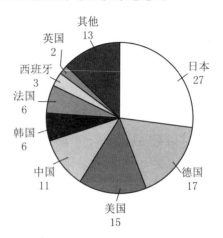

图 14.32　2020 年全球汽车零部件百强分布（家）

资料来源：中国产业经济信息网。

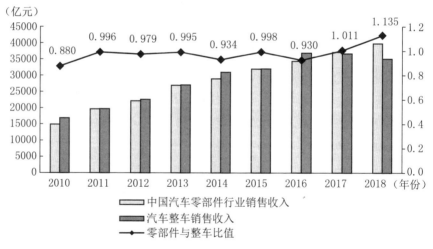

图 14.33　2010—2018 年中国汽车零部件与整车销售收入比

资料来源：国家统计局。

3. 国内自主品牌建设不足，产业国际竞争力不高。

中国拥有全球最大的汽车市场，国内品牌数量众多，然而从品牌角度来看，中国市场上销量排名靠前的大部分是合资品牌，中国真正自主品牌的汽车销量却并不如人意。根据中汽协发布，2019年中国品牌乘用车共销售840.7万辆，同比下降15.8%，占乘用车销售总量的39.2%，比上年同期下降2.9个百分点，其中，中国品牌轿车销售204.6万辆，同比下降15.2%，占轿车销售总量的19.9%，比上年同期下降1.1个百分点；中国品牌SUV销售492万辆，同比下降15%，占SUV销售总量的52.6%，比上年同期下降5.4个百分点；中国品牌MPV销售104.1万辆，同比下降21.6%，占MPV销售总量的75.3%，比上年同期下降1.3个百分点。由此可见，中国自主品牌汽车在中国市场上不仅所占的市场份额较小，目前还面临很大的下行压力，体现出国内市场消费对于合资品牌的偏好要高于自主品牌，自主品牌汽车企业未来发展前景并不乐观。

另外，中国自主汽车品牌由于发展时间短、品牌宣传力度不够、产品核心技术落后于其他企业，国际竞争力不高，在全球汽车市场上的影响力较低。据中汽协数据显示，2019年中国汽车整车出口101.2万辆，同比下降1.0%；出口金额160.45亿美元，同比增长3.28%，其中中国自主品牌是汽车整车出口的主力军，占汽车整车总出口量的70%以上。然而，我国整车出口从市场分布来看（见图14.34），主要集中在拉美、西亚、东南亚等发展中国家和地区，2019年拉丁美洲是我国第一大汽车整车出口国，其次是亚洲、非洲。

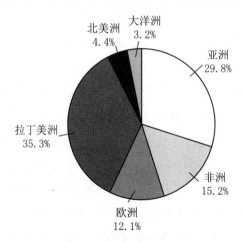

图 14.34　2019年我国整车出口市场分布

资料来源：中国汽车工业协会。

14.5.2 中国汽车产业的未来发展

在新一轮科技革命和产业变革的推动下，汽车产业传统的产品和技术体系、制造与销售流程、产业链和价值链等正在发生翻天覆地的变化。为更好地应对国内外环境变化，我国汽车产业未来发展最重要的是要平衡好政府与市场之间的关系，科学制定汽车产业相关产业政策，有效发挥市场作用，推动中国汽车产业链升级，提高产业链、供应链现代化水平。具体而言，我国汽车产业应该从以下几个发展方向实现汽车产业高质量发展：

1．加强技术研发与自主创新力度

长期以来，我国针对汽车产业发展出台的各项产业政策一直强调技术创新、建立自主品牌的重要性。在目前全球新一轮科技革命和产业变革的背景下，智能网联、人工智能、新能源、新材料等因素给传统汽车产业的发展带来了巨大冲击，技术进步成为推动汽车产业链升级的关键因素。因此，我国汽车产业应该积极开展技术研发与自主创新活动，在汽车产业链各环节实现专业化、自主化、全面化的技术进步，通过技术创新突破核心环节，推动实现关键领域进口替代，一方面提高我国汽车产业的技术含量，培养一批出色的中国自主品牌，另一方面保障中国汽车产业链、供应链安全与稳定发展。

2．大力发展新能源汽车与智能汽车

在新型技术发展浪潮与全球能源紧缺、环境污染严重的背景下，我国汽车产业发展应该紧跟世界产业发展趋势，立足我国产业规模优势、配套优势和部分领域先发优势，[①]大力发展新能源汽车这一战略性新兴产业，推动我国汽车产业与互联网、大数据、人工智能等产业实现有效融合，为智能汽车的未来发展奠定坚实的基础。在这一方面，我国已经出台众多产业政策，给我国新能源汽车产业和智能汽车指出了发展方向和道路，地方政府也积极响应国家号召制定各项支持政策，因此我国汽车产业发展应该抓住政策机遇，推动我国汽车产业在新能源汽车和智能汽车领域实现"弯道超车"。

3．积极发展汽车零部件产业，促进产业链上、中、下游协调共同发展

汽车零部件是汽车产业的重要组成部分，也是汽车产业发展的重要基础，

---

① 《中华人民共和国国民经济和社会发展第十四个五年规划纲要》。

随着中国汽车产业的快速发展，中国汽车零部件产业也在产业规模、技术水平和产业链协同等方面实现飞跃的成长。然而，中国汽车零部件行业发展依然落后于整车行业，存在产业结构不完善、核心技术与人才短缺、行业发展不规范等诸多问题。中国成为全球最大的汽车市场已近十年，国内仍然没有出现规模足够匹配的本土汽车零部件企业，据商务部统计，中国汽车零部件行业外资独资与合资企业数量仅占 20% 左右，但营业收入却占全行业的 80% 左右，在汽车电子和发动机等关键零部件领域外资市场份额更是高达 90% 左右。① 因此，为了促进中国汽车产业优化升级，实现产业链、供应链安全发展，我国应该积极发展汽车零部件产业，鼓励产品升级和自主品牌崛起，在关键零部件领域实现进口替代，推动中国零部件产业向着电动化、智能化、轻量化方向成长，以促进汽车产业链各环节协调共同发展。

4. 优化产业链布局，促进有效合理的国内外产业转移

由于我国各地政府为追求地区经济效益而大规模发展汽车产业，带来大量的盲目投资和重复建设，我国传统汽车行业存在产能过剩现象。近年来，新能源汽车产业由于国家和各地政府的大量补贴和支持，也开始出现产能过剩。除产能过剩，各地政府均支持发展汽车产业还导致我国汽车产业存在产业集中度低的问题。因此，为更好地利用国内外资源，避免产能过剩和资源浪费，提高我国国际竞争力，汽车产业的未来发展应该从以下两方面优化产业链布局：一是促进汽车产业链各环节在国内有序转移，合理布局区域产业发展，充分挖掘中西部地区发展潜力，培育地区产业集群，实现汽车产业规模经济效应，发挥区域协调发展的重要作用；二是加强产业国际间合作，推动汽车产业低附加值环节向其他发展中国家转移，搭建多元化的国际产业链与供应链，促进国内汽车产业链升级，形成具有更强创新力、更高附加值、更安全可靠的产业链供应链，提高我国汽车产业在全球价值链中的位置。

| 参考文献

[1] 曹悦恒：《典型国家汽车产业国际竞争力比较研究》，吉林大学 2018 年博士学位论文。

---

① 智研咨询：《2019—2025 年中国汽车零部件制造行业市场供需预测及发展前景预测报告》。

［2］张书林：《我国汽车产业进入竞争发展与结构调整并重的新时代新能源汽车未来项目管理政策几个重要预判》，《汽车纵横》2018年第11期。

［3］秦悦：《优化我国汽车产业链布局的财税政策研究》，中国财政科学研究院2018年硕士学位论文。

［4］马超：《我国汽车制造业区域分布研究》，吉林大学2015年博士学位论文。

［5］颜炳祥、任荣明、王漫天：《中国区域汽车产业集群竞争力的AHP模糊评价》，《西南交通大学学报》（社会科学版）2007年第4期。

［6］张国振、钱立运：《我国乘用车双积分政策研究》，《时代汽车》2020年第9期。

［7］郑雪芹、甄文媛：《中汽协独家解读：新版"双积分"政策八大亮点》，《汽车纵横》2020年第7期。

［8］盖骁敏、薛晓玲：《我国汽车行业市场集中度影响因素的实证分析》，《东岳论丛》2015年第8期。

［9］刘宗巍、赵世佳、赵福全：《中国汽车零部件产业现状分析及未来发展战略》，《科技管理研究》2016年第20期。

［10］张成：《中国汽车产业政策研究》，中央民族大学2010年硕士学位论文。

［11］罗少文：《我国新能源汽车产业发展战略研究》，复旦大学2008年硕士学位论文。

［12］吴彦艳：《产业链的构建整合及升级研究》，天津大学2009年博士学位论文。

［13］李黎：《中国汽车产业国际竞争力研究》，吉林大学2012年硕士学位论文。

［14］苏楠：《全球供应链变革中的"危"与"机"——以汽车产业为例》，《科技中国》2020年第10期。

［15］王洪涛：《我国汽车产业发展现状及建议》，《合作经济与科技》2019年第3期。

［16］王博、刘则渊、刘盛博：《我国新能源汽车产业技术标准演进路径研究》，《科研管理》2020年第3期。

（本章主持及执笔：卜　丹　曹卜丹）

图书在版编目(CIP)数据

2020 中国产业发展报告:全球产业链重构与中国产业转型升级/余典范主编. —上海:上海人民出版社，2021

ISBN 978-7-208-17460-3

Ⅰ.①2… Ⅱ.①余… Ⅲ.①产业发展-研究报告-中国-2020 Ⅳ.①F269.2

中国版本图书馆 CIP 数据核字(2021)第 248473 号

责任编辑 秦　堃　周文臻
封面设计 夏　芳

2020 中国产业发展报告
——全球产业链重构与中国产业转型升级

余典范 主编

出　　版　上海人民出版社
　　　　　(201101　上海市闵行区号景路 159 弄 C 座)
发　　行　上海人民出版社发行中心
印　　刷　常熟市新骅印刷有限公司
开　　本　720×1000　1/16
印　　张　28
插　　页　2
字　　数　414,000
版　　次　2021 年 12 月第 1 版
印　　次　2021 年 12 月第 1 次印刷
ISBN 978-7-208-17460-3/F·2721
定　　价　110.00 元